话说资本论

增补版

吴兴人 著

中国出版集团 東方出版中心

献　给

我的不能忘记的朋友
勇敢的杰出的高尚的新闻工作者

金福安先生

1944 年生，1966 年毕业于复旦大学中文系，2010 年 10 月 25 日病逝。

原 版 序*

万事开头难，每门科学都是如此。

马克思：《资本论》第一版序言，《资本论》第一卷，人民出版社1975年版，第7页。

2008年10月29日，湖南传来一条消息，引起了我的注意：马克思著作《资本论》在当地脱销。据湖南图书城一位负责人介绍："一般情况下，《资本论》的库存为10套，一个月最多销两三套，主要是图书馆买去收藏，现在，许多个人都来买《资本论》，因而供不应求。"其实，这则新闻已不是独家新闻了。前些时候又听说，《资本论》在德国也卖得很火，它重新成为2008年圣诞节最佳礼物。在马克思的著作中，最畅销的还是他在1867年出版的《资本论》第一卷。目前该书的销售量与2005年相比，已提高2倍。在德国，最近的一项民调显示，52%的原民主德国人相信自由市场经济是"不合适的"，43%的人表示他们宁愿选择社会主义，也不愿选择资本主义。德国的《法兰克福评论》最近在头版破天荒地整版刊出红底色的马克思头像。因金融危机而焦头烂额的德国现任财长施泰因布吕克已几个月没睡个安稳觉，现在也开始阅读《资本论》。他说："总的来说，我们必须承认马克思主义的一些观点是不错的。"施泰因布吕克成了马克思的现代"粉丝"。

特别值得注意的是，现在这些"马粉"大多是30岁左右的年轻学者或是做生意的老板。那么，枯燥、深奥的《资本论》为什么突然间这么畅销呢？

直接的动因是全球爆发了来势凶猛的金融危机。随着全球金融危机的爆发，一些国家的年轻一代读者，再次产生了阅读这部鸿篇巨制的热情。《资本论》之所以"重新走红"，不仅因为它直面资本主义市场经济的问题，还在于创建了联系生产过程和生产关系，研究交换、分配、消费关系的理论框架，提供了在追求人

---

* 本文为上海人民出版社2009年7月第1版《话说资本论》的序。

的解放和富裕的过程中，如何认识金融危机、促进经济社会发展的规律性思路。现代经济学家承认，马克思帮助人们注意到资本主义的阴暗面，过去，这些阴暗面往往被掩盖起来。对于任何不满于变成工资奴隶的人来说，马克思对资本主义如何在一块富足的土地上制造精神贫穷的严重警告，是再敏锐不过了。

许多经济学家认为，这一轮全球金融危机是资本主义的自由市场造成的，并且认为结束危机完全靠市场不行，必须要有国家干预，而马克思在142年前写的《资本论》已清楚地描述了资本主义经济发展的周期和将来遇到的问题，现在再看《资本论》，尤其有现实意义。金融危机的大爆发告诉青年一代：新自由主义的幸福诺言并没有兑现，极度的自由竞争给人类带来了新的灾难。英国的《每日镜报》直言不讳地写道："资本主义就好像一场没有裁判的足球比赛，充斥着腐败与黑幕交易，欺骗球迷。"欧洲一些学者如英国的E.豪伯斯本、法国的J.阿塔利等都明确表示，人们现在重新回顾马克思，因为只有他，才对资本主义社会有透彻的看法。许多年轻读者再次对马克思批判资本主义的巨著《资本论》产生了兴趣。一家公司的董事长说："突然碰到百年不遇的金融危机，很有些紧迫感，我想阅读一些经济类书籍，增进对全球经济的了解。"他以前读过《资本论》，现在想重读这本经典著作，想进一步了解马克思所描述的商业周期和经济理论，从而调整自己的经营理念和经营方式。

据法新社报道，英国圣公会领袖坎特伯雷大主教罗恩·威廉斯2008年9月25日谴责股市投机者是从不受约束的资本主义中获利的"银行抢劫犯"，并导致了全球金融危机。威廉斯在右倾的时事周刊《旁观者》上撰文呼吁加强对金融业的监管，并且表示，马克思在19世纪发表的有关资本主义的评论在一定程度上是正确的。威廉斯写道："马克思在很早以前就观察到了不受约束的资本主义如何变成一种神话。在这一点上他是正确的。"

1867年9月14日，《资本论》第一卷在汉堡正式出版，其余各卷在马克思1883年逝世后，由恩格斯整理出版。142年前，它在世界各国广泛流传。《资本论》是马克思用毕生心血写成的一部经典巨著，是马克思一生科学研究的成果。它凝聚着马克思的全部心血和智慧，是他献给全世界无产阶级的一部最重要的科学文献。就像达尔文的《进化论》揭示自然界的进化规律一样，马克思的《资本论》揭示了人类社会的发展规律。恩格斯所作的《卡尔·马克思〈资本论〉第一卷书评——为〈民主周报〉作》中写道："自地球上有资本家和工人以来，没有一本书象我们面前这本书那样，对于工人有如此重要的意义。"(《马克思恩格斯选集》第

二卷，人民出版社 1972 年版，第 269 页）

《资本论》是人类思想史上的一座宏伟大厦，高耸入云端，它不仅揭示了资本的奥秘，而且处处闪耀着真理的光辉，充满着逻辑的力量和艺术的语言。踏进这座宏伟大厦，令人目不暇接、神迷心醉，它的博大精深，使我叹为观止。思想家能通过思想这只看不见的手，推动和改变世界。马克思的《资本论》也是一双“撬动地球的手”。近代世界历史运动的脉络，犹如被这双“撬动地球的手”牵引着，清晰地再现在我们眼前。虽然当今世界的形势已发生巨大的变化，但它的基本理论仍然是今天人们宝贵的精神财富。它的科学性和指导意义，不会因为时代变迁而过时。

英国《焦点》月刊曾发表一位署名为罗伯特·马修斯写的文章说：“不论你怎样看待马克思，有一个事实不容置疑：他是历史上最重要的人物之一。全世界三分之一的人口都生活在遵循马克思主义的政权之下。这个人身上其实充满了矛盾：他是一位杰出的经济学家，却债务缠身，大半生穷困潦倒；他出身于中产阶级上层，却热情捍卫工人的权益，但又没干过一天体力活。”

因此，在新的历史条件下，以易为人们接受的方式宣传马克思的《资本论》，依然是一项急切的、重要的工作。考虑到现在时代的节奏加快，许多青年读者没有时间细读《资本论》的原作，我想用简明扼要、通俗易懂的方式，将《资本论》的部分主要观点，以生动活泼、深入浅出的语言介绍给今天的读者：即选择《资本论》中具有代表性的语录，以资本主义国家的金融危机作为切入口，联系国内外实际生活中的生动事例，解读马克思的经济思想；对马克思在《资本论》中涉及的其他哲学、人生和思想修养等论述，也作适当的解读。

为此，我又约请上海视觉艺术学院美术学院副院长、著名漫画家徐克仁先生为本书的部分文章创作了漫画，著名漫画家郑辛遥、沈天呈和画家许政泓、陈庆勋、李小玲、邹勤等，都为本书创作了漫画和插图，希望能增加读者对文字的理解和阅读的兴味。本书的引文，由上海交通大学副教授邵传芬女士仔细检校一过，在此深表感谢。

我不是经济学家，而是一名报人。自己没有资本，却斗胆写《话说资本论》，也是不自量力。迫于形势的需要，我于 2008 年 10 月开始，找来马克思的这几块“砖头”来啃。我是用新闻记者的眼光重读《资本论》，未免失之肤浅。有人说我是“自讨苦吃”，我却乐此不疲。能否达到预期目的，就要请广大读者来评论了。

吴兴人

2009 年 4 月 8 日

增补版序

写完《中国高铁走出去》这篇文章，增补《话说资本论》的工作，暂告一段落。

马克思的《资本论》是不朽的。有件小事值得一提：1850 年的一天晚上，年轻的社会主义者威廉·李卜克内西与卡尔·马克思边饮红酒边交谈了一夜。两人谈得非常热切：他们在伦敦牛津街上一家玩具店的橱窗里看到了一条“电动蒸汽铁路”。两人提出，如果将铁路的生产力与“电火花”的生产力互相结合起来，世界的变革就无法阻挡。165 年前，马克思关于高铁的预言，现正在全世界的广袤大地上实现。此刻，我仿佛又听见了卡尔·马克思和威廉·李卜克内西在伦敦那家小酒店里一边饮红酒、一边讨论“电动蒸汽铁路”时发出的朗朗笑声。

承蒙东方出版中心的不弃，建议我将六年前出版的《话说资本论》增补再版，使我有勇气从书架上再次取下《资本论》这部经典著作，细读研究，历时四月，增补了 30 篇文章，书名也改为《话说资本论》增补版。

引起我对《话说资本论》作增补的另一个原因是现实经济生活中出现的一些新问题。2015 年下半年以来，全球资本市场又出现了大幅波动，全球股市共振下跌，各国货币大贬，原油、债券、大宗商品市场也遭重创。人们要问：金融危机是否难逃“七年之痒”？这也是促使我下决心再度把注意力从关心时政问题转移到经济问题的原委之一。

2008 年世界金融危机已过去七年，全球经济虽见复苏之态，但增长依然乏力，复苏仍不均衡，中国的经济发展依然是全球一枝独秀，呈高速发展的势头。看来，目前的动荡离全面金融危机还有相当距离，尽管全球经济遇到较大的下行压力，但基本面并未发生断崖式的变化。中国的实体经济没有出现大问题。股市的波动并不应与18年前的亚洲金融风暴相提并论。自然,我们也不必讳言,在今天的社会生活中,依然有许多问题,亟待从理论和实际结合方面作出回答。比如:雾霾,我该拿你怎么办?GDP第一,还是健康第一?外币的利息为什么这样低?股市蒸发的钱去哪儿去了?等等。我还是按照《话说资本论》的写作模式,从现实生活中发现问题,以马克思的观点作指导,试图提出一些解决问题的思路或建议。

增补版在"细"字上下了一点功夫。《一片陌生的知识丛林》、《一颗颗镶嵌在〈资本论〉皇冠上的明珠》两文,都是读《资本论》脚注的收获;《游览〈资本论〉的文学花园》,是解读《资本论》中引述的文学作品和神话的典故;《"工人阶级的圣经"中的〈圣经〉》,看马克思是怎样将《圣经》为我所用;《〈资本论〉出版之后》、《译者是人类文明的邮差》和《〈资本论〉登上戏剧舞台的前前后后》,介绍了一百多年来马克思主义的播火者的一些情况,供读者参阅。《资本论》是一座阿里巴巴式的知识宝库,走进去后,每读一遍,都会有不同的新收获。

搁笔,抬头远眺窗外,夜色清朗,繁星丽天,明天又是"五一"国际劳动节。虽然目前出版业不很景气,但这是一本写给关心经济生活的读者看的书,我仍以为完成一项有意义的工作而松了一口气。

吴兴人

2015年4月30日

目　录

一、《资本论》为何又热起来了？

卡尔·马克思说得没错

> 在一个国家比如英国爆发的危机，会把这个支付期限的序列压缩到一个非常短的期间内。这时就会清楚地看到，这一切国家同时出口过剩（也就是生产过剩）和进口过剩（也就是贸易过剩），物价在一切国家上涨，信用在一切国家过度膨胀。接着就在一切国家发生同样的总崩溃。
>
> 马克思：《资本论》第三卷，第 557 页。

从马克思的这段文字里，我们可以明白为什么被西方视为资本主义社会"病理学家"的马克思的著作《资本论》，又重新骤然热销的原因。人们希望从中汲取一些解决危机的经验。

位于柏林的卡尔-迪茨出版社专门出版学术著作。2008 年全球金融危机爆发后的一段时期，此前少人问津的《资本论》骤然热销。出版社经理约恩·许埃特伦普夫告诉路透社记者，2008 年年初以来，他们出版的《资本论》已卖出 1 500 套，是 2007 年全年销量的 3 倍，更是 1990 年销量的 100 倍。一名出版商说："马克思现在绝对火。"2008 年年底，一座宽 14 米、高 7 米，重达 33 吨的马克思塑像重新回到了德国莱比锡大学的校园。当初，这座塑像因被德国右翼指责为"体现宣传共产主义"而流离失所。马克思已经重新回到了欧洲大众的记忆中。另据土耳其《共和报》消息称，土耳其计划再版长期被禁的科学共产主义奠基人卡尔·马克思的《资本论》。报道称，这是土耳其不赞同马克思观点的出版社首次出版这本著作。因为《资本论》的巨大销量，英国媒体开玩笑称，如果马克思还在世的话，《资本论》的巨额版税收入会让他轻松进入福布斯富豪榜。因为他的《资本论》、《路易·波拿巴的雾月十八日》、《法兰西内战》等著作一而再、再而三地出版。法国经济周刊《挑战》记者在谷歌上搜索"Marx"，得到800万条结果，远远超过凯恩斯(210万条)和美国经济学家米尔顿·弗里德曼(170万条)。

民主德国和联邦德国统一后，曾几何时，一部分前民主德国民众为易帜而感到欢欣鼓舞。但是，2008年华尔街引发的这场金融海啸，席卷了世界各地。这一前所未有的全球性危机不断发展与深化，也使德国陷入巨大的灾难之中。许多前民主德国民众开始怀疑自由市场经济的绝对魅力。一份民意调查结果显示，52%的前民主德国人对"自由市场经济"抱怀疑态度，43%的前民主德国人对资本主义敬而远之。路透社驻柏林记者埃里克·基施鲍姆的随机采访也证实了这种情绪。IT从业人员托马斯·皮费特来自东柏林，他告诉基施鲍姆，他上学时读过批判资本主义的课文，现在看来，"卡尔·马克思说得没错"。历史仿佛跟我们开了个不大不小的玩笑，它的吊诡之处就在于：这些年来，人们似乎认为马克思主义已经过时了，可是，我们如今又重新发现，马克思的经济理论依然大有用武之地。

马克思的巨著《资本论》，既是马克思主义的奠基性著作，更是人们剖析资本主义发生、发展、出现危机的一把科学钥匙。他首先分析商品，进而分析货币，然后又分析资本，从现象到本质，从具象到抽象，从表面到内里。他用"抽象力"这把锐利的解剖刀，深刻地揭示了资本主义经济关系本质，详细而深刻地分析了资本主义的发展历史，揭穿了资本主义迅速发展的"秘密"。比如，马克思在分析资本主义的经济危机时写道："一国进口过剩，在另一国就表现为出口过剩，反过来也是如此。但是，一切国家都发生了进口过剩和出口过剩(在这里，我们谈的不是歉收等等，而是普遍的危机)；也就是说，都发生了生产过剩，而由于信用和随信用发生的物价的普遍上涨，这种过剩更加严重了。"(《资本论》第三卷(下)，第557页)"卡尔·马克思说得没错"，正是如此！马克思在他的故乡遇到越来越多的知音，他在九泉之下将露出欣慰的笑容。

《资本论》曾风行了一个多世纪，但它也曾一度在图书销售市场中出现淡出江湖之势。许多年轻人对《资本论》颇为陌生。现在，生活中发生的这场教训震撼人心。人们回过头来，再看看马克思对我们说了些什么，骤然发现：尽管100多

英特纳雄耐尔就一定要实现！
Internationale shall be the human race!
泓.
09.3.2

许政泓

年来世界资本主义发展过程有许多新的特点，但是，其本质似乎仍然没有逃脱马克思在《资本论》中的预测。《资本论》所阐述的真理，至今依然闪烁着先知的光芒。

托马斯·皮费特的意见，代表了当代许多有识之士的看法。其实，对马克思的高度评价，并不是因为金融危机的到来而凸显。早在2000年“千年最伟大的思想家”评选时，马克思名列榜首。2005年，英国评选“英国历史上最伟大的哲学家”，马克思也位居首位。2003年11月7日，德国《图片报》和国家第二电视台携手主办了“德国十大杰出人物”和“德国100名人”活动，这次评选活动，事先进行了大规模的宣传，上百万德国市民参与了投票，1 300多名德国人被提名。经过一个月的统计，德国历史上十大杰出人物评选揭晓，经济学家马克思，物理学家爱因斯坦，古典音乐大师巴赫，前联邦德国总理勃兰特等人榜上有名！

英国坎特伯雷大主教威廉斯发表评论说：“长久以前，马克思就窥探到了资本主义的运转之道。”心理医师、俄罗斯科学院院士米哈伊尔·利特瓦克说：“就算拿走汽车或者房子，但是我身上穿的那件衣服还是会留下的，买块面包的钱也还是会有的。”他建议那些失业的人们重新阅读马克思的《资本论》，那里描述了价值和价格之间的差别问题。“我作为专家的价值并没有因为危机的到来而降低。我只是无法将自己按照以前的那个价格出售而已。如果我开始惊慌失措的话，那么我的真正价值就会降低。”

法国《挑战》杂志在2009年2月选择马克思的照片作为封面，标题为“马克思：他的分析仍未过时”。《挑战》周刊副总编达尼埃尔·富尔坦对文汇报驻法国记者郑若麟说：“马克思的重新出现，并不意味着‘共产主义意识形态’的重返；再生的马克思，并不是曾经造成前苏联社会主义阵营的那个政治家的马克思，而是经济学家、哲学家的马克思。马克思花费了20年时间写成的《资本论》，是一个世纪以来所有分析资本主义制度中最详尽、深入的著作。正是这位剖析了资本主义的马克思，正在重新成为人们关注的对象。”我认为，现在法国出现的马克思研究热，主要是把马克思本人对资本主义的研究重新拿出来，与今天全球化条件下的资本主义进行比较和对照。这有力地说明了这样一点：至少到目前为止，马克思对资本主义的描述都是正确的。

2009年3月初，路透社中文网发表一篇题为《马克思对金融危机的预测太准了》的文章，作者是Bernd Debusmann。他写道：“我们过去熟知的资本主义正濒临末日。过去那些预言美国式自由资本主义危害世界的言论得到了印证：比如卡尔·马克思对银行业的看法，现在就显得出奇地合乎时宜。”“开始于去年

邹勤

8月的信贷危机，本月已经几乎演变为一场灭顶之灾。虽然世界各国政府已经投入数以千亿美元计的巨资挽救濒临崩溃的银行并阻止全球性萧条，但是危机并没有消退迹象。人们正在达成一个共识：资本主义要想自我拯救，需要一场21世纪的‘大修’，而不只是紧急地营救。”

另有消息说，随着《资本论》受到读者欢迎，马克思的出生地德国西南边陲小城特里尔市，现已成为欧洲最炙手可热的旅游目的地。特里尔市旅游局市场主管艾伦特说，2009年到马克思家乡观光的游客急增至4万人，来自中国的游客就有1.2万人，因崇敬马克思而到此地游览的游客不计其数。由于中国游客有很大的购物兴致，特里尔市的商业部门特地为商家举办了中文学习班。该市的新闻发言人兰佛表示，2008年是马克思诞辰190周年，特里尔筹办的纪念活动，吸引了众多游客。有“德国新电影之父”之称的著名导演克鲁格准备将《资本论》拍成电影。《资本论》的版税收入并没有让马克思和他的继承人轻松在《福布斯》富豪榜上列名，但特里尔市通过吸引世界各地的游客来拉动该市的经济，却是一个很好的生财之道，这也是马克思生前所未曾料到的。

末了，还想顺便说一点关于这场金融危机的一点题外话：2009年1月初，美国经济学会年会召开。但是，在这次年会上，经济学家们对这次金融危机事先无力预知，事后束手无策。当房价不断走高之际，多数经济学家安之若素。据曾任职于美国财政部的经济学家巴特列整理出的资料，只有席勒、利墨等少数经济学家，曾对美国房市发出过警告，但结果根本没有人听。值得注意的是，就是这位耶鲁大学经济学家席勒，在2008年10月的《纽约时报》上发表文章说，数年前在迈阿密，一位出租车司机就指着无所不在的建筑工地告诉他，到处都在盖房子，市场供应过剩，迟早会出现大灾难。看来，美国的15 000名经济学家，应当好好倾听一下那位德国市民和迈阿密出租车司机的意见。因为真理有时会掌握在不起眼的小人物手中。

新自由主义此路不通

《资本论》在德国工人阶级广大范围内迅速得到理解，是对我的劳动的最好的报酬。

马克思：《资本论》第一卷（上），第15页。

对金融危机有正确预见者，不止于那位美国出租车司机。一段时间以来，40岁的伦敦人乔尔一直在伦敦市中心邦德街上举着"和资本主义比起来，地狱并不算什么"的标语牌。她告诉记者，2008年对她来说，简直是灾难性的一年：原本在金融城一家小型金融咨询公司的秘书工作，因为大裁员丢了，而她的一大半积蓄因为存在目前正陷入破产边缘的冰岛一家银行里，迟迟不能取出来。乔尔对记者抱怨说，她每天都去就业中心找工作，每天都是失望而回。"我在大学的时候是学金融的，我不相信唐宁街10号以及英格兰银行决策者们的鬼话，他们说市场会在一两年内好转。我的专业知识告诉我，这是一场几辈人都难以碰到的金融风暴，我的生活就因为这个所谓最完美的、能够自我调节的自由市场主义给葬送了。"

"资本主义向何处去?"新自由主义在大洋彼岸的火光逐渐暗淡下去后，欧洲的上空回荡着这样的疑问。在德国联邦总理府门前几个柏林市民打着"资本主义赶快结束"、"资本主义的罪恶体制"等标语。一名叫乌韦的汽车技术工人对《环球时报》的记者说，"柏林墙"倒塌后，民主德国人一度对自由市场经济充满期待，但20年过后，他们发现并没有等来德国前总理科尔承诺的"繁荣景象"。资本家只想"榨取更多、更多、更多"。

现在，马克思重新回到了欧洲。一名出版社经理说："马克思主义再一次成了时髦。我们又有了对这场金融危机感到恼火的新一代读者，他们认识到新自由主义最终证明是一个虚假的梦。"《资本论》以它对资本主义必然发生周期性经济危机的论断，使人们重新认识了资本主义社会体系的本质。

资本主义经济危机爆发的具体原因有：竞争的盲目性、生产与消费的矛盾、生产力发展与市场相对狭小的矛盾、批发商业和货币信用的膨胀、主要消费品和固定资本生产过剩、生产比例失衡、经济跳跃式发展以及进出口贸易等。经济危机是市场经济的"生理现象"。诚如马克思所指出的："一切真正的危机的最根本的原因，总不外乎群众的贫困和他们的有限的消费。"(《资本论》第三卷(下)，第548页)

马克思在提出资本家掠夺工人的剩余价值的基础上，又预言了一个由"金融资本统治的世界"。马克思认为，资本自我膨胀的结果，将会导致资本本身脱离实际生活逻辑，最终只会危及自身。《资本论》也成功预言了全球化经济。马克思写道，"不断扩大产品销路的需要，驱使资产阶级奔走于全球各地"，但也会因此将金融危机带到全世界。这个论断，在今天成为不争的现实。

邹勤

现在，美国从次贷危机到金融危机、到全球性经济危机，依附于新自由主义之身还魂。新自由主义产生于20世纪20—30年代。它是依据新的历史条件对英国经济学家亚当·斯密的古典自由主义加以改造而来，更加强调市场化、自由化、私有化。新自由主义真正占据主流经济学地位始于20世纪80年代初期。当时，英国经济学家凯恩斯主张的“国家干预主义”，无法解决西方经济长期陷入“滞胀”状态的难题，给新自由主义的勃起创造了时机。

新自由主义是冷战结束后盛行全球的经济自由主义，又称为经济自由主义、经济原教旨主义、撒切尔主义和华盛顿共识。其主要观点包括：反对征税、反对监管、反对投资公共产品，推崇不受管制的金融市场、劳动力市场和自由修复市场。与古典自由主义相比，新自由主义在主张私有化、自由化和市场化的同时，更强调金融与银行的作用，并要求政府在减少管制和加强金融资本力量方面发挥作用。在20世纪30年代大萧条中，不受约束的自由市场主义本已名誉扫地。但到20世纪70年代，由于英国首相撒切尔夫人和美国总统里根的推崇而重新翻身，成为当代经济界的正统。掌管金融经济界的人物，开口闭口倡导新自由主义。而在新自由主义影响下，美国国会从20世纪80年代初解除对金融机构的管制后，1997年，美国政府又废除了1933年颁布的金融管制法《格拉斯—斯蒂格尔法》，用《金融服务现代法案》取而代之。

“华盛顿共识”提出的“三大预言”之一是：新自由主义将成为全球普遍模式。但是，人们现在发现：新自由主义行不通了。

事实证明，“华盛顿共识”绝不是解救东亚和拉美经济的灵丹妙药。新自由主义及其所伴生的自由市场至上主义，不过是披着经济哲学外衣的个人贪欲主义。在1987年的股市崩盘、1994年的墨西哥金融危机、1997年的亚洲金融危机期间，美联储一直盲目相信市场的正确性，坚持通过大幅度降息的方法增加市场的流动性，直到这回次贷危机爆发，都证明新自由主义正从衰落走向失败与破产。北京出版的政论双周刊《人民论坛》于2009年3月组织了一次调查，议题之一是：如何看待新自由主义的主张？被调查的300位领导干部、专家学者中，78％认为新自由主义是国际金融危机的罪魁祸首；7％认为危机验证了新自由主义的破产。美联储前主席格林斯潘也不得不承认，自由市场主义是不正确的。澳大利亚总理陆克文2009年2月4日在《月刊》杂志撰文指出，新自由主义是全球金融危机的罪魁祸首。他主张：“社会民主派应当同新自由派的极端主义断绝关系，建立社会民主主义国家，既维护合理管制的竞争性市场的生产能力，又确保政府作为规则制定者、资金提供者和公共产品供应者，缓解市场所导致的不平衡，维护社会公平。”他进而断言，“新自由主义将成为全球普遍模式”只能是一种妄谈。

更可悲的是，许多国家曾把新自由主义奉为至宝，但是，无情的事实证明，谁引进了新自由主义，就等于套上了一具新的枷锁。如今，新自由主义推行到哪个国家和地区，哪个国家和地区就会遭到巨大灾难和风险。1997 年发生金融风暴的亚洲国家和多次爆发危机的拉美国家都是新自由主义的重灾区。国有企业私有化，使一些产业向私人资本和外国资本集中，失业问题更为严重。收入不公平、两极分化现象越来越突出。墨西哥在改革前，有两位亿万富翁，20 世纪 90 年代增加到 20 多位；与此同时，贫困人口不断增加。墨西哥恰帕斯州农民“揭竿而起”的主要原因之一，正是两极分化和贫困化日益加剧。

2008 年美国次贷危机引发的全球金融危机，更给全球带来了一场空前的灾难。这令人联想起金融机构高层坐拥巨额花红的故事：“资本主义注定毁灭，它必被自己的重量所压倒。”雷曼兄弟的破产就是一个例子。另据德国媒体 2009 年 1 月 7 日报道，由于全球金融危机，在 2008 年《福布斯》全球富豪榜上排名第 94 位的德国 74 岁亿万富豪阿道夫·默克勒的商业帝国陷入了财政困境。默克勒不堪投资失败、资产大幅缩水，于 1 月 5 日离家出走，跳入火车轨道自杀。默克勒的家人随后发表一份简短声明说：“默氏产业受到金融危机重创，能否走出阴霾前景不明，默克勒自觉无力应对眼下形势，选择结束自己的生命。”

无独有偶，就在同一天，美国地产大亨、亿万富翁史蒂文·古德清晨被发现在芝加哥附近的一片树林里开枪自杀身亡。52 岁的古德是谢尔登·古德国际拍卖公司的董事长兼首席执行官。自古德的父亲 1965 年创办公司以来，公司成功进行了数万起房地产拍卖，收入超过 95 亿美元。但是，这一回，古德成为新自由主义祭台上的又一件悲惨的供品。

新自由主义政策的幸福没有得到兑现。新自由主义之路走不通了。欧美经济处于风雨飘摇之中。

金融危机是因为钱太多才产生的吗？

使实际的资产者最深切地感到资本主义社会充满矛盾的运动的，是现代

> 工业所经历的周期循环的变动，而这种变动的顶点就是普遍危机。这个危机又要临头了，虽然它还处于预备阶段；由于它的舞台的广阔和它的作用的强烈，它甚至会把辩证法灌进新的神圣普鲁士德意志帝国的暴发户们的头脑里去。
>
> 马克思：《资本论》第一卷(上)，第 24—25 页。

马克思的这段名言，是《资本论》第二版跋中的一段话，写于 1873 年，是最早、最准确地提出了资本主义将产生经济危机的著名论述。1873 年的世界经济危机，不但在资本主义发展史上具有标志性意义，而且是马克思生前所经历的最后一次经济危机。

这次经济危机导源于 1873 年 5 月 9 日维也纳的债券交易，也是从金融危机引发的。在 24 小时内股票贬值了几亿盾；接踵而至的，是信用全面瘫痪和有价证券交易中止。维也纳的交易所危机，很快蔓延到欧洲的其他交易所。由欧洲各国停止对美国的资本输出，导致美国纽约银行不再对铁路公司和工业界拨款，于是在 9 月 18 日，随着拥有北太平洋铁路大量债券的泽依-库克金融公司宣告破产，一场影响深远的世界性经济危机终于全面爆发。受这次危机打击或影响的国家，除了美国、德国、英国、法国和奥匈帝国外，还有俄国、意大利、荷兰、瑞典、比利时以及日本、阿根廷、印度等国家。

马克思所说的“周期循环的变动”，即“普遍危机”，也就是经济危机。马克思指出的这个资本主义社会发展的经济规律得到了近 150 年来现实生活的反复验证，证明它乃是一条颠扑不破、放之四海而皆准的真理。

现在，“这个危机又要临头了”。马克思虽然不是算命先生，但这回的预言准确无误，西方国家的金融危机有如雪崩般涌来。今天，“虽然它还处于预备阶段”，也是一点不错的。

次级贷款，这只貌似南美洲丛林里飞出来的蝴蝶，开始不过是一只色彩灰褐的蝴蝶，它轻轻扇动翅膀，随风飞动，许多经济学家原来对它并不重视，不料导致全球刮起一场金融飓风。在凯恩斯的三大心理因素的作用下，怀疑、悲观、恐慌的情绪，犹如一个个幽灵弥散在企业的投资和居民的消费之中。而格林斯潘在金融上的自由放任，则更是把资本主义再次推向了全球性经济萧条的边缘之上。现在，金融的恐慌、信心的缺失、投资的疑虑，连同欧美负债消费的锐减，已经伤害到了实体经济层面，整个世界经济也越来越多地陷入到了这种需求萎缩、衰退加剧的泥潭之中。

经济危机
李小玲

关于这次金融危机是如何发生的，有各种各样的观点。如金融机构贪婪及违规运作说、利率政策变化导致说、房地产过热原因说、金融监管不力与失控说等等，都有一部分的道理。但有一点不容忽视，即由于信心的丧失，导致这次危机雪上加霜。由于恐慌的蔓延，以及随之而来人们信心的崩溃，导致投资和消费的突然收缩，进而部分银行倒闭，引出更大的恐慌，导致更多的银行倒闭、投资收缩，最后一发不可收拾，酿成近百年来人类历史上最大的一次金融危机。1933年临危受命的美国总统罗斯福说过一句名言："我们唯一要害怕的，就是害怕本身——一种莫名其妙、丧失理智、毫无根据的恐惧，它把人转退为进所需的种种努力都化为泡影。"

现在，我们且再来进一步听听，马克思对经济危机的发生和演变是怎么说的。

马克思的经济危机理论是马克思主义经济学的重要组成部分。马克思金融危机理论诞生时的19世纪，是工业化和资本主义在全球范围内迅速扩张的重要时期。19世纪上半期，法国、德国、美国、比利时等欧美国家继英国之后，开始了以纺织业的机械化、蒸汽机的发明和运用及铁路建设为主要内容的技术革命、工业革命。19世纪中后期，马克思针对资本主义全球扩展过程中日益严重的经济与金融危机进行了系统深入的分析，在劳动价值论和商品与货币关系理论的基础上，形成了科学的金融危机理论。

当然，这场经济危机对某些银行来说，既是危机，又是机遇。经济学专家佛利民说过："只有危机——无论是确实存在的还是仅仅是感觉上的危机——才会产生真正的变革。当危机出现后，那时已经根深蒂固的思想便决定了改革的方向。"1873年首先在美国和德国发生的经济危机，虽然持续了五年之久，才波及英国；但是，它的影响所及，只在苏格兰和英格兰的一些郡出现了银行倒闭的现象，而作为当时世界金融中心的伦敦，还很少受到影响，而且"与此相反"，"那些大股份银行如英格兰银行，至今还是从普遍停滞中获得利润"。马克思对这些情况非常重视。他在1879年4月10日给丹尼尔逊的信中就认为，"毫无疑问，法兰西银行的状况是有利于伦敦金融市场的条件之一"，"法兰西银行已经成为英格兰银行的一个分行了。法兰西银行握有大量的黄金储备……而在伦敦证券交易所稍稍出现一点骚乱迹象的时候，法国货币就会涌来购买暂时跌价的证券"，从而使伦敦金融市场得以保持稳定的局面。

马克思的危机理论的核心内容是关于危机根源的分析。这个逻辑包括以下要点：经济危机的本质是生产过剩；生产过剩的原因在于"有效需求不足"；"有效需求不足”的原因在于群众的购买力不足；群众购买力不足的原因在于资本和劳动收入分配的两极分化；两极分化的原因在于生产资料的资本家占有制度。危机不过是资本运动的不可避免的结果。这个运动在追求积累、追求增值的发狂般的、贪得无厌的冲动的驱使下，很快地突破了消费的一切界线，使新自由主义变成了经济上的无政府状态。

有人说，过去的西方经济危机发生时，养牛场的老板把牛奶倒到海里。这次爆发金融危机，是不是因为人们口袋里的钱太多了，才产生危机？我认为当然不是。老百姓手中的钱多钱少，不是产生金融危机的根源。根据马克思的基本观点，经济学家进而分析道：这回次贷危机的病灶在于违约率不断上升；违约的原因在于未来预期遭到了沉重打击；未来预期的悲观在于“透支消费”的不可持续；透支的起因是为了缓解生产过剩，但如今适得其反；生产过剩源于有效需求不足；有效需求不足的根源在于资本主义社会的内在矛盾。这样，天才的马克思描绘的关于从金融危机到经济危机的逻辑构成，就清晰地呈现在我们面前：资本制度的内在矛盾—有效需求不足—生产过剩—透支消费—违约率上升—经济危机。

毫无疑问，资本主义社会的经济规律、美国宏观经济政策失误、世界金融体系存在的重大缺陷，以及监管不足等问题，是导致此次危机爆发的最重要原因。从宏观层面来看，美国的经济政策只关注了其国内问题，忽视了美元作为国际货币应承担的责任，最终酿成此次危机。美国这次金融危机，问题就出在金融体制创新时犯了错误、遭受了挫折，酿成大灾难的局面。比如所谓“次贷”问题，房地产次贷的“金融衍生物”已搞得规模很大，但国家的法律与政策却远远滞后，金融监管跟不上，缺少及时而必要的规范。基于这次次贷危机的教训，经济学界的专家们几乎异口同声地呼吁：“加强监管”、“不能实行没有监管的金融自由化”。

美国联邦储备委员会的前任主席格林斯潘被人赞许为美国经济的“伟大的舵手”，现在也不得不改弦更张。他在《美国次贷危机的教训》一文中坦然承认：“我们永远无法预期金融市场上所有的不连贯性。不连贯必然是意料之外的情况。意料之中的事件可以通过套利活动加以规避。但如果正如我强烈怀疑的那样，欣快时期在发展时很难压制，那么它们将不会崩溃，直至投机热潮本身出现消退。存在矛盾的是，就风险管理成功确认这些事件的程度来看，它能够延长并放大欣快时期。但风险管理永远无法达到完美。它最终会失败，暴露出一个令人不安的现实，促使人们做出意外和突然的不连贯反应。”这个教训发人深省。格林斯潘说过一句名言：“如果你认为你已经完全理解我的意思，那么你一定是误解我的意思。”这回，格林斯潘低头认错了。人们读了他的检讨文章，也许不会再误解他的意思了。

还有许多美国经济学家对经济危机的前景表示很不乐观。“全世界面临着失去其支柱——美国的危险”，美国金融战略师戴维·斯密克(David Smick)在他的新作《世界是弯的：全球经济潜在的危机》中说。该书的首章标题即阴暗地宣称“世界末日”。斯密克写道，尽管美欧相继祭出恢复市场信心的天价计划，世界仍有陷入经济衰退的危险。

对于2008年西方的金融危机发生的原因，时任中国总理温家宝有一个很好的分析。他在世界经济论坛2009年年会上指出：“我们正在经历的这场国际金融危机，使世界经济陷入20世纪大萧条以来最困难的境地。这场危机的原因是多方面的。主要有：有关经济体宏观经济政策不当、长期低储蓄高消费的发展模式难以为继；金融机构片面追逐利润的过度扩张；金融及评级机构缺乏自律，导致风险信息和资产定价失真；金融监管能力与金融创新不匹配，金融衍生产品风险不断积聚和扩散。”上述分析，对照本文开始引用的马克思的经济危机的著名论断，是完全符合马克思主义的。

新的金融危机震撼了西方大大小小的资产者和中产阶层。他们回过头来重新研究马克思。这一点，也被已去世一个多世纪的马克思的另一段论述所证实：“由于它的舞台的广阔和它的作用的强烈，它甚至会把辩证法灌进新的神圣普鲁士德意志帝国的暴发户们的头脑里去。”(《资本论》第一卷(上)，第25页)历史有时竟是如此相似。如今，多雪的冬天来了，人们纷纷在寻找御寒之道。马克思的经济危机理论给各种受害者以精神上的温暖。它也毫无例外地灌进了西方金融世界新的暴发户和破产者的头脑里去，这可谓是不幸中之大幸。

再听马克思谈经济危机

由于棉荒把许多资本从通常的投资领域赶到了货币市场的大中心，这次危机在真正的工厂区域已经打了折扣，因而主要带有金融的性质。

马克思：《资本论》第一卷(下)，第733页。

在《资本论》中，马克思直接谈经济危机的章节不多，但第二十三章“资本主义积累的一般规律”，是不妨细读一下的。因为这章中的部分文字，直接谈到了金融危机和经济危机，谈到了经济危机对工人生活的影响，文字又通俗易懂。研究马克思关于经济危机的学说，这是一些十分重要的文字。

1857 年、1866 年和 1875 年的经济危机，是马克思亲历的三次经济危机。他在谈到 1866 年的那场经济危机时写道：“由于棉荒把许多资本从通常的投资领域赶到了货币市场的大中心，这次危机（指 1866 年的那场经济危机）在真正的工厂区域已经打了折扣，因而主要带有金融的性质。”这场带有“金融的性质”的危机过后，就全面爆发了经济危机。

在 1857 年的经济危机的 9 年后，又发生了一场经济危机。这是在 19 世纪 60 年代初各国经济普遍高涨，铁路建设迅速发展的情况下发生的，并受到美国南北战争的影响。在危机期间，各个国家除了工业生产下降、对外贸易衰退之外，金融信贷领域也出现了严重的混乱。马克思指出：“这次危机在 1866 年 5 月爆发，这是以伦敦一家大银行的破产为信号的，继这家银行之后，无数在金融上进行欺诈的公司也接着倒闭了。遭殃的伦敦大生产部门之一是铁船制造业。这一行业的巨头们在繁荣时期不仅无限度地使生产过剩了，而且由于他们误认为信用来源会照样源源不绝，所以还接受了大宗的供货合同。今天，一种可怕的反作用发生了，而且直到现在，1867 年 3 月底，这种反作用还在伦敦其他工业部门继续发生。”（《资本论》第一卷（下），第 733 页）

从 1866 年 5 月到 1867 年 3 月底，这场经济危机的“可怕的反作用”一直延续不断。“反作用”如何可怕？在《资本论》中，马克思详细引用了英国《星星报》记者关于工人生活现状的报道：

> 在伦敦东头，在波普拉尔、米尔瓦尔、格林威治、德普弗德、莱姆豪斯、坎宁镇等区，至少有 15 000 名工人及其家属处于极端贫困的状态，其中有 3 000 多人是熟练的机械工人。他们已经一连失业 6 个月至 8 个月了，积蓄已全部用光……我费了好大劲才挤到贫民习艺所（在波普拉尔）的大门口，因为它已被饿坏了的人群团团围住。他们在等着发面包票，但是发票的时间还没有到……我去采访那天，栏子里面全是雪，没法坐人。男人们就在棚子底下砸铺路的石块。每个人都坐在一块大石头上，挥动着大锤砸碎结着冰的花岗石，直到砸满 5 蒲式耳为止。这样他们一天的活才算干完，每人获

> 得3便士和一张面包票。院子的一边有一座歪歪斜斜的小木房。我们把门推开，看见里面塞满了人，肩并肩地挤在一起互相取暖。他们一边撕麻絮一边争论，看谁能吃得最少而干的时间最长，因为有耐力已经成了受称赞的事情。单是这个贫民习艺所就收容着7 000个接受救济的人……接着我们访问了一个曾在造船厂工作的爱尔兰人的妻子。我们发现她已经饿病了，穿着衣服躺在一张垫子上，勉强算盖着一条毯子，因为所有的被褥都已进了当铺。两个可怜的孩子照料着她……

这就是1866年遭受经济危机袭击的英国工人生活状况的真实写照。真实的报道的生命力决不止一天。我们应当感谢这位《星星报》记者的报道。马克思引用了一千多字，使这篇揭露时弊的报道和《资本论》一同名垂后世。

由马克思执笔的《国际工人协会成立宣言》一针见血地指出："在这种'令人陶醉的'经济进步时代，在不列颠帝国的首都，饿死几乎已经成为一种常规。这个时代在世界编年史上留下的标志，就是被称为工商业危机的社会瘟疫日益频繁地重复发生，规模日益扩大，后果日益带有致命性。"（《马克思恩格斯选集》第二卷，第131页）

如今，一场突如其来的金融风暴迅速袭击全球。2008年的寒冬似乎特别寒冷。发端于美国次贷危机的全球金融风暴，使自然界"全球气候变暖"的冬季出现了经济的严寒。具有158年历史、资产超过6 000亿美元的美国第四大投资银行"雷曼兄弟"申请破产；美国两大房贷巨头"房利美"和"房地美"，股价跌幅超过80%，成了金融业的泰坦尼克号撞上了次贷冰山；以底特律汽车三巨头（通用、福特和克莱斯勒）为首的美国汽车制造商濒临破产倒闭。"多米诺骨牌效应"像瘟疫一样正在全球蔓延。

美国政府为救银行，将政府持有的优先股转换为普通股。这样一来，政府事实上控股了大银行。有专家认为，在救市初期，美国政府通过优先股注资，主要是解决金融机构资金流严重短缺的燃眉之急。以花旗银行集团为例，转股后，美国政府的持股比例将从7.8%蹿升为40%。虽然私有股份仍占60%，名义上占控股地位，完全国有化并没有实现，但应该看到，花旗银行集团的私有股份股东小而分散，很难对政府起到反作用，可以说，政府已实际上控制了花旗银行集团。但另一方面，美国政府又强调政府不会将银行国有化。这一对矛盾反映了美国政府所处的两难之境。香港大学经济金融学院副教授赵耀华于2009年3月13日

许政泓

在香港《明报》撰文写道："从全球化批评者斯蒂格利茨(Joseph Stiglitz)到自由主义良心克鲁格曼(Paul Krugman)到末日博士鲁比尼(Nouriel Roubini)，他们都不约而同地指出，美国的银行业已经到了资不抵债的地步，实际上已经破产，因而是时候对其采取国有化了。"

金融危机尚未见底，许多援救经济的措施都会大打折扣。诚如美联储前主席格林斯潘所说："我们可以把河挖到牛鼻子前面，但我们无法强按着牛头让它喝水。"当时新上任的美国总统奥巴马告诫说："经济复苏不可能在一夜之间就实现。即使我们采取一些措施，形势在好转前还可能恶化。我希望大家对此持现实的态度。"这不失为一种清醒的务实之论。英国《每日电讯报》报道说，一些经济学家警告称，英国的经济比人们想象的更为悲观，2009 年英国经济可能衰退 2.5%，比 20 世纪 70 年代的大危机还要严重，这个冬天，将是英国经济自 1947 年以来最坏的冬天。冬天已经来到了，西方世界经济复苏和高涨的春天将是遥远的。

回过头来看看中国，风景这边独好。值得自豪的是，在这场西方金融危机面前，我国经济增长的下行压力加大，但我国经济发展内在动力依然强劲。时任中共中央总书记胡锦涛在 2009 年 2 月 23 日中共中央政治局第十二次集体学习时指出了中国经济的四个"没有发生根本变化"：一是我国经济发展的基本态势没有发生根本变化，中央及时采取积极的财政政策和适度宽松的货币政策，果断出台一系列应对国际金融危机冲击的有针对性的政策措施，我国经济在世界各国经济增长中仍然处在前列；二是我国经济发展的优势条件没有发生根本变化，我国社会主义市场经济体制已基本建立，改革开放 30 年的持续快速发展为我国打下了应对各种风险和挑战的坚实物质基础；三是我国工业化、城镇化加快发展的趋势没有发生根本变化，我国经济发展的内在动力依然强劲；四是我国发展的外部环境没有发生根本变化，和平、发展、合作仍然是当今世界的潮流。这就是说，全球经济面临的调整和重组也为我国经济发展带来了困难，也带来了新的机遇。

任何事物都有好事与坏事的两重性。这场金融危机对我国来说，既是坏事，又是好事。处理得好，它可能推动我们的改革，让我们眼睛向外的同时，也要注意眼光向内。要正确认识自己的技术与力量，正确认识自己的人力与财力，正确认识民生与国内市场，正确认识发展经济与改善人民生活的关系。同是经济危机，我们与西方各国的状况大不一样，我们经济发展的基本面受到的影响极小，人民的生活水平没有大的波动，加之我国政府采取了一系列有效措施，我们的金融业正在积极创新与进一步开放，保增长、促内销已初见成效，我们完全有理由对全国经济形势持积极乐观的情绪。美国微软有线广播电视（MSNBC）网站2009年3月14日刊文说："在这个时候，中国政府推出的4万亿元人民币救市计划，将能打破上述的困局。数以十亿元计的在以往会变作美国国库券的人民币资金，现在将重新投放于中国本土，帮助中国经济从出口导向转型为内需带动。因此，尽管中国经济目前仍未能摆脱环球经济的牵引，此一救市计划却有助她走向这条大道。而且中国多年来积累了庞大的外汇储备，现在也有了用武之地。因此我们有理由相信，尽管前路肯定会崎岖不平，但走过这条路后的中国，肯定会变得更强大、更独立、更能自主自足。"这不失为一种有识之见。

在全球性的金融危机中，不少国家的金融部门、经济部门及大中企业的高级管理人员、高级专家失去了工作，或因种种原因要换岗了。这是到国外招聘人才的好时机。2008年12月，上海成立了"赴英美高层次金融人才工作团"到伦敦、芝加哥和纽约招聘银行、基金、证券、投资等专业领域高层次人才，吸引了2 000多人应聘，带回数千份资料，800多人签订了意向书。南京、杭州、北京、深圳等地也纷纷组团去华尔街"抢人"。我国高校也借机去美欧"抢人"、"敛才"。这些做法，都是变危机为机遇的高招。

金融危机来了，对中国民营经济来说，发展的机会也来了。中国民营经济发展提速的机会，恰恰多发生在国外经济衰退之时。据悉，国内摩托车市场基本没有受到影响。为什么？摩托车卖给农民，农民兄弟的购买力跟雷曼兄弟公司的倒掉完全没有关系。现在，每个农民每年得到中央政府和地方政府给的"实惠"，人均能达1 000元左右，他们有了钱，第一件事是修房子，第二件事是买彩电，第三件事是买摩托车。需要就是市场，市场需要反过来就能促进生产。国外摩托车不来了，我们正好独吃这个"大蛋糕"。审时度势，我们应当在这种新的历史机遇面前乘势而为，变危机为机遇，争取中国经济的尽快好转。

最后，还要顺便说一点，西方的这场金融危机对于国内有些盲目崇拜欧美自由市场经济模式的人，也是兜头泼了一盆冷水。在中国的第三次改革大论战中，有不少理论家沉迷于对资本主义经济的顶礼膜拜之中。如今，在这场欧美资本主义模式大危机中，许多西方政治家和理论家把拯救资本主义的目光转向中国，这不仅在中国打了那些对欧美自由市场经济模式顶礼膜拜者一记耳光，更重要的是它将把更多的国人从对西方发展模式的迷信和模仿中唤醒过来，从而更加坚定自己走具有中国特色的社会主义道路的信心。

“打摆子”与经济危机

不是财富生产得太多了。而是资本主义的、对抗性的形式上的财富，周期性地生产得太多了。

马克思：《资本论》第三卷（上），第287页。

马克思的这几句话，指出了资本主义国家周期性地发生经济危机的必然性。有人用“打摆子”的比喻来形容资本主义国家经济危机的周期性，是生动形象的，也是非常恰当的。

“打摆子”又名疟疾，是由疟原虫经蚊叮咬传播的传染病，临床上以周期性定时性发作的寒战、高热、出汗退热为典型症状。患者先发冷发抖，皮肤起鸡皮疙瘩，面色绀紫，半小时到1小时后体温迅速升高，头痛面红，恶心呕吐，全身酸痛，神志模糊，胡言乱语，持续4—8小时后体温下降，全身出汗，部分患者口鼻出现疱疹。

马克思和恩格斯虽然是生活在资本主义社会发展的初期，但他们在充分肯定了资本主义发展生产力的同时，也指出了资本主义经济发展要被周期性的经济危机所打断。马克思对于危机曾有这样的表述：“危机本身首先是爆发在投机领域中，而后来才波及到生产。”马克思认为，商品经济和市场经济会发生经济周期性的恶性循环。因为“把交换价值作为交换价值的尺度是恶性循环”。经济周期性的恶性循环是由马克思首先提出和充分论证的。凯恩斯的理论，改变了周期性恶性循环的实体，即由经济危机转变成金融危机。2008年西方国家的金融危机，是由人们还不起贷款的次贷危机而至美国金融危机再至爆发全球金融危机。因此，从表面上看来，似乎爆发危机的原因不是生产过剩，而是无限制的、只不过是生产过剩之征兆的投机，似乎跟着而来的工业解体不是解体前急剧发展的必然结果，而不过是投机领域内发生破产的简单映照。但是，由于自然规律的必然性，生产一定要经过繁荣、衰退、危机、停滞、新的繁荣等周而复始的更替。

“打摆子”是由疟原虫引起的传染性寄生虫病，资本主义经济危机也是由内在的“寄生虫”引起的。这个“寄生虫”便是资本主义社会的一个基本矛盾，及生产资料的资本主义私人占有和生产社会化的矛盾。它潜伏于资本主义的体内，一旦条件成熟，就要发作，而且自体不能消解。年龄越大，发作越频繁。恩格斯在《反杜林论》中更为具体地提出生产的社会性和生产资料的资本主义占有形式之间的矛盾。巨大的生产力所生产出来的大量商品只是属于少数资本家。如果这些商品不能顺利地卖出去，资本家就不能获取剩余价值，再生产的活动就会遇阻。于是发生了生产的社会化和生产资料资本主义占有形式之间的矛盾，这一矛盾是产生资本主义经济危机的根源。危机并不能消除资本主义的基本矛盾，一次危机过去后，随着经济的恢复和发展，其基本矛盾又会逐步重新激化起来，使下一次危机成为不可避免。正如恩格斯所说："在把资本主义生产方式本身炸毁以前不能使矛盾得到解决，所以它就成为周期性的了。资本主义生产产生了新的'恶性循环'。"(《马克思恩格斯选集》第三卷，第 315 页)

一百多年来，资本主义国家爆发了十几次经济危机，平均周期从 4 年到 10 年不等。恩格斯在整理出版马克思的《资本论》第三卷时，关于经济危机周期性的时间加了一个注："我曾在别的地方指出，自上一次大规模的普遍危机爆发以来，在这方面已经发生了转变。周期过程的急性形式和向来十年一次的周期，看来让位给比较短暂的稍微的营业好转和比较持久的不振这样一种在不同的工业国在不同的时间发生的比较慢性的延缓的交替，但这里也许只是周期持续时间的延长。在世界贸易的幼年期，自 1815 年至 1847 年，大约是五年一个周期；自 1847 年至 1867 年，周期显然是十年一次；现在我们不又是处在一个空前激烈的新的世界性的崩溃的准备时期吗？有许多征兆好象在预示这一点。自 1867 年最近一次的普遍危机爆发以来，已经发生了巨大的变化。"(《资本论》第三卷(下)，第 554 页)资本主义经济危机的爆发呈现周期性的特点，即过一段时间发生一次。两次危机爆发之间所经历的时间叫做一个再生产周期，它一般包括危机、萧条、复苏、高涨四个阶段。其中危机阶段是决定性的阶段。这里且来看 19 世纪周期性发作的几次经济危机。

英国第一次经济危机发生在 1825 年，这也是整个资本主义发展史上的第一次全国范围内的经济危机。此后，在 1837 年和 1847 年英国又相继发生了两次经济危机。1837 年的经济危机是在 30 年代中期英国周期性高涨阶段之后爆发的，这次危机侵袭到工业生产的一切主要部门，但其破坏程度不算很严重。这次危机在美国也有比较明显的表现。1847 年的经济危机，几乎席卷了英国工业的所有部门，并且沉重地打击了对外贸易和信用系统。同时，对于其他主要资本主义国家的影响也很大，所以具有一定的国际性。

1873年的经济危机是19世纪持续时间最长、打击最为沉重的一次经济危机。这次危机持续了大约5年之久，许多国家的工业生产曾经历了两次下降，一次是1873年至1874年，另一次是1876年至1878年。这给经济带来的破坏更为严重和深刻。在危机期间，美国钢铁生产下降了1/4，石油产量减少了1/4，造船量削减了2/3。整个工业股票价格下跌了40%，其中铁路股票下跌了60%。企业破产达47 000家，负债总额为12亿美元。德国钢铁产量下降了18%，机器制造业的开工率只有30%，股票价格猛跌50%。

1873年经济危机的结果，对资本主义经济和社会发展产生了毁灭性影响，但资本主义制度并没有寿终正寝。1873年经济危机的结果，一方面与以往历次危机一样，对资本主义经济和社会发展产生“毁灭性影响”；然而另一方面，又没有成为资本主义制度结束其寿命的信号。1879年4月10日马克思给丹尼尔逊的信，指出不论这次危机可能怎样发展，它总会像以前的各次一样地过去，并且会开始一个具有繁荣、衰退等各个不同阶段的新的“工业周期”。

1873年的危机距前一次危机相隔仅7年时间，这似乎多少印证了马克思提出的、关于资本主义经济危机的两个基本判断：周期越来越短，程度越来越猛烈。所以在1875年6月18日的一封信中，马克思指出这次危机与以往危机比较，“总危机周期的时间在缩短”，这是一个“真正值得注意的现象”；“但特别可喜的是，这种时间的缩短正在露出如此明显的迹象；这是资产阶级世界的寿命的不祥之兆”。在19世纪60、70年代，除了非洲内陆和亚洲、拉美的极少数国家和地区外，大多数国家已纳入世界市场范围。在这一世界经济体系中，各国商品、金融与贸易相互联系，英国和美国传染了“打摆子”，就会迅速地蔓延开来，全世界都会发冷、寒战、高热，使危机表现出强烈的世界性的特征。

历史现象有时是惊人地相似。一百多年过去，2008年9月，美国华尔街金融风暴的爆发，“打摆子”传染病卷土重来，且症状依旧，来势凶猛，让人措手不及。美国和欧洲国家的领导人正在殚精竭虑，煞费苦心，试图以最快的速度来摆脱困境。但他们依然难以逃脱危机、萧条、复苏、高涨四个阶段。西方国家的“打摆子”，现在还处在“发冷发抖”这第一阶段，“先为四肢末端发凉，迅觉背部、全身发冷”。要全面复苏，还要有相当长的时间。但是，西方资本主义国家经过这场百年一遇的“打摆子”，元气已大伤了。资本主义制度的种种弊端，通过这场金融危机的发作已毕露无遗。

1857 年的那场欧洲金融危机

> 我们记得,1857 年发生了一次大危机——工业周期每一次都是以这种危机而告终。下一个周期是在 1866 年到期的。
>
> 《资本论》第一卷(下),第 733 页。

金融危机,是资本主义国家与生俱来的老搭档。《资本论》指出,经济危机是资本主义的固有产物。在资本主义制度下,资本家进行盲目竞争、追求利润最大化和资本积累,然而,信贷和生产的扩张是互相冲突的,最终导致利润下降,失业率大幅上升,出现经济危机。危机之后,生产重组,并推动国家修订贸易、金融和投资法规。在 1857 年,它就以疾风暴雨之势,光顾美国和欧洲,引起了马克思的高度重视。

在《马克思恩格斯全集》第十二卷中,有好几篇马克思写的谈金融危机和经济危机的文章:《欧洲的经济危机》、《欧洲的金融危机》、《欧洲金融危机产生的原因》、《欧洲的金融危机——货币流通史片段》、《英国的贸易和金融》等文章,都是直接论及 1857 年欧洲和美国发生的金融危机问题,虽然谈的是一百多年前的历史,但是,这些分析对今天仍不乏启发价值。

这组文章都是马克思为《纽约每日论坛报》写的,以社论的形式发表。马克思的这批关于金融危机的文章,积淀了一系列重要的理论概括和结论。马克思指出,大规模的投机企业和与之相联系的交易所投机活动是这一时期的特点之一。在克里木战争结束后,投机活动得到蓬勃的发展,它相继侵入许多资本主义国家经济生活的各个主要部门:借贷资本、商业、工业和农业,很快带有投机性质。投机活动从法国开始,很快便蔓延到德国。银行业的投机冒险必然隐藏了极大的隐患,当某个主要行业出现危机的时候,必然引发金融界的全面危机。例如当时英国小麦涨价,投机小麦市场猖獗,同时世界谷物向英国市场的进入以及接下去几年的丰收,必然使小麦价格大幅回落,必然会引发连锁的金融与经济问题。马克思预见到,这种普遍的投机倒把现象将以普遍的危机告终。在《欧洲的金融危机》等探讨信贷关系的系列文章中,马克思对世界金融市场的状况,特别对19世纪50年代非常发达的期票信贷领域，作了卓越的分析。

1857年的金融危机则波及当时各主要资本主义国家，形成了第一次资本主义世界经济危机。最早出现经济危机迹象的是美国和法国。从1856年秋季开始，这两个国家的股票开始猛烈下跌。作为美国当时经济发展的主要支柱的铁路业的股票价格，从1856年年底到1857年8月，竟下跌了一半。美国还爆发了货币危机，整个银行系统瘫痪了，美国的货币危机在10月中旬达到了顶点，当时纽约63家银行中有62家停止了支付，贴现率竟然超过了60%，股票市场则下跌了20%—50%，许多铁路公司的股票跌幅达到80%以上。股民们惊恐万状，纷纷抛出股票，生产领域很快受到了冲击。

由于英国对美国铁路建设进行了大量的投资，故美国铁路投机的破产对英国也造成了很大的震动。1847年经济危机结束后，从1850年开始的周期性高涨的最重要的特点是世界贸易急剧的扩大，19世纪50年代世界贸易的年平均增长额比前20年提高了2倍。机器工业的发展，运输业的革命，新兴国家和新兴部门卷入国际商品流通，以及加利福尼亚和澳大利亚金矿的发现都促进了世界市场的迅速扩大。1857年，美国的银行、金融公司和工业企业大量倒闭，有近5 000家企业破产，损失的资本总额达3亿美元(这个数字今天来看可谓是“毛毛雨”了)。粮食生产过剩，粮价和粮食出口下降，加上英国工业品的激烈竞争，促使了美国经济危机的加深。

马克思认为，金融危机引发的恐慌，一般说来，仅仅是发生危机的最初反应，而伴之以商品市场的普遍萧条以及过一段时期以后才出现的工业上的困难，也即是工业危机，才是金融危机的必然反应。金融危机隐藏的是资本主义世界工业生产力的急剧下滑，物质产品的短缺。1857年的经济危机很快波及当时最强大的资本主义国家英国。大量银行和企业经不起危机冲击而纷纷倒闭和破产，使英国失业和半失业的工人数量激增。由英国向之提供资金的美国银行、铁路、商业公司纷纷破产，也使英国的投资者持有的有价证券急剧贬值。1857年的经济危机也蔓延到德国、俄国、奥地利、意大利和北欧国家。初级产品的国际贸易大幅度减少，价格猛跌。广大殖民地和附属国一向以初级产品为主，经济危机引起的贸易削减、价格下跌，使它们遭受了巨大的损害。

在《欧洲的金融危机》一文里，马克思具体提到了汉堡这个城市的灾难，人心惶惶已达极点。为了救市，1857年11月27日，汉堡市参议会提出了一项建议，并得到了城市土地所有者的许可——发行1 500万马克的有息有价证券(国库券)，用来发放以经久不坏的商品或以国家有价证券作抵押的贷款；贷款数目应为抵押品的相当价值的50%—66%。汉堡市第二次想改变商业状况的试图，同第一次一样遭到了失败，两次都像船舶沉没时绝望呼救一样。马克思在《欧洲的金融危机》这篇文章中调侃地说："私人资本家的损失应当用以政府为代表的整个社会的财富来补偿。这种只要求一方实行互利原则的共产主义，在欧洲资本家看来，是相当诱人的。"(《马克思恩格斯全集》第十二卷，第367页)诱人尽管诱人，结果却并不尽如人意，欧洲资本家的期望一一落空。1857年11月29日，汉堡的20家大商行破产，斯德哥尔摩也跟随破产，国家的支持在那里也没有效果。瑞典在这方面也是如此。丹麦在这方面更是如此。因为丹麦的商业中心阿尔托纳只不过是当时汉堡的郊区而已。有一个船主兼批发商因陷于绝境而自杀。用"互利原则"来救资本主义，看来又碰了壁。

1857年汉堡市参议会发行1 500万马克国库券惨遭滑铁卢的事例，今天旧话重提，也有借鉴的意义。用马克思的话来说，金融危机之所以会造成巨大的危机，还是因为"游资同当前工业、商业和投机企业的巨大规模不相称"。所以，美国拿出大量资本，来挽救次贷危机。据新华社报道，2009年2月10日，美国参议院以61票对37票的结果通过最终投票表决，批准了总额为8 380亿美元的经济刺激计划。此前一天，参议院在程序性投票中以61票对36票的投票结果，同意就这项经济刺激计划举行最终投票表决。奥巴马总统费了九牛二虎之力通过的8 380亿美元"救市"方案，能不能奏效，能不能使美国经济起死回生，还得看一看。因为就在美国财政部长盖特纳宣布美国政府新的金融救援行动、耗资可能将超过2万亿美元的当天，"公私合营"并没有获得股市的青睐，恰恰相反，由此产生的不确定心理导致投资者大量抛售金融股。盖特纳语音刚落，纽约股指暴跌，当日美国道琼斯工业股指暴跌近400点，三大股指跌幅超过4%。在此之前，保尔森主导的7 000亿美元救市计划已经不灵。同那些热衷于"政府埋单哲学"的救市主义者预估相反的是，美国国会刚通过保尔森主导的7 000亿美元救市计划，道琼斯指数以崩溃的方式予以回应。2008年10月6日，道指跌破万点大关，收于9 955.5点，惨跌369.9点，盘中最高跌幅接近800点。仅仅一周之内，被认为是美国实体经济风向标的道指失去了10%。遗憾的是，明月依旧照沟渠，画了八千亿大饼，美国百姓仍难充饥。

马克思在《英国的贸易》等文章中，还分析了那次危机在各国的特点和金融危机发生的原因。《英国的贸易》一文发表于1858年2月3日的《纽约每日论坛报》。这篇文章引用了大量的英国毛织品原料进出口的数字，说明欧洲大陆上的工厂主为了羊毛而与英国工厂主展开了激烈的竞争，这场竞争使这种原料的价格空前高涨，涨风毁灭了工厂主，同时也助长了对这种商品的大投机。马克思对英国自由贸易派以自由贸易原则作为防治危机的万应灵药的观点提出了尖锐的批评。马克思指出，任何危机的真正原因都不是像自由贸易派所说的那样，在于过度的投机和信贷的滥用，而是资本家本性所固有的社会经济条件。

危机的真正原因何在？马克思进一步指出："在所有的现代工业国里，人们竟抵抗不住最明显的幻想的影响，不顾每隔十年就重复一次的最严重的警告，而周期性地屈从于和自己的资金分手的强烈愿望呢？是什么社会条件几乎有规律地反复造成这种普遍自欺、过度投机和空头信贷的时期呢？只要我们对这些社会条件哪怕进行一次细心的观察，我们就会得出一个很简单的结论。二者必居其一：或者是社会能够控制这些社会条件，或者是这些社会条件是现在的生产制度所固有的。在前一种情况下，社会能够防止危机；在后一种情况下，只要这个制度还存在，危机就必然会由它产生出来，就好像一年四季的自然更迭一样。"(《英国的贸易和金融》,《马克思恩格斯全集》第十二卷，第606—607页)

历史的经验值得注意。从19世纪至今的历史表明，全球经历了几十次经济危机，但再多的补救措施仍无助于防止危机的周期性的发作。可见，要彻底摆脱周期性经济危机这种资本主义的宿命，只有从制度上改革，或者现在正是时候。当然，资本主义肯定不会全盘接受马克思的改造计划。如若那样，就无异于要求资本主义自己革自己的命。但这绝不妨碍某些资本主义的统治者从马克思那里吸取自己需要的东西。据欧美的新闻媒体报道，美国奥巴马政府的救市计划里就包括不少银行、大工业国有化的举措。有人因此而放言奥巴马总统的救市计划暗藏着某种向社会主义过渡的倾向，似乎要打开欧美资本主义向社会主义过渡的闸门。此论当然不足为信。

但是，正是从这一点来看，马克思在1856年10月至12月发表的这组关于金融危机的系列文章，马克思、恩格斯在《共产党宣言》中提出的一些改造资本主义而向社会主义过渡的办法，比如银行、大工业的国有化等措施，都是科学的预言，值得今天仔细研究。

资本的积累是财富的积累和贫困的积累

在一个国家比如英国爆发的危机，会把这个支付期限的序列压缩到一个非常短的期间内。这时就会清楚地看到，这一切国家同时出口过剩（也就是生产过剩）和进口过剩（也就是贸易过剩），物价在一切国家上涨，信用在一切国家过度膨胀。接着就在一切国家发生同样的总崩溃。

马克思：《资本论》第三卷（下），第557页。

金融危机以秋风扫落叶之势席卷世界的每一个角落。被金融危机折腾得死去活来的西方资本主义国家，正在想方设法摆脱困境。欧洲的一些有识之士提出资本主义的出路是对其进行“大修”。路透社的评论也认为，21世纪的资本主义现在需要“大修”，包括在金融体系、政府角色、社会公平等方面都有可能催生改革。但是，大修也好，小补也罢，结果如何，前景如何，尚在未卜。那么，人们要问：好端端的一个资本主义国家（如冰岛），为什么在一夜之间弄得大厦摇摇欲坠、人心惶惶？2008年，美国华尔街爆发金融危机，希腊成为欧洲债务危机的重灾区。2009年希腊政府宣布，希腊公共债务已占GDP的115%，远超欧盟限定60%的上限。希腊经济危机已持续七年，至今未见底。

冰冻三尺，非一日之寒。按照马克思的说法，资本主义国家的经济危机，乃是由于生产过剩引起的，接着是贸易过剩，引来物价上涨，又引来信用在一切国家过度膨胀。于是，经济的总崩溃就要来到了。看一看2008年席卷全球的金融危机，就可以证明马克思的分析的确是有道理的。

这次金融危机，也可以说是资本“积累”出来的危机。再打一个形象化的比方，资本主义的经济仿佛是舞台上小丑的两条腿：一条腿向左，一条腿向右——一方面是资本的积累，一方面是贫困的积累，一条腿向左，一条腿向右，一左一右，一拐一扭地前行，一条腿越来越粗，一条腿越来越细，蹒跚而行，步履维艰，走到一定的时候，终于跌倒在地。诚如马克思所指出的，资本积累本身是“以广大生产者群众的被剥夺和贫困化为基础的”，“生产力越发展，它就越和消费关系的狭隘基础发生冲突”。资本积累的内在冲突，仍然是经济危机周期性爆发的根本原因。

许政泓

马克思在《资本论》第一卷的第二十二章中，详细地论述了积累和剩余价值转化为资本的关系。马克思深刻指出："积累是对社会财富世界的征服。它在扩大被剥削的人身材料的数量的同时，也扩大了资本家直接和间接的统治。"(《资本论》第一卷(下)，第650页)"要积累，就必须把一部分剩余产品转化为资本。""积累就是资本的规模不断扩大的再生产。"(《资本论》第一卷(下)，第637页)为积累而积累，为生产而生产，古典经济学用这个公式表达了资本主义初期资本家的历史使命。竞争迫使资本家不断扩大自己的资本来维持自己的资本，而他扩大资本只能靠累进的积累。马克思又透彻地指出："资本家财富的增长，不象货币贮藏者那样同自己的个人劳动和个人消费的节约成比例，而是同他榨取别人的劳动力的多少和强使工人放弃一切生活享受的程度成比例的。因此，虽然资本家的挥霍从来不象放荡的封建主的挥霍那样是直截了当的，相反地，在它的背后总是隐藏着最肮脏的贪欲和最小心的盘算；但是资本家的挥霍仍然和积累一同增加，一方决不会妨害另一方。"(《资本论》第一卷(下)，第651页)这样一来，剩余价值被积累下来，转化为更多的资本。资本家的最大的"本事"，就是把工人的必要消费基金压缩到最低程度，从而转化为资本的积累基金。马克思在《资本论》中，特意引用了一个名叫本杰明·汤普逊的美国骗子为工人提供的一张"特别成功的菜单"："大麦5磅，玉米5磅，青鱼3便士，盐1便士，胡椒和白菜2便士，总计20又3/4便士，可以做成供64人喝的汤，如果粮食的价格中等，汤的费用还可以降低到每人合1/4便士。"

真是精打细算到了极点。资本家运用这张"特别成功的菜单"，有一个奇妙的效果：钱袋很快地鼓起来了，但工人们的肚子则很快瘪了下去。这就是资本积累内在冲突的外在表现。当今世界工人的生活，诚然不再使用汤普逊为资本家提供的这张"特别成功的菜单"，但劳动者的相对的贫困化，依然是一个不争的现实。资本积累和广大生产者群众的被剥夺和贫困化造成了生产过剩，造成了消费品的过剩，产生了信贷危机。资本积累和资本集中一方面使扩大再生产成为资本主义生产的主要趋势和特征，从而使生产具有无限扩大的趋势；另一方面使财富越来越集中在少数资本家手中。伴随着资本积累和资本集中的是资本有机构成的不断提高，而资本有机构成的提高，造成了劳动力的相对过剩，直接导致了可供雇佣的劳动阶级消费的价值总量相对地减少，即其表现的资本主义生产与消费的矛盾。

资本的积累显现了它的二重性。诚如马克思所说："在一极是财富的积累，同时在另一极，即在把自己的产品作为资本来生产的阶级方面，是贫困、劳动折磨、受奴役、无知、粗野和道德堕落的积累。”（《资本论》第一卷（下），第708页）马克思又引用1867年4月5日《旗帜报》记者写的一篇报道，证明了这一点：“昨天在这个大都会的一角出现了一幅可怕的情景。东头的好几千失业工人虽然没有打着黑色丧旗成群结队地游行，但是这股人潮已经够吓人的了。让我们想想这些人受着怎样的苦难吧。他们快要饿死了。这是一个简单而可怕的事实。他们共有4万人……在我们面前，在这个不可思议的大都会的一个区，一边是旷古未有的最大量财富的积累，而紧挨着它的旁边的是4万个走投无路的行将饿死的人！现在这成千上万的人正在侵入其他市区；这些一直处于半饥饿状态的人向我们大声诉苦，向天哀号，向我们诉说他们的破烂不堪的住所，他们无法找到工作，求乞也没有用。而地方上交纳济贫税的人，由于教区的勒索，也濒于需要救济的赤贫的边缘了。”（《资本论》第一卷（下），第735页）二重性终于变成一重性：催化金融危机或经济危机或迟或早的爆发。

从表面上看来，2008年金融危机的爆发，原因似乎不是生产过剩，而是由次贷危机引起的，由金融衍生品的市场发生危机引起的。但是，实质上，这次危机的祸根仍在实体经济，是和实体经济有一定的内在联系的。生产过剩依然是金融危机爆发的深层原因。在资本主义市场经济条件下，哪里赚钱多，哪里赚钱快，就往哪里投资。盲目地追逐利润，必然导致投资的新自由主义。利润高的行业，投资者都挤进来了，而对利润低的产业，投资者纷纷退出。这必然造成生产过剩，造成生产力和购买力的不平衡。生产过剩发展到严重的程度，资本的投资没有了方向，到处乱投钱，货币大幅贬值，信用过度膨胀，于是发生金融危机。无限制的、只不过是生产过剩之征兆的投机，似乎跟着而来的工业解体不是解体前急剧发展的必然结果，只不过是投机领域内发生破产的简单反映。但如果不从根本上解决实物经济的生产过剩，金融危机的问题是无法解决的。

19世纪70年代初，马克思在修订《资本论》法文版第一卷时曾说过：“直到现在，这种周期的延续时间是十年或十一年，但绝不应该把这个数字看作是固定不变的。相反，根据我们以上阐述的资本主义生产的各个规律，必须得出这样的结论：这个数字是可变的，而且周期的时间将逐渐缩短。”（《马克思恩格斯全集》第二十三卷，第695页）一百多年后的实际生活证明：马克思的预言完全正确。

伦敦的宠物为何失宠

> 一切真正的危机的最根本的原因,总不外乎群众的贫困和他们的有限的消费,资本主义生产却不顾这种情况而力图发展生产力,好象只有社会的绝对的消费能力才是生产力发展的界限。
>
> 马克思:《资本论》第三卷(下),第548页。

马克思洞若观火。这段话已预见到了西方资本主义国家持续不断发生的金融危机,并分析了产生经济危机的根本原因。

2008年这次美国的从次贷危机到金融危机,是近百年来全世界爆发的最大的金融危机。值得注意的是,西方爆发的这场金融危机来势凶猛,涉及社会生活的各个方面。2008年英国媒体即普遍形容,英国人将度过一个"忧伤的圣诞节"。新节俭主义在西方盛行,消费的"瘦身计划"进入千家万户。值得注意的是,消费的"瘦身计划"已累及宠物。据悉,不少英国人开始调整消费结构,宠物也遭"裁员"。

在金融危机之下,素有绅士风度的英国人,现在也只能"以人为本",省吃俭用,将心爱的宠物弃之街头。据英国几家动物保护组织发布报告称,街头流浪动物近期突然大幅增多,各大动物保护机构"宠满为患"。伦敦"巴特西猫狗之家"2008年12月15日告诉英国《泰晤士报》记者,它们的动物圈舍"快要挤爆了"。一向文质彬彬、重视礼仪的英国人还找出了各种各样的丢弃理由。爱狗基金会公布最令人啼笑皆非的"弃宠"理由排行,其中"狗的毛色和沙发颜色不搭配"名列第一。还有人仅因为一点小问题就萌生遗弃宠物的念头,如"我的狗咬了圣诞节火鸡",或"我养的豚鼠怕狗"。真是意欲弃之,何患无词?品味这些"弃宠"理由,的确有点涩味。

这诚是不得已而为之,也是可以理解和接受的。面临金融危机的风暴,人们需要调整消费结构,节省一切可以节省的开支,勒紧腰带,以图自保。放弃宠物,成了理所当然的选择之一。在伦敦,养宠物要花一笔不菲的开支。据《泰晤士报》统计,养一只狗平均每年需花销710—810英镑,包括购买狗粮、宠物美容、

——他们有了这个“宠物”后，我就“失宠”了！

天呈

保险和除虫等费用。权衡利弊，只好对宠物说声“对不起，再会了！”三十六计，“弃”为上计。可叹的是，一贯重视保护动物的英国有关机构，也难为丢弃的宠物找到安身之所，因为愿意收养宠物的人越来越少。爱狗基金会重新安置流浪动物的工作因此难度更大。基金会以往约需 3 个月为一只宠物找到新家，现在 6 个月才能送出一只宠物。西方金融危机风暴之迅猛，渗入社会生活之广泛，由养宠物爱好的自然降温即可见一斑。不到万不得已，伦敦市民们是不会把心爱的猫狗逐出家门的，爱狗基金会也不至于叹息爱莫能助了。不过，伦敦的猫狗失宠，也诚如马克思所指出的，“不过是使防止危机的手段愈来愈少的办法”(《马克思恩格斯选集》第一卷，第 257 页)而已！

伦敦的猫狗失宠，是西方这场金融风暴的一个小小的浪花，但由小见大，从这个浪花中，人们看到了这场金融风暴的广泛性和深刻性。它已无孔不入地进入了资本主义社会的一切方面，即使猫狗也不能置身事外。另据新华社记者王建刚 2009 年 2 月 12 日报道，在金融危机的冲击下，美国金融之都纽约市日前又传出坏消息：3 月份皇后区两家医院将因经费短缺而关闭，这意味着又有至少 2 500人将加入失业大军。随着经济状况恶化，越来越多的纽约人，包括医生、教师和律师等以往很少丢“饭碗”的人，都不得不面对日益严峻的就业形势。在纽约市长布隆伯格 2009 年 1 月 30 日提出的新财政年度预算方案中，最令人关注的是削减 2.3 万个职位的建议，其中包括教育部门的 1.4 万个职位。布隆伯格曾预测，到 2010 年，纽约市将失去 30 万个职位。这是迄今官方对纽约市失业人数作出的最高估计。《纽约邮报》1 月 6 日援引瑞士银行最新报告称，纽约市的经济衰退可能尚处在初步阶段，已经大幅下跌的房价可能会继续重挫。纽约州劳工厅日前说，纽约市 2008 年 12 月份的失业率达到 7.9％，高于一年前的 5.4％。

另据台湾《中国时报》2009 年 3 月 18 日刊文说，美国经济不景气，各行各业皆受到冲击，学术界和教育界亦不例外，其中又以大学和研究院的人文学科首当其冲，受创最巨。许多学校缩编英文系、文学系、政治系、历史系、哲学系、语言系、艺术系和宗教系，刚从这些学科毕业的博士生找不到工作。不少学校冻结人文学科的人事，大削经费。美国高等教育的人文学科教育，自 1929 年经济危机以来，处境和前景从来没有如此惨烈过。

从伦敦的猫狗失宠到纽约的大批医生、教师和律师丢掉“饭碗”，这表明西方的金融危机正呈不断深化和扩大的势态，复苏的影子也没有出现。

真要勒紧腰带过日子了！

> 正好在崩溃的前夕，营业总是显得几乎安然无恙。关于这一点，例如1857年和1858年的《银行法报告》提供了最好的证据。在那里，所有银行董事、商人，总之，以奥维尔斯顿勋爵为首的所有被邀请的专家，都互相祝贺营业的繁荣和稳定——这正好是在1857年8月危机爆发前的一个月。
>
> 马克思：《资本论》第三卷（下），第548—549页。

马克思的上面的这段话，是为分析英国1857年发生的经济危机而写的。

银行董事们的相互祝贺言犹在耳，1857年的经济危机就悄然而至了。

与1857年危机总崩溃来到之前，营业情况依然非常稳定不同的是，美国2008年金融危机来临之时，在西方各国已出现了出口过剩和进口过剩的情况。令西方人备感沮丧的是，各国的经济还有进一步衰退的趋势。2009年1月13日，世界经济论坛发布了一份报告，名为《2009全球风险》。报告认为，今年全球财政状况还将进一步恶化。具体而言，美、英、法、意、西、澳等国政府的大规模救市计划，将会威胁已处险境的财政状况。全球股票证券大幅缩水之后，将会迎来大规模的证券资产抛售潮，从而导致金融资产超出市场吸收能力，引发新一轮资产缩水。这一报告并非危言耸听，2008年的类似报告就曾准确预警金融部门的系统危机与能源市场的"蒸发"现象。事实果然不出所料。据新华社2009年2月20日旧金山电，随着金融危机持续发展，美国银行破产倒闭案明显增加。据统计，2008年有25家银行倒闭，超过此前5年的总和，而2009年来银行倒闭数量则急剧上升。美国俄勒冈州在2月20日又宣布关闭一家银行，至此，2009年头两个月已关闭了14家银行。

金融危机的一个直接影响是老百姓的日子不好过了。许多西方人惊呼：奢华已成过去。当全球经济衰退开始影响大豪客的世界，身处其中的法国名牌Chanel的创意总监Karl Lagerfeld说：回归朴实。看到法国的大设计公司压低气焰，私人飞机被扔弃，连Jean Paul Gaultier都改骑自行车，他大惑不解地问道：我们真的要勒紧裤带过日子了吗？

现实生活的回答是：是的，豪客们真的要勒紧腰带过紧日子了。

2009年2月，欧洲、美国、日本均有大量人丢掉了工作。饭碗没了，消费自然大受影响。雇用环境恶化导致个人消费继续低迷、企业利润减少的恶性循环。受经济衰退和英镑大幅贬值的影响，英国2008年的圣诞节失去了往年的热烈气氛，许多人不再花钱购买圣诞礼品，也没有心情狂欢。新节俭主义在西方盛行，消费的“瘦身计划”进入千家万户，减少消费的证据日益明显。Richemont拥有多个奢侈品品牌，例如Cartier、Constantin、Mont Blanc等，2008年第四季销售额便下降了12%，其中它在美国的销售额下降了28%。香槟销售额单在10月份便下降了16%。但我们应该记住，在法国1789年革命时，法国贵族曾停止购买香槟好几年，而随后香槟销售的成功清楚地显示，节俭不会持续多长时间。

在伦敦的商业区，众多商家早早打出了“半价”的优惠幅度，不少商家甚至三折甩卖，却依然销售冷清。2008年圣诞前，英国著名的购物中心伦敦西区牛津街一家圣诞家居商店的经理汉纳说：“这本该是一年中最忙碌的一天，但今天的情况非常糟糕，还不如一个普通的周末。”另一家高级餐厅负责人库琴斯基说：“今年(2008年)已看不见人们尽情消费，即使你保住工作，但知道某些人已饭碗不保，也没心情吃喝玩乐。”一家知名投资银行的零售分析师弗莱迪·乔治介绍说，2008年圣诞期间的服装销售比上一年同期下降了9%，电子产品下降了13%。

在英国剑桥大学受过教育的希腊年轻企业家斯特芬妮亚·西地亚2011年回国，颇有回国救亡的气势。28岁的她成立了非营利组织“位置认同”，曾在拯救沦落于腐败与官僚主义社区的国际建模大赛中拿下大奖。可是，拿奖也无助于拯救自己的祖国。西地亚说，“位置认同”已流失一半员工，因为他们的资金已山穷水尽，但新的项目还望不到头。目前，她正在考虑离开希腊。她说：“在有些日子里，我真的绝望到只想痛哭。”

2009年2月4日公共政策研究公司Strategic Access总裁在香港《明报》上发表文章说：“也许我们正进入一个新的节俭年代。这可能会持续几年，不过总体来说可能不会太久。如果我们还不在打击中汲取教训，我会感到很失望。希望更多人会以他人的为人处世来衡量人，而不是以收入和外表来衡量人。让我们可以在道德上和精神上‘大扫除’，反省我们的价值观及重新欣赏优点如庄重、谨慎和谦逊——不单是工作环境中，更在整体社会上。”

1879年4月10日，马克思在给尼·弗·丹尼尔逊的信中，指出这次危机

（指1873年发生的经济危机）“在很多方面都和以往的现象不同”，特别是在英国发生危机之前，美国、南美洲、德国和奥地利等地“就出现这样严重的、几乎持续五年之久的危机，还是从来没有过的事”。首先是危机的策源地和“震中”完全从英国移向美国。1873年的危机始自美国，而作为老牌资本主义的英国，迟至五年后才进入危机阶段。历史现象又出现了相似的情况。2008年发生的这场金融风暴，“震中”也在美国，之后同样转移到英国和世界各国。

马克思对电气铁路的预言

> 缩短流通时间的主要方法是改进交通。近五十年来，交通方面已经发生了革命，只有十八世纪下半叶的工业革命才能与这一革命相比。在陆地上，碎石路已经被铁路排挤到次要地位。
>
> 马克思：《资本论》第三卷（上），第85页。

1850年的一个晚上，年轻的社会主义者威廉·李卜克内西与卡尔·马克思边饮红酒边交谈了一夜。两人谈得非常热切：他们在伦敦牛津街上一家玩具店的橱窗里看到了一条“电动蒸汽铁路”。两人提出，如果将铁路的生产力与“电火花”的生产力互相结合起来，世界的变革就无法阻挡。马克思还和李卜克内西谈过：自然科学正在准备一次新的革命，蒸汽大王在前一世纪中翻转了整个世界，现在它的统治已到末日，另外一个更大无比的革命力量——电力的火花，取而代之。（威廉·李卜克内西：《回忆马克思、恩格斯》）他们交谈得如此兴奋、如此热烈，是因为两位革命家从一家玩具店的橱窗里，看出了未来人类社会发展的动人前景。

这是一个非常了不起的预见。那位满脸胡须的智者先知般的天才预言是建筑在物质基础上的。在18世纪的英国肯特郡的乡间，有一座古老的火车站台。在工业革命蓬勃发展的时代，西方人把铁路、蒸汽火车、蒸汽机称之为“现代生活的典型形象”。在马克思的时代，欧洲的铁路正随着财富和物资的流动，在城乡各地迅速蔓延伸展。当时的英国，只有用蒸汽机作动力的火车，但马克思认为，如果用电力取代蒸汽做动力，那是完全可能的，那就可以大大加快火车行进的速度，而铁路速度的加快，又能进一步改进交通，促进新的生产力的解放，成为推进一场新的工业革命的一个重要因素。马克思在一家玩具店的橱窗里看到这条“电动蒸汽铁路”，引出的一种科学的预见，就是未来的电气铁路。这也是对高铁的预期。

29年之后，电气铁路的预期变为一种现实。在1879年5月柏林贸易展览会上，展出了第一条电气化铁道。再过了两年，1881年，在德国西门子公司的利希特非尔德军事学院修建了一条2.45公里的电气化铁路，同年，在英国伦敦出现第一条架空导线供电的500米长的有轨电车线路，并于1885年正式投入商业运行中。但是，马克思在世时，还没有看到有轨电车在伦敦街头的运行。

马克思一直非常重视铁路对解放生产力的作用。在《资本论》第三卷中，马克思提及铁路的地方有七处。中国有句俗话：“要致富，先修路。”这里的修路，自然不仅是指修公路。铁路要比公路运输能力大得多，价格低，安全，高效，适合大宗产品的中长线运输。马克思指出：“1825年到1857年期间的两大危机策源地，美国和印度，由于交通工具的这种变革，同欧洲的工业国家靠近了70%和90%，因而失去了这两个危机策源地的爆发能力的大部分。”(《资本论》第三卷(上)，第85页)马克思还引用《工厂视察员报告》说：“亚麻纺织业主似乎比以往更迫切地希望修建铁路，来开发印度这个补充的原料产地，并使它的农业得到相应的发展，以便使亚麻的供给能适应他们的需要。”(《工厂视察员报告·1860年10月》，第37页)铁路的修建，大大减轻了欧洲两次经济危机爆发的压力。

马克思在1848年写的《共产党宣言》第一章里也提道：“资产阶级在它的不到一百年的阶级统治中所创造的生产力，比过去一切世代创造的全部生产力还要多，还要大。自然力的征服，机器的采用，化学在工业和农业中的应用，轮船的行驶，铁路的通行，电报的使用，整个大陆的开垦，河川的通航，仿佛用法术从地下呼唤出来的大量人口——过去哪一个世纪料想到在社会劳动里蕴藏有这样的生产力呢?”铁路的通行，被视作“一百年的阶级统治中所创造的生产力”的一个重要的方面，是“用法术从地下呼唤出来”财富的一种表征。

从铁路到高铁，又是21世纪改进交通的又一个巨大飞跃，高铁被认为是专门的复线电气化铁路。一个更大无比的革命力量——电力的火花，在中国的大地上纷纷冒出，用蒸汽机作动力的火车，为马克思所说的“电力的火花”所取而代之，其作用难以预期。高铁是现代铁路发展的一项重要举措。铁路的时速从数十公里提速到250公里以上（含预留），并且初期运营时速200公里以上的客运列车专线铁路（客运专线）。中国高铁的规划设计时速一般都是350公里。铁路发展目前实现的世界化、高速化、便捷化、服务化，很大一部分都是依靠高铁这项优势。因此，高铁对于实现铁路现代化意义十分重要。没有高铁的发展，就不会有真正意义上铁路的现代化。交通工具的发展直接带来经济活动地点、出口市场以及物流方向的变化。当中国把欧亚大陆当成开放的新方向时，开拓"一带一路"，西部就由原来的战略后方变成了战略前沿，新疆就变成了1980年代初的广东。

高铁定义既要求基础建设部分，又要求高速动车或高速列车部分。如果仅基础建设（土建部分）满足，而没有高速列车运行，其中包含车、通信调度和旅客运营等高铁科技，就不是真正的高速铁路。经过高速铁路建设和对既有铁路的高速化改造，中国已经拥有全世界最大规模以及最高运营速度的高速铁路网。

俗话说，火车跑得快，全靠车头带。牵引系统被称为高速动车组等轨道交通车辆的"心脏"，是高速列车动力的关键来源。世界轨道交通车辆牵引系统技术在经历了"直流"、"交流"后，正在朝"永磁"驱动技术发展。永磁同步牵引电动机具有转速稳、效率高、体积小、重量轻、噪声低、可靠性高等特点，节能可达10%以上。比如，一辆原来需要6动2拖的列车，在采用永磁同步牵引系统后，可以采用4动4拖，从而节省2辆动车的牵引系统成本。

由电力替代蒸汽，是一个非同寻常的变化。中国高铁列车最核心的部件——牵引电传动系统和网络控制系统，现已实现了百分百的"中国创造"。2014年11月25日，装载牵引电传动系统和网络控制系统的中国北车CRH5A型动车组，进入"5 000公里正线试验"的最后阶段。这是国内首列实现牵引电传动系统和网络控制系统完全自主创新的高速动车组，标志着中国高铁列车核心技术正实现由"国产化"向"自主化"的转变。

更值得注意的是中国南车。它是澳大利亚矿石运输的主力军，是在南非风头盖过全球最主要的支线飞机和交通设备制造商庞巴迪的中国火车头，是哈萨克斯坦铁路建成百年纪念邮票上最亮丽的风景，是国家领导人每逢出访必然推销的"中国制造"。2014年7月4日，李克强总理视察中国南车株洲基地，面对在场员工，李克强总理高声说："我走到哪里，就把中国南车推销到哪里！"他寄语南车要当好中国装备走出去的先锋。

我国的铁路产品已经与世界上近百个国家签订了订单或者意向合作协议。

在这背后,是以中国南车为代表的一批铁路装备制造企业,在自主核心技术上的突破。凭借一流的产品和优良的服务,中国南车也在国际铁路市场上成为中国品牌的代表之一,已叩开海外 84 个国家和地区的市场大门。南车的创新服务模式在国内外市场产生了"蝴蝶效应",南车株机先后进入印度、新加坡、南非、马其顿等十多个国家和地区,累计订单超过 300 亿元。以 CRH380A 为节点,中国南车仅用 6 年时间,就研制出从时速 200 公里到 380 公里不同速度等级的高速列车,走完了发达国家轨道交通装备企业近 40 年的发展之路。

中国开通的第一条真正意义的高速铁路是 2008 年 8 月 1 日开通运营的 350 公里/小时的京津城际高速铁路(符合高铁大系统定义)。继 2008 年建成京津首条高铁线以来,6 年里,中国内地 31 个省区中有 28 个已全面覆盖高铁线路。截至 2014 年 12 月 28 日,中国高铁运营总里程超过 16 000 公里,"四纵"干线基本成型。中国高速铁路运营里程约占世界高铁运营里程的 50%,稳居世界高铁里程榜首。高铁的快速发展,对于开展"一带一路"的建设,将起着无可估量的推动作用。一辆辆中国列车成为驰骋在非洲大陆建设"一带一路"的"名片",顺着轮轨的延伸,展示着中国高端制造业的崭新形象,宣示着中国轨道交通的品牌实力。

通过建设高铁推动欧亚大陆经济整合,不仅为世界经济发展作贡献,而且对中国自身也十分有利。这种向西的对外开放既能带动沿线周边发展中国家的经济增长,同时也可以扩大中国经济的影响范围,形成以自己为核心的欧亚大陆经济圈,为本国产品开拓更多的市场。

现在,中国的高铁已走向世界。中国已向俄罗斯首条高速铁路——莫斯科至喀山高铁建设投资 3 000 亿卢布(约合 320 亿元人民币),其中 500 亿卢布作为公司法定资本投入,这条高铁的时速为 200 至 400 公里,长 770 公里,能把始发站和终点站之间的路上运行时间从目前的 11 个半小时减少到 3 个半小时。莫斯科至喀山的高铁建设总投资估计为 1.068 万亿卢布。还有三条海外高铁线路同样备受瞩目:一条是计划绕道老挝,连接泰国,经过马来西亚,到达新加坡的铁路;另一条是从新疆的阿拉山口北上,途经哈萨克斯坦、俄罗斯、白俄罗斯和波兰;再一条是经过吉尔吉斯斯坦、土库曼斯坦、伊朗到土耳其,最后抵达德国。

今后有可能乘火车就能到欧洲旅行,中国旅行者可以乘火车到马克思的故乡做客,实现"说走就走的出国旅行"。写到这里,我仿佛又听见了卡尔·马克思和威廉·李卜克内西在伦敦那家小酒店里一边饮红酒、一边讨论"电动蒸汽铁路"时响起的朗朗笑声。

中国高铁走出去

> 象铁路之类的规模极大的企业，不变资本占的比例异常巨大，它们不提供平均利润率，只提供它的一部分，即利息。否则，一般利润率就会降得更低。但是，资本在股份形式上的巨大的结合，在这里也找到了直接的活动场所。
>
> 马克思：《资本论》第三卷(上)，第292—293页。

随着中国高铁的迅速崛起，中国高铁品牌在世界范围内的认知度也逐步提升，高铁技术和设备在国际舞台上的影响力日趋增强。中国高铁技术的不断发展，不仅成为推动社会经济发展的巨大动力，也成为维护国家安全的重要保障。中国高铁现正走出国门拥抱世界。中国高铁“走出去”的步伐已呈现出加快的态势。

2015年4月22日，中国国家主席习近平在雅加达会见印度尼西亚总统佐科，双方见证了两国高速铁路项目合作文件的签署。2015年9月4日中新社消息：印尼国营企业部长莉妮在雅加达表示，佐科总统坚持同中国联营体合作修建高铁。4家印尼国企与中国财团合作建设雅加达—万隆高速铁路项目的备忘录生效。根据日本国际协力机构的初步研究测算，印尼高铁项目投资总额约60亿美元。中国正与东盟各国共同建设21世纪海上丝绸之路，而东南亚是“一带一路”的起点，也是必经之路，加强连接欧亚大陆的轨道交通网络建设，不仅有助于地区经济的相互连通，更对东亚地区广泛合作的地缘环境非常有益。

这几年来，中国高铁走出去的消息不断传出。自2013年以来，中国高层领导在国际经贸交流中，多次主动推介中国高铁技术，尤其是“丝绸之路经济带”和“21世纪海上丝绸之路”的大构想中，中国高铁作为加强国际经贸战略大合作的一张“王牌”，向全世界展示。2013年以来，国务院总理李克强在出访英国、罗马尼亚、泰国、埃塞俄比亚等国家时多次提及高铁项目，“中国高铁推销员”的称号不胫而走。

中国高铁经过多年发展，投建与运营里程已经是世界之最，高铁输出也成为政府颇为上心的项目。据统计，2014年我国共出口铁路设备267.7亿元。2013

年10月，中泰签署了“大米换高铁”的合作备忘录。拟建设的中泰铁路连接泰国北部的廊开和南部港口马普达普，总长达800多公里，是泰国首条标准轨铁路，将全部使用中国的技术、标准和装备，时速将达到160至180公里。中老铁路合作也正在积极推动中。根据此前公布的规划，中老高铁全长420公里，时速在200公里以内，建设预算约72亿美元。建成后，从昆明到万象将只需要两个半小时。规划中该条铁路还将延伸至泰国，是泛亚铁路网的重要部分。

中国高铁现已走进欧洲。2013年11月，中国与罗马尼亚宣布在修建高铁领域进行合作，中国将参与连接匈牙利和塞尔维亚两国首都的高铁项目。到2014年6月24日，中国南车与欧洲国家马其顿签署了出售6列高速列车组的协议，中国高速列车首次出口到欧洲。7月25日，土耳其首都安卡拉到土最大城市伊斯坦布尔的高铁二期工程，这条中国在海外参与修建的首条高铁线路通车。目前，中国列车制造和民用工程企业正在南美、沙特、俄罗斯等地修建、参与修建或考虑竞标高铁建设项目。

中国高铁现已走进非洲。2014年5月11日，国务院总理李克强在肯尼亚总统肯雅塔等非洲国家领导人的共同见证下，与肯尼亚政府有关蒙内铁路项目合作仪式正式签署，涉及金额达38.04亿美元。随着协议的签署，中国将用自己的“标准”为肯尼亚经济与社会的发展作出卓越贡献，非洲国家肯尼亚将迎来有史以来的首条高速铁路。这一事实具有历史性意义：中国高铁走进非洲已经成为无法改变的事实。

中国高铁走进非洲意义非同小可。目前，全球经济增速最快的10个国家，有7个来自非洲。在东非，蒙内铁路将逐渐延展，最终连接乌干达、卢旺达、坦桑尼亚等6个国家，形成东非交通大动脉。在西非，阿卡铁路和沿海铁路都是尼日利亚“三纵四横”国家铁路干线网的一部分，最终都将并入庞大的西非共同体互联互通铁路网。伴随着“一带一路”战略的提出和实施，高铁正面临着“走出去”的历史机遇期，高铁出国的空间巨大。

中国高铁走出去是合作共赢。中国铁路，特别是高铁的输出，意味着一个产业链条的输出，包括中国工程、设备制造、机车车辆、零配件等各种产业，促进了中国的技术、产品和劳务输出。铁路技术含量高，能换回“好东西”。另外，将铁路的整个技术输出到国外，能够带动一系列产业链出国。马克思指出：“对外贸易一方面使不变资本的要素变得便宜，一方面使可变资本转化成的必要生活资料变得便宜，它具有提高利润率的作用，因为它使剩余价值率提高，使不变资本价值降低。一般说来，它在这方面起作用，是因为它可以使生产规模扩大。”(《资本论》第三卷(上)，第264页)2014年10月24日，以中国为首成立亚洲基础设施投资银行，成为中国向全亚洲进行资本输出的战略性平台。具有资本优势和产业比较优势的中国，将是其中的最大受益者。中国的基建产业链企业，将会实质性受益于中国走出去战略带来的需求大增长。“一带一路”是中国资本输出计划的战略载体。

如今，中国经济已经到了一个关键的时间点，从产品输出到资本输出，这是一个国家在世界经济版图中不断“晋级”的经典路线图。当今中国，也走到了这个节点，对今后中国经济的持续发展，将是十分宝贵的。

据统计数据显示，中国北车、中国南车两家企业2015年上半年的出口签约额总计已达45亿美元以上。由此可以看出，中国高铁在国际市场越发备受青睐。同时，中国高铁“走出去”给高铁方面的制造企业带来很大的发展机遇。这不仅体现在数字上，相关技术的不断成熟，也“使可变资本转化成的必要生活资料变得便宜”。值得研究的是，“一路一带”上的国家，虽然基础设施落后，但经济发展水平、政治稳定程度更远落后于中国，如何在输出项目的同时，又让东道国得益，通过支持周边国家的发展而加快中国与它们的经济融合，是一个需要认真考虑的问题。只有这样，中国对“一路一带”国家的资本输出才能持久。

中国在用高铁连通世界，在建立属于自己的经济发展空间——经济带。中国正在为自己打造长期、有效、可持续的发展之路。中国在逐步完善有利于自己的战略布局。中国需要世界，世界更需要中国。中国在以长期合作共赢的包容性发展观影响世界，中国在用强大的经济投入撬开长期实惠的双赢战略。这与某些国家的单边主义与霸权行为形成鲜明的对比，赢得了各国的期待和赞扬。

我国高铁技术从“技术引进”到“消化吸收”，再到“科技输出”，跨越非常顺利而迅速。目前，中国铁路总公司对高铁技术具有完全的自主知识产权，并已获得900多项国际专利。中国高铁技术之所以能够迅速进步，是因为中国铁路装备工业在大规模引进之前，就已经通过长期的自主开发积累起较强的技术能力，所以不仅能够对引进技术进行消化、吸收、再创新，而且还能够凭借自己已经掌握的核心技术进行新一轮的自主开发。多年来，高铁技术上的发展不但没有停滞，反而在主要关键技术系统和生产管理体系方面都实现了质的飞跃。比如，在CRH380上积累的技术能力，使得中国高铁技术回头向下对时速200至250公里的动车组，大面积实现了“去日本化”、“去阿尔斯通化”乃至“去西门子化”；此外,中国在复杂地理条件下大规模应用所积累的经验和数据,使得中国高铁科研体系拥有了世界最前列的产品设计开发能力、生产管理体系、实验室以及最为宝贵的海量动态数据库。

中国高铁走出去,显示出中国经济不受世界金融危机影响而一枝独秀。2008年世界金融危机已过去多年,全球经济虽见复苏之态,但增长乏力,复苏不均衡,下行风险依然存在。世界经济与合作组织(OECD)将世界经济2013年和2014年增长预期从3.1%和4%下调至2.7%和3.6%,而中国经济依然保持高速发展的势头。2015年中国经济的增长速度依然保持了7%。高铁不是传统意义上的低端的产品、产业、技术和劳务输出,也不仅仅是传统高端领域国际技术与产业的合作,而是中国在新时期面向未来长远发展的全球布局和国家战略,显示出了中国经济的实力和巨大的竞争力。

中国高铁“走出去”助推了中华民族的伟大复兴。中国的古丝绸之路曾经创造了令世界叹为观止的经济繁荣和文化昌盛。南宋时期,中国经济总量占全球经济总量75%,唐朝占58%,即使到了日渐式微的1820年,中国经济总量仍然占到全球经济总量的33%。改革开放以来,中国经济总量在世界的占比从1978年的4.6%到目前的11%。根据这个发展趋势推测,到2030年,中国经济总量将重新回到占全球经济总量的33%。届时,全球财富的1/3在中国,这是作为每一个中国人都值得自豪的。

二、应该读点《资本论》

《资本论》是一部写给资本家看的书吗?

> 一个社会即使探索到了本身运动的自然规律,——本书的最终目的就是揭示现代社会的经济规律,——它还是既不能跳过也不能用法令取消自然的发展阶段。但是它能缩短和减轻分娩的痛苦。
>
> 马克思:《资本论》第一卷(上),第 11 页。

这段话说明,《资本论》揭示的是资本主义社会的产生、发展和灭亡的运动规律。在这些规律中包括价值规律和资本价值增值规律,当然主要是剩余价值生产规律和资本积累规律。规律是不能人为地取消的,但揭示出这些规律的同时,也揭示出生产关系一定要适应生产力发展的规律,认识和掌握了这些规律,则能帮助人们"缩短和减轻分娩的痛苦"。诚如《资本论》在第一卷开头所说,《资本论》研究的对象"是资本主义的生产方式以及和它相适应的生产关系和交换关系"。

《资本论》是一部无产阶级政治经济学的光辉巨著,也是马克思主义的百科全书。马克思在 19 世纪 50 年代和 60 年代最伟大的功绩是完成了马克思主义经济学理论体系的建立。从 1857 年到 1858 年 5 月期间,他完成了第一部经济学手稿:《1857—1858 年经济学手稿》,即通常说的《政治经济学批判大纲》。这是《资本论》的第一稿。在这部手稿中制定了马克思主义经济学的一系列重要原理，阐述了剩余价值理论的基本要点。1859 年马克思根据这部手稿的有关章节写了《政治经济学批判》一书。这部著作第一次有系统地阐述了马克思的价值论，包括货币学说在内。后来他又写了一个新手稿：《1861—1863 年经济学手稿》，这是《资本论》的第二稿。这个手稿阐述了《资本论》第一卷的主要内容，也谈到了属于第二卷和第三卷的一些内容。其中很大篇幅是对剩余价值学说史的批判，这部分后来被编为《剩余价值理论》。1863 年 8 月到 1865 年年底，他又写了第三部手稿，即《资本论》的第三稿。1867 年 9 月 14 日他出版了《资本论》第一卷。1883 年马克思逝世后，恩格斯继承马克思的未竟事业，用了 11 年零 9 个月的时间，根据马克思的遗稿整理并出版了《资本论》第二卷和第三卷。在恩格斯逝世后，又由考茨基整理，1905 年至 1910 年出版了《资本论》第四卷，即《剩余价值理论》。考茨基在整理马克思手稿的过程中自作主张地做了许多删改和变动，再加上其他一些政治方面的原因，这个第四卷的版本实际上被否定了。我们现在见到的《资本论》第四卷最早的版本，则是苏联于 1954 年至 1961 年间重新根据马克思手稿整理出版的俄文版本。如果以这一版本的问世时间为准，《资本论》第四卷的真正问世相距第一卷的正式出版，已经遥隔一个世纪之久。

《资本论》这部不朽著作具有划时代意义，是政治经济学中的一次革命。它论述了资本主义社会的经济运动的规律，揭露了资本主义的内在矛盾，揭示了资本家对工人剥削的秘密在于占有工人的剩余价值，科学地论证了资本主义必然灭亡、社会主义必然胜利的原理，从而把马克思的社会主义学说置于牢固的科学基础上。它成为无产阶级反对资本主义的最锐利的理论武器。列宁指出，马克思的主要著作《资本论》就是专门研究现代社会即资本主义社会的经济制度的。《资本论》以严密的逻辑揭示了资本主义经济的内在矛盾，科学地阐述了人类社会、市场经济的一般发展规律；在主要分析资本主义经济内在矛盾的同时，又合乎逻辑地推导出了社会主义社会的某些基本特征和经济规律。在当今，无论是研究了解现代资本主义还是建设现代社会主义，《资本论》所阐述的马克思主义经济学原理都仍然具有重要的理论指导作用，马克思经济学说的重要地位和理论力量仍然不容置疑。由于社会主义社会也存在着商品生产和商品交换，存在着多种经济成分的企业，也受到西方金融危机的影响，《资本论》的许多基本原理至今依然适用于社会主义社会。

2008 年西方资本主义国家爆发的一场金融危机，是当代经济史、金融史上最大的一次危机。这场金融海啸席卷了全世界，震惊了全世界。在金融危机的汹汹来势中，许多德国人走进书店，重新捧读同胞卡尔·马克思撰写于19世纪的《资本论》；银行家、资本家也纷纷从书架上取下它来研读，用于研究现实生活提出的挑战，回答许多困惑人心的问题。因此，《资本论》决不是一部仅写给资本家和经济学者们看的经典著作，许多普通的知识分子和身受这场金融危机之害的市民、职工，现在都想再读一遍《资本论》，听一听或重温马克思的教诲，以寻求应对金融危机之策。

老板读《资本论》是一件好事

> 1847年危机的主要原因，是市场商品的惊人过剩和东印度贸易上的疯狂投机。
>
> 马克思：《资本论》第三卷(下)，第551页。

《资本论》主要不是写给资本家读的，但如有资本家也来读一读《资本论》，对他们说来，无疑是一件好事。

眼下就有一件值得注意的事：法国《挑战》是一本给企业老板们读的杂志。但是，正是在这样一本杂志上，却宣告马克思的“重生”。法国《挑战》周刊认为，马克思花了整整二十年才写就的《资本论》，至今仍然吸引着经济学家们的眼球，关键在于马克思对资本主义的分析至今仍然没有过时。特别是在全球化进程进入高潮之际，人们突然发现，马克思对资本主义所作的很多预言，都在一一成为现实。

《挑战》杂志提及的法国投资银行IXIS首席经济学家帕特里克·阿尔图斯，在2005年写的一本书中曾预言：“资本主义正在自我毁灭。”他也曾预言过“马克思将会重返”。他在对美国经济进行研究后认为，美国经济正在循着马克思所描述过的危机轨迹向前发展。今天，在法国对马克思的著作感兴趣的人，除了工人以外，恰恰是主张“自由经济”最激烈的卫道士。阿塔利是最新版《马克思传》的作者，阿兰·曼克是前法国《世界报》的主要控制者之一，拉米则是世界贸易组织

徐克仁

总干事。《挑战》周刊副总编富尔坦在一次聊天中，听到阿兰·曼克说，马克思的思想并没有过时。他感到吃惊，因为曼克是当代法国知识分子中竭力支持全球化的“自由经济派”。于是，《挑战》便派出记者分头采访，最后出版了一期关于马克思学说的专刊。

读一读《资本论》，可以帮助老板们知道资本主义国家周期性爆发的经济危机是怎么一回事。在《资本论》的第三卷里，马克思对英国1847年爆发的那场经济危机的分析，可谓是一语中的。马克思指出：“1847年危机的主要原因，是市场商品的惊人过剩和东印度贸易上的疯狂投机。”1847年秋，随着美国铁路投机破产，英国第九次经济危机开始。许多铁路线路停止铺设，干线铁路的工程进展大大放慢。恰在铁路危机爆发之际，又出现英国和中欧、南欧地区农业严重歉收，1847年5月底，粮食价格比1845年上涨一倍，进一步缩小了工业品市场。英国的危机很快传递到其他国家。法国的情况与英国很相似。纺织工业早在1845年就随着英国纺织品的倾销而出现危机，铁路建设狂潮终于在1847年下半年退潮。当时英国的出口货物，在国外市场上大量堆积，卖不出去。曼彻斯特等地的商人和工厂主，把自己企业的一部分正常资本投在铁路股票上面，于是不得不靠借入资本来经营自己的企业。为了把自己的货币投到铁路方面去，几乎所有的商行都开始程度不同地缩小自己的营业。结果，这些商行不得不通过汇票贴现的方式再向银行取得大量的贷款，以便维持自己的营业。结果，铁路投机使许多人遭受巨大的损失。

如今，重温马克思的指点，对老板们来说，有助于正确认识西方这场波及全球的金融危机。聪明的人可以从中找出应对之策，出口受阻的企业适度压缩生产和避免投机，都是当务之急。

其实，《资本论》第一卷出版后，就引起了当时许多商人和工厂主们的注意，不少青年商人把它奉为指南。马克思的朋友、自称为“灵感式的经济学家”的弗莱里格拉特（马克思曾把第一卷《资本论》送给他）写道，读过这本书使他深受教益，并且得到最大的乐趣。他认为，书也许不会马上获得极大的成功，但正因为这个缘故，它的影响将更为深远和持久。他评论道：“我知道，莱茵河畔的许多商人和厂主都对《资本论》极为赞赏。书将在这些人当中达到自己的目的，此外它将成为学者必备的参考书。”弗莱里格拉特的预言说得何等的深刻！在一百多年后的今天，这已成为不争的现实。我们这一代做生意的老板，不要一门心思只想赚钱，而要懂得合理协调劳资关系，无限制的剥削只会促使事物走向反面。他们的思维似乎不应落在莱茵河畔的商人、工厂主和法国《挑战》杂志的后头。

《资本论》是研究资本家和劳动者的关系的。《资本论》全卷以劳资关系的分析贯穿始终。资本主义社会基本关系即资本家与劳动者之间的关系，表现在经济生活中就是资本与劳动的矛盾，或者说前者是后者的人格化形式，后者是前者的物化形式。《资本论》中关于劳资关系的论述，对于处理当今社会的劳资关系，无疑具有指导意义。

改革开放以来，我国的经济体制正在嬗变为一种混合所有制经济。农民工已成为中国产业工人的主体，2015 年农民工总数已逾 2.74 亿人，他们所在的企业，基本上是非公有制企业。农民工面对的，多数是私企老板，他们之间的关系是一种新的劳动关系，处理好这种劳动关系，将直接影响经济运行的良性程度，从而最终影响整个经济社会的和谐程度。处理失当，将直接影响社会经济的发展。

当前社会生活的最大"瓶颈"是劳动关系的和谐。在多种经济成分并存的社会主义社会里，要构建和谐社会，当前最要紧的是构建和谐的劳动关系。劳动关系的和谐是现代社会的本质和谐之一，是当今社会稳定的一个基本因素。因此，如有更多的老板读《资本论》，懂一点商品和货币的知识，懂一点劳动价值论和剩余价值学说，懂一点资本积累理论和平均利润理论，将有助于构建和谐的劳动关系。

马克思在《资本论》中论述资本的积累规律时，向世人展现了资本主义社会中劳资关系尖锐对立、恶性发展是资本的积累的必然结果。马克思指出："另一方面我们拿资本家来说。他无疑希望用尽量少的货币换取尽量多的劳动。因此，他实际上所关心的只是劳动力的价格和劳动力执行职能时所创造的价值之间的差额。但是，他力图尽可能便宜地购买一切商品，并且总是把低于价值购买和高于价值出售这一纯粹欺诈行为说成是他的利润的来源。"（《资本论》第一卷（下），第 592—593 页）

那么，社会主义社会中非公有制经济中的劳资关系，与资本主义社会中的劳资关系，有没有区别呢？应该说，是有同也有异。其同，即是资本主义社会的资本家和社会主义的民营企业家都以资本作投资，都通过经营企业获取资本的利润；但是，社会主义社会的非公有制经济毕竟不同于资本主义社会中的企业，在我国当今社会的现实中，社会主义社会的非公有制经济是和占国民经济的主导地位的国有经济同时存在的，资本与劳动权利并存，多元化分配模式的选择就成为一种现实。它们的存在和发展，要遵循社会主义市场经济的规律，要接受代表广大人民群众利益的政府的指导和监督。政府可以通过经济政策，规范企业资方对待劳动者的行为。政府还可以立法来保护劳动者的权益。对资方来说，政府要保证资本的合理盈利；对劳方来说，政府又必须保障其生存与发展，即劳动力的再生产。因此，中国的非公有制经济中的劳资关系，和资本主义社会中的劳资关系，也有着质的区别，即是说，劳资关系可以通过各种有效的手段加以调节，而不会引起类似资本主义国家里的大规模的劳资冲突、罢工游行，双方关系紧张到水火不相容的地步。在社会主义的中国，调和劳资关系不仅是可能的，而且是有效的。老板们如能读点《资本论》，就能更为自觉地去减轻劳动者的劳动强度，避免超时加班，避免工作日的绝对延长，改善劳资双方的关系，建立一种新型的和谐的劳动关系。

一把金钥匙

——用抽象力来研究"经济形式"

> 分析经济形式，既不能用显微镜，也不能用化学试剂。二者都必须用抽象力来代替。
>
> 马克思：《资本论》第一卷(上)，第8页。

马克思的这几句话，指出了研究经济形式的一个重要的科学方法，也是我们今天重新研究《资本论》的一个科学方法。这就是说，《资本论》使用的方法同自然科学使用的实验方法是不相同的，因为《资本论》的研究对象是社会经济关系，它既不能使用显微镜，也不能使用化学试剂，而只能运用抽象力。什么是抽象呢？就政治经济学来说，抽象就是从具体的、大量的经济现象出发，经过思维的加工，抽象出一些简单的范畴。正如马克思所说的，研究必须充分地占有材料，分析它的各种发展形式，探寻这些形式的内在联系。只有这项工作完成以后，现实的运动才能适当地叙述出来。马克思这段话，对于如何进行研究工作，讲得很清楚：(1) 占有材料；(2) 进行分析；(3) 探寻内在联系，这就是通常所说的由具体到抽象的方法。但这还不是抽象的全过程，在一定阶段的研究工作完成之后，还要采取适当的形式，把研究的结果叙述出来。

细胞
=$
$
Das Kapital.
Kritik der politischen Oekonomie
Karl Marx.
泓.

许政泓

在这里，马克思第一次把我们用辩证方法进行研究的材料作了划分，即划分为自然界和人类社会。对于不能人为地重复或者再现的社会过程，他认为，必须用抽象力来代替实验可能取得的结果。马克思强调了在政治经济学中运用抽象力的重要性。所谓“经济形式”，是指社会经济关系；所谓“抽象力”，是指人们的抽象思维能力，又称逻辑思维能力。恩格斯在介绍《资本论》的方法时指出：马克思在著《资本论》的时候，研究的方法是从实际出发，从感性认识上升到理性认识，这个思维行程就是从现象到本质、从具体到抽象、从复杂到简单。叙述的方法则是根据研究的结果，把它所反映的客观事物从理论上表述过来，因而与上述思维行程正好相反，它是从本质到现象、从抽象到具体、从简单到复杂……在叙述的行程（由里及表）中，“抽象的规定在思维行程中导致具体的再现”（《马克思恩格斯全集》，第十二卷，第 751 页）。马克思写《资本论》，就是从人们常见的商品和货币入手，一步步地引领人们进入一个包罗万象的资本世界，一层又一层地解剖资本主义社会，写出了一部“工人阶级的圣经”。

分析经济形式，之所以要用抽象力来代替，这又因为社会经济关系不是外在的而是内在的，不是现象的而是本质的，不是偶然的而是必然的。这也就是说，是看不见、摸不着的。因此，就不能采取显微镜和化学试剂来研究，二者都必须用抽象力来代替。人们把这种运用抽象力认识客观事物的方法，称为科学抽象法。

在《资本论》中，这种科学抽象法是无处不在的。第一篇“商品和货币”，马克思就从分析商品开始，从分析商品的两个因素——使用价值和价值入手，指出商品的使用价值只是在使用或消费中得到实现，不论财富的社会形式如何，使用价值总是构成财富的物质内容。在我们所要考察的社会形式中，使用价值同时又是交换价值的物质承担者。接着马克思又举了大量人们生活中熟悉的事例，某种一定量的商品，如一夸脱小麦，同 x 量鞋油或 y 量绸缎或 z 量金交换，说明交换价值首先表现为一种使用价值同另一种使用价值相交换的量的关系和比例。接着，马克思又介绍说，如果把商品的使用价值撇开，商品体就剩下一个属性，即劳动产品的属性。它们也不再是木匠劳动、瓦匠劳动、纺纱劳动，或其他某种一定的生产劳动的产品了。随着劳动产品的有用性的消失，各种劳动不再有什么差别，全都化为相同的人类劳动：抽象人类劳动。

写到这里，马克思有了一个天才的发现：商品的价值。他写道：“现在我们来考察劳动产品剩下来的东西。它们剩下的只是同一的幽灵般的对象性，只是无差别的人类劳动的单纯凝结，即不管以哪种形式进行的人类劳动力耗费的单纯凝结。这些物现在只是表示，在它们的生产上耗费了人类劳动力，积累了人类劳动。这些物，作为它们共有的这个社会实体的结晶，就是价值——商品价值。”(《资本论》第一卷(上)，第51页)这是一个惊天动地的发现。它为千百万读者提供了一把金钥匙，资本的阿里巴巴的山洞，就这样一下子忽然被打开了。商品和商品的价值的秘密，就一下子被发现了。它使万千大小资本家大惊失色。莫·布洛克在《德国的社会主义理论家》一文中，指出马克思的方法是分析的方法："马克思先生通过这部著作而成为一个最出色的具有分析能力的思想家。”(《经济学家杂志》，1872年7月和8月)

当然，用抽象力来研究经济方式，并不排斥用生动而通俗易懂的比喻和丰富多彩的资料来加以佐证。马克思在《资本论》中，开宗明义地说商品是资产阶级社会的“经济细胞”，就是一个极好例子。《资本论》的第一章是最难理解的，但马克思在第一版的序言中，用“经济细胞”来比喻商品，也生动地说明了商品的特征：“对资产阶级社会说来，劳动产品的商品形式，或者商品的价值形式，就是经济的细胞形式。”(《资本论》第一卷(上)，第8页)其实，这个思想，马克思早在《资本论》的第一个手稿——《1857—1858年经济学手稿》中已提出来了：表现资产阶级财富的第一个范畴是商品的范畴。现在，马克思又在《资本论》第一卷的开篇，用了“元素形式”来比喻商品：“资本主义生产方式占统治地位的社会的财富，表现为‘庞大的商品堆积’，单个的商品表现为这种财富的元素形式。”(《资本论》第一卷，第47页)这里马克思用化学中的“元素形式”，同前面利用生物学的“经济细胞”的比喻一样，是要用形象思维来生动地说明商品是资本主义社会的经济细胞。

商品，在这里只是作为一个范畴提出的。马克思说研究经济方式不能用显微镜，但有意思的是，生物细胞却是由显微镜发明后才被发现的。别看细胞个体是小小的，可它们的作用十分重要，生物的各种生命现象都在细胞内发生和进行。马克思用经济的细胞形式来比喻商品，是很确切的。这里的“形式”，是指“形态”的意思。马克思所说的“劳动产品的商品形式”和“商品的价值形式”，都是指“劳动产品的具体社会形式”，都是指商品。

因此，懂得了马克思用抽象力来研究“经济形式”的方法，也是读《资本论》的入门和向导。

《资本论》为什么要献给威廉·沃尔弗？

献给我的不能忘记的朋友，勇敢的忠实的高尚的无产阶级先锋战士威廉·沃尔弗。

马克思：《资本论》第一卷(上)，扉页。

马克思在《资本论》第一卷出版时，在扉页上写了上述题词。读者也许要问：威廉·沃尔弗是谁？马克思为什么要把这样一部耗尽自己毕生精力的巨著献给他？

威廉·沃尔弗是马克思的一个忠实的老朋友，一个在马克思最困难的时候给他无私帮助的好朋友。

马克思在扉页上写了威廉·沃尔弗名字的下面，还有一行小字："1809 年 6 月 21 日生于塔尔瑙，1864 年 5 月 9 日死于曼彻斯特流亡生活中。"威廉·沃尔弗仅活了 55 岁。

威廉·沃尔弗是德国人，是德国和国际工人运动早期活动家，1844 年因著文支持西里西亚工人起义遭通缉，1845 年年底流亡国外。1846 年 4 月在布鲁塞尔与卡尔·马克思和弗里德里希·恩格斯建立诚挚的战斗友谊，加入布鲁塞尔共产主义通讯委员会，参与共产主义者同盟的创建。曾任同盟机关刊物《共产主义杂志》主编。1848 年 3 月在巴黎成为以马克思为首的共产主义者同盟新的中央委员会的成员。他与马克思、恩格斯一道签署了同盟中央文件《共产党在德国的要求》。他撰写的许多政论，特别是以《西里西亚的十亿》为题的一组文章，尖锐揭露封建反动势力，影响很大。1849 年沃尔弗作为布勒斯劳选出的议员参加美因河畔法兰克福的全德国民议会，作了要求宣布帝国摄政王和大臣为人民叛徒的发言，引起举国的震动。革命失败后流亡瑞士，1854 年移居英国曼彻斯特。

在沃尔弗去世的前几年，马克思在经济上陷入了绝大的困境。他原为美国的《纽约每日论坛报》写稿，因稿费和用稿率低而难以为继。马克思又和维也纳的《新闻报》建立了关系，编辑部答应为他写的每篇社论付一英镑的稿费，通讯减半。尽管《新闻报》利用马克思的文章作广告，称道他的文章写得好，但这家报纸比美国的《纽约每日论坛报》更吝啬。马克思在 1862 年 3 月写信给恩格斯抱怨说:“他们偏偏不刊登我的最好的文章,这对我说倒还没有什么(尽管我一直设法写得使他们能刊登出来)。但从财政的观点来看,使我受不了的是:他们在四五篇文章中间只刊登一篇,而且只付一半的稿费。这使我甚至连文丐也不如。”马克思为了摆脱困境,试图找一份文职工作,并希望在一家英国铁路公司里谋一个职位,但最后因为他的字迹难以辨认而求职失败。

步入中年的马克思,在英国伦敦全身心地投入写作《资本论》,但他的贫困日甚一日。从1850年开始,马克思就处在穷困潦倒之中,一直与面包房、店主、牛奶铺、菜铺、煤铺、疾病等“敌对的力量”斗争。马克思为缺少买纸或买报纸的几个便士而苦恼。有一次,他为弄到寄稿子的邮票而在城里到处奔走,还要同小店老板们无休止地争吵,因为他不能如期付清赊购最低限度的生活必需品的欠款。1859年1月,马克思在写完《政治经济学批判》后给恩格斯的信中说:倒霉的手稿写完了,但不能寄走,因为身边一分钱也没有,付不起邮资和保险金;而保险又是必要的,因为我没有手稿的副本。尽管身处困境,但马克思仍然保持乐观的精神风貌,不失幽默地说:未必有人会在这样缺货币的情况下来写关于“货币”的文章!

当铺乃是他经常出入的一个场所。当铺的重利盘剥,从马克思手中夺走了最后一点家庭生活中的愉悦。马克思一直在生病:除了旧疾肝病复发外,又加上使他痛苦多年的痈和疖子。在毫无出路的情况下,他的家庭又出现了新的危险:从小在物质生活方面无忧无虑的马克思夫人支持不住而病倒了,她不止一次地祈求死亡早点降临到自己和孩子们的身上。女儿们因没有鞋子和衣服可穿,不得不待在家里,而当她们的女伴为这一年举办世界博览会而高兴时,她们却担心有人到家里来做客会出洋相。房东一直来催讨房租,时刻威胁要查封他的财物,并到法院起诉马克思。已长大成人的大女儿懂得双亲的处境,准备放弃学业去学戏,挣钱来养家糊口。1852年2月,马克思曾有一个星期,因外衣进了当铺,他不能再出门,因为不让赊账,他也不能再吃肉。他的妻子病了,小燕妮病了,琳蘅患有一种神经热,但没钱请医生,没钱买药。八至十天以来,家里天天吃的是面包和土豆。有时候为了躲避债权人逼债,他让孩子们去抵挡债权人。在那段艰难的日子里,他的一个儿子和一个女儿先后夭折了。饥饿贫困和家务琐事困扰着马克思,使他的心情愤怒烦躁,无法集中精力和智慧进行理论创作。诚如列宁所说:“贫困简直要置马克思和他的一家于死地。如果没有恩格斯经常在经济上舍己援助,马克思不但不可能写成《资本论》,而且定会死于贫困。”(《卡尔·马克思》,《马克思恩格斯选集》第一卷,第3—4页)

马克思的夫人燕妮在1861年3月16日写给恩格斯的一封信里说："多年来您对我们的艰难困苦给了全心全意的帮助，我真是感激不尽！当我看到寄来的钱是我所指望的五倍时，我真是高兴极了。不承认这一点，那是虚伪的，而琳蘅比我更高兴！当我跑上楼去对她说'恩格斯为了使你舒适，寄来了五英镑'时，她那双几乎已经失神的眼睛立即放射出了喜悦的光芒。""我心事重重，身边又有很多琐事，甚至今天还要到市区跑一趟，因为有一张当票到期了。但是只要我们的琳蘅能熬过来，我亲爱的卡尔很快有好消息传来，这都算不了什么。"(《马克思恩格斯全集》第三十卷，第674—675页)恩格斯给马克思的女儿寄去了五英镑，使燕妮和她的女儿如此高兴，可见马克思一家当时生活之困苦。于是，马克思不得不实现他那考虑已久，但为了女儿们的前途又不断放弃的想法：变卖自己的全部家具，用来偿还房东的房租，并向所有其他的债主宣告破产，将两个女儿安排去做教师，自己则同妻子和小女儿住到贫民窟中去。

就在马克思准备走这一步绝路时，是恩格斯和沃尔弗解救了他。恩格斯以一种"特别大胆的办法"，弄到了100英镑，马克思靠这笔钱，至少可以不搬到贫民窟去了。他勉强地熬过了1863年，而马克思的母亲则在这年的年底去世了。100英镑已所剩无几。过了五个月，马克思的老朋友沃尔弗去世了。但他在去世前，从父亲那里接受了一笔遗产。沃尔弗在去世前，作出了一个重要的决定：立下遗嘱，将一生辛勤积攒下的八九百英镑赠送给马克思(有文字记载说是600英镑，而弗·梅林的《马克思传》的记载是八九百英镑，这里从梅说)。八九百英镑在当时是一笔不小的财产。这是一个流芳百世的决定。沃尔弗对马克思的最后一次友好的关怀，大大减轻了马克思的经济压力，贫困的阴影不再像前几年那样在他家门口徘徊了，他可以全身心地投入到《资本论》的写作和出版工作中去了。

威廉·沃尔弗(1809—1864)

沃尔弗的遗嘱使马克思和恩格斯十分感慨，也无比悲痛。沃尔弗在颠沛流离的困苦生活中从不爱惜自己，加速了他的死亡。恩格斯在1864年6月9日写信给马克思道："关于哀悼鲁普斯的文章，我们应该写点传记一类的东西。"(《马克思恩格斯全集》第三十卷，第405页)这里的鲁普斯即沃尔弗。马克思在1864年5月底至6月初为沃尔弗写了《简历》，此文曾在《马克思恩格斯全集》中文版第三十卷注391(第753页)中发表。马克思还打算写沃尔弗的传记，并为此收集了他的生平材料。燕妮在1864年6月中旬曾给马克思的朋友摩里茨·埃尔斯纳·布勒斯劳去过一封信，希望他能提供沃尔弗童年和他早年生活的材料："我丈夫想写他的详细传记，但是缺乏关于我们这位朋友早期生活的材料。如蒙您在这方面给他帮助，把您所知道的关于沃尔弗童年和他早期生活的一切事情尽可能详细地告诉他，他将非常感激。从1845年起，我们一直和他保持极密切的关系。所以，需要知道的主要是关于他早年生活的情况。"(《马克思恩格斯全集》第三十卷，第683页)不过这个计划没有实现。直到1876年，恩格斯才部分地实现了马克思的计划，在《新世界》杂志上发表了关于沃尔弗的传略。

从某种意义来说，没有沃尔弗的慷慨解囊，就没有《资本论》的出版。明乎此，我们就不难理解，马克思为什么要在《资本论》第一卷出版时，把自己不朽的天才著作献给沃尔弗了。这是为了难以忘却的纪念。沃尔弗也因此名垂后世。

恩格斯说：马克思是天才，我至多是能手

我为什么没有给您回信呢？这是因为我一直徘徊在坟墓的边缘。因此，我必须把我能够工作的每一分钟用来完成我为之牺牲了健康、人生幸福和家庭的著作。但愿这个说明已经足够使您谅解。我嘲笑那班所谓"讲究实际的"人和他们的聪明。只有禽兽才会漠视人类的苦难，而只关心自己。但是，如果我没有完成我的著作(哪怕是仅仅完成初稿)就死去，我就认为我是真正不实际的。

马克思：《马克思恩格斯书信选集》，人民出版社1962年版，第197页。

马克思的《资本论》第一卷出版后，他在扉页上写道："献给我的不能忘记的朋友，勇敢的忠实的高尚的无产阶级先锋战士威廉·沃尔弗。"那么，他的《资本

论》的第二、三卷出版后，应当在扉页上写献给谁呢？

马克思没有来得及写说明。我以为应当毫无疑问地献给恩格斯。

这里需要先对本文开头引用的一段话的背景，再作些补充说明。这是马克思给他的一位“粉丝”、矿业工程师齐格弗里特·迈耶尔写的一封回信。迈耶尔原住在柏林，后移居美国。马克思写这封回信时，正是《资本论》第一卷完稿后，他满怀希望地继续完成《资本论》的第二、三卷的修改、誊清工作，并付诸出版。

马克思正是在疾病的折磨和债主每天登门逼债的情况下，从 1863 年到 1867 年，完成了《资本论》第二、三卷新手稿的撰写和第一卷的修订出版工作。马克思自己承认，“可能从来没有一部这种性质的著作是在比这更艰苦的条件下写成的”。深知《资本论》写作艰辛的恩格斯心痛地对马克思说：“使你长期以来呕尽心血的这本该死的书，是你的一切不幸的主要根源……使你在身体、精神和经济方面都被压得喘不过气来。”

但是，天不从人愿。在《资本论》第一卷出版后，马克思的健康状况每况愈下，加上其他的种种原因，马克思给迈耶尔的复信中的担心——“如果我没有全部完成我的著作（哪怕是仅仅完成初稿）就死去，我就认为我是真正不实际的”——不幸而言中。1881 年 7 月中旬，马克思的女儿爱琳娜在一封信里写道：“在前面的大房间里躺着我们的母亲，旁边的小房间里躺着摩尔。这两个难舍难分相依为命的人竟不能同居一室。”他们没有经济能力住进医院治病，也不能服用有效的药物。1883 年 3 月 14 日，“一直徘徊在坟墓的边缘”的马克思——这位最伟大的思想家坐在安乐椅上静静地睡去了——永远睡去了。接下来，马克思已完稿的《资本论》第二、三卷，怎么办？

令人欣慰的是，马克思的亲密朋友再次义无反顾地伸出了援手。恩格斯决定完成马克思的遗愿，放下自己手头的工作，精心整理马克思的手稿，直到 1885 年《资本论》第二卷方与读者见面，而第三卷延至 1894 年才得以公之于世。从第一卷的正式出版到第三卷的公开面世，时间相距 27 年。至于《资本论》第四卷的问世更晚。恩格斯临终之前深知来不及完成第四卷的整理出版工作，只得托付给考茨基等人。

马克思如果在泉下有知，他肯定会毫不迟疑地写上这样一行字：献给我最亲密的朋友、勇敢的忠实的高尚的无产阶级先锋战士弗·恩格斯。

马克思和恩格斯，是举世无双的联盟，是珠联璧合的匹配。恩格斯不仅在经济上帮助马克思，去干那“该死的商务”，到曼彻斯特的证券交易所里服“苦役”。

1864年,恩格斯成为曼彻斯特欧门—恩格斯公司的合伙人,开始对马克思在经济上作大力援助。每个月,有时甚至是每个星期,都有一张张一英镑、两英镑、五英镑或十英镑的汇票从曼彻斯特寄往伦敦。几年后,他把公司合伙股权卖出以后,每年赠给马克思350英镑。恩格斯除了在经济上的无私援助,还把自己的理论成果也署在了马克思的名下。1852年8月,《纽约每日论坛报》编辑查理·德纳邀请马克思担任该报在英国的通讯员,经常给该报写稿。为了使自己的家庭得到一个稳定的收入,马克思答应了这个邀请,但马克思掌握英语的程度还不足以写政论文章。8月8日马克思给恩格斯写信说,如果你能用英语写一篇关于德国局势的文章,在星期五的早晨以前寄给我,那将是一个良好的开端。为了保住马克思的这份工作,让他有一份稳定的经济收入,十分繁忙的恩格斯很快寄出了第一篇论文《德国的革命与反革命》,之后,由马克思署名的文章在该报陆续发表,在尔后的九年内,以马克思的名义在这家报纸上发表的论文中,有120篇是由恩格斯撰写的。当然,稿酬由报社直接寄给了马克思。为了保存一位最优秀的思想家,恩格斯决定永远忍受他所憎恶的商业的桎梏,这是万分了不起的。

现在,马克思不在人世了。恩格斯在马克思的墓穴旁发表的著名演说道:"这个人的逝世,对于战斗着的欧美无产阶级,对于历史科学,都是不可估量的损失。这位巨人的逝世所造成的虚空,我们不久就会感受到。"的确如此。这种"虚空"之一是:他的传世之作《资本论》第二卷、第三卷的遗稿怎么办?马克思在世时,曾希望这两卷能在第一卷之后很快出版,但过了十多年,缠绵的疾病以至死亡,使马克思未能把整部《资本论》彻底完成。现在,摆在恩格斯面前的是一大堆遗稿。这些手稿是一些笔记、梗概、札记;既有思路连贯的篇章,也有只供研究者本人利用的简短草稿,总之,这是从1861年至1878年间马克思所进行的巨大脑力劳动的成果。第二卷和第三卷从外观上、文采上,不像第一卷那样完美、那样闪烁着智慧的火花,但这两卷由于撇开了叙述形式的一切考虑而直接论述思想,它们比第一卷给予读者更多的精神享受。弗·梅林这样评价了三卷《资本论》的整体价值:"通观马克思的这一著作的整体,可以说,包含着关于价值规律、工资和剩余价值学说的第一卷揭示了现代社会的基础;而第二、三卷则展示了这一基础之上的各层建筑。或者,可以用另一种比喻来说,第一卷揭露了社会机体的制造生命汁液的心脏,而第二、三卷则说明了整个机体直到表皮的血液循环和营养。"(《马克思传》,第474页)最后完成这个基础和上层建筑、心脏和血液循环的伟大工程的,正是伟大的恩格斯。

马克思逝世后，恩格斯把整理加工《资本论》的第二卷和第三卷，列为自己最重要的学术研究工作。尽管他自己谦虚地说没有做其他任何工作，实际上他对一些残缺不全的手稿作了大量的修饰和润色，作了许多补充说明和附注插语。他以 70 多岁的高龄，依然废寝忘食地工作，经常一天工作 16 个小时，直到深夜。恩格斯不仅主持了《资本论》的第二、三卷的整理工作，而且是这两卷的最后完成者。如果没有恩格斯的整理、加工和创作，这两卷巨著的出版是难以想象的。恩格斯出版了《资本论》的第二卷和第三卷，没有把自己的名字写上去，更加体现了恩格斯的伟大。他为亡友建立了一座庄严宏伟的纪念碑。

恩格斯品德之高尚，不仅表现在对马克思生前的无私援助，而在马克思逝世后，有人出于善意，不止一次地提到恩格斯参加了制定这一理论的工作，建议把马克思主义改称为马克思恩格斯主义或者直接称为恩格斯主义。对此种建议，恩格斯以无限崇敬的心情写道："我不能否认，我和马克思共同工作 40 余年，在这以前和这个期间，我在一定程度上独立地参加了这一理论的创立，特别是对这一理论的阐发。但是，绝大部分基本指导思想(特别是在经济和历史领域内)，尤其是对这些指导思想的最后的明确的表述，都是属于马克思的。我所提供的，马克思没有我也能够做到，至多有几个专门的领域除外。至于马克思所做到的，我却做不到。马克思比我们大家都站得高些，看得远些，观察得多些和快些。马克思是天才，我至多是能手。没有马克思，我们的理论远不会是现在这个样子。所以，这个理论用他的名字命名是理所当然的。"并说："我一生所做的是我被指定做的事，就是拉第二小提琴，而且我想我做得还不错。我高兴我有像马克思这样出色的第一小提琴手。当现在突然要我在理论问题上代替马克思的地位并且去拉第一小提琴时，就不免要出漏洞，这一点没有人比我自己更强烈地感觉到。而且只有在时局变得更动荡一些的时候，我们才会真正感受到失去马克思是失去了什么。"

在人世间，还有什么东西，能比得上恩格斯和马克思这样一种崇高的、永久的友谊更动人呢?

《资本论》的稿费不够马克思吸雪茄

我们在德国的朋友不懂得宣传。但是，我们必须像俄国人那样——等待。

忍耐是俄国的外交和成功的秘诀。但是，像我们这些只能活一次的人，也许会等不及就死去。

马克思：《马克思恩格斯通信集》第三卷，第4037页。

1867年8月16日凌晨2时，马克思终于向恩格斯报告说，最后一个印张(第49印张)的校样已经校对完毕。“这样，第一卷就完成了。其所以能够如此，我只有感谢你！没有你为我所作的牺牲，我是决不能完成这三卷书的巨大工作的。我满怀感激的心情拥抱你！……我亲爱的、忠实的朋友，祝你好！”(《马克思恩格斯全集》第三卷，第329页)本书的封面，也用了马克思的这封信的原文作背景。1867年9月14日，《资本论》第一卷在德国汉堡正式出版。这部巨著的问世不仅实现了政治经济学的伟大革命，而且对马克思主义理论体系进行了最为全面的科学论证。《资本论》第一卷不仅是马克思主义政治经济学的最重要的著作，而且也是马克思主义哲学的最主要的著作。《资本论》被誉为马克思一生最伟大的理论著作，是马克思主义理论宝库中光辉灿烂的科学巨著。

然而，马克思呕心沥血写成的《资本论》第一卷第一版由于缺乏资助，只印了1 000册，所得稿费是多少呢？少得可怜。马克思烟瘾不小，平时烟不离口，抽得又快又猛。马克思曾对拉法格说，《资本论》的稿费甚至不够付他写书吸雪茄的钱。由于长年的贫困，马克思不得不吸劣等牌子的烟，因此，吸烟严重地损害了他的健康，以致医生曾不止一次禁止他吸烟。

虽然《资本论》的稿费收入甚微，但这部马克思主义经典著作的影响，绝不能用经济价值来估衡。当《资本论》第一卷出版之时，正值欧洲革命风起云涌之时，它引起了强烈的社会反响，后又被翻译成俄文版、法文版和英文版等各种外文译本，在世界范围内广为传播。而到了《资本论》第二、三卷问世时，欧洲革命正转入低潮，人们对《资本论》的关切程度已远不如前。可见，人们对马克思劳动价值学说的理解主要形成于《资本论》第一卷广为传播的时代，当《资本论》第二、三卷分别间隔将近二三十年之后出版时，人们对《资本论》的认识早已经典化、公式化了。

《资本论》出版后的几个月，经过恩格斯的努力，在好几家报纸上刊登了《资本论》出版的简讯，序言也被多家报纸转载。不久后，恩格斯在《民主周刊》、施韦泽在《社会民主党人报》、狄慈根在《民主周刊》接连发表了书评，充分赞扬了《资本论》的价值。马克思认为，施韦泽写的书评虽有个别错误，但他的确钻研了这部书，并理解了它的中心思想。但狄慈根当时只是一个制革工人、初出茅庐的年轻小伙子，马克思是第一次提到他的名字，称赞他有哲学头脑。后来，他果然没有辜负马克思的期望，成为一位杰出的工人哲学家。

1867年，第一次出现了专家对《资本论》的评论。此人就是鼎鼎大名的柏林大学教授杜林。他的书评发表在迈耶尔辞典的《附录》里。马克思认为，这篇文章并没有抓住《资本论》的基本思想，但马克思没有对这篇评论表示反感和不满，甚至说它是"很有礼貌"的。马克思推测出，杜林之所以要写一篇赞扬《资本论》的文章，除了对这部著作有兴趣和同情外，还表白了他对罗雪尔和其他某些权威人士对《资本论》的恶语中伤的不满。但恩格斯一开始就对杜林的文章不大满意，事实证明了恩格斯的远见。因为杜林在不久后就改变态度，对《资本论》进行大肆攻击。恩格斯不得不腾出许多精力，写了一本马克思主义的经典著作——《反杜林论》。

赞扬《资本论》的，除杜林外，还有各种不同学派、不同政治见解的学者。卢格也是值得注意的一位。他曾是一个青年黑格尔主义者，极端仇视共产主义，并没有多少经济学的专业知识，但他却高度评价了《资本论》。他写道："这是一部划时代的著作，它给各个历史时代的发展和衰亡、阵痛和可怕的苦难岁月投射了灿烂的、有时是令人目眩的光辉。关于无偿劳动所创造的剩余价值，关于对曾经为自己工作的工人的剥夺，以及关于未来对剥夺者的剥夺的研究，都是经典式的。马克思学识渊博，有着卓越的辩证法的才能。这部著作超出了许多人士和报刊作家的水平，但毫无疑问地它将深入人心，并且尽管它的构思宏大，甚至正是由于构思宏大，它定将发生强烈的影响。"(《马克思传》，第483页)卢格的评论是从政治上着眼的，写得十分深刻。马克思当时读到这样的评论，感到十分欣慰。同样对《资本论》作出了高度评价的，还有著名的哲学家路德维希·费尔巴哈。他赞扬《资本论》中"有着大量极其有趣的，无可争辩的，虽然是使人战栗的事实"。(《马克思传》，第483页)卢格和费尔巴哈尽管学术观点不同，但他们都是有眼力的，经过研究，看出了《资本论》这部不朽著作的价值和动人前景。因此，虽然马克思的稿费收入所得无几，但这些评论可谓是千金难买。

一百多年来，这部著作被译成了几十种文字，出版了数以百计的版本，在人类历史上发生了深刻的影响。《资本论》的第一个译本是俄译本，译者是以笔名"尼古拉·逊"闻名的丹尼尔逊，最重要几章是青年革命家洛帕廷翻译的。1870年洛帕廷拜访马克思后，马克思这样评价他说："他有灵活的、批判的头脑，愉快的性格，像俄国农民一样刻苦，他对什么都感到满足。”（《马克思恩格斯通信集》第四卷，第 383 页）马克思认为俄译本“译得很出色”。俄国的书报检查机关根据以下的理由许可它出版：“虽然就信仰来说，作者是一个十足的社会主义者，而且整本书都表现出十分肯定的社会主义性质，但是考虑到该书的叙述并非任何人都能理解，另一方面，这种叙述又具有科学的、数理的论证形式，因此本委员会认为该书可免于法律追究。”俄国的书报检查机关的这个审查使马克思大感意外。他觉得这是一个命运的讽刺，但也是一个对俄国书报检查机关的深刻的讽刺。因为他曾用三种文字——德文、法文和英文——对俄罗斯的统治者作了不疲倦的斗争，结果他的《资本论》俄译本却在俄国首先出版。1872 年 3 月 27 日，《资本论》俄译本问世，初版 3 000 册，到 5 月 25 日就销售了 1 000 册——占全部印数的 1/3。1871 年，基辅大学政治经济学教授尼·季别尔先生在他的《李嘉图的价值和资本的理论》一书中已证明，马克思的价值、货币和资本的理论就其要点来说是斯密—李嘉图学说的必然发展。使西欧读者在阅读他的这本出色的著作时感到惊异的，是纯理论观点的始终一贯。

1872 年法译本也开始出版，它和大体同时出版的德文第二版一样，是分册出版的。法译本是约·卢阿翻译的。原译作很不理想。马克思花了许多功夫来修订，以至于马克思多次抱怨说，还不如自己亲自翻译来得轻松。但正因如此，法译本有着和原书可以媲美的独立的科学价值。马克思对英译本寄予厚望，但译本在他生前始终未曾出现。

但是，《资本论》在英国的上层人士中很有影响。在马克思去世后的 1886 年，恩格斯注意到这样一个现象：马克思的理论“在英国‘有教养者’队伍中的传播，不亚于在工人阶级队伍中的传播”。20 世纪俄罗斯著名思想家巴赫金也有类似的说法，他认为“英国的共产党非常特别，其中有很多勋爵和知识分子”。这是因为真理的传播，往往是在一部分先知先觉的知识分子中进行。以色列前总统西蒙·佩雷斯在他 80 岁时谈到自己年轻时曾读过《资本论》，对他的爱情也有帮助。在回忆起和妻子索妮娅相识的日子，佩雷斯深情地说：“我从第一眼就爱上了她，然后就开始热烈追求，给她读诗、甚至马克思的《资本论》。我相信，马克思主义在这方面对我们很有帮助。就这样，我们的爱情开始了。”这也是马克思的一个意外的收获。

关于马克思的《资本论》的稿费所得，《马克思恩格斯书信选集》还记载了这样一件逸事：在马克思去世后，恩格斯除了整理出版《资本论》第二、三卷外，还将《新时代》杂志转载《资本论》的有关章节所得的稿费，给马克思的继承人转去。1894 年 9 月 23 日《致卡尔·考茨基》的信中写道："非常感谢《发展》的阿尔明尼亚文译本。""马克思《资本论》中几章的稿费，我请求从我的文章的稿费中扣除并寄来以便转给继承人。如果我的稿费不够，请用我将来的著作来弥补这个差额。"(《马克思恩格斯全集》第三十九卷，第 287 页)后来，按照恩格斯的吩咐，斯图加特狄茨出版社出版的恩格斯著作的稿费寄给维·阿德勒，供奥地利社会民主党使用。但是，该杂志把刊载马克思《资本论》篇章的稿费也错寄到那里。因此，恩格斯请求扣除他《论早期基督教的历史》一文的稿费，把这笔钱归还给马克思的继承人。

在科学上没有平坦的大道可走

在科学上没有平坦的大道，只有不畏劳苦沿着陡峭山路攀登的人，才有希望达到光辉的顶点。

马克思：《资本论》法文版序言，《资本论》第一卷(上)，第 26 页。

这是马克思的一段脍炙人口的名言，现已出版的上百种《名人名言录》，都收集了这段话。

这段著名的话，源于马克思在 1872 年写给法国人莫里斯·拉沙特尔的一封信，后来在《资本论》法文版的序言里提及。莫里斯·拉沙特尔准备分册出版法文版《资本论》，此举马克思很赞成。但是，马克思又告诉莫里斯·拉沙特尔："这是您的想法好的一面，但也有坏的一面：我所使用的分析方法至今还没有人在经济问题上运用过，这就使前几章读起来相当困难。法国人总是急于追求结论，渴望知道一般原则同他们直接关心的问题的联系，因此我很担心，他们会因为一开始就不能继续读下去而气馁。"(《资本论》法文版序言，《资本论》第一卷(上)，第 26 页)马克思于是真诚地提醒法国读者说："这是一种不利，对此我没有别的办法，只有事先向追求真理的读者指出这一点，并提醒他们。"接下去，马克思就写了上面这段掷地有声的话："在科学上没有平坦的大道，只有不畏劳苦沿着陡

徐克仁

峭山路攀登的人，才有希望达到光辉的顶点。”

这一段话，既是人生重要的处世格言，也是马克思本人严谨的治学态度的高度概括。马克思一生四次被反动政府驱逐，最后在英国伦敦定居。他在伦敦的最初十年间，度过了一生中生活最艰难的时期。然而，马克思没有被苦难所击垮。每天不列颠博物馆刚开门，马克思就准时到达，如饥似渴地进行学习和研究，直至晚上博物馆闭馆。他在1857年致恩格斯的信中说：“我现在发狂似地通宵总结我的经济学研究，为的是在洪水之前至少把一些基本问题搞清楚。”“这项工作非常必要，它可以使公众认清事物的实质。”1865年7月，他又在给恩格斯的信中这样描述写作《资本论》时的生活与心情：“我已经有两个月完全靠典当维持生活，愈来愈多的而且一天比一天使人更难受的要求纠缠着我……整个这段时间我连一文钱也不能挣……我诚心告诉你，我与其写这封信给你，还不如砍掉自己的大拇指。半辈子依靠别人，一想起这一点，简直使人感到绝望。这时唯一能使我挺起身来的，就是我意识到我们两人从事着一个合伙的事业，而我则把自己的时间用于这个事业的理论方面和党的方面……即使单纯从商人的观点来看，纯粹无产者的生活方式在目前也是不适宜的……”(《马克思恩格斯全集》第三十一卷，第134—135页)。在《资本论》第一卷完成之后，恩格斯曾希望马克思在“摆脱了这个‘梦魇’”之后能变成另外一个人，因为他的生活依然处在风雨飘摇之中，而他的健康状况也每况愈下。马克思也曾认真地考虑过要迁居到生活费用远为低廉的日内瓦去。但是，命运使他不得不继续留在伦敦，留在不列颠博物馆的宝藏旁边。

他成年累月地在不列颠博物馆研读政治经济文献，埋头从事经济学研究，为无产阶级继续锻造理论武器。马克思在英国伦敦的不列颠博物馆深入研读了1 500余种各类著作，所作的摘录和笔记达100余本。据法国著名社会主义者、工人党领袖拉法格回忆，马克思所引证的任何一件事实或任何一个数字，都要得到最有威信的权威人士的证实。他从不满足于间接得来的材料，总要找原著寻根究底，不管这样做有多麻烦。即令是为了证实一个不重要的事实，他也要特意到不列颠博物馆去跑一趟。反对马克思的人从来也不能证明他有一点疏忽，不能指出他的论证是建立在未经严格考核的事实基础上的。参考原始资料的习惯，使马克思连最不知名的作家的著作都读到了。

马克思的严谨的治学态度，又在《政治经济学批判》序言中，以如下一段语言来表达：“在科学的入口处，正象在地狱的入口处一样，必须提出这样的要求：‘这里必须根绝一切犹豫；这里任何怯懦都无济于事。’”(《马克思恩格斯选集》第二卷,第85页)他在揭露资本的罪恶时,既是站在“科学的入口处”,又犹如站在“地狱的入口处”。马克思没有一点犹豫,更没有任何怯懦。他为了把最好的研究成果献给读者,总是以极其严谨的态度,反复推敲、修改自己的作品。恩格斯曾劝告他说:“对你自己的著作哪怕马虎一次也好。对于那些糟糕的读者来说,它已经是太好了。重要的是把这部东西写成并出版;你自己所看到的那些缺点,蠢材们是不会发现的。”但马克思总是不肯听从。他曾说:“我还有这样一个特点:要是隔一个月重看自己所写的一些东西,就会感到不满意,于是又得全部改写。”马克思的女婿拉法格曾回忆说:“他不仅从不引证一件他还未十分确信的事实,而且在他尚未彻底研究好一个问题时,他决不谈论这个问题。他决不出版一本没有经过他仔细加工和认真琢磨过的作品。他不能忍受把未完成的东西公之于众。要把他没有作最后校正的手稿拿给别人看,对他是最痛苦的事情。他的这种感情十分强烈,有一天他向我说,他宁愿把自己的手稿烧掉,也不愿半生不熟地遗留于身后。”

马克思对待《资本论》写作的责任心,还表现为大量引用前人的研究成果,都一一交代每一引文的出处。在马克思看来,一个作家即使毫不重要,毫无名气,只要这个作家第一个提出某种思想,或作出最精确的表述,他就有责任指出这一作家的姓名。马克思引用别人观点或论据的方法,一是直接通过正文表述,一是以随文脚注的形式,原原本本地将自己引用的原著、作者、版本、页码、出版时间、出版地点以至译者、发行商、最初发表处等等,一览无余地直陈纸上。更为难能可贵的是,马克思在引用时,还对某些被世人讹传谬植的著作者、原文做了细致的匡正纠错工作。

1848年革命期间马克思在科隆时,普鲁士首相康普豪森通过一个朋友邀请马克思在政府中担任要职,但马克思对这种拉拢根本没有给予理睬,他不想到普鲁士政府里去做官。1867年4月,马克思在返回伦敦、等待校阅《资本论》第一卷清样时,接到了一位素不相识的律师瓦尔涅波尔转达的一个信息,德国首相俾斯麦派他游说马克思,希望利用他和他的大才为德国人民谋福利。马克思很重视这个消息,但他依然没有为这种诱惑所陶醉,尽管他很需要钱用,但不愿以为德国官场效劳来摆脱经济上的贫困。马克思的想法和恩格斯是一样的:“这个家伙的思想方式和眼光的特点是:用自己的尺子来衡量一切人。”(《马克思恩格斯书信选集》,第197页)他和恩格斯拒绝了一切妥协的诱惑,拒绝了不失尊严地获得上流社会给予稳定生活的诱惑。马克思清醒地意识到,俾斯麦是无论如何不想起用《共产党宣言》的作者来结怨于刚刚转到自己阵营来的资产阶级的,因为俾斯麦政府甚至于对马克思的助手布赫尔和瓦盖纳已经抱极端猜疑的态度了。马克思和恩格斯商量后，决定对俾斯麦的诱惑置之不理。

马克思在研究政治经济学、写作《资本论》的过程中，对待材料和作品严谨认真、一丝不苟，不把作品作为猎取名利的手段；对待自己的研究成果诚实谦虚，尊重他人劳动、反对剽窃；面对政治迫害、生计、疾病、舆论等干扰，马克思不畏强权、不畏劳苦，以大无畏的勇敢精神，走入地狱的大门，又以坚忍不拔的努力，在“地狱”中开拓了一条引导千千万万受苦受害的人们通向光明之路。马克思通过几十年的艰苦奋斗，终于登上了社会科学的光辉的顶点。马克思不仅是我们做学问的导师，也是我们做人的楷模。

严谨治学精神是人类的崇高品质和优良传统，无论在过去、现在和将来都是需要的。今天我们学习马克思的严谨治学精神，有助于我们在马克思主义理论研究和精神文明建设工程中取得更多更好的成果，有助于我们在各项工作中取得更多更好的成绩，同时也有助于严谨治学精神的继承和发扬。

马克思又有言：如果我们选择了最能为人类福利而劳动的职业，那么，重担就不能把我们压倒，因为这是为大家而献身；那时我们所感到的就不是可怜的、有限的、自私的乐趣，我们的幸福将属于千百万人，我们的事业将默默地、但是永恒发挥作用地存在下去，而面对我们的骨灰，高尚的人们将洒下热泪。这一点，马克思是完全做到了。他现在长眠于地下。成千上万高尚的人在墓前向他鞠躬，为他献上鲜花，为他洒下热泪。

马克思参观过世博会吗？

英国人承认，美国人在工业博览会上得了头奖，并且在各方面战胜了他们。1. 古塔波胶。有新的原料和新的品种。2. 武器。有左轮手枪。3. 机器。有收割机、播种机和缝纫机。4. 第一次广泛采用银版照像术。5. 船舶方面，快艇。最后，为了表明美国人也能够供给奢侈品，他们陈列了加利福尼亚金矿的一大块金子和用纯金制成的一套餐具。

马克思：1851 年 10 月 13 日致恩格斯的信。

有人问我：马克思参观过世博会吗？我的回答是肯定的。

1848年8月，30岁的马克思渡过海峡，移居伦敦。当时的伦敦，作为世界上最富有的都市、最先进的制造中心，已有250万居民。马克思在移居伦敦三年之后，迎来了第一届万国博览会(即现在所称的世博会)。1851年举办的这次世博会的目的是：为人类文明、文化互为交流和展览。世界各国的商品展示和商品信息的传递，通过集市商会的“面对面”形式进行。今天我们以历史的目光回首瞻望，当年世博会的那些展品或盛景，仍然历久弥新，让人感受到先辈的创造精神和世博会给人带来的愉悦。

首届万国博览会于1851年5月1日晨9时在伦敦举行。50多万人聚集在海德公园。11时30分，九驾皇家马车列队离开白金汉宫，参加世博会开幕大典。12时钟声敲响，在“哈利路亚”乐曲声中，维多利亚女王和随行人员进入展览宫。维多利亚女王在当晚的日记中回忆道：“……阳光照射在宏伟的大厦上面，每个国家的旗帜都在阳光下飘扬。我们开上罗敦路，在入口处走出马车。当我们进入大厦，通过铁门，看见摇动的棕榈树和鲜花，无数的人群在走廊里和周围的椅子上，加上挥舞着的喇叭，都让我感到永远不会忘记的震撼，让我感动……我们走到中间，看到台阶和椅子放好，漂亮的水晶喷泉就在眼前，真是神奇——多么大，多么荣耀，多么让人感动。一个人会热爱这一切。”

参观者最感兴趣的是机器的发明。人们目瞪口呆地看着各种机器工作，有开槽机、钻孔机、拉线机、纺纱机、造币机、抽水机等等。这些不同的机器又通过特别建造的锅炉房产生的蒸汽一起驱动，让人领悟到工业革命给世界带来的巨大变化。

在首届万国博览会闭幕前夕，马克思也参观了这次盛会。此事在马克思致恩格斯的一封信中有记述。马克思在1851年10月13日致恩格斯的一封信中，提到他曾参观这次博览会，并赞扬了美国人的成功：

> 英国人承认，美国人在工业博览会上得了头奖，并且在各方面战胜了他们。1. 古塔波胶。有新的原料和新的品种。2. 武器。有左轮手枪。3. 机器。有收割机、播种机和缝纫机。4. 第一次广泛采用银版照像术。5. 船舶方面，快艇。最后，为了表明美国人也能够供给奢侈品，他们陈列了加利福尼亚金矿的一大块金子和用纯金制成的一套餐具。

在这封信里，马克思密切关注了美国的新技术、新产品的成就。他以一位杰出经济学家的眼光，敏锐地意识到世界经济发展的重心正在转移。因为美国资产阶级在不到100年的时间里，所创造的财富超过了以往资本主义国家生产力的总和。这个原英国领地有5 048位企业家携带500多项产品漂洋过海参加了世博会，麦考密克收割机等农场设备更是受到好评。美国在这次万国博览会上所显示的实力，让欧洲人大吃一惊。

与世界各国在伦敦展示科技和财富形成巨大反差的是，步入中年的马克思，贫困却日甚一日。首届万国博览会举办之日，正是马克思生活陷于穷困潦倒之时。马克思的两个女儿对伦敦举办的盛会，是亦喜亦忧。她们很盼望去看一看这次身边的盛会，但因为没有鞋子和衣服可穿，不得不待在家里。贫困的滋味，真是一言难尽。纵然如此，马克思还是以巨大的热情和兴趣，参观了这次世博会，关注着资本主义社会的新变化。同时，他继续在斗室内一边吸劣质的雪茄，一边奋笔疾书《资本论》，一行行慷慨激昂的文字从笔下涌出，以此来回答贫困的挑战。

三、打开商品的神秘山洞的大门

劳动也有“二重性”吗？

> 起初我们看到，商品是一种二重的东西，即使用价值和交换价值。后来表明，劳动就它表现为价值而论，也不再具有它作为使用价值的创造者所具有的那些特征。商品中包含的劳动的这种二重性，是首先由我批判地证明了的。
>
> 马克思：《资本论》第一卷（上），第 54—55 页。

马克思还指出，劳动二重性学说是《资本论》的崭新因素之一，是“批判地理解全部问题的秘密所在”，“这一点是理解政治经济学的枢纽”。

劳动不就是干活吗？干活怎么会有二重性？还有人说，出租车司机起先的 8 小时劳动是为公司，8 小时后的劳动才是为自己，这是不是可以用来说明劳动的二重性？还有人说，劳动的二重性，是不是 8 小时内的劳动和超时加班的劳动？

这些解释都是不正确的。马克思的劳动二重性学说，是说生产商品的劳动既是具体劳动，又是抽象劳动，是具体劳动和抽象劳动的统一。具体劳动生产使用价值，抽象劳动形成商品价值。这就在历史上第一次明确提出并科学地回答了什么劳动决定价值的问题，揭示了劳动二重性是生产商品的劳动所特有的属性，为说明资本主义经济运动一系列复杂的理论问题提供了直接的理论基础。

李小玲

劳动是经济社会的“太阳”，整个世界都弥漫着劳动的恩惠。古典经济学家亚当·斯密和大卫·李嘉图在马克思之前都提出了价值由劳动创造的正确见解。正如马克思深刻指出的那样：“亚当·斯密对一切问题的见解都具有二重性。”（《马克思恩格斯全集》第二十六卷第一册，第142页）亚当·斯密的二重性思想，对于马克思创立劳动二重性学说，是有启发意义的。但是，他们的论述是就事论事地分析劳动，因而有极大的局限性。对于这一点，马克思指出：经济学家们毫无例外地都忽视这样一个简单的事实，既然商品是一种二重的东西——使用价值和交换价值，那么体现在商品中的劳动也必须具有二重性，而像斯密和李嘉图等人那样只是单纯地分析劳动，就必然碰到许多不能解释的经济现象。

智慧的马克思奇妙地把劳动一分为二：具体劳动和抽象劳动。

什么是具体劳动？种地是具体劳动，开出租车是具体劳动，盖房子是具体劳动，造地铁是具体劳动，制造长征一号火箭的各种零部件是具体劳动，开采石油是具体劳动……虽然这些劳动的目的、手段、使用的工具各不相同，但劳动的成果都有益于人类社会。在商品经济的社会里，具体劳动创造出商品的使用价值。

抽象劳动则是看不见、摸不着的。尽管生产各种商品的形式各不相同，但有一点则是相同的，即都包含着人类劳动力的消耗，造地铁和种地的劳动形式是不同的，但它们都是人类劳动力的消耗，包括体力、精力、脑力和神经、肌肉的消耗。这种体现在商品中的一般人类劳动，就叫做抽象劳动。抽象劳动是创造价值的唯一源泉。正如马克思所进一步阐述的：“一切劳动，从一方面看，是人类劳动力在生理学意义上的耗费；作为相同的或抽象的人类劳动，它形成商品价值。一切劳动，从另一方面看，是人类劳动力在特殊的有一定目的的形式上的耗费；作为具体的有用劳动，它生产使用价值。”（《资本论》第一卷（上），第60页）人是具有两种性质的，一是人对物的所有性，二是人对物的劳动性，人对物的两种性质体现在同一物时，则表现为人对物的二重性。马克思在分析劳动二重性时是建立在对简单商品生产的劳动分析中的，而这个劳动者也是劳动产品的所有者。因此，具体劳动和抽象劳动，是生产商品的同一劳动的两个方面或二重属性，而不是两次劳动，更不是两种劳动。

劳动的二重性是商品具有价值和使用价值的两种因素的决定条件。劳动的二重性是商品生产所固有的社会劳动形式。在这里，马克思研究了劳动形成价值的特性，第一次确定了什么样的劳动形成价值、为什么形成价值以及怎样形成价值，并确定了价值不外就是这种劳动的凝固。

恩格斯对劳动创造价值作过如下精辟的阐述:“劳动是价值的尺度。但是,活劳动在和资本进行交换时,它的价值小于所交换的物化劳动。”“不是劳动有价值。劳动作为创造价值的活动,不能有特殊的价值,正象重不能有特殊的重量,电不能有特殊的电流强度一样。作为商品买卖的,不是劳动,而是劳动力。一旦劳动力成为商品,它的价值就决定于它作为社会产品所体现的劳动,就等于它的生产和再生产所需要的社会必要的劳动。”(《资本论》第二卷,第 24 页)这两段话把劳动和价值的关系、劳动力和生产及再生产关系,阐述得一清二楚。

劳动的二重性奠定了劳动价值论的基础。劳动二重性学说为阐明剩余价值来源提供了理论依据。劳动二重性学说为理解一系列经济范畴和经济规律创造了前提条件。劳动二重性学说是理解马克思主义政治经济学的枢纽。商品中包含的劳动的二重性是马克思的一大发现。它科学地回答了什么劳动创造价值的问题。正是在劳动二重性学说的基础上,马克思科学地阐明了资本主义生产过程的二重性、不变资本和可变资本的划分、资本有机构成和资本积累等理论。错综复杂的资本主义社会的各种变幻莫测的经济现象,一下子变得豁然开朗起来。

木头和桌子的经济学

资本主义生产方式占统治地位的社会的财富,表现为“庞大的商品堆积”,单个的商品表现为这种财富的元素形式。因此,我们的研究就从分析商品开始。

马克思:《资本论》第一卷(上),第 47 页。

这是《资本论》第一卷第一章“商品”开宗明义的几句话。虽然第一章很难懂,但单就文笔而论,第一章是马克思著作中的最为出色的作品之一。马克思在他的第一章中重新综述了他在 1859 年发表的《政治经济学批判》中关于商品和货币所做的阐述。本章开篇的几句话,出手不凡,要言不烦,一下子就抓住事物的本质,也一下子抓住了读者:不懂什么是商品,就不能弄清楚马克思主义的全部经济理论。

资本主义的市场是一团乱麻，要研究资本主义社会的市场经济，需要从这团乱麻中理出一个头绪来。这个“头绪”是什么？马克思有一个石破天惊的发现。这个发现只有两个字：商品。

在资本主义社会，最大量、最日常、最普遍的现象是商品。初看起来，商品似乎是一种极其平常、毫不起眼的东西。但是，对商品的分析表明，它又是一个很古怪的东西，充满了微妙和怪诞。

有道是：商品是资本主义经济的细胞。那么，这个细胞具有什么属性呢？让我们把它放到马克思主义的政治经济学的显微镜下看一看，里面有一个五颜六色的大千世界。仔细分析一下商品这个资本主义经济的细胞，马克思又得出了一个科学的结论：商品的属性有两个——使用价值和价值。

商品的使用价值，是指商品对社会的物质的或精神的有用性。商品首先是一个外界的对象，一个靠自己的属性来满足人的某种需要的物。使用价值就是物的有用性。物的有用性使物成为使用价值。商品是可以用来交换的劳动产品。马克思写道：“因此，商品体本身，例如铁、小麦、金刚石等等，就是使用价值，或财物。商品体的这种性质，同人取得它的使用属性所耗费的劳动的多少没有关系。”（《资本论》第一卷（上），第 48 页）我们走进一家商店，看到各种各样的商品，它们的一个共同点，就是对人们有用：电视机可以用来观看，手机可以通话、传递信息，冰箱可以用来冷藏食品，电脑可以用来上网、发邮件，这些商品的使用价值，在使用或消费中得到实现。有的东西可以有使用价值，却不一定有价值。如空气和处女地等，虽然对人有用，但不是人的劳动产物，也就没有价值。

价值是商品的另一个属性。价值则是指人们在生产商品时，耗费的一般劳动的凝结。用马克思的话来说：“这些物现在只是表示，在它们的生产上耗费了人类劳动力，积累了人类劳动。这些物，作为它们共有的这个社会实体的结晶，就是价值——商品价值。”（《资本论》第一卷（上），第 51 页）价值是看不见、摸不着的，它只能在商品交换中表现出来。价值是商品交换关系或交换价值的共同基础。商品的价值不取决于价格，而取决于沉淀在其中的社会劳动的总量。

商品的使用价值和价值，两者不同而又相互依存，统一于商品体内，构成商品使用价值和价值的对立。研究商品的使用价值和价值两者的关系，马克思说过一段非常经典的桌子跳舞的话：“用木头做桌子，木头的形状就改变了。可是桌子还是木头，还是一个普通的可以感觉的物。但是桌子一旦作为商品出现，就变成一个可感觉而又超感觉的物了。它不仅用它的脚站在地上，而且在对其他

徐克仁

一切商品的关系上用头倒立着，从它的木脑袋里生出比它自动跳舞还奇怪得多的狂想。”(《资本论》第一卷(上)，第 87—88 页)细细地品味一下这段话，它的含义是多层次的。

这就是说，一棵树当它从森林里被砍下后，在农村宗法式家庭中，一个木匠为了满足家庭本身需要时，用一块木头做成一张桌子，那么，这张桌子是“可感觉的物”，虽然有使用价值，但没有价值。木头一旦做成了一张桌子，虽然改变了木头的形状，具有了使用价值，“可是桌子还是木头”。那么，怎么会产生桌子的“超感觉”，是因为它成为商品，包含着人的社会劳动量，有了价值。木头做成了一张具有交换价值的桌子，就既有“可感觉”，又具有“超感觉”了。但是，假如这块木头打造成一张桌子后，把它放在家里使用，那么，它依然是一个“可感觉”的物件，而不是马克思所说的“超感觉的物”。一张桌子四条腿，当它被注入了社会劳动的总量后，桌子就站立起来了，如果再把它投放到市场中去，四条腿的桌子就能在商品经济社会的舞台上大跳起探戈和华尔兹舞了。桌子虽然长着一个“木脑袋”，但它的舞姿却一点也不木头木脑，而是优美而动人的。“它不仅用它的脚站在地上，而且在对其他一切商品的关系上用头倒立着，从它的木脑袋里生出比它自动跳舞还奇怪得多的狂想。”这些“狂想”，被成千上万的经济学家悉心研究，写成了许多精彩的著作。马克思用这样一段文学化的语言来描述桌子在商品交换中的特点，进一步阐述了商品投入市场后的微妙性和诡秘性。

在马克思看来，人通过劳动，借助于劳动工具，使劳动对象发生预定的变化，能把一块木头变成一张桌子。木头的形状虽然改变了，可是桌子的本质还是木头。木头具有一种可以使用的潜能，变成一张桌子后，潜能被充分发挥出来。从潜能到现实，物通过劳动而被赋予一种形式，是一个质料的形式化过程。从劳动的质来看，不管劳动的具体形式和内容怎样千差万别，它们都是人的脑力和体力的支出，都可化为同质的抽象劳动；在量上又都表现为生产上所耗费的劳动时间；一旦人们以某种方式彼此为对方劳动，他们的劳动总要取得一种社会形式，总要形成人们相互交换劳动的关系。

有人问：同样是用木头加工制造的桌子，一张普通的写字台标价 200 元，一张做工精巧的老板台却标价 5 000 元。两张桌子都是木头做的，为什么价格如此悬殊？这就是因为它们的价值不同、投入的社会劳动的总量不同的缘故。制造一张普通的写字台和制造一张精巧的老板台，劳动者的脑、神经、肌肉、感官的耗费是各不相同的，所耗费的劳动时间也是各不相同的，因而它们的价值是各不相同的，体现在价格上，自然也就不同。物有所值，也就是这个道理。

马克思的《资本论》从商品这个资本主义经济的细胞开始，分析了商品的两种因素和商品生产过程的二重性，进而揭示了资本主义社会经济结构的矛盾及其发展的规律。其实，《资本论》所揭示的商品生产和市场经济的一般规律同样适用于社会主义市场经济。《资本论》的研究对象就是一种特殊的商品经济或市场经济即资本主义市场经济，为此又需要首先阐明有关商品经济和市场经济的许多一般规律，诸如价值规律、供求规律、货币流通规律、价格运动规律、市场竞争规律等。木头和桌子的经济学等一系列的原理，在社会主义市场经济条件下仍然发生作用。商品经济本身并不具有特定的社会的性质，它可以与多种社会经济相结合。商品经济与生产力是相互促进、共同发展的。我们今天的社会的发展与改革，同样是与对马克思主义的商品经济理论的正确认识和运用分不开的。

鲁滨逊给我们上了一课(上)

既然政治经济学喜欢鲁滨逊的故事，那末就先来看看孤岛上的鲁滨逊吧。

马克思：《资本论》第一卷(上)，第 93 页。

马克思在《资本论》中曾多次引用鲁滨逊的故事来论证商品的使用价值和价值。这里，我们且来听听马克思是怎样分析《鲁滨逊漂流记》的。

这里，先对"政治经济学喜欢鲁滨逊的故事"作一点简要的说明。著名的英国经济学家李嘉图在他的著作中也多次谈到鲁滨逊。马克思指出："他让原始的渔夫和原始的猎人一下子就以商品所有者的身份，按照物化在鱼和野味的交换价值中的劳动的比例交换鱼和野味。在这里他犯了时代错误，他竟让渔夫和猎人在计算他们的劳动工具时去查看 1817 年伦敦交易所所通用的年息表。看来，除了资产阶级社会以外，'欧文先生的平行四边形'是他所知道的唯一的社会形式。"(《政治经济学批判》，第 38 页)

《鲁滨逊漂流记》成书于 1719 年左右，是 18 世纪英国著名作家丹尼尔·笛福(约 1660—1731)受一个名叫塞尔柯克的苏格兰水手的海上历险经历启发而

徐克仁

写成的。书中主人公鲁滨逊在流落荒岛以后所体现出来的进取精神，以及挑战自然的信心与勇气，受到了人们的广泛推崇，而笛福也因本书的成功而被誉为“英国小说之父”。

这部小说写英国青年鲁滨逊从小喜欢航海，曾三次离家到南美各地旅行。一日，他怀着云游四海的高远志向，告别家人，越过大西洋和太平洋，在惊心动魄的航海中经历无数险情，后来整条船在太平洋上不幸罹难，船上的人都葬身海底，唯有他一人得以奇迹般地活下来，并只身来到一座荒无人烟的岛上。鲁滨逊从绝望的缝隙中得到了生命的启示，性格坚强的他在孤岛上劳作生息，开拓荒地，圈养牲畜，生产水稻和小麦，年复一年地与孤独为伴。他盖起了房子，收获谷物，驯养山羊，用兽皮制作衣物，甚至制作了陶器。他背着枪，拿着工具，在岛上四处游走。在弹药用完之后，他只好靠快跑追捕山羊，徒手觅食，过着茹毛饮血般的原始生活，后来，他居然跑得比一般猎狗还快。经过无数次的失败，他终于在荒岛上建立了自己的“王国”。他还救了一个土人，并把他变为自己的奴仆，给他取名为“星期五”。他用自己的知识去教化这个土人，使之忠心耿耿。这个奴仆的出现，意味着鲁滨逊非但是小岛物质上的主宰，而且是精神的主宰。28 年的时间，鲁滨逊从刚上岛时的凄惨落魄，到后来成为“国王”，如果没有积极面对人生的态度和执著的创业精神，这一切都是不可想象的。一直到第 28 个年头，一艘英国船来到该岛附近，鲁滨逊帮助船长制服了叛乱的水手，才得以返回英国。鲁滨逊精神体现了资本主义上升时期的时代精神。正如恩格斯所说的：鲁滨逊是一个“真正的资产者”。

这个故事引起了马克思的浓厚兴趣。马克思说：“被斯密和李嘉图当作出发点的单个的孤立的猎人和渔夫，属于十八世纪的缺乏想象力的虚构，这是鲁滨逊一类的故事。”（《马克思恩格斯全集》第四十六卷上册，第 18 页）他又写道：“不管他生来怎样简朴，他终究要满足各种需要，因而要从事各种有用劳动，如做工具、制家具、养羊驼、捕鱼、打猎等等。关于祈祷一类事情我们在这里就不谈了，因为我们的鲁滨逊从中得到快乐，他把这类活动当作休息。尽管他的生产职能是不同的，但是他知道，这只是同一个鲁滨逊的不同的活动形式，因而只是人类劳动的不同方式。需要本身迫使他精确地分配自己执行各种职能的时间。在他的全部活动中，这种或那种职能所占比重的大小，取决于他为取得预期效果所要克服的困难的大小。经验告诉他这些，而我们这位从破船上抢救出表、账簿、墨水和笔的鲁滨逊，马上就作为一个道地的英国人开始记起账来。他的账本记载着他所有的各种使用物品，生产这些物品所必需的各种活动，最后还记载着他制造这种种一定量的产品平均耗费的劳动时间。鲁滨逊和构成他自己创造的财富的物之间的全部关系在这里是如此简单明了，甚至连麦・维尔特先生用不着费什么脑筋也能了解。但是，价值的一切本质上的规定都包含在这里了。”(《资本论》第一卷(上)，第93—94页)

丹尼尔・笛福是向他的读者讲故事，卡尔・马克思是向他的读者宣传政治经济学。马克思告诉我们的是：无论是在鲁滨逊那里，在中世纪，还是在“自由人联合体”那里，人与劳动产品的关系都是“简单明了的”，而在劳动产品成为商品之后，人们之间的关系就被物掩盖了。鲁滨逊在荒岛上，生产出来的产品是为了个人的生存，因而不是商品，也没有商品流通和商品交换。这一切，鲁滨逊所做的一本又一本的账本是最好的证明。这些账本记录人与自然作斗争和取得成功的经过，记录人类战胜种种困难的优良品质，像勇敢、智慧、意志坚强和挚爱劳动，记录一个“理想的”资产者所应有的一切特征：实干精神、清教徒的宗教信仰和严谨等，也记录了制造具有使用价值的各种使用物品所需要的材料和时间，记录了“创造的财富的物之间的全部关系”。

鲁滨逊在岛上要活下去，一是保命，二是逃生。前者是首要的。他首先必然会采集果子，把肚子填饱，后来又利用剩余劳动时间砍木头、造船。鲁滨逊坚毅的性格，就是通过一件又一件的具体行动，如他用整整42天工夫做一块木板，怎样费了许多时间和劳力做了一只独木舟却不能使用，又顽强地开始造第二只船等等表现了出来。马克思所说“价值的一切本质上的规定都包含在这里了”，就是这个意思。因为价值是属于社会关系的范畴，荒岛上没有社会，自然不存在商品价值的概念。

马克思的劳动价值论和商品价值论，通过讲述鲁滨逊的故事，变得生动而形象起来，变得通俗而易懂。丹尼尔・笛福为人类作出的另一个贡献是：他描写鲁滨逊在荒岛上的活动，帮助马克思把笼罩在商品上面的神秘纱幕揭掉了！

鲁滨逊给我们上了一课(下)

现在，让我们离开鲁滨逊的明朗的孤岛，转到欧洲昏暗的中世纪去吧。

马克思：《资本论》第一卷(上)，第94页。

采果子和造船所包含的价值量是可以比较的吗？可以的。一个是短期的，一个是长期的。虽然劳动的方式是不一样的，但仍有可比较之处。可比较的是劳动时间。这就是马克思为什么要关注鲁滨逊在荒岛上的活动的缘由。

鲁滨逊为了在海岛上生存下去，就必须进行规划。一天 24 小时，睡觉要多少小时，采集果子要多少小时，都是必不可少的。如果鲁滨逊还有空闲，就进行再创造的生产活动。这是鲁滨逊征服自然的必要活动。小说里描写鲁滨逊造船，是全书的经典片断之一。

> 我像个没有头脑的傻瓜一样全副身心投进了这项工作。我对自己的设想非常满意，全然不顾这件事是否会有令人满意的结局。其实我也不是完全没有想过下水问题，只不过每当想到这个问题时，总会冒出一个傻乎乎的想法把它给顶回去："先把船造出来再说。等我把它造好的时候，总会有办法的。"
>
> 看来这是件最荒唐不过的事情，但我被疯狂的幻想迷住了心窍，已经不顾一切了。我放倒一棵雪松——我曾经反复对自己念叨：当年所罗门王在耶路撒冷建造神殿时恐怕都没有使用这么好的木料！这棵树根部的直径有五英尺十英寸，在二十二英寸高的部位，直径仍然有四英尺十一英寸，树干从此处往上明显变细，然后开始分杈。为放倒这棵树，我颇费了一番精力。我在它的根部砍了二十天才把它放倒，然后又花费十四天工夫才把树杈、树枝和巨大的树冠部分与树身分开，我是大斧子加小斧子轮番使用，花费了难以数计的劳动才把这件事干完。做完这些，我又费时一个月，才使它的外形初具一条船的样子，使它看起来像船的底部，因此航行的时候能够保持平衡，不至于倾覆。然后我又花费三个多月时间才把船身掏空，一条船的大致轮廓便显现出来了。挖空船身的时候，我没有用火烧，完全依靠木槌和凿子，搭上难以数计的劳动。它确实是一条令人赞叹的独木舟，大得足以乘坐二十六个人，可以把我以及我所有的财富全部载走。

这些文字，又引导马克思的思维转到了中世纪。他接着写道："现在，让我们离开鲁滨逊的明朗的孤岛，转到欧洲昏暗的中世纪去吧。在这里，我们看到的，不再是一个独立的人了，人都是互相依赖的：农奴和领主，陪臣和诸侯，俗人和牧师。物质生产的社会关系以及建立在这种生产的基础上的生活领域，都是以人身依附为特征的。但是正因为人身依附关系构成该社会的基础，劳动和产品也就用不着采取与它们的实际存在不同的虚幻形式。它们作为劳役和实物贡赋而进入社会机构之中。在这里，劳动的自然形式，劳动的特殊性是劳动的直接社会形式，而不是像在商品生产基础上那样，劳动的共性是劳动的直接社会形式。徭役劳动同生产商品的劳动一样，是用时间来计量的，但是每一个农奴都知道，他为主人服役而耗费的，是他本人的一定量的劳动力。缴纳给牧师的什一税，是比牧师的祝福更加清楚的。所以，无论我们怎样判断中世纪人们在相互关系中所扮演的角色，人们在劳动中的社会关系始终表现为他们本身之间的个人的关系，而没有披上物之间即劳动产品之间的社会关系的外衣。”(《资本论》第一卷(上)，第 94 页)

18 世纪以来，从古典经济学开始直到 19 世纪，主流经济学总是把人看作是非历史的和抽象了具体社会关系的人，眼睛里永远只有孤岛上的鲁滨逊。古典政治经济学家们反复使用鲁滨逊作为经济学的原型，并由此出发，建立他们宏大的理论体系。但是，马克思的眼光和他的前辈不同。他之所以要让思想的翅膀飞到昏暗的中世纪，因为他发现，中世纪人们的劳作，和鲁滨逊制造物品的劳动，有某种相似之处。“星期五”与鲁滨逊的关系，即农奴和领主、陪臣和诸侯、俗人和牧师的关系，他们都类似“中世纪人们在相互关系中所扮演的角色”。在昏暗的中世纪，农奴和领主的关系，是奴役和被奴役的关系，是人身的依附关系。农奴为领主干活，是为了服劳役，为了交纳实物贡赋。因为当时的劳动产品不是商品，没有商品交换，劳动产品只有使用价值而没有价值。因此，鲁滨逊与“星期五”在劳动中的社会关系，也始终表现为他们本身之间的个人的关系，而没有披上物之间即劳动产品之间的社会关系的外衣。“星期五”对于鲁滨逊，是以人身依附为特征的。因为他们所生产出来的物品，没有投入到商品交换的市场中去，因而只有使用价值而没有交换价值。“星期五”的劳动，也通过劳动的自然形式体现出来，而不是像在商品生产基础上那样，劳动的共性是劳动的直接社会形式。

马克思又以鲁滨逊为例，分析了“商品的拜物教性质及其秘密”：“在这里，我们看到的，不再是一个独立的人了。”“这里所涉及的人，只是经济范畴的人格化，是一定的阶级关系和利益的承担者。”(《资本论》第一卷(上)，第 12 页)他的结论是：“人们在劳动中的社会关系始终表现为他们本身之间的个人的关系。”只有让鲁滨逊和“星期五”一起回到现代资本主义的社会里，他们在劳动中的关系，才会彻底结束主人和奴才的关系，一起成为商品拜物教的忠实信徒。

把羊卖给我吧……
$100
美金沒用！换你的包吧！
徐克仁

人们在读《资本论》的同时，如果用经济学的眼光再去读一遍《鲁滨逊漂流记》，也许能帮助我们进一步读懂《资本论》的开篇——商品和货币。

平地上的一堆土，看起来也像一座小山

> 良好的自然条件始终只提供剩余劳动的可能性，从而只提供剩余价值或剩余产品的可能性，而绝不能提供它的现实性。
>
> 马克思：《资本论》第一卷（下），第 562 页。

马克思的这段话，为我们正确认识自然条件和剩余劳动的关系，提供了科学的解释。这就是说，剩余劳动要变成剩余价值，一定要通过资本主义的生产方式来加以转换。

在《资本论》第一卷的第五篇“绝对剩余价值和相对剩余价值的生产”中，马克思谈到了一位经济学家的一种错觉：“在西欧社会中，工人只有靠剩余劳动才能买到为维持自己生存而劳动的许可，因此容易产生一种错觉，似乎提供剩余产品是人类劳动的一种天生的性质。”（《资本论》第一卷（下），第 562—563 页）制造这种错觉的理论家便是大名鼎鼎的蒲鲁东。他提出：任何劳动都必须留有一些剩余量。

马克思不赞成蒲鲁东的意见，并举了东亚一些岛屿上的居民的例子予以反驳。那里的森林中长着一种野生的西米树，这种树的树髓可供食用。居民在西米树上钻个孔，确定树髓已经成熟时，就把树放倒，分成几段，取出树髓，再掺水和过滤，就得到完全可以食用的西米粉。从一棵树上通常可以采得西米粉 300 磅，有时可以采得 500 磅至 600 镑。那里的居民到森林里去采伐面包，就像我们到森林里去砍柴一样。

马克思接着分析道，假定东亚的这样的面包采伐者为了满足自己的全部需要，每周需要劳动 12 小时。良好的自然条件直接给予他的，是许多闲暇时间。要他把这些闲暇时间用于为自己生产，需要一系列的历史条件；要他把这些时间用于为别人从事剩余劳动，需要外部的强制。如果那里出现了资本主义生产，这

个诚实的人为了占有一个工作日的产品，也许每周就得工作 6 天。

因为本来这个诚实的人每周工作 12 小时，已自给自足了，他无需加班加点，无需“留有一些剩余量”，他的剩余产品无论如何不是来自人类劳动的某种天生的神秘活动。如果出现了资本主义生产，多干一个工作日，可以多领取一个工作日的产品，他就会去每周工作 6 天，甚至于加班加点，剩余劳动和剩余价值就随之产生了。马克思正确地指出：“劳动的不同的自然条件使同一劳动量在不同的国家可以满足不同的需要量，因而在其他条件相似的情况下，使得必要劳动时间各不相同。这些自然条件只作为自然界限对剩余劳动发生影响，就是说，它们只确定开始为别人劳动的起点。产业越进步，这一自然界限就越退缩。”（《资本论》第一卷，第 562 页）资本主义的现代化生产越是发展，受自然制约的劳动生产力，就会合并成为资本的生产力。这样一个浅显易懂的道理，蒲鲁东却把水搞浑了。

马克思讽刺蒲鲁东写道：“平地上的一堆土，看起来也象一座小山；现代资产阶级的平庸，从它的‘大思想家’的水平上就可以测量出来。”（《资本论》第一卷（下），第 566 页）真是一针见血！

关于工资的两种说法

在商品市场上同货币所有者直接对立的不是劳动，而是工人。工人出卖的是他的劳动力。当工人的劳动实际上开始了的时候，它就不再属于工人了，因而也就不再能被工人出卖了。

马克思：《资本论》第一卷（下），第 587 页。

“上班族”上班拿工资，这似乎是理所当然的事；大学应届毕业生就业找工作，打听一下工资待遇多少，也是理所当然的事。

那么，工资究竟是什么东西？有两种不同的说法：一种说法是，工资是劳动的价值，付出了劳动，拿一份工资；有人说，不对，工资不是劳动的报酬，而是劳动力的价格。两种说法打起架来了。那么，你赞成哪一种说法呢？

按照马克思的意见，前者是一个“不合理的用语”；后者的说法是正确的。马克思在政治经济学史上第一次提出了合理的工资理论，即商品的价格是它的价值的货币体现，而工资是劳动力的价格。因为劳动是价值的实体和内在尺度。劳动能创造价值，但劳动本身没有价值，劳动是通过劳动力这个商品的消费而产生的。马克思指出："在'劳动的价值'这个用语中，价值概念不但完全消失，而且转化为它的反面。这是一个虚幻的用语，就象说土地的价值一样。但是这类虚幻的用语是从生产关系本身中产生的。"(《资本论》第一卷(下)，第587页)

工资就是"劳动力的价格"，换句话说，是劳动力价值的货币表现。工人把劳动力出卖给资本家，资本家在工人付出劳动后，按工作时间或产品数量以货币形式支付工资。工人拿了工资养家糊口，维持本人和一家人的生活。这也是维持工人使他能勉强养活自己并在某种程度上延续自己的后代的费用。或者说，这种简单劳动力的生产费用，就是维持工人生存和延续工人后代的费用。这种维持生存和延续后代的费用的价格，就是工资。马克思又举例说，假如工人一天劳动12小时，创造了6元的价值。而劳动力的价值相当于3元，工人只要劳动6小时，就能生产出来。但资本家购买工人一天的劳动力，就有权让工人劳动12小时。于是，3元就表现为一天12小时的报酬。"劳动力的这个日价值当作日劳动的价值"来表现。剥削的秘密在于此，导致劳动力的价值或价格会误导劳动的价值或价格。

工资是劳动的价值一说的错误，还在于它造就了工人的全部劳动都得到了报酬的假象，为剥削遮上了一层"公平"的纱幕，掩盖了工资的实质。实际上，工人在劳动过程中所创造的价值大于劳动力的价值。工资只是工人劳动所创造的价值的一部分，一般最多只相当于劳动力的价值的一部分。因劳动力经常是供过于求，工资往往被压低到劳动力的价值之下。从表面上看来，劳动力的创造似乎由工资偿付了。因为工人总是在完工后领得了一份工资，工资这个形式抹去了工作日区分为有偿劳动和无偿劳动的一切痕迹。其实不然。在雇佣劳动制度下，有偿劳动被工资偿还了，无偿劳动即剩余劳动却被掠夺了，货币关系巧妙地掩盖了这一点。

诚如马克思所指出的："因此可以懂得，为什么劳动力的价值和价格转化为工资形式，即转化为劳动本身的价值和价格，会具有决定性的重要意义。这种表现形式掩盖了现实关系，正好显示出它的反面。工人和资本家的一切法权观念，资本主义生产方式的一切神秘性，这一生产方式所产生的一切自由幻觉，庸俗经济学的一切辩护遁词，都是以这个表现形式为依据的。"(《资本论》第一卷(下)，第 591 页）马克思识破了工资形式上的神秘性。工资是劳动的价值，还是劳动力的价格，一字之差，失之毫厘，差之千里。一字之差，揭露了庸俗经济学和马克思主义政治经济学关于工资观点的鸿沟。

计时工资和计件工资是工资的两种基本形式。劳动力总是按一定时间来出卖的。因此，直接表现劳动力的日价值、周价值、月价值等的转化形式，就是计时工资的形式，也就是日工资等形式。马克思根据计时工资的规律，证明了所谓工作日缩短必然招致工资降低这种别有私图的论调的空虚。事实正好相反，工作日的暂时缩短会降低工资，而长期的缩短则会提高工资；工作日越长，工资也就越低。马克思引用工厂巡视员亚·雷德格雷夫通过 1830 年至 1859 年的 20 年时间的比较观察材料证明，在受 10 小时工作日法约束的工厂中，工人的工资提高了，而在每天工作 14 至 15 小时的工厂中，工人的工资下降了。反过来，劳动时间的延长又会引起劳动力价格的下降，从而引起日工资或周工资的下降。

计件工资是计时工资的转化形式，是最适合于资本主义生产方式的工资形式。计件工资对资本家极为有利。因为它在很大程度上使劳动的监督成为多余，而为资本家克扣工人工资创造了许多“平等”的机会。“周扒皮”之流人物在工厂里大显神通，而工人则难以抓到他们的把柄。相反，工人表面上似能轻而易举地增加工资，多劳多得，其实却驱使他们走进一个过度劳动和降低工资的怪圈，备受超时加班的折磨，强化了工人之间的竞争，削弱了工人之间的团结。马克思指出：“实行了计件工资，很自然，工人的个人利益就会使他尽可能紧张地发挥自己的劳动力，而这又使资本家容易提高劳动强度的正常程度。同样，延长工作日也是工人的个人利益之所在，因为这样可以提高他的日工资或周工资。这就会引起那种在研究计时工资时已经指出过的反作用，更不用说，即使在计件工资保持不变的情况下，工作日的延长本身就包含着劳动价格的下降。”（《资本论》第一卷（下），第 607 页）

更值得注意的，施行计件工资使有些寄生虫介入资本家和工人之间，充当“拿摩温”的角色，可以从资本家的剩余价值中多分一杯羹。马克思又举例说，在英国，这种制度（指包工制）有一种特别的称呼（血汗制度），计件工资使资本家能与工头签约按件计酬的合同，以便工头按照合同规定的价格自己负责招募帮手和支付给他们工资。在这里，资本家对工人的剥削是通过工头对工人的剥削来实现的。

社会主义的工资是按劳取酬的主要方式。根据劳动者所提供劳动的数量和质量，按事先规定的报酬标准，以货币形式分配给他们的那部分国民收入。在社会主义制度下，劳动力不再是商品，工资不再是劳动力的价格。随着工农业生产的发展和社会劳动生产率的提高，劳动者的工资逐步增长。在改革开放后，随着私营经济和外资企业的发展，我国的职工的工资，也出现了多种式样并存的形态。计件工资和计时工资都在私营企业里出现。为了保障外资企业和私营企业中的职工的合法利益，我们也应当对他们的工资收入予以更多的关注，决不允许拖欠他们的工资。劳资两利的原则，应当不折不扣地加以贯彻，这也是构建社会主义和谐社会的需要。

丁大爷为何会上当？

利息不外是一部分利润的特别名称，特别项目；执行职能的资本不能把这部分利润装进自己的腰包，而必须把它支付给资本的所有者。

马克思：《资本论》第三卷（上），第 379 页。

时下，以集资为名，诈骗百姓的大笔钱财，然后卷款跑路的新闻屡有所闻。海口市有一家投资公司对客户说，你把钱放在银行账户里，最后仅仅得到 0.35％的存款利率。也就是说，如果你当月收入一千，在账户上放一年也才得到 3.5 元的利息。如果你把这一千元钱放到我们的公司里，月利息高达 1.8％，就是说，一千元每月可得 18 元利息，一年可得 216 元利息。丁大爷听说后，十分高兴，他向这家公司投资了 6 万元，合同期是三个月。这家公司开始十分守信，每月 20 日定时给丁大爷汇入利息近 1 100 元，第三个月时，将本金和利息如数还给了他。第一次投资尝到甜头后，丁大爷分四次将全部积蓄 30 万元投了进去，没想到，后来他接到了业务员的电话，对方说有关负责人卷款逃走了。丁大爷一下子懵了，这才意识到自己受骗了。

另一名受害人陈女士告诉记者，她的好友是一家投资公司的业务员。“当时我不太敢相信这样的好事。我那位朋友向我借了 20 万元投进去后，没想到，真的把定金如期全数还给我，这才打消了我的顾虑，让我相信了这家公司的实力。”

此后，陈女士陆续投了13万元进去，除去收到的利息2万元，亏了11万元。

类似的骗局还来自外国投资公司。据中央电视台报道：2015年3月，数百位投资者向记者反映，他们通过一家来自瑞士的公司做外汇投资，一个月前，公司突然宣布，因遭受“黑客攻击”，所有投资者的12亿美元资金瞬间赔光了。不仅如此，投资者们的账户还变成了负数，每个人都欠了公司一笔钱。而这家公司之前在拓展投资者的时候，号称每个月的投资收益可以达到5%，一年下来收益高达60%。令人心动的高收益，让投资者们还以为会赚大钱，结果全赔了。北京的王先生是一家名为API的瑞士公司发展的外汇投资者，2015年元旦时投的1万美元已经涨到了1.3万美元，但是1月7日零点的时候，一下子变成了负3 500美元。

丁大爷们为什么会上当受骗呢？

为了揭穿这种高息借贷的骗局，我们必须要从利息谈起。

什么是利息？马克思指出，利息是利润的一部分。“利息不外是一部分利润的特别名称，特别项目；执行职能的资本不能把这部分利润装进自己的腰包，而必须把它支付给资本的所有者。”（马克思：《资本论》第三卷（上），第379页）恩格斯也说过：“货币借贷资本的利息，只是利润中的一部分；不论工业资本的利润或商业资本的利润，都只是资产阶级以无酬劳劳动形式从工人阶级那里夺去的剩余价值中的一部分。”（《马克思恩格斯选集》第二卷，第486页）利息来自利润。货币本身并不能创造货币，不会自行增值，只有当职能资本家用货币购买到生产资料和劳动力，才能在生产过程中通过雇佣工人的劳动，创造出剩余价值。而货币资本家凭借对资本的所有权，与职能资本家共同瓜分剩余价值。

马克思举了一个通俗的例子来加以说明：假如年平均利润率是20%，这时，一台价值100镑的机器，在平均条件以及平均的智力水平和合乎目的的活动下当作资本使用，会提供20镑的利润。因此，一个拥有100镑的人，手中就有使100镑变成120镑，即生产20镑利润的权力。他手中有100镑可能成为资本。如果这个人把这100镑交给另一个人一年，让后者把这100镑实际当作资本来使用，他也就给了后者生产20镑利润即剩余价值的权力。这个剩余价值对后者来说什么也不花费，他没有为它支付任何等价物。如果后者在年终把比如说5镑，即把所生产的利润的一部分付给这100镑的所有者，他就是用这5镑来支付这100镑的使用价值，来支付这100镑的资本职能，即生产20镑利润的职能的使用价值。他支付给所有者的那部分利润——5镑，叫做利息。

由此可见，货币要产生利息，用通俗的话来说，就是要让钱生钱，有一个前提，即在投入生产的基础上转化为资本，并通过这种转化，由一个一定的价值变为一个自行增加的价值。资本所有权与资本使用权的分离是利息产生的内在前提。资本会生产利润，也就是说，使资本的所有者通过工人的劳动，生产出一定量的无酬劳动、剩余产品和剩余价值。这样，货币除了作为货币所具有的使用价值之外，又取得了另一种追加的使用价值，即作为资本来执行职能的使用价值。在这里，它的使用价值正在于它转化为资本而生产的利润。

利息量的多少取决于利润总额，利息率取决平均利润率。马克思进一步指出，在平均利润率与零之间，利息率的高低取决于两个因素：一是利润率；二是总利润在贷款人和借款人之间进行分配的比例。这一比例的确定主要取决于借贷双方的供求关系及其竞争，一般来说，供大于求时利率下降，供不应求时利率上升。

马克思又指出："在这里，货币的使用价值是创造价值，创造一个比它自身所包含的价值更大的价值。货币本身在可能性上已经是会自行增值的价值，并且作为这样的价值被贷放，而贷放就是这种独特商品的出售形式。创造价值，提供利息，成了货币的属性，就象梨树的属性是结梨一样。"(《资本论》第三卷(上)，第441页)现在，上述中外的"投资公司"并没有把集资的钱，用来变成生息资本，没有把它变成商业资本而投放到经营实体中去，自然不会产生利润，更谈不上支付利息。不种梨树，如何结梨？他们前期支付的贷款人的几个"梨"，是骗人上钩的诱饵。根据马克思的分析，一台价值100镑的机器，通过生产商品，经流通后可以得到20镑的利润，其中的5镑用来支付利息。现在，这些投资款没有变成资本，它的利息自然也就落了空。"投资公司"承诺的高额利息，这只诱人的彩色气球一下子爆破了。

马克思在《资本论》第三卷里已指出了这种"借贷"关系叫做"做空"："农村的存款人以为自己只是在他的银行家那里存款，并且以为银行家的贷款总是贷给银行家所认识的那个人。他决没有想到，这个银行家会把他的存款交给伦敦一个汇票经纪人去支配，对于这个经纪人的交易，他们两个都丝毫也不能控制。"(《资本论》第三卷(下)，第564—565页)丁大爷之所以会上当，因为他不知道他的血汗钱，被用于一种巧妙的空转，既没有用于投入生产，生产商品，也没有创造价值。丁大爷的投资被投资公司作为挖东墙、补西墙的一种手段。瑞士的这家公司也是异曲同工。他们宣称每个月赚5%，一年就是60%的利息，这可能吗？丁大爷缺少起码的经济学知识，轻而易举地被这几个"经纪人"牵着鼻子走，掏空了自己积攒下来的血汗钱。

天上不会掉下馅饼。骗子们付出的“利息”是打上引号的。这无非是一种欺骗，目的是为了骗取更多的投资者上当，把更多的钱投进来。一旦行骗者觉得可以收网了，或者资金链的某个环节中断了，公司的老板就赶紧拍拍屁股跑路，把许多投资者的血本一口吞下肚里，丁大爷和一批为追求高回报的投资者只能欲哭无泪。“辛苦攒了一辈子的养老钱，就这么打了水漂！想起来心就揪着疼啊！”60多岁的丁大爷对记者哭诉道。

丁大爷们之所以会上当，另一个原因是，美国的学者从心理学来分析，进入老年阶段的人们容易轻信别人，导致被欺骗的风险较常人高。美国纽约州立大学心理学家和西北大学的人类发展与社会政策学者对来自83个国家的近20万名参与者，就不同年龄段与信任感之间的相关性作了研究，发现两者之间存在着正相关关系，即随着年龄的增加，他们对别人的信任感也在增强，因而容易被所谓“高回报的投资”所忽悠。

API卓越瑞士信托公司设下的骗局现已被中央电视台记者的实地采访所证实。记者来到了距离日内瓦市中心比较远的阿德里安·拉士纳大街20号，这里是公司的“财富管理业务总部”。在楼前，记者找到了“API卓越瑞士信托公司”的英文标识。这个公司名称列表上也显示，“API卓越瑞士信托公司”在这座办公楼的四层。但敲门之后，里面根本就没人。一名楼内公司职员称，去年夏天，在这个公司办公室那一层有装修，然后举行了开业典礼，来了很多人，之后就再也没有动静了。高昂“利息”的骗局，使很多中国人大把的钱落到了外国骗子的口袋里。国内警方已经立案，在瑞士也已经进入司法程序。是谁导演了这场骗局？不久或将见分晓。

现在，由于商业银行信贷政策的调整，贷款门槛高，使群众贷款难，而存款利息低又促使民间资本寻找投资渠道，导致民间融资日趋活跃。高息借贷是指个人或者非金融机构以牟利为目的，利用非银行借贷资金，通过约定的方式，向不特定的多数人，以高于银行同期利率四倍（不包括四倍）的利率多次放贷给他人的行为。这种现象不但对社会正常的金融秩序产生影响，而且由此引发的非法拘禁、故意伤害、寻衅滋事、敲诈勒索、非法经营等各类刑事案件频频发生，甚至在一定区域形成黑恶势力，严重影响社会治安稳定。

据央视记者的调查，2015年1月16日，瑞士金管局就发布声明，对阿尔卑斯资产管理信托公司和API卓越瑞士信托公司提供的信息发出了公开警告。这两家公司均没有获得瑞士金管局的执照。这与国内众多投资者被告知的情况完全相反。瑞士金管局发言人文森特表示，这意味着 API 公司可能在违法提供服务。

银行界人士告诫我们说，当有人宣称年收益率超过 12%时，这样的投资和理财就有很大的风险性。据官方消息称，到目前为止，我们国家还没有批准这种国外的投资公司来中国进行外汇投资，如果直接跟这些没有经过批准的国外的投资公司进行投资的话，存在一个巨大的投资风险。资金的安全性、流动性与收益性三者，安全是放在第一位的。许多投资者没有这种风险意识，结果就吃了大亏。

且听马克思怎样分析高利贷

高利贷在生产资料分散的地方，把货币财产集中起来。高利贷不改变生产方式，而是象寄生虫那样紧紧地吸附在它身上，使它虚弱不堪，高利贷吮吸着它的脂膏，使它精疲力竭，并迫使再生产在每况愈下的条件下进行。由此产生了民众对高利贷的憎恶。

《资本论》第三卷(下)，第 674—675 页。

丁大爷之所以会上当，因为受高利率的诱惑，而且碰到了骗子；但是，另一方面，在实际生活中，确实有借款人主动向贷款人借钱的情况，存在着民间贷款的需求。民间贷款的利率虽然高于银行贷款的利率，但一方要借，另一方愿贷，两相情愿者大有人在。比如中小企业需要资金来支撑企业的发展，但他们向银行不容易贷到款，只有靠树立自己的口碑信用，向亲戚朋友融资，民间借贷于是应运而生。在浙江、广东等地的沿海城市地下钱庄的利息比银行高出不少，但依然很有市场。

那么，民间借贷是不是就是高利贷？生息资本是不是高利贷资本？高利贷和民间借贷的界线是什么？这几个问题都值得研究。这里，让我们且来听听马克思的分析。

在中世纪之前，生息资本就是高利贷资本。这一点，马克思作了十分明确的回答。他在《资本论》第三卷第三十六章开宗明义地指出："生息资本或高利贷资本(我们可以把古老形式的生息资本叫做高利贷资本),和它的孪生兄弟商人资本一样,是洪水期前的资本形式,它在资本主义生产方式以前很早已经产生,并且出现在极不相同的社会经济形态中。"(《资本论》第三卷(下),第 671 页)由此可见,高利贷是一种古老的生息资本,它在资本主义社会出现之前就已存在,并且在古代已发展到最高点。只要存在商业,存在商人资本,就会出现生息资本,就有高利贷的出现。以至于威尼斯商人夏洛克贷款给安东尼奥签约规定,如到期不还,则要从安东尼奥身上割一磅肉来偿还。

马克思肯定高利贷在资本主义以前的一切生产方式有"革命的作用","只是因为它会破坏和瓦解这些所有制形式,而政治制度正是建立在这些所有制形式的牢固基础和它们的同一形式的不断再生产上的"。(《资本论》第三卷(下),第 675 页)在中世纪,任何一个国家都没有固定的利息率。那时利息率相差很悬殊。在查理大帝时代,收取 100%的利息,才被认为是高利贷。从 12 世纪到 14 世纪,普通的利息率不超过 20%。弗利德利希二世规定 10%的利息率。早在 13 世纪,德国普通的利息率是 10%。亨利八世把利息率也限为 10%,詹姆斯一世限为 8%,查理二世限为 6%,安妮女王限为 5%。由于利息率相差很大,关于高利贷的概念差别也很大。马克思指出:在中世纪,"高利贷有资本的剥削方式,但没有资本的生产方式"。在中世纪,纯粹是农业人口社会。在封建统治下,交易是很少的,利润也是很小的。因此,高利贷为当时的统治者所不容,放高利贷者要受到当时法律的处罚。

当时,人们普遍严厉谴责高利贷者的行为。英国著名作家丹·哈德卡斯耳在《银行和银行家》一书里写道:"犹太人,伦巴第人,高利贷者,吸血鬼,是我国最早的银行家,是我国原始的金融业者。他们这种人简直可以说是不顾廉耻……后来,伦敦的金匠加入了他们的行列。整个说来,我国最早的银行家是一伙很坏的人,他们是贪得无厌的高利贷者,是铁石心肠的吸血鬼。"(《银行和银行家》1843 年伦敦第二版,第 19、20 页)德国基督教神学家路德更对高利贷者的收益和危害作过一个形象化的比喻:"现在,在莱比锡,一个有 100 佛罗伦的人,每年可以收 40,这等于每年吃掉一个农民或市民。如果他有 1 000 佛罗伦,每年就会收取 400,这等于每年吃掉一个骑士或富有的贵族。如果他有 10 000 佛罗伦,每年就会收取 4 000,这等于每年吃掉一个富有的伯爵。如果他有 100 000 佛罗伦,每年就会收取 40 000,这等于每年吃掉一个大的国王。为此,他不必拿他的身体或商品去冒险,也不必劳动,只是坐在炉边,烤苹果吃。所以,一个强盗坐在家里，可以在十年内吃掉整个世界。”(《给牧师的逾示：讲道德要反对高利贷》。《路德全集》1859 年维登堡版第六册，第 312 页)这里对高利贷者的凶恶形象的描绘和痛斥，真是入木三分。

到了资本主义社会，生息资本和高利贷资本又有了区别。诚如马克思所指出的：“就生息资本是资本主义生产方式的重要要素来说，它和高利贷资本的区别，决不在于这种资本本身的性质或特征。区别则在于，这种资本执行职能的条件已经变化，从而和贷款人相对立的借款人的面貌已经完全改变。即使得到贷款的产业家或商人是没有财产的人，那也是由于他会用借来的资本执行资本家的职能，占有无酬劳动。他是作为可能的资本家得到贷款的。”(《资本论》第三卷(下)，第 679 页)贷款的商人会运用生息资本来创造更多的利润。明白这一点，我们就可以知道今天地下钱庄为何屡禁不绝，这也间接反映出民间资本投资渠道的缺乏，以及部分中小民营企业的融资困境。有资金的需求，就给了金融骗子以可乘之机。

在今天，民间借贷是指公民之间、公民与法人之间、公民与其他组织之间的借贷。民间借贷利大于弊，在通常的情况下，是允许的。由于大银行体制僵化，无法给中小企业融资，眼看它们不幸倒闭，最后拖累大银行，所以大银行很希望民间借贷能够帮助中小企业走出困境。民间借贷是一对一的借贷关系，如果发生毁约只涉及两个人，绝不可能波及他人。不像大的金融机构，涉及面广，一旦倒闭会发生连锁反应，造成大面积破产。而且经验证明，民间借贷的毁约率远没有大家所设想的那么高。如果谨慎从事，毁约率只有百分之一二，大大低于国营银行过去的坏账率。民间借款往往都是短期的，几天，几周，顶多半年。它们用于十分紧迫的用场。比如自己已经有了资金的大部分，还缺一小部分。如果没有这一小点补上，全部资金都不能起作用。所以业主愿意承担较高的利息率。合法的民间借贷能帮助企业促进生产，自己也增加了收入，是财富的再创造，对全社会、对个人都有利无害。

只要双方当事人意思表示真实即可认定有效，因借贷产生的抵押相应有效，但利率不得超出法律规定。比如两分利，是指每个月 2%的利息，换算成年利率为 24%，比起目前银行一年期定期存款的年利率高出一大截。存户赚得多，意味着借贷的企业将负担更沉重，一旦不能及时回笼资金，将要面临高额利息，风险很大。既然地下钱庄危害如此之大，为什么还有人去借钱呢？中小型的民营企业家回答说，除了正规银行不能满足中小企业的借贷需求外，方便、快捷是企业选择钱庄的原因。马克思指出:“高利贷有两种作用:第一,总的说来,它同商人财产并列形成独立的货币财产,第二,它把劳动条件占为己有,也就是说,使旧劳动条件的所有者破产,因此,它对形成产业资本的前提是一个有力的杠杆。”(《资本论》第三卷(下),第 689—690 页)如果贷款人能及时偿还借款人的利息,那么,这样的民间贷款活动对借贷双方都是有利可图的。

但是,只要是民间借贷的利率超出了国家法律的规定,就应当视为是高利贷。原则上说民间借贷利息不能超过银行同期利率的 4 倍,超过了就是高利贷,法律不予保护。《最高人民法院关于人民法院审理借贷案件的若干意见》的如下规定:“民间借贷的利率可以适当高于银行的利率,各地人民法院可根据本地区的实际情况具体掌握,但最高不得超过银行同类贷款利率的四倍(包含利率本数)。超出此限度的,超出部分的利息不予保护。”因为高利贷对借贷双方来说,都隐藏着巨大的风险,也隐藏着社会不安定的因素。对于那些社会非法集资和市场金融传销活动,则要严厉打击,切实维护金融市场秩序,守住不发生系统性、区域性金融风险的底线。

民间借贷如果演化成高利贷,对社会的影响是巨大的。我们还是要记住马克思的告诫:“高利贷和商业一样,是剥削已有的生产方式,而不是创造这种生产方式,它是从外部和这种生产方式发生关系。高利贷力图直接维持这种生产方式,是为了不断重新对它进行剥削;高利贷是保守的,只会使这种生产方式处于日益悲惨的境地。”(《资本论》第三卷(下),第 689 页)从放高利贷到犯集资诈骗罪,其间并没有不可逾越的鸿沟,许多非法集资者因此走上了不归路。因此,在当前,我们也要建构防止资本高利贷化的防火墙,防范高利贷通过虚拟经济对实业经济的侵蚀。

钱能派什么用场?

> 作为价值尺度并因而以自身或通过代表作为流通手段来执行职能的商品,是货币。
>
> 马克思:《资本论》第一卷(上),第 149 页。

写下这个题目,有的朋友也许会觉得有点好笑。钱能派什么用场,谁个不知哪个不晓?但是,且慢。真正要了解钱的来龙去脉,还要从经济学上作一点研究和分析。

我们先来听听马克思是怎么说的。钱,用经济学的语言来说,就是货币。马克思在《资本论》里用一句话,就把什么是货币这个问题说清楚了:"作为价值尺度并因而以自身或通过代表作为流通手段来执行职能的商品,是货币。"

马克思的这句话的意思是说,在商品交换的过程中,每个商品的所有者都想出让自己的商品,换回自己需要的别种商品。但在商品交换中,常常可见这样一种情况:我想要你的商品,你却不需要我的商品。怎么办?解决这个矛盾,需要有一个一般等价物来调节,需要有某种商品充当交换的共同媒介,用它来表现一切商品的价值。这种商品就是货币。

在货币出现之后,整个商品世界分成了两极:一极是各种各样的商品,它们表现为各种特殊的使用价值;另一极是货币,它作为价值的化身而存在。在商品流通的初期,贵金属,如金和银,则是商品的转化形态,成了最早的货币。金银具有同质性、易分割、不变质、易保存、体积小、便于携带等特点,这使它适合于充当货币的材料。于是,货币硬化为贮藏货币,商品出售者成为货币贮藏者。

钱的半边是一个金字。金和钱,就是这样紧密联系在一起的。马克思又说:"在世界市场上,占统治地位的是双重价值尺度,即金和银。"(《资本论》第一卷(上),第163页)金大多是天然的,但是它混杂在石英中,数量极少,从100万克石英中,往往只能采到几克金。银很少天然是纯的,但它较容易从矿脉中采集的特殊的矿石中获得。这些矿石的含银量通常是40%—90%,因此,银的价值低于金是不言而喻的了。

从古到今,金子一直作为财富的象征,成为千百万人追逐的对象。发现美洲大陆的哥伦布1503年从牙买加寄出的一封信里写道:"金真是一个奇妙的东西!"雅典修辞学家郎吉弩斯说过:"世界上最便宜的东西是钱。"从经济学的眼光来看,这种说法是不正确的。钱要是不含金,就不成其为钱了。这所谓"最便宜的东西",也就不成其为钱了。

这里还要顺便说一点,钱不过是一种符号。比尔·盖茨说过:"当你也有一亿美元的时候,你就会明白,钱不过是一种符号。"(王涵主编:《名人名言录》,第419页)美国福特公司的创始人福特指出:"就个人而言,积攒大量金钱毫无意义。人人都一样，不管他财产状况如何，只能从食物中吸取同样的养分，在厚重的衣服中取得同样的热量，每个人卧居的地方也不过是方寸之地。”（《向前进——亨利·福特自传》，第 310 页）马克思也指出：“古代社会咒骂货币是换走了自己的经济秩序和道德秩序的辅币。”（《资本论》第一卷（上），第 152 页）他引用莎士比亚《雅典的泰门》中的一段台词来作证：

> 金子！黄黄的，发光的，宝贵的金子！
> 只这一点点儿，就可以使黑的变成白的，丑的变成美的，
> 错的变成对的，卑贱变成尊贵，老人变成少年，懦夫变成勇士。
> 吓！你们这些天神们啊，为什么要给我这东西呢？
> 嘿，这东西会把你们的祭司和仆人从你们的身旁拉走；
> 把健汉头颅底下的枕垫抽去；
> 这黄色的奴隶可以使异教联盟，同宗分裂；
> 它可以使受诅咒的人得福，使害着灰白色的癞病的人为众人所敬爱；
> 它可以使窃贼得到高爵显位，和元老们分庭抗礼；
> 它可以使鸡皮黄脸的寡妇重做新娘……
> 来，该死的土块，你这人尽可夫的娼妇……

这些言论，指出了黄金的另外一面，从道德的层面上来理解这些意见，无疑也是有重要的参考价值的。

那么，让我们再回到钱的议题上来：钱究竟能派什么用场？

根据马克思在《资本论》中的叙述，货币具有五种职能：价值尺度、流通手段、贮藏手段、支付手段、世界货币。下面分别来说一说。

先说价值尺度。价值尺度是第一个也是最重要的功能。马克思说：“金的第一个职能是为商品世界提供表现价值的材料，或者说，是把商品价值表现为同名的量，使它们在质的方面相同，在量的方面可以比较。”（《资本论》第一卷（上），第 112 页）这就是说，货币是衡量一切商品价值的材料。一个彩色电视机卖多少钱？如果是卖 3 000 元，这 3 000 元就是一台彩色电视机的价格。价格，就是价值的体现。货币在执行价值尺度的职能时，不一定非要把实物放在购买者的面前，而是用货币作一个价格标签，让购买者知道就行了，或是营业员向顾客报个价就可以了。

再说流通手段。马克思说:“货币所以具有流通手段的职能,只因为货币是商品的独立出来的价值。因此,货币作为流通手段的运动,实际上只是商品本身的形式的运动。”(《资本论》第一卷(上),第135页)这就是说,货币作为流通手段,使商品和商品的直接物物交换,发展成为商品流通,即由商品—商品,发展为商品—货币—商品。在商品流通中,商品交换过程分成两个相互对立、相互补充的阶段:商品转化为货币即卖,货币转化为商品即买。

货币的第三个职能是贮藏手段。当商品变为货币之后,如果不直接用货币购买商品,就产生了贮藏货币的愿望。在金属货币流通的条件下,货币作为贮藏手段具有自发地调节货币流通的作用。随着商品生产和商品流通的进一步发展,贮藏一定量的货币,成为每个商品生产者的必要条件。要把黄金作为货币,从而作为贮藏货币的要素保存起来,就要阻止它流通,不让它作为购买手段化为消费品。马克思还说过:“除直接的贮藏形式以外,还有一种美的贮藏形式,即占有金银制的商品。”“这样,一方面,形成了一个日益扩大的金银市场,这个市场不以金银的货币职能为转移,另一方面,也形成了一个潜在的货币供应源泉,这个源泉特别在社会大风暴时期涌现出来。”(《资本论》第一卷(上),第154页)2008年金融风暴来袭时,国内外许多人纷纷抢购黄金,以图保值,以至于造成黄金价格的暴涨,便是一个绝好的证明。

货币的支付手段,不多说了。一个商品的所有者出售他现有的商品,而另一个商品的所有者却只是货币的代表或作为未来货币的代表来购买这种商品。卖者成为债权人,买者成为债务人。货币于是成了支付手段。

关于世界货币,要多说几句。马克思说过:“货币一越出国内的流通领域,便失去了在这一领域内获得的价格标准、铸币、辅币和价值符号等地方形式,又恢复原来的贵金属块的形式。”(《资本论》第一卷(上),第163页)因此,只有在世界市场上,货币才充分地作为这样一种商品在起作用,这种商品的自然形式同时就是抽象人类劳动的直接的社会实现形式。世界货币有如下几个职能:1. 作为国际支付手段用以平衡国际贸易差额;2. 作为国际购买手段,一国从另一国购买商品;3. 作为社会财富的代表,从一个国家转移到另一个国家。

钱是有用的。我们手里的钱是保持自由的一种工具,但是,如果财富单单是由金钱构成的话,那么人生将会变得非常乏味,做金钱的奴隶,也没有多大的意思。

外币的利息为什么这样低?

> 借贷货币资本的增加,并不是每次都表示现实的资本积累或再生产的扩大。这种情况,在产业周期的紧接着危机过后的那个阶段中,表现得最为明显,这时,借贷资本大量闲置不用。在生产过程紧缩(1847 年危机后,英国各工业区的生产减少三分之一),物价降低到最低点,企业信心不足的时候,低微的利息率就起着支配作用。
>
> 马克思:《资本论》第三卷(下),第 549 页。

近几年来,外币的利息是一降再降。各国央行纷纷将短期利率削减至接近于零的水平。美国已连续七次降息。汇丰银行美元、欧元、港币一年期的定存利率分别为 0.95%、0.9%和 0.6%,渣打银行美元、欧元、港币一年定存利率分别为 1.2%、1%和 0.6%。瑞士法郎的一年期的定存利率为 0.01%,日元的一年定存利率为 0.259 71%,甚至出现过负利率。葡萄牙 10 年期国债收益率跌至 1.73%,意大利 10 年期国债收益率跌至 1.19%。

理财师算了一笔账,按当期美元一年定存利率存入 1 万美元,一年后的本息总共是 10 000×(1+0.7%)=10 070 美元,按人民币对美元 6.3∶1 的比例兑换,本息应为 10 070×6.3=63 441 元人民币。若先将 1 万美元兑换成人民币,一年后的本息总共应为 10 000×6.3×(1+3.5%)=65 205 元,多出 1 764 元,人民币一年定存利息是美元一年定存利息的五倍之多。10 000 美元存 1 年的利息只能买 20 斤牛肉。七八年前,美元一年期定存利率曾达到 5%以上,人们多买进美元存入银行,现在是很少有人这样做了。2015 年 4 月 10 日《文汇报》报道:瑞士央行以超乎寻常的-0.055 的负利率拍售 10 年期国债,瑞士也成为此轮金融危机以来首个、也是有史以来首个以负利率发行 10 年期国债的国家。不料市场反应踊跃,竟获得竞投者数倍的认购,最后成功募得 2.325 1 亿瑞士法郎资金。

人们不禁要问:外币的利息为什么这样低?

马克思对这个问题作了明确的回答:这是金融危机发生后必然出现的现

象，低微的利息率就起着支配作用。目前，后危机时代仍未结束，经济复苏乏力，金融市场的动荡仍在继续。马克思指出："低的利息可能和停滞结合在一起，稳步提高的利息可能和逐渐活跃结合在一起。"(《资本论》第三卷(上)，第404页) 2008年那场发端于美国的次贷危机的金融风暴迅速袭击全球，使自然界"全球气候变暖"的冬季出现了经济的严寒。企业关闭，工人失业，物资过剩，消费者的支付能力急剧下降，银行支付出更多的利息。利息是借款人付给贷款人的报酬；同时它还必须具备一个前提，那就是两者之间必须存在着借贷关系。

低利率是货币资本难以转化为产业资本的标准，是银行资本难以转化为借贷资本，即流动性资本的标准。货币资本家凭借对资本的所有权，才能与职能资本家共同瓜分剩余价值。贷款人之所以能收到利息，是因为他拥有这部分资金的所有权，如果没有所有权，他就无法取得利息收入；相反，借款人之所以要付出利息，因为他把这部分资金运用于生产经营活动中后获得了价值增值。借贷资本的过剩，银行自然付不起高额的利息。如今，七年时间过去，金融危机的高峰也已过去，不少西方国家的经济出现了复苏现象。但依然有不少欧洲国家(尤其是欧元区国家)经济呈现出明显的复苏乏力、私人投资及家庭消费预期黯淡、欲望低迷、通货紧缩持续的局面。企业家对借贷货币资本的需求，依然没有大幅度的增加。

马克思在叙述了本文开头的那段话之后，又接着强调指出："当物价下跌，交易减少，投在工资上的资本收缩时，所需的流通手段就会减少；另一方面，在对外债务一部分由金的流出，一部分由破产而偿清之后，也就不需要追加的货币去执行世界货币的职能了；最后，汇票贴现的业务的范围，随着汇票本身的数目和金额的缩小而缩小——这一切都是一目了然的。因此，对借贷货币资本的需求，不论是用于流通手段，还是用于支付手段(这里还没有谈到新的投资)，都会减少，这样，借贷货币资本相对来说就显得充裕了。"(《资本论》第三卷(下)，第549页)银行的借贷生意清淡，银行呆账成堆，一些投资银行面临破产境地，因此银行的定存利率的下降，则是题中应有之义了。

马克思接着又举了一个例子来说明这一点。

"例如，1847年危机后，就发生了'交易紧缩，货币过多'的现象(《商业危机1847—1848年证词第1664号》)。'因为商业几乎完全停顿，投资的可能性几乎完全没有'，所以利息率是很低的(同上，第45页利物浦皇家银行董事霍奇森的证词)。"(《资本论》第三卷(下)，第549—550页)在金融危机之初，开启低利率的另一个目的，是为流动性紧张的金融机构提供"免费"资金，并帮助金融业补充资本。凭借零利率的借贷，银行可投资于政府债券，获得稳定而无风险的回报。

对低利率要辩证地看。许多国家或地区受到金融危机的影响，大幅降低利率以加大国内市场需求。实行低利率对刺激投资是有利的。因为利息和投资在数学上成反比关系，利息降低了，贷款就变得更加容易了，相应的投资就更多了。但是，从长远而言，这种低利率是有害的，银行丧失了为企业提供信贷这一风险和收益并存的业务和动力，从而未能够帮助中小企业创造就业岗位。马克思又指出："如果再生产过程再一次达到过度紧张状态以前的那种繁荣局面，商业信用就会大大扩张，这种扩张实际上又是资本容易流回和上场扩大的'基础'。这时，利息率虽然已经高于最低限度，但是仍然很低。事实上这是唯一的这样一个时期，这时可以说低利息率，从而借贷资本的相对充裕，是和产业资本的现实扩大结合在一起的。"(《资本论》第三卷(下)，第553页)

事实上，经历了数年的储蓄资产贬值后，相信低利率的刺激作用的边际效应已大大缩减，到了几近于无的程度。虽然产业资本已经扩大，但商业信用对银行信用的需要依然是微不足道的。力拓矿业集团的沃尔夫认为："利率对投资决策的影响不大，因为利息费用只是投资成本的一小部分。"看看日本，名义利率保持在接近零的水平已将近10年(虽然真实利率为正)，但事实上投资水平甚至低于1997年。疲软的日元给日本企业带来了竞争优势，但同时伤害了本国的金融市场。作为申根国家、与欧盟和欧元区有着紧密经济联系的瑞士，在欧洲国家中经济表现较好，长期中立、卓尔不群的理财能力和良好的金融信誉，使得瑞士法郎和其相关资产成为天然的避险货币和保值工具，广受追捧，出现负利率堪称合理。

马克思进一步指出，在平均利润率与零之间，利息率的高低取决于两个因素：一是利润率；二是总利润在贷款人和借款人之间进行分配的比例。这一比例的确定主要取决于借贷双方的供求关系及其竞争，一般来说，供大于求时利率下降；供不应求时利率上升。马克思考察了资本主义的经济周期并指出："低利息率多数与繁荣时期或有额外利润的时期相适应，利息的提高与繁荣周期的下一阶段的过程相适应，而达到高利贷极限内程度的最高利息则与危机相适应。"马克思还指出，银行如果提高利息率，也可能是经济危机出现好转的一种迹象："表现在利息率上的借贷资本的运动，和产业资本的运动，总的说来，是按相反的方向进行的。有一个阶段，低的但是高于最低限度的利率，与危机以后的'好转'和信任的增强结合在一起；特别是另一个阶段，利息率达到了它的平均水平，也就是离它的最低限度和最高限度等距的中点——只是在这两个阶段，充裕的借贷资本才和产业资本的显著扩大结合在一起。”(《资本论》第三卷(下)，第553页)

在金融危机到来之时，低利率的支持者认为低利率是经济复苏的关键。这个措施是有道理的。市场普遍认为，这些非常规的举措随着经济的复苏会很快得以解除，但低利率的世界却并未如预期那样终结。在世界近代经济史上，从来没有哪个经济体维持如此低的利率，而且维持的时间是那么长。看来，目前西方世界较低利率水准还可能会维持一段较长的时间。

事实上，低利率的作用并不如想象中那样好。美国GDP出现加速迹象，但欧洲国家持平或下降。2013年3月份欧洲采购经理人指数显示制造业活动进一步下降，而失业率高达12%，那些非常规的举措更是早已成为常态：无利可图的储户们只好把钱从银行里取出来，去买各式各样自己本来不需要购买的东西。

这正是西方许多国家实行低利率的另一个目的。美国等各国央行实行低利率，旨在鼓励百姓超前消费，以弥补经济危机带来的需求萎缩。据新华社2015年4月9日报道，美国银行利率网站最新调查结果显示，大约半数美国人把收入的5%或更少用于储蓄，其中18%的受调查者没有任何储蓄。网站首席财务分析师格雷格·麦克布赖德说，收入不同的阶层，储蓄占收入比例也不同。例如，年收入在5万美元至7.5万美元之间的中产阶层最能存钱，他们中35%的人把收入的超过10%用于储蓄；年收入超过7.5万美元者，32%的人的存款占收入比例超过10%。

美国长期盛行超前消费，鼓励人民买房子、买汽车、买高档消费品，“用明天的钱为今天享受”，“让美梦提前到来，让美梦成真，能挣会花是时代的骄子”。不错，利率越低，当前物价比起未来物价就越低，他们会减少把钱存在银行里，以目前消费来替代未来消费，或者去买保险。但是，如果这些钱不去消费掉，放在家里，那就意味着货币的贬值。买车、买房对房地产业和生产汽车的企业是有利的，但对买不起车、买不起房的人群来说，那就吃亏了。低利率也会产生资产泡沫和通货膨胀，增加金融市场风险，大量印刷货币更导致货币贬值，推动粮食及能源价格高涨，这些问题，今天依然在困扰实行低利率政策的当政者们。

宋鸿兵在《货币战争》一书的引言中说：“罕见的超低利率温床，滋生出一个罕见的资产泡沫的怪兽，它在扭曲中畸形壮大，不断掠夺着实业的营养，挤压着财富的均衡，破坏着社会的健康。量化宽松与资产泡沫正在走向时间的终点，各国央行压制利率的努力终将失败。当欧洲央行和美联储的新掌门，开始越来越频繁地谈论'负利率'时，你需要立刻警觉起来，这说明即便是零利率，都已经不足以支撑资产价格的继续上涨了。负利率绝对是一个疯狂的想法，这将让全世界看清疯狂究竟能走多远。最终，利率火山的爆发就是这轮泡沫的审判日！"这虽是一家之言，有点言重，但的确值得引起实施超低利率者的警惕。

资本灵魂深处的秘密是什么？

另一方面我们拿资本家来说。他无疑希望用尽量少的货币换取尽量多的劳动。因此，他实际上所关心的只是劳动力的价格和劳动力执行职能时所创造的价值之间的差额。

马克思：《资本论》第一卷（下），第592页。

在阐明了绝对剩余价值和相对剩余价值的生产以后，马克思在政治经济学上第一次提出了合理的工资理论。商品的价格是它的价值的货币表现。而工资，是劳动力的价值或价格的转化形式。马克思解释道："假定，一个普通工作日是12小时，劳动力的日价值是3先令，而这3先令是体现了6个劳动小时的价值的货币表现。如果工人获得了3先令，他就获得了他的在12小时内执行职能的劳动力的价值。现在如果劳动力的这个日价值当作日劳动的价值来表现，那就会得出这样一个公式：12小时的劳动有3先令的价值。这样一来，劳动力的价值就决定劳动的价值，或者用货币来表现，就决定劳动的必要价格。"（《资本论》第一卷（下），第589—590页）按照马克思提出的公式，工人付出劳动，获取工资，乃是天经地义、理所当然。按劳取酬，劳者当有其薪。我国自古就有"住店付店钱，干活拿工钱"的说辞。

但是，在马克思所处的时代，绝大多数的资本家的本能是尽可能把工人的工资减到最低的程度，毫不隐瞒自己的生财之道是占有更多的无偿劳动。他们希望工人不吃不喝，能靠空气过活，可惜这个目的无法如愿。马克思引用英国著名的资产阶级经济学家约·斯·穆勒的话说："工资没有生产力；它是一个生产力的价格;工资不会同劳动本身贡献于商品的生产,正如机器的价格也不会同机器本身一起贡献于商品的生产一样。如果劳动无须购买就能得到,工资就成为多余的了。”(《略论政治经济学的某些待解决的问题》1844 年伦敦版,第 90、91 页)马克思接着写道:“我常引用的一个十八世纪著作家、《论手工业和商业》的作者声称,英国的重大历史任务是把英国的工资降低到法国和荷兰的水平,他不过是泄露了英国资本灵魂深处的秘密。”(《资本论》第一卷(下),第 658 页)

马克思在《资本论》第十八章“计时工资”中还举了一个“在一个产业部门内,工作日越长,工资就越低”的例子加以说明:英国工厂视察员亚·雷德雷洛夫通过 1839 年到 1859 年 20 年的比较观察,在受 10 小时法令约束的工厂中工资提高了,而每天工作 14、15 小时的工厂中,工资下降了。(《工厂视察员报告。1960 年 4 月 30 日》,第 31、32 页)在“劳动价格已定时,日工资或周工资决定于所提供的劳动量”这一规律中同样可以得到这样的结论:劳动价格越低,工人为了保证得到哪怕是可怜的平均工资而付出的劳动量必然越大。马克思又引用工厂视察员报告说,例如,英国的手工制钉业工人,由于劳动价格低廉,每天要劳动 15 小时,才能挣得 11 便士或 1 先令的工资。在同样的劳动时间内,女工只能挣得每周 5 先令的工资。不支付加班加点工资,是英国资本家剥削工人的常规手段之一。

研究马克思的上述论述,在今天依然有现实意义。不幸的是,在今天,我们看到了中国某些老板灵魂深处秘密的外化:尽力克扣工人工资,乃至于欠薪不发的可鄙行径。他们还有一个最简单的“创造”:跑路。撇下工地或作坊不要了,一走了之。我国正处于经济社会转型时期,劳动关系的主体及其利益诉求越来越多元化,劳动关系矛盾已进入凸显期和多发期,劳动争议案件居高不下,有的地方拖欠农民工工资等损害职工利益的现象仍较突出,集体停工和群体性事件时有发生。恶意拖欠劳动者劳务费的行为是对劳动者合法权益的侵犯,严重破坏了诚实信用的市场原则,也是造成社会不稳定因素之一,等等。这说明拒不支付劳动报酬的无耻行为,在今天仍然相当普遍。

所谓欠薪逃匿,是指一些企业经营者通过恶意欠薪的方式来牟取非法利益,在向供应商大批量进货并低价抛售产品的同时拖欠员工工资,当无法继续实施欺诈时便故意逃匿;或因生产经营困难,管理不善,资金周转不灵,企业主长期拖欠工资无力偿还,不采取合法手段积极应对而故意逃匿。当前欠薪逃匿具有发案率较高、涉案金额巨大、社会危害性大等主要特点。

恶意欠薪是一种犯罪行为。那么，有没有办法对付这些“老赖”呢？有的。我们要用法治的手段对付这些“老赖”们。2011 年刑法修正案(八)增加了一条“拒不支付劳动者劳动报酬的犯罪”。这就是说，拖欠职工工资是一种违法行为。这为法院和政府有关部门采取措施、责令欠薪者支付劳动者报酬有了强大的法律依据，将为劳动保障监察部门提供更加有力的保证。2015 年 1 月 6 日，国家人社部与最高人民法院、最高人民检察院、公安部又联合下发了《关于加强涉嫌拒不支付劳动报酬犯罪案件查处衔接工作的通知》，进一步完善了劳动保障监察执法和刑事司法衔接机制。劳动监察部门和公检法部门可以有法可依地为农民工追讨工资，这意味着欠薪犯罪将受到严厉的打击。

用法治解决欠薪问题，一抓就灵。上述朱某拖欠农民工工资 28 万余元一案，2014 年 8 月 7 日，山东省莒县人力资源和社会保障局向某装饰工程有限公司送达了《劳动保障监察责令改正指令书》，责令该公司限期全额支付拖欠的农民工工资，但朱某仍不支付。2014 年 8 月 18 日，该县人力资源和社会保障局将该案移送至县公安局。三天后，公安机关将朱某抓获归案。莒县人民法院审理后认为，被告人朱某以逃匿方法逃避支付劳动者的劳动报酬，数额高达 28 万余元，且经莒县人力资源和社会保障局责令支付仍不支付，已构成拒不支付劳动报酬罪，应追究其刑事责任；为惩治恶意欠薪行为，莒县人民法院于 2015 年 2 月作出判决，以拒不支付劳动报酬罪，判处其有期徒刑两年，并处罚金人民币五万元。宣判后，朱某服判息诉，该判决已经发生法律效力。

2015 年 1 月 20 日，上海浦东新区人民法院也启动了“民薪工程”。是日晚 7 时，浦东法院执行局内 54 名干警整装待发。一声令下，17 辆警车呼啸驶出，奔赴 46 起执行案件现场。当晚，累计拘留 21 人，7 起案件当场履行。御森家具装饰(上海)有限公司欠薪 49 万余元，由于浦东法院执行局采取强制措施，终于使该公司被迫支付了欠薪。执行款发放大会上，从福建来沪打工的小游拿到了 2.4 万元工资。据悉，这是浦东法院首次启动“民薪工程”执行款发放，集中发放 120 余万欠薪，共有 83 名农民工领到了“血汗钱”，他们可以安安心心地回家过年了。

打击恶意欠薪的行为，光靠法院一家是不够的。广而言之，各级工会、各级劳动监察部门都要把“民薪工程”列入自己的常规工作，发现欠薪，就要努力帮助农民工把工资讨回来。各级人力资源和社会保障部门都要建立“民薪工程”的长效机制，将解决欠薪问题特别是拖欠农民工工资问题作为劳动保障监察执法工作的重中之重，坚持日常检查和专项检查相结合、加强排摸预警和重点监管、畅通举报投诉受理渠道、依法加快欠薪案件查处、积极探索建筑行业欠薪问题预防处置机制等措施，不断加大对欠薪案件的查处力度，才能有效地防治欠薪这种多发病、常见病。

还是要回到马克思关于工资的论述上来。马克思说："我们应当知道，工资按其本性来说，要求工人不断地提供一定数量的无酬劳动。即使完全撇开工资提高而劳动价格同时下降等情况不说，工资的增大至多也不过说明工人必须提供的无酬劳动量的减少。这种减少永远也不会达到威胁制度本身的程度。"(《资本论》第一卷(下)，第 679 页)用这个观点来指导我们的工资政策，就应当不断提高职工的收入，不断减少劳动者无酬劳动量的付出，使人民的生活不断得到改善。这也是构建和谐社会的一个必不可少的因素。

中共中央、国务院 2015 年 4 月 8 日出台文件指导构建和谐劳动关系还指出："切实保障职工休息休假的权利，企业因生产经营需要安排职工延长工作时间的，应与工会和职工协商，并依法足额支付加班加点工资。"这一条，同样十分重要。足额支付加班加点工资，这就和资本主义社会里许多资本家"在支付'正常的劳动价格'的借口下，把工作日延长到超过正常的限度，而不给工人任何相应的补偿"的恶行(《资本论》第一卷(下)，第 597 页)，彻底地划清了界线。

货币怎样转化为资本？

> 有了商品流通和货币流通，决不是就具备了资本存在的历史条件。只有当生产资料和生活资料的所有者在市场上找到出卖自己劳动力的自由工人的时候，资本才产生；而单是这一历史条件就包含着一部世界史。因此，资本一出现，就标志着社会生产过程的一个新时代。
>
> 马克思：《资本论》第一卷(上)，第 193 页。

在谈了商品和货币的作用之后，接下来的一个问题就劈头来了：货币怎样转化为资本？它在马克思所说的"一部世界史"中占有什么样的历史地位？

有人问：我积蓄了一笔钱后，是不是就可以变成资本了呢？或者在股票市场里赚到了一大笔钱，这笔钱能不能叫做资本呢？

回答都是否定的。货币转化为资本，必须有两个条件。

一个条件是：货币所有者只有在市场上找到自由的工人，才能把自己的货币变成资本。所谓“自由的”，有两层意思：一是他必须作为自由的人，可以像支配自己的商品一样来支配自己的劳动力；另一层意思是，这个“自由的工人”没有可以出卖的任何其他商品，没有实际应用他的劳动力所必需的一切东西，也就是说，“自由”得一无所有、一贫如洗。前者说明了劳动力成为商品是资本产生的历史条件，这一条件是在封建社会末期商品生产者发生两极分化，特别是资本原始积累过程中形成的；后者则说明了劳动力成为商品的历史过程，资产者迫使大批农民流离失所，成为一无所有的“自由”劳动者，被抛进了出卖劳动力的市场，为资本家生产方式的建立奠定了历史前提。

假如在商品流通中是相等的价值进行交换，那么货币的所有者是怎么在商品流通中取得比他投入的价值更大的价值呢？他所以能如此，是因为在现存的社会关系下，货币的所有者发现了一种独特的商品，而这种商品的消费乃是一种新价值的源泉。这种商品就是劳动力。

劳动力同其他商品一样，也具有价值。那么，劳动力的价值是由什么东西来决定的呢？马克思告诉我们：“同任何其他商品一样，劳动力的价值也是由生产从而再生产这种特殊物品所必需的劳动时间决定的。就劳动力代表价值来说，它本身只代表在它身上物化的一定量的社会平均劳动。劳动力只是作为活的个体的能力而存在。”(《资本论》第一卷，第 193 页)这个“活”字很重要。劳动力是一个活的商品，它和电脑、汽车不同，它是活的个体，活的个体有生命。要使它不断地出现在市场上，它就必须像任何活的个体一样，依靠繁殖使自己延续下去。工人为了维持自己的生存，要维持自己一家的生活，要吃要喝，要住要穿，需要补充一定量的生活资料，需要接受一定的教育和训练，当然这种教育费用，对普通工人来说是微乎其微的。生产这种生活资料的劳动时间，就是劳动力的价值。假如劳动力的日价值是 3 先令，资本家付给了工人 3 先令，劳动力一天的使用即一天的劳动就归他所有。但劳动力维持一天只需要半个工作日，劳动力使用一天所创造的价值比劳动力自身一天的价值大一倍。这种情况对买者来说是一种特别的幸运，对卖者是绝对的不公平。

但是，这种“绝对的不公平”的交换是在打着“公平交易”的幌子下进行的。

马克思接着举了这样一个生产20磅棉纱的例子，来说明货币转化为资本的过程："我们来考察一下这个延长了的劳动过程的产品。现在，在这20磅棉纱中物化着5个工作日，其中4个工作日物化在已消耗的棉花和纱锭量中。1个工作日是在纺纱过程中被棉花吸收的。5个工作日用金钱来表现是30先令，或1镑10先令。因此这就是20磅棉纱的价格。1磅棉纱仍然和以前一样值1先令6便士。但是，投入劳动过程的商品的价值总和是27先令。棉纱的价值是30先令。产品的价值比为了生产产品而预付的价值增长了1/9。27先令变成了30先令，带来了3先令的剩余价值。戏法终于变成了。货币转化为资本了。"(《资本论》第一卷，第220页)

当资本家把货币变成商品，使商品充当新产品的物质形成要素或劳动过程的要素时，当他把活的劳动力同这些商品的死的物质合并在一起时，他就把价值，过去的、物化的、死的劳动变为资本，变成能自行增殖的价值。用马克思的话来说，"变成了一个有灵性的怪物"，它以吸血为能事。但是，我们却不能因此得出结论，手头有了一笔钱，就等于具备了资本产生的条件。因为资本是能带来剩余价值的价值，货币本身是不能发生价值增殖的，即使把它放在银行里，获取利息，这和资本生成剩余价值，依然是两回事。

马克思说，资本主义社会的历史，是一部商品交换和商品流通的历史，是一部雇佣劳动的历史。劳动力成为商品的历史，就是新兴的资产阶级剥夺工人创造的剩余价值的历史。

资本是伴随着资本主义时代而来的，是伴随着劳动者的巨大的苦难而来的，是伴随着资本家的利润而来的。《评论家季刊》刊登了一篇署名为托·约·登宁写的文章说："资本逃避动乱和纷争，它的本性是胆怯的。这是真的，但还不是全部的真理。资本害怕没有利润或利润太少，就象自然界害怕真空一样。一旦有适当的利润，资本就胆大起来。如果有10%的利润，它就保证到处被使用；有20%的利润，它就活跃起来；有50%的利润，它就铤而走险；为了100%的利润，它就敢践踏一切人间法律；有300%的利润，它就敢犯任何罪行，甚至冒绞首的危险。如果动乱和纷争能带来利润，它就会鼓励动乱和纷争。走私和贩卖奴隶就是证明。"(《工联和罢工》1860年伦敦版，第35—36页)登宁的这段话，被马克思在《资本论》第一卷(下)第829页的脚注250中被引用后，一直被误认为是马克思的经典语录，这里需要廓清一下，但它的确形象而深刻地说明了资本的本性。它和奥日埃的说法——货币"来到世间，在一边脸上带着天生的血斑”(《论公共信用及其古今史》1842 年巴黎版,第 265 页)相对照,有异曲同工之妙。

消费的需要决定着生产

一定的生产决定一定的消费、分配、交换和这些不同要素相互间的一定关系。当然,生产就其片面形式来说也决定于其他要素。例如,当市场扩大,即交换范围扩大时,生产的规模也就增大,生产也就分得更细。随着分配的变动,例如,随着资本的集中,随着城乡人口的不同的分配等等,生产也就发生变化。最后,消费的需要决定着生产。

马克思:《〈政治经济学批判〉导言》,
《马克思恩格斯选集》第二卷,第 102 页。

马克思的消费理论是马克思主义经济理论的重要组成部分。马克思这段话的意思有两点：在处理生产、分配、交换与消费的关系时,是生产支配和决定消费,没有生产,消费也无从谈起;但是,消费也不能忽视。在再生产过程中,生产是起点,消费是终点,生产决定消费,消费又制约着生产,也促进着生产。生产是在消费中完成的。因此,政治经济学不应孤立地研究生产,而必须在生产与消费的关系中去研究生产。

如果再进一步研究,消费是人类正常的生产和生活活动,消费又是生产的前提,是人类自身发展的需要。马克思还论述了“消费从两方面生产着生产”的道理：一方面,“产品只是在消费中才成为现实的产品”。无论资本主义国家还是社会主义国家,如果出现了超常的生产过剩,大量产品积压,不能被用于消费,它们就不是现实的产品,等于没有生产。另一方面,“消费创造出新的生产的需要……消费创造出生产的动力”。在马克思看来,生产直接就是消费：在生产过程中,生产资料被消耗;消费直接也是生产：在消费过程中,人生产了自身,也生产着生产：一方面,产品在消费中、通过消费才成为现实的产品;另一方面,消费创造出了新的生产的需要。特别是在现代社会里,消费在生产中的作用进一步增大,它甚至成为生产的主导性因素。如果没有了消费,生产就失去了动力和目

徐克仁

的，人自身也无法发展。所以，在物质财富不断增长的情况下，应该鼓励消费、刺激消费，这是社会健康运转、人走向自由全面发展的一个重要的条件。

没有生产，就没有消费；但是，没有消费，也就没有生产。这就是生产和消费直接的同一性。马克思为了说明这个观点，又举了一些生活中的实例。例如，一条铁路，如果没有通车、不被磨损、不被消费，它只是可行性的铁路，不是现实的铁路。一件衣服由于穿的行为，才现实地成为衣服；一间房屋无人居住，事实上就不成其为现实的房屋。因此，产品不同于单纯的自然对象，它在消费中才证实自己是产品。

因此，我们要大力提倡“消费也是生产”的观念，要大力鼓励消费，鼓励大家去买东西。

树立“消费也是生产”的观念，其核心本质就是以人为本。因为“消费也是生产”这一观念最基本的内涵，就是消费过程即人生产自己的过程。以人的消费为目的和动力的生产以及与此相联系的投资，即以生产为目的和动力的生产、投资，协调消费资料生产和生产资料生产，使发展的速度与结构、质量效益有机地统一起来，又好又快地发展。

树立“消费也是生产”的观念，更是应对金融危机的措施之一。生产过剩，产品积存，卖不出去，时间一长，就要引起危机。危机来了，我们就要千方百计地鼓励消费，把积存的商品卖出去。用什么办法来刺激消费？1977 年诺贝尔经济学奖获得者、英国经济学家詹姆斯·米德曾提出过“社会分红”理论。这项理论与“税收返还”，后来被作为“反周期性经济波动”的政策工具，在经济萧条时期起到扩大消费的作用。2008 年 12 月 14 日，诺贝尔经济学奖获得者罗伯特·蒙代尔在南京举办的“2008 国际金融市场分析年会”上呼吁，针对蔓延全球的金融危机，中国和美国政府都可采取向民众发放购物券的方式来刺激消费，从而带动实体经济的发展。

2008 年的国际金融危机也严重地影响了我国，扩大内需，提高广大人民群众的消费能力，是中国经济发展的一个必然选择。特别是在全球经济陷入低迷的情况下，扩大国内的消费需求显得更为重要。

据悉，“政府发红包”是一项全球性的尝试。2008 年 11 月，日本政府宣布向每个家庭发放“定额给付金”，全国发放总额为 2 万亿日元。澳门特别行政区宣布了向包括永久及非永久居民派发 3 000—5 000 澳门元的现金分享计划；台湾当局也宣布，将向台湾居民每人发放新台币 3 600 元消费券；而在香港特别行政区财政司提交的2008/2009财政年度预算报告中，就有向全港每户人家发放1 800元港币电费的预算，和给全港47万年满70岁以上老人一次性发放每人3 000元港币的高年龄津贴等预算。在经济转型时期，政府向中低收入人群发放“红包”，是实现社会收入再分配和扩大消费的重要手段之一。

鼓励消费，也是英国著名经济学家约翰·梅纳德·凯恩斯创立的现代宏观经济理论体系的思想之一。他在1936年出版的《就业、利息和货币通论》一书里提出“社会需求不足将导致经济大萧条”的现象，主张“政府需要调控经济”。根据凯恩斯主义理论，在经济大萧条时，政府不能听之任之，也不要出面刺激生产，而是要想办法扩大需求。20世纪30年代，凯恩斯曾建议美国财政部“用旧瓶子装满钞票，把它们埋进废弃煤矿的适当深度”，然后坐着观望从矿井挖钱的活动，创造了无数的就业机会和经济繁荣。对此，美国有人建议奥巴马总统为每个美国人都“买一个iPod，一套名贵刀具或者600个大热狗”，这样可以刺激需求，并重新恢复经济繁荣。凯恩斯主义在资本主义世界一直广受争议，但因其超越了早期主张“自由放任”的古典经济学，而在整个西方经济学史上具有划时代的意义。世界各国想方设法扩大内需、扩大消费，不仅可以改善居民的生活条件，还可以带动相关产业的发展，增加社会的就业人数，促使经济向良性发展。实践证明，凯恩斯主义是应对金融危机的一个行之有效的办法。

当然，鼓励消费并不是主张消费至上主义，也不应将消费刺激经济的作用强调到不适当的地位。曾经有人强调人人都来买房，买房就是爱国。这种说法就是说过头了。按照这个说法的逻辑，那有相当一部分消费者是不爱国的。现在许多消费者不买房，不是他们不需要房，而是买不起房。因为房价实在是高得离谱。当务之急是把房价降下来，让更多迫切需要住房的人买得起房。

鼓励消费，也应鼓励科学消费。科学消费是一种公平消费，是一种节制性消费，是一种可持续性消费。科学消费是指符合人的身心健康和自由全面发展要求，推动社会经济文化发展，促进人与自然和谐的消费观念和消费行为。鼓励消费，还要提倡量入为出，精打细算，不要大手大脚地乱花钱。要像马克思说的那样，把消费作为一种“享受”、一种全身心的享受；在人与人的关系上，不仅要看到人与人之间有利益关系，而且更应该看到人与人之间存在爱与友谊。

家 电 下 乡

——再谈消费的需要决定着生产

生产直接是消费，消费直接是生产。每一方直接是它的对方。可是同时在两者之间存在着一种媒介运动。生产媒介着消费，它创造出消费的材料，没有生产，消费就没有对象。但是消费也媒介着生产，因为正是消费替产品创造了主体，产品对这个主体才是产品。产品在消费中才得到最后完成。

马克思：《〈政治经济学批判〉导言》，
《马克思恩格斯选集》第二卷，第 93—94 页。

2009 年以来，在中国农村的大地上，出现了一个"家电下乡"的热潮。成千上万的农民高高兴兴地把价廉物美的电视机、冰箱、洗衣机、手机捧到了家里。据 2009 年 1 月 19 日《人民日报》报道，四川省简阳市推行"家电下乡"后，家里已有一台 21 英寸电视机的农户张建英，毫不犹豫地又买了一台长虹 29 英寸电视机。屋里摆了两台电视机，张建英看着就开心："现在一家人可以选各自喜欢的节目了。"2009 年 1 月 15 日，简阳市开展"家电下乡"试点工作整整一年。2008 年全市共销售"家电下乡"产品 29 047 台(部)，实现销售收入 3 951 万元。一年来，简阳"家电下乡"工程在"多赢"中稳步推进，已惠及 2.46 万农户。

这则新闻，生动地说明了马克思所指出的一个颠扑不破的真理："消费创造出新的生产的需要，因而创造出生产的观念上的内在动机，后者是生产的前提。消费创造出生产的动力；它也创造出在生产中作为决定目的的东西而发生作用的对象。"(《〈政治经济学批判〉导言》，《马克思恩格斯选集》第二卷，第 94 页)我国通过"家电下乡"来扩大内需，通过"家电下乡"来拉动经济增长，明显地体现了消费对生产的决定作用。

受世界金融危机影响，2008 年我国经济增速开始下滑，出口对经济增长的拉动作用明显减弱，部分企业和行业经营困难。四川长虹是国内一家生产彩电的集团公司，半年多来，出口销售量减少了 10%。扩大内需，拉动消费，是我国应对国际金融风暴的一项有效措施。中国的农村是一个广阔的市场，农民对家电产品的消费有着强烈的渴求。时任商务部副部长傅自应认为，在当前海外市

徐克仁

场需求下降、我国家电行业出口减少的情况下，在全国推广"家电下乡"，既有利于统筹国内国外两个市场，扩大国内市场需求，也有利于统筹消费、投资、出口的协调发展，促进我国经济发展方式转变。我国居民消费率明显低于世界水平。消费率的差距意味着扩大消费的潜力。据测算，我国农村2亿多户家庭，即使农村家电普及率仅提高1个百分点，每种家电也可以增加200多万台的需求。可见，扩大农村消费的潜力巨大。

财政部与商务部在2007年12月22日联合宣布，"家电下乡"在山东、河南和四川三省率先试点。农民可以到就近的定点销售网点，购买补贴类家电，备齐户口簿、身份证、产品购买发票、产品标识卡等有关材料，到所在地乡级财政部门申请领取家电下乡补贴资金，补贴资金将由财政部门直接发放到农民的储蓄卡上。根据财政部、商务部、工业和信息化部关于《全国推广家电下乡工作的通知》，家电下乡工作在全国推广，农民购买彩电、冰箱(冷柜)、洗衣机、手机四大类产品将可获得产品销售价格13%的财政资金补贴。面对世界金融危机给我国经济运行带来的挑战，在全国推广家电下乡，对农民购买家电实行财政补贴，是我国扩大内需尤其是挖掘农村消费市场潜力、缓解家电行业困境、确保经济平稳较快发展的一项重要措施，成为我国"保增长"的一项迫切任务。

"家电下乡"又是一项惠民工程。据商务部驻成都特办调查，"家电下乡"在四川试点一年来，农民普遍对这项政策感到满意，购买热情较高，觉得"下乡"的家电既可满足基本生活需要，而且价格合适，质量可靠，最重要的是财政补贴以现金方式直接划拨到农民账户上，时间不超过半个月。四川省简阳市新市镇花萝村农民周林全花1 960元买了一台新飞冰箱，不到15天就领到了255元财政补贴。得知"家电下乡"的产品新增了洗衣机，周林全乐了："以前觉得全自动洗衣机贵，不敢买，现在有了政策，敢买了，过些天一定要把家里的双缸洗衣机换成更高级的。"农民周文元家经济条件较好，购买了"下乡"的长虹电视，按照13%的补贴标准省了190多元。他还建议："我们这里冬冷夏热，空调很实用，如果能把这些电器，甚至音响、电饭煲都纳入政策就更好了。"事实证明，"家电下乡"不仅有利于激活农村消费潜力，提高农民生活质量，繁荣市场流通，带动地方经济发展，促进了生产的发展，而且给广大农民送去了党和政府的关怀与温暖，是一项真正的"民心工程"。

"家电下乡"又健全了我国的农村现代流通体系，促进了城乡协调发展。"家电下乡"政策的主要内容就是对农民消费进行直接补贴，无形中直接增强了农民的家电消费能力，让农民能够用上性价比高、服务有保障的名牌家电产品，尽早享受到经济社会发展的成果。通过实实在在的政策扶持，农民们纷纷购买手机、彩电、冰箱等家电，改善了生活条件，提高了生活质量，享受到现代科技进步的成果。

马克思说得好："生产直接是消费，消费直接是生产。""消费创造出生产的动力。""家电下乡"直接拉动了农村消费，直接促进了生产。仅四川省在2008年中，就销售家电产品112.7万台(件)，销售额逾16亿元，平均每百户农民购买6.4台(件)。四川长虹集团公司是堤外损失堤内补，外销虽然减少了10%，但由于打开了农村的市场，这家公司的内销量增加了50%。因此，家电下乡，一举三得：政府得民心、农民得实惠、企业得市场。

马克思说，生产和消费具有"直接的同一性"，认为生产和消费的同一性有"三方面"表现，除了"直接同一性"，还表现为两者的相互依存和相互转化。"家电下乡"计划的实施及其成功拉动消费的实例再次证明，马克思所说的生产和消费具有的"直接的同一性"，将变成巨大的物质力量和物质财富。

四、滴血的资本和机器

他揭开了资本的秘密

作为资本家，他只是人格化的资本。他的灵魂就是资本的灵魂。而资本只有一种生活本能，这就是增殖自身，获取剩余价值，用自己的不变部分即生产资料吮吸尽可能多的剩余劳动。资本是死劳动，它像吸血鬼一样，只有吮吸活劳动才有生命，吮吸的活劳动越多，它的生命就越旺盛。

马克思：《资本论》第一卷(上)，第260页。

俗话说："千做万做，蚀本生意不做。"这就是说，做生意也好，做老板也好，总是要想方设法赚钱。资本家将本求利，他的每一元钱的投入，都是为了赚更多的钱。那么，人们又要问：做老板，做生意，利润是怎么产生的？

马克思在《资本论》第一卷中揭示了资本家致富的根源。他揭开了资本家发财致富的秘密，揭开了一个资本家怎样利用资本剥削劳动者的秘密。马克思在书里，第一次指出利润是如何产生的，财富是怎样滚滚而来、落到资本家的钱袋里的。

让我们举一个例子来看看。假如一个老板用100万元的资本开办一家工厂，假如工人每年创造20万元剩余价值。这个老板每年都把这20万元用于个人生活花费掉，经过5年时间，资本家一共花掉了100万元，和他原来投入的资本总额正好相等，这实际上把他原来的资本都花光了。但是，在5年之后，老板实际享有了200万元，即100万元的资本和另外赚的100万元。显而易见，后者正是工人在5年内创造的全部剩余价值，也就是这个老板在5年内经营企业所赚到的钱。

再以生产皮鞋为例，假定生产1双皮鞋，需要耗费皮革、线绳以及工具等价值共10元。每天劳动力价值3元，一天劳动6小时，创造价值3元，每6小时生产一双皮鞋。把以上综合计算如下：资本家耗费生产资料价值10元，劳动力价值3元，等于13元；皮鞋转移的生产资料价值10元，6小时劳动创造的新价值3元，等于13元。在这里，资本家的资本耗费和一双皮鞋的价值正好相等，资本没有增值。增值的关键是资本家支付劳动力日价值3元，但不是让工人只劳动6小时，而是让工人劳动12小时。这样，12小时生产两双皮鞋，所耗费的生产资料价值为20元，这部分生产资料价值，通过皮鞋工人的具体劳动转移到两双皮鞋中去，工人劳动力日价值仍是3元，但他劳动12小时，创造新价值6元，把以上综合计算如下：资本家耗费资本价值，生产资料的价值20元，劳动力价值3元，共计23元；两双皮鞋转移的价值20元，新创造的价值6元，共计26元，而他预付的资本价值却只有23元，多了3元，这3元就是剩余价值。

马克思指出："剩余价值，作为全部预付资本的这样一种观念上的产物，取得了利润这个转化形式。"(《马克思恩格斯全集》第二十五卷，第44页)剩余价值和利润，就其来源和数量来说，本是同根生。它们都是受雇佣的工人创造的。剩余价值量有多大，利润量就有多大。但是，剩余价值和利润又不是同一个概念。剩余价值是利润的本质内容，而利润则是剩余价值的现象形态，或者说是剩余价值的转化形态。剩余价值，只是作为可变资本的产物而存在，而利润则被看作是全部预付资本的产物。通过这样的一步步分析，资本家所赚的钱的秘密被慢慢揭开了。

对《资本论》出版的历史意义，恩格斯曾评价说：自地球上有资本家和工人以来，没有一本像我们面前这本书那样，对于工人具有如此重要的意义。资本和劳动的关系，是我们现代全部社会体系所赖以旋转的轴心，这种关系在这里第一次作了科学的说明，而这种说明之透彻和精辟，只有一个德国人才能做到，这个人就是马克思。他攀登到一座山峰的最高点，把现代社会关系的全部领域看得一览无遗。

在价值增殖的过程中，资本有两个组成部分：不变资本和可变资本。不变资本转化为生产资料、原料、辅助材料和劳动工具，并且在生产过程中不改变自己的价值量。可变资本则转化为劳动力，并且在生产过程中改变自己的价值。它再生产出一定的多余部分，即本身可以变化、数量可多可少的剩余价值。马克思就这样为自己开辟了研究剩余价值的明确道路，将剩余价值一分为二：绝对剩余价值和相对剩余价值。两种形式在资本主义生产方式的历史上起了巨大的推进器和发动机的作用。

资本的本性是吮吸尽可能多的剩余劳动。只要可能，资本家恨不得把每一天的工作日延长到36小时，但是一天只有24小时。资本家希望雇用来的工人每天能工作24小时。因为工作日越长，创造的剩余价值就越多。绝对剩余价值是由资本家在再生产劳动中延长劳动时间所生产出来的，就是指假如在一天12小时的劳动中，其中6小时为必要劳动时间，剩余价值率是100%；如果资本家把一天的劳动时间延长到15小时，必要劳动时间不变，那么，剩余劳动时间就从6小时增加到9小时，剩余价值率也相应地提高到150%。但是，人的精力是有限的，工人不能不吃不喝不休息地生产。马克思指出："正象一匹马天天干活，每天也只能干8小时。"（《资本论》第一卷（上），第259—260页）即使是一部机器，也需要加水、加油、维修保养。人何况并不是一部机器。人每天必须有一部分时间休息、睡觉，还需要有一部分时间满足身体的其他需要，如吃饭、盥洗、穿衣、看书、看报、性交等等，否则，劳动力不能继续生存和繁衍。此外，工人必须有时间满足精神和文化的需要。再精明的资本家，也不能依靠无限延长劳动时间来获取绝对剩余价值。于是，资本家就采取缩短必要劳动时间、相对延长剩余劳动时间的办法，来增加对雇佣劳动者的创造剩余价值的榨取。如一天的劳动时间为12小时，必要劳动时间和剩余劳动时间各为6小时，如果通过改进设备工艺、变革设备等办法，把必要劳动时间缩短2小时，这样一来，剩余劳动时间就从6小时增加到8小时，资本家口袋中的剩余价值也相应增加了。这种由于缩短必要劳动时间，相应地改变工作日的两个组成部分的量的比例而生产的剩余价值，叫做相对剩余价值。

在社会主义国家里，工人的劳动时间是受到保障的。按我国《劳动法》规定，劳动者每天工作时间为8小时，每周工作时间不得超过40小时。用人单位由于生产经营需要，经与工会和劳动者协商后可以延长工作时间，一般每日不超过3小时；因特殊原因需要延长工作时间的，在保障劳动者身体健康的条件下，延长工作时间每日不得超过3小时。国家制定法律保障劳动者休息权和身体健康权，因为超时加班势必给员工的身心健康带来不利影响。比如长时间超时加班，会引发高血压、冠心病，甚至糖尿病、甲亢、癌症等严重疾病，对劳动者的健康和生命安全构成威胁。这几年，由于超时加班的普遍，和它相关的“亚健康”、“过劳死”等说法也成为社会上流行的新名词。部分民营企业的超时加班现象屡禁不止，甚至有愈演愈烈的趋势，缘由也在于此。

由国务院颁布的《劳动保障监察条例》规定：用人单位违反劳动保障法律、法规或者规章延长劳动者工作时间的，由劳动保障行政部门给予警告，责令限期改正，并可以按照受侵害的劳动者每人100元以上500元以下的标准计算，对用人单位处以罚款。为了保护员工的身心健康，法律规定不允许超时加班，一旦单位突破“禁区”，将受到每人最高500元的罚款。这样的规定有利于对超时加班的单位进行处罚，对于目前屡禁不止的超时加班具有遏制和警示作用。

比如，某制衣公司规定的正常工作时间为上午7:30至下午5:30，如果要加班就到晚上10:30，一般生产车间的劳动者每月加班天数均在15天以上，劳动者平均日工作时间均达到或超过12小时，劳动者每月完整的休息日只有1—2天，个别车间的劳动者甚至整月无休。更严重的是，该企业长期如此安排劳动者严重超时加班。这家企业长期恶意安排劳动者超时加班，违法情节比较严重，劳动保障监察部门对该单位的超时加班行为予以了从重处罚，共处罚款83万多元。劳动者如发现企业要求他们加班，都应该拿起《劳动法》和《劳动保障监察条例》，以保障自己的合法权益。

“公平交易”下掩盖着不等价的交换

> 把工作日延长，使之超出工人只生产自己劳动力价值的等价物的那个点，并由资本占有这部分剩余劳动，这就是绝对剩余价值的生产。
>
> 马克思：《资本论》第一卷（下），第557页。

《资本论》的一个重要的理论，就是剩余价值学说。上述论点，是马克思关于剩余价值理论的经典名言。马克思指出，干活付钱，这是错误的认识。就是说工

人干活，资本家付给他钱，看来这并没有什么不对，是公平交易、天经地义，但是实际上，这不是“等价交换”，而是不等价交换。几乎每一个劳动者为资本家劳动所创造的财富，都远远大于自己所得的报酬。

比如一个工人一天劳动所得为80元钱，而他在一天之内为资本家所创造的利润远远不止80元，可能是160元，也可能是240元，还可能更高。这怎么能是“等价交换”呢？那么这多余的部分，即这个工人工资之外的80元或160元或更高的数额，就是“剩余价值”，被资本家无偿地剥削走了。马克思把这个“账”算清以后，资本家剥削工人的本质、手段、诀窍就暴露出来了，使广大工人阶级认清了资本家的获取剩余价值的秘密，从而为自己争取提高待遇准备了条件。

马克思又指出：“绝对剩余价值的生产构成资本主义体系的一般基础，并且是相对剩余价值生产的起点。就相对剩余价值的生产来说，工作日一开始就分成必要劳动和剩余劳动这两个部分。为了延长剩余劳动，就要用各种方法缩短生产工资的等价物的时间，从而缩短必要劳动。”绝对剩余价值的生产只同工作日的长度有关；相对剩余价值的生产使劳动的技术过程和社会组织发生根本的革命。”（《资本论》第一卷（下），第557页）这个道理一点也不深奥，每个劳动者结合自己的工作体验，是一听就懂的。

马克思还进一步研究了剩余价值本身，发现了它的两种形式，即绝对剩余价值和相对剩余价值，并且证明，这两种形式在资本主义生产的历史发展中起了不同的、然而都是决定性的作用。他根据剩余价值理论，阐明了第一个工资理论，第一次指出了资本主义积累史的各个基本特征，并说明了资本主义积累的历史趋势。

马克思的整部《资本论》是以剩余价值为中心的。恩格斯说：“那末，马克思关于剩余价值说了什么新东西呢？为什么马克思的剩余价值理论，好象晴天霹雳震动了一切文明国家，而所有他的包括洛贝尔图斯在内的社会主义前辈们的理论，却没有发生过什么作用呢？”（《资本论》第二卷，第20页）

恩格斯以化学史上的燃素说的经历来作比方，说明这一点。

在17世纪末，燃素说处于支配地位。根据这种理论，一切燃烧的本质都在于从燃烧物体中分离出一种另外的、假想的物体，即称为燃烧的绝对的燃烧质。但到1774年，化学家普利斯特列析出了一种气体，他称这种气体为无燃素气体；过了不久，瑞典的舍勒也析出了这种气体，并证明它存在于大气之中。他还发现，当一种物体在普通空气中燃烧时，这种气体就消失了。因此，舍勒把这种气体称为“火气”。那么，“火气”究竟是一种什么气体呢？其实，“火气”就是氧气。

但由于受燃素说的束缚，他们都没能发现使化学发生革命的元素——氧气。直到在巴黎的普利斯特列把他的发现告诉了拉瓦锡，拉瓦锡根据这个事实重新审视了整个燃素说，方才发现：这种新气体是一种新的化学元素；在燃烧时，不是神秘的燃素从燃烧物体中分离出来，而是这种新元素与燃烧物体的化合。恩格斯赞扬拉瓦锡道："他和其他两人同时和不依赖他们而析出了氧气，然而真正发现氧气的还是他，而不是那两个人，因为他们只是析出了氧气，但甚至不知道自己所析出的是什么。"(《资本论》第二卷，第 21 页)

马克思就是政治经济学领域内的"拉瓦锡"。在马克思之前，已有许多人知道有剩余价值的存在，同样也有许多资产阶级古典经济学家明确提出，这部分价值是由什么构成的；还有一些社会主义者，发现了这种分配的不公平，但如何解决这种不公平，则只能寻求乌托邦来消除。因此，李嘉图等人只能是作为经济学内的普利斯特列和舍勒而存在。他们知道这是一种"火气"，而不知它乃是氧气。马克思的杰出贡献，就像拉瓦锡根据氧气研究了燃素说化学的各种既有的范畴一样，根据剩余价值理论，进一步研究了全部既有的经济范畴，第一次确定了什么样的劳动形成价值，为什么形成价值和怎样形成价值，研究了货币向资本的转化，研究了工资理论。这样一来，马克思"一飞冲天"。诚如列宁在《马克思主义的三个来源和三个组成部分》一文中说，"剩余价值学说是马克思经济理论的基石"。所以有人说，《资本论》是工人阶级的"圣经"，是一点也不为过的。

这里还要说明一点，相对剩余价值的生产以特殊的资本主义的生产方式为前提；这种生产方式连同它的方法、手段和条件本身，最初是在劳动在形式上隶属于资本的基础上自发地产生和发展的，劳动对资本的这种形式上的隶属，又让位于劳动对资本的实际上的隶属。

有人说，剩余价值是直接从流通中(买卖中)产生的。其实，这种说法是错误的。流通不会创造剩余价值，流通也不会产生剩余价值。商品交换不创造价值。因为商品流通要接受价值规律的支配。做买卖的过程，一般要遵守等价交换的原则。商品的价值量在商品交换中不会增加，也不会减少。即使是商人的不等价交换，如某个商人采取贵买贱卖，所谓做蚀本生意，但在总体上说，买进卖出，不创造商品价值。欺骗只能改变商品价值在不同资本所有者之间的分配，但不能增加或减少他们在整体上占用的财富。无论怎样颠来倒去，结果都是一样。如果是等价物交换，不产生剩余价值；如果是非等价物交换，也不产生剩余价值。

对马克思的经济理论，中国革命的先行者孙中山，曾以中国人特有的悟性和概括力，将其称之为“资本主义病理学”。马克思的剩余价值学说，是“资本主义病理学”的一个重要组成部分，它廓清了穷人为什么穷，富人为什么富。穷人与富人也非与生俱来。德国社会民主党杰出的理论家、历史学家弗兰茨·梅林在《马克思传》中写道：“马克思还发现了现代资本主义生产方式以及由它所产生的资产阶级社会的特殊运动规律。无论资产阶级经济学家或社会主义批评家过去所作的一切研究都只是在暗中摸索，而随着剩余价值的发现，这一领域就豁然开朗了。”(《马克思传》，第 657 页)马克思的剩余价值学说为在社会主义市场经济条件下，如何对待劳动者，如何保障劳动者的根本利益，提供了科学的理论和依据，为调节劳资双方的利益，提供了合法的手段。我国是社会主义社会，劳动者为全民所有制企业劳动，不能叫做受剥削；在社会主义市场经济下，私营企业的资本追求利润最大化与劳动追求收入最大化既有矛盾冲突的一面，也有其共同利益的一面。企业与劳动者都在一个利益共同体之内，企业的经营状况一般来说直接影响每个劳动者的收益。

资本的每个毛孔都滴着血

整个运动好象是在一个恶性循环中兜圈子，要脱出这个循环，就只有假定在资本主义积累之前有一种“原始”积累(亚当·斯密称为“预先积累”)，这种积累不是资本主义生产方式的结果，而是它的起点。

马克思：《资本论》第一卷(下)，第 781 页。

现在，我们就以资本主义生产方式作为起点，来谈谈资本家的原始积累。

资本关系以劳动者和劳动实现条件的所有权之间的分离为前提。资本主义生产一旦站稳脚跟，它就不仅保持这种分离，而且以不断扩大的规模再生产这种分离。马克思指出：“因此，所谓原始积累只不过是生产者和生产资料分离的历史过程。这个过程所以表现为‘原始的’，因为它形成资本及与之相适应的生产方式的前史。”(《资本论》第一卷(下)，第 783 页)在资本世界，生产者只是工具，积攒财富才是目的。物质生产以牺牲人为代价，无论是晋升、奖励，还是下岗、裁员，

“圈地运动”中的农民命运

陈庆勋

都不是为了人,而是为创造和积攒物质财富,不惜牺牲人的一切。

资本主义生产方式的起点是需要大批自由的雇佣工人。没有工人,资本家也不成其为资本家。劳动者,只有当他不束缚于土地,不再隶属或从属于其他人的时候,才能支配自身。其次,他要成为劳动力的自由出卖者,能把他的商品带到任何可以找到市场的地方去,他就必须摆脱行会的控制,摆脱行会关于学徒和帮工的制度,以及关于劳动的约束性规定。因此,必须让大批农民从他们世世代代耕耘的土地上分离出来,使他们本身成为雇工,让他们把劳动资料转化为剩余价值,再从剩余价值转化为资本。

这种"生产者和生产资料分离的历史过程",不是像听一支田园诗式的交响乐那样惬意,也不是像喝一瓶啤酒那样爽口,而是一场苦难的历程。这场旷古未见的悲剧的主角是暴力。这个过程充满着劳动者的血和泪。欧洲许多资本家的祖先们就是通过贩卖非洲黑人奴隶而进行原始资本积累的。英国的资本主义原始积累的代表是从"圈地运动"开始的。对农业生产者即农民土地的剥夺,是资本主义原始积累的基础。在英国,这个过程进行得最彻底、最典型。在15世纪末,英国的毛纺织业已成为当时发展最快的生产部门,产品拥有广阔的国内外市场。毛纺织业的发展迅速扩大了对羊毛的需求,羊毛的价格上涨,养羊业成了极为有利可图的生产部门。大地主和农场经营主除了把自己已有的耕地变成牧场外,还用暴力掠夺公有地和份地。他们拆毁和焚烧农舍及村庄,用栅栏和篱笆把大片土地圈起来变为牧场。与此同时,英国王朝又颁布种种血腥法律,用鞭打、烙印、监禁、割耳朵以至判处死刑等方法,禁止农民流浪,强迫他们成为雇佣劳动者,强迫他们接受雇佣劳动制度。

一位名叫阿定顿的牧师用朴实的文字,记录了英国"圈地运动"的血淋淋的场景:

> 在哈特福郡的很多教区中,有24个平均占50—150英亩土地的租地农场被合并为3个租地农场了……在北安普顿郡和林肯郡,圈围公有地的做法十分流行,由于圈地而形成的新领地大部分都变成牧场;结果在很多领地中,现在耕地还不到50英亩……过去的住宅、谷仓、马厩等等变成的废墟……是以往居民留下的唯一痕迹。在某些地方,100所房屋和家庭已经减少到……8所或10所……往往还有这样的事情,4—5个富有的畜牧业主侵吞了不久前圈围的大片领地,这些土地以前是在20—30个租地农民和同

样数目的较小的所有者以及其他居民的手里。所有这些人和他们的家属，从自己占有的土地上被赶走，同他们一起被赶走的，还有替他们做工以维持生活的许多其他户人家。（阿丁顿：《赞成和反对圈地的论据的探讨》，1772年伦敦版，第37—43页；转引自《资本论》第一卷（下），第794页）

最后，对农民最后一次大规模剥夺过程，是所谓的“清扫领地”的运动。清扫领地，就是把农民从他们的领地上扫地出门。这是英国的一切剥夺方法的顶峰。马克思说过：“至于‘清扫领地’的真正含义，我们只有看看苏格兰高地这个现代小说中的天国，才可以领会。在那里，这个过程的特点是：它有系统性，有一举完成的巨大规模（在爱尔兰，地主同时把好几个村庄清扫掉；在苏格兰高地，一下子被清扫的土地面积相当于德意志几个公国），最后，还有被侵吞的土地所有权的特殊形式。”（《资本论》第一卷（下），第797页）

一位名叫理·普斯莱博士的经济学家用这样几行文字概括了圈地运动的后果：“总的来说，下层人民的状况几乎在各方面都恶化了，小土地所有者和小租地农民降到短工和雇工的地位；同时，在这种情况下谋生变得更加困难了。”（《评继承支付》第二卷，第159、160页；转引自《资本论》第一卷，第795页）

一旦农民们失去了土地，两手空空，农民成为一只无路可走的羊时，成为一只被剥光了皮毛的羊时，就可以听凭雇用他的老板举起锋利的刀子，任其宰割了。诚如马克思指出：“掠夺教会地产，欺骗性地出让国有土地，盗窃共有地，用剥夺方法、用残暴的恐怖手段把封建财产和克兰财产变为现代私有财产——这就是原始积累的各种田园诗式的方法。这些方法为资本主义农业夺得了地盘，使土地与资本合并，为城市工业造成了不受法律保护的无产阶级的必要供给。”（《资本论》第一卷（下），第801页）

由农民变成工人的命运交响乐的第二乐章，则是惩治被剥夺者的血腥立法。由于封建家臣的解散和土地的遭暴力剥夺，他们不可能被新兴的工场手工业所吸收，许多人成了无家可归的流浪者。因此，15世纪末和整个16世纪，整个西欧都颁布了惩治流浪者的血腥法律，许多法律条文都是骇人听闻的。

爱德华六世在他即位的第一年（1547年）颁布的法令规定，拒绝劳动的人，如被告发为游惰者，就要判给告发者当奴隶。告发者有权用鞭打和镣铐他们，强迫他们从事一切令人厌恶的劳动。如果奴隶逃亡达14天，就要判为终身奴隶，并在额头或脸上印刻S字样的烙印；如果第三次逃亡，就要当作叛国犯处死。

伊丽莎白执政时期的1572年的法令对游惰者同样是不共戴天。它又规定，没有得到行乞许可的14岁以上的乞丐，如果没有人愿意使用他两年，就要受到猛烈鞭打，并在左耳上打上烙印；如果有人再度行乞而且年过18岁，又没有人愿意使用他两年，就要被处死；第三次重犯，就要毫不留情地当作叛国犯处死。

詹姆斯一世和爱德华六世、伊丽莎白是一脉相承。游荡和行乞的人被宣布为流浪者，治安法官有权当众鞭打他们，并把第一次被捕者监禁6个月，第二次被捕者监禁两年。在监禁期间，治安法官认为适当就可以随时鞭打他们，要打多少就打多少……不可救药的危险的流浪者，要在左肩上打上R字样的烙印，并要从事强制劳动；如果他再度行乞时被捕，那就要毫不留情地处死。这些条例直到18世纪初还有效，到安妮女王十二年颁布第23号法令时才被废除。

这些法令真是古怪得不可思议。英国的这几任国王为何要把流浪者视为大敌，要用如此重刑来对待乞丐呢？西方社会不是最讲究人道吗？为什么对14岁以上的乞丐，如此一点不讲人道主义呢？马克思一针见血地指出："被暴力剥夺了土地、被驱逐出来而变成流浪者的农村居民，由于这些古怪的恐怖的法律，通过鞭打、烙印、酷刑，被迫习惯于雇佣劳动制度所必需的纪律。"(《资本论》第一卷(下)，第805页)这样一来，方能给他们套上雇佣劳动的枷锁，方能使他们俯首帖耳地成为资本的奴隶。资本家的天堂是以千百万流浪者受酷刑、下地狱换来的。

除了这些超经济的直接暴力外，资本家为了让劳动者能自觉自愿地出卖自己的劳动力，更多需要借助于国家权力，运用经济的手段，通过劳工法的规定，把工资限制在与资本增殖需要相适应的轨道以内，用经济关系的无声强制保证资本家对工人的统治。伊丽莎白执政时期还有一条莫名其妙的法令：支付高于法定工资的人要被监禁，但接受高工资的人要比支付高工资的人受到更严厉的处罚。例如，学徒法第18条和第19条规定，支付高工资的人监禁10天，而接受高工资的人，则监禁21天。多拿了应得的工资，要被监禁21天，真是闻所未闻。

仔细看看资本主义原始积累的历史，每一页上，都是血迹斑斑。诚如马克思在《所谓原始积累》这一章的第六节结尾时所作的结论："如果按照奥日埃的说法，货币'来到世间，在一边脸上带着天生的血斑'，那么，资本来到世间，从头到脚，每个毛孔都滴着血和肮脏的东西。"(《资本论》第一卷(下)，第829页)这是至理名言。

煤矿通向地狱

> 1860年前后，在英国煤矿中平均每周有15人死亡。根据《煤矿事故》的报告(1862年2月6日)，在1852—1861年的十年内共死亡8 466人。但是，正如报告本身所指出的，这个数字大大缩小了。
>
> 马克思：《资本论》第三卷(上)，第104页。

19世纪初和中叶，从英国煤矿采出来的煤，都是带血的。煤矿通向地狱。请看，英国煤矿平均每周有15人死亡。这就意味着，英国煤矿平均每天吃掉两条鲜活的采煤工人的生命，有两名矿工走进了地狱。

马克思引用《矿山童工调查委员会的第1号报告》写道："在煤矿主之间……盛行竞争的情况下，除了为克服最明显的肉体上的困难所必需的费用之外，不再花别的费用……煤矿工人情愿冒极大的危险，忍受最有害的影响，为的是挣得比附近农业短工略高的工资，此外，还因为矿山劳动能使他们的儿女找到挣钱的机会。这种双重竞争……使大部分煤矿只有极不完善的排水设备和通风设备；往往是竖井造得很差，支架很糟，机械师不够格，坑道与车道设计和修建得不好；结果是生命、肢体和健康遭到损害，关于这方面的统计展示出一幅令人不寒而栗的景象。"(《资本论》第三卷(上)，第104页)

马克思在工厂视察员报告后接着评论道："正如报告本身所指出的，这个数字大大缩小了，因为在刚开始设立视察员的最初几年，他们的管区太大，大量不幸的和死亡的事故根本没有呈报……这种草菅人命的情况，绝大部分是由于煤矿主的无耻贪婪造成的，例如，好些地方只开一个竖井，以致不仅没有足够的空气流通，而且一旦这个竖井堵塞，连一个出口都没有。"(《资本论》第三卷(上)，第104页)于是，一旦矿井出了问题，矿工们只能坐以待毙了。

压迫愈深，反抗愈烈。英国煤矿工人忍无可忍了，他们终于拿起了罢工的武器，与矿主展开了斗争。英国煤矿工人走在罢工的最前列。1912年2月，英国南威尔士矿工联合理事会要求企业主规定矿工的最低工资标准，遭到矿主拒绝后，遂号召工人于2月20日开始罢工，到28日，已有10万工人参加，然后扩展到其他地区。到3月1日,全国100万煤矿工人发动了总罢工,整个大不列颠没有一个矿工下井采煤。这件事震撼了整个英国。工人要求让被解雇的工人复工、规定工资最低标准和发放特重体力劳动者的额外津贴。罢工坚持了6个星期,使整个英国的经济生活几乎陷于瘫痪。议会深恐罢工继续扩展将严重危及资产阶级的统治地位,不得不向工人让步,被迫通过了一项关于矿工最低工资标准的法案,罢工取得了胜利。

1912年煤矿工人总罢工是近代英国工人运动史上的划时代事件。由于当时执政的英国自由党推行殖民主义政策,扩军备战,加重人民赋税,物价上涨,引起广大人民群众的极度不满。这次大规模的罢工是一次意义重大的斗争,尽管这次罢工中议会所通过的法案,只是对工人的一种敷衍和欺骗。但是,罢工仍有巨大意义,它不仅使英国工人学会了斗争,而且对比利时的矿工罢工也产生了直接影响。列宁在评价这次罢工时说:"如果说1911年铁路工人的罢工已显示了英国工人的'新精神'的话,那末煤矿工人的罢工简直可以说构成了一个时代。"(《列宁全集》第二十二卷,第289页)

恩格斯于1845年出版了《英国工人阶级状况》,也描写了煤矿工人"最令人触目惊心的恶劣现象"。他指出,英国资产阶级40多年前的剥削手段,英国工人阶级那时的悲惨处境,在19世纪90年代的法国、德国,尤其是美国,仍然可以明显地看到。虽然他们的国情和外部环境很不相同,但是,都是同样的经济规律在起作用,所以产生的结果虽然不是在各方面都相同,却仍然属于同一性质。1886年当他读到美国报纸上关于康奈尔斯维尔区宾夕法尼来一矿工大罢工的报道时,简直就像在读他自己的关于1844年英格兰北部煤矿工人罢工的描写一样。恩格斯的这个分析,对于我们今天去认识资本原始积累阶段工人的命运和资本家剥削的罪恶,是大有帮助的。

马克思在一百多年前对英国煤矿工人的不幸的揭露和分析,对今天中国接连不断发生矿难事件,也有强烈的警示意义。近几年来,矿难的发生与煤矿生产的产能压力成正比。目前我国煤炭的产能压力,几乎主要是来自快速增长的火力发电。2008年金融危机爆发之前的一段时间内,我国的煤价飞涨,一些发电企业因买不起煤发电而使国家面临巨大的电力缺口。这就使煤炭需求快速增长,煤矿产能不足,加上某些黑心矿主的唯利是图,矿难频仍发生。据统计,仅从2008年9月4日到21日短短的17天时间里,据公开的新闻报道,就发生了9次矿难,372人死亡,50多人失踪。具体统计数字如下:

9月4日,辽宁省阜新市清河门区河西镇第八煤矿发生瓦斯爆炸事故,27人死亡。

进去吧！这就是工厂帮你们准备的房子。

陈庆勋

9月5日凌晨，四川省宜宾市兴文县久庆镇金河煤矿发生煤与瓦斯爆炸事故，17人死亡。

9月5日，河北省唐山市古冶区新华煤矿瓦斯爆炸事故，11人遇难，还有2人失踪。

9月7日，河南禹州鹤煤集团仁和煤矿发生透水事故，3人死亡，14人失踪。

9月8日，山西临汾市襄汾县新塔尾矿库发生溃坝，死亡265人，失踪不少于3人。

9月9日，云南昭通市彝良县腾达煤矿发生瓦斯爆炸事故，5人死亡。

9月13日，四川峨眉山市川主乡莲花煤矿发生爆炸事故，造成2人死亡，3人失踪。

9月20日，黑龙江省鹤岗市富华煤矿发生火灾，多人死亡，26名矿工被困井下。

9月21日，河南省登封市新丰二矿发生事故，37人遇难，多人失踪。

这就是说，平均每不到两天就发生一起矿难。矿工死亡的人数，触目惊心。

到2014年，煤矿矿难事故呈下降态势。2014年，全国煤矿发生瓦斯事故47起、死亡266人，同比减少15起、101人，分别下降24.2%和27.5%。

看来，煤矿工人通向地狱之门，尚未关闭。要彻底解决这个问题，不能头痛医头、脚痛医脚，不能就事论事地去处理矿难。除了加强安全措施、加大安全投入、对小煤矿的管理、坚决惩处黑心矿主、协调劳资关系外，还要着眼于降低整个社会的煤炭产能压力，增加电力的供应。在2008年召开的中国水电可持续发展高峰论坛上，有专家就尖锐地指出，调整能源结构是减少我国矿难的根本措施之一。早在20世纪初期，美国的能源主要依赖于煤炭。在巨大的煤炭需求所造成的产能压力下，美国的煤矿死亡事故也曾经是一直居高不下。最多时，每年的死亡人数超过6 000多人，这种情况直到美国的能源结构多元化之后，才得到彻底的解决。现在的美国，由于煤炭供需基本平衡，煤矿产能压力很小，几乎很少再发生矿难事故。这条经验，也值得我们认真研究。

“无何有之乡”提供了什么信息？

机器从一开始，在增加人身剥削材料，即扩大资本固有的剥削领域的同时，也提高了剥削程度。

马克思:《资本论》第一卷(上),第434页。

先为读者介绍一篇不是很有名的小说。1890年,英国小说家威廉·莫里斯写了一篇乌托邦小说——《来自无何有之乡的消息》(也译为《乌有乡消息》),叙述了一个技术乌托邦社会的故事。小说主人公格斯特是一个社会主义者,他在参加了一次有关社会主义问题的讨论后,回家做了一场梦。在梦中他发现自己已经生活在实现了共产主义的英国,他通过实地观察和与人交谈,惊奇地看到旧时代的生活痕迹已经彻底消失,人们的精神面貌也发生了根本的转变。在这个全新的世界上,贫富悬殊的现象没有了,私有财产和货币消亡了,人压迫人的现象也不复存在,实现了按需分配。人们在这个世界上获得了真正的自由,人人有自己热爱的工作,个个过着丰衣足食的生活。小说通过对主人公这场梦的描绘,热情地赞美了人类未来的社会形态——共产主义,并对19世纪英国的资本主义经济制度及其政策进行了批判。

有趣的是,在《来自无何有之乡的消息》中,机器产品几乎完全消失。格斯特在19世纪沉睡过去,而在21世纪苏醒过来。他惊奇地发现:此时世界并非一个技术乌托邦,而处在一个手艺时代。机器时代早已完结,仅保存在博物馆和记忆之中。格斯特被告知:在建立社会主义社会之后,"反机械生活的情感不可思议地扩散,以至于最后快乐的工作已将机械的苦役赶走,他们最初只是想将这样的苦役减到最低限度,但还从未想过能彻底根除掉呢"。当人们跟着格斯特旅行时,在英国乡村,人们所遭遇的,适用于这种描述的唯一对象,是河上的一只机动驳船。在莫里斯的"无何有之乡"中,人们从诸如在河上划船(尽管机动驳船存在)和收割这样的活动中得到快乐。格斯特偶尔碰见一群旅行到北部去收割干草的年轻人。收割干草并不是一种沉重的负担,他们认为是一年一度快乐的节日,如同我们要参加一场体育比赛那样兴高采烈。其中一个人把收获干草描述为"轻松的重活":"我是说,这种工作将锻炼我的肌肉并使肌肉坚硬,并能带来愉快的疲劳把你送上床,但这种工作不在其他方面麻烦你。如果你不过量做,这种工作总是愉快的。要提示你:好好收割要有一点技巧。我是一个很好的收割手。当然,收割是由手挥的镰刀完成的。"在故事的结尾,最令人感伤的是,格斯特在他们到达那个干草收割地之前,他醒过来了,眼前的一切顿时化为乌有。这篇小说是威廉·莫里斯的技术乌托邦思想的形象化体现。技术乌托邦，就是这里不再有机器给人们带来不幸和烦恼，手工劳动取代了机器的统治。

莫里斯于1834年3月24日诞生在英国埃塞克斯郡沃尔瑟姆斯托城一个富商的家庭。他的父亲是一个拥有不少地产的证券经纪人。莫里斯是19世纪后半期英国一位杰出的积极浪漫主义诗人和小说家，是一位思想家和英国社会主义运动的先驱者，同时又是英国工艺美术运动的奠基人。他主张社会平等和反对压迫，其核心思想是恩格斯所说的"情感社会主义"。他认为："现代社会的矛盾，生活的丑恶，是机械文明和物质文明过度繁荣的必然结果。"他要设计的是整个世界，所要使用的手段是传统的方式。于是，在他的笔下，出现了一个"无何有之乡"。

1896年10月3日莫里斯因病在伦敦逝世，享年62岁。在他逝世后，他的女儿梅·莫里斯把他一生的作品，包括诗歌、小说、戏剧、散文、浪漫故事、政论、杂文、演讲词、书信和翻译等等，编成24卷的全集出版。在莫里斯的文学作品中，《梦见约翰·鲍尔》和《来自无何有之乡的消息》是最重要的两部小说。

"无何有之乡"，语出于《庄子·逍遥游》："今子有大树，患其无用，何不树之于无何有之乡，广莫之野？""无何有"即无有，原指什么都没有的地方，后指虚幻的境界。庄子说，那你就把我这棵树挪到"无何有之乡"去吧，那里太阳照常升起，月亮基本不睡，怎么臭，都没人闻，都不用买香水。爱怎么招风，就怎么招风。

莫里斯之所以要在小说中幻造一个没有机器的世界，是因为他深感在资本主义社会里，机器对工人带来的苦难。他反对机器生产的滥用和工业化对人性的扼杀，希望通过设计的改革、美的教化，实现社会主义的美好理想。

在这一点上，他和马克思是志同道合的，但他在对待机械化及大工业生产方面的观点并不全面。马克思在《资本论》第一卷里，用了整整一章的篇幅描写"机器和大工业"。马克思在肯定了机器对人类社会的进步、促使劳动生产率大大提高的同时，也指出了机器成为资本家发财致富的工具，是生产剩余价值的重要手段，成了资本家的帮凶。

马克思指出："像其他一切发展劳动生产力的方法一样，机器是要使商品便宜，是要缩短工人为自己花费的工作日部分，以便延长他无偿地给予资本家的工作日部分。机器是生产剩余价值的手段。"(《资本论》第一卷(上)，第408页)从18世纪最后30年起，西欧各主要资本主义国家，先后通过产业革命，从工场手工业逐渐过渡到机器大工业。机器被普遍采用以后，资本主义劳动过程发生了重大变化。机器生产改变了劳动过程的技术条件，自然力代替了人力，自然科学被自觉地应用于生产，使劳动生产率大大提高。另一方面，机器生产改变了社会劳动的组织和劳动协作的性质。原先劳动者之间的劳动协作，现在表现为机器的协作，大大提高了劳动社会化的程度。资本家使用机器的直接目的是节省商品的个别劳动时间，获得更多的超额剩余价值，以扩大相对剩余价值的生产。

马克思进而指出："如果说机器是提高劳动生产率，即缩短生产商品的必要劳动时间的最有力的手段，那末，它作为资本的承担者，首先在它直接占领的工业中，成了把工作日延长到超过一切自然界限的最有力的手段。一方面，它创造了新条件，使资本能够任意发展自己这种一贯的倾向，另一方面，它创造了新动机，使资本增强了对别人劳动的贪欲。"（《资本论》第一卷（上），第 441—442 页）马克思大量引用了工厂视察员的报告中提供的材料说明上述论点：

> 我可以举一个劳动过程的例子来说明童工人数减少的情况：把一种叫捻线机的装置同现有的机器连接起来，由六个或四个（根据每台机器的性能而定）半日工去做的工作，现在可由一个少年（13 岁以上）去完成了……"半日制"刺激了"捻线机的发明"。（《工厂视察员的报告。1858 年 10 月 31 日》，第 42—43 页；转引自《资本论》第一卷（上），第 432 页）

艾释黎勋爵写道："工厂主伊先生对我说，他只使用妇女来操纵他的机械织机；他喜欢使用已婚的妇女，特别是必须养家糊口的妇女；这种妇女比未婚的妇女更专心更听话，她们不得不尽最大努力去取得必要的生活资料。这样一来，美德，女性特有的美德，反而害了她们自己，她们恭顺温柔的天性，竟成为她们受奴役和受苦难的手段。"（《十小时工厂法案。艾释黎勋爵 3 月 15 日的演说》，1844 年伦敦版，第 20 页；转引自《资本论》第一卷（上），第 441—442 页）

1844 年，艾释黎勋爵又在英国下院作了发言："现在，在制造过程中雇用的工人的劳动，是开始实行这些操作时的三倍。毫无疑问，机器完成的工作，代替了成百万人的肌肉，但是，机器也使受它可怕的运动支配的人的劳动惊人地增加了……1815 年，工人在 12 小时内来回看管两台纺 40 支纱的走锭精纺机，等于步行 8 哩。1832 年，在 12 小时内看管两台纺同样支纱的走锭精纺机所走的距离等于 20 哩，并且往往还要多。1825 年，一个纺纱工人在 12 小时内，在每台走锭精纺机上牵伸 820 次，12 小时的牵伸总数是 1 640 次。1832 年，一个纺纱工人在一个十二小时工作日内，在每台走锭精纺机上牵伸 2 200 次，合计是 4 400 次；1844 年，在每台走锭精纺机上牵伸 2 400 次，合计是 4 800 次；有时，需要的劳动量还要大……”(《十小时工厂法案。艾释黎勋爵 3 月 15 日星期五在下院的演说》，1844 年伦敦版，第 6—9 页；转引自《资本论》第一卷，第 452—453 页)

空想社会主义者傅利叶称工厂是“温和的监狱”。在这种“温和的监狱”里，工人和他们的子女们的健康受到了严重的摧残。马克思悲痛地写道：“机器起初使儿童、少年象工人妻子一样在以机器为基础而产生的工厂内直接受资本的剥削，后来使他们在所有其他工业部门内间接受资本的剥削，而使他们的身体受到摧残。因此在这里，我们只谈一点，就是工人子女出生后头几年的惊人的死亡率。”马克思列举了一连串触目惊心的数字后写道：“1861 年的一个官方医生调查报告指出：造成这样高的死亡率的原因，除了当地的情况外，主要是由于母亲外出就业，以及由此引起的对子女的照顾不周和虐待，例如饮食不适、缺乏营养、喂鸦片剂等等，另外，母亲还违反天性地疏远自己的子女，从而发生故意饿死和毒死的事件。”(《资本论》第一卷(上)，第 436—437 页)

于是，一批空想社会主义的思想家出现了。莫里斯就是其中的一位。他们无力改变现状，但出于对工人的同情，也出自对未来社会的一种向往，莫里斯写了《来自无何有之乡的消息》。在莫里斯看来，马克思在《资本论》中论述“机器是生产剩余价值的一种手段”，如果机器的目的在于榨取剩余价值，那么，在一个剥削制度业已废除，并且只有使用价值在起作用的社会中，机器与剥削一同消亡，乃是顺理成章的事。然而，这不过是一种子虚乌有的空想而已。一觉醒来，人间依旧是机器的喧闹，工人们依旧处于“温和的监狱”中。来自无何有之乡的消息是虚妄的，是一个美丽的梦想。但是，它在人类的历史上，却是有进步作用的。我们在研究马克思《资本论》中关于机器的论述时，不能不提到莫里斯的这部小说。

亚里士多德的幻想

机器消灭了工作日的一切道德界限和自然界限。由此产生了一种经济上的反常现象，即缩短劳动时间的最有力手段，竟成为把工人及其家属的全部生活时间变成受资本支配的增殖资本价值的劳动时间的最可靠的手段。

马克思:《资本论》第一卷(上),第447页。

马克思上面的这段话,指出了各种机器的发明为资本家增殖资本创造了最可靠的手段,也给广大劳动者增添了新的苦难。手推磨产生的是封建主为首的社会,蒸汽磨产生的是工业资本家为首的社会。支撑资本主义工业社会发展的机器,犹如一把"双刃剑",既带来文明,又带来不幸;既创造繁荣,又制造灾难;既创造财富,又增强剥削。

马克思在《资本论》里,又提及了古希腊伟大的思想家亚里士多德的幻想:

如果每一件工具都能按照命令,或者,甚至按照自己的预想去完成它所担负的工作,就象代达罗斯的工艺品那样自己会动作,或者象赫斐斯塔司的鼎那样会自动执行祭神的工作,如果织布的梭会自己织布,那末师傅就不需要助手,主人就不需要奴隶了。(弗莱茨·比泽:《亚里士多德的哲学》,1842年柏林版第二卷,第408页;转引自《资本论》第一卷(上),第447页)

亚里士多德的幻想,在西塞罗时代的希腊诗人安谛巴特洛斯的笔下,也形象地出现过。他赞美水磨的发明,把它看作是女奴隶的解放者:

磨房姑娘啊!珍惜你们推磨的手,
安静地睡吧,不用管雄鸡向你们报晓!
女神已派水妖替你们效劳。
她们轻盈地跳到轮上。
轮轴转动了,石磨旋转着。
让我们象祖先一样地生活,不必再劳碌,
让我们享受女神赐给的恩惠吧!

(《希腊诗选》,克利斯提安·施托尔贝格伯爵译,1782年汉堡版,转引自《资本论》第一卷(上),第448页)

不过,两位古希腊思想家和诗人做梦也没有料到,在过了不到两千年之后,他们的幻想对水磨的歌颂，随着机器的普遍使用和改进，已被丢进了大西洋。女神的魔力已被转速更为厉害的机器所替代，磨房姑娘后代的处境更不幸了。蒸汽机的改良，新型精纺机的诞生，对广大纺织工人来说，则意味着劳动强度的加强，肌肉和精力的更多的付出，即使每天的工作时间从12小时减少到10小时，但资本家会从机器中攫取更多的利润，在时间中失去的，通过增强劳动强度补回来。

马克思考察了1847年以后，英国棉、毛丝、亚麻纺织厂实行10小时工作日制度后工人的劳动强度的情况，更确信了这一点。他引用工厂视察员提供的材料写道：

> 纺锭的转速，在环锭精纺机上每分钟增加了500转，在走锭精纺机上每分钟增加了1 000转，也就是说，环锭精纺机纱锭的转速在1839年是每分钟4 500转，现在(1862年)是5 000转。而走锭精纺机纱锭的转速原来是每分钟5 000转，现在是6 000转；前者的转速增加了1/10，后者的转速增加了1/6。(《工厂视察员报告。1862年10月31日》，第62页；转引自《资本论》第一卷(上)，第454页)

那么，走锭精纺机纱锭转速的逐年增加意味着什么？

另一份《工厂视察员报告》回答了这个问题：

> 各种机器的巨大改进，大大提高了它们的生产力。毫无疑问，工作日的缩短……推动了这种改进。这种改进以及工人紧张程度的加强，使得在一个已经缩短了(两小时或1/6)的工作日内生产的制品，至少和以前在一个较长的工作日内生产的制品一样多。(《工厂视察员报告。1858年10月31日》，第10页，转引自《资本论》第一卷(上)，第455页)

马克思在列举了上述材料后继续分析道："工厂主的财富如何随着劳动力剥削的加强而增加，单是下面这个事实就可以证明：英国棉纺织等等工厂的平均增长额，从1838年到1850年间是每年32个，而在1850年到1856年间是每年86个。"6年以来，工厂增长的数目是12年前的2.7倍，可见机器的改进对生产力的刺激是如何巨大，又说明剩余价值的增加是何等急速！资本家的增加生产和增加收入是同步上升的。他们的积极性的发挥是何等的迫切。当然,这意味着工人的劳动强度的增强,也是史无前例地上升。马克思深刻地指出:“毫无疑问,当法律使资本永远不能延长工作日时,资本就力图不断提高劳动强度来补偿,并且把机器的每一改进变成加紧吮吸劳动力的手段,资本的这种趋势很快又必定达到一个转折点,使劳动时间不可避免地再一次缩短。”(《资本论》第一卷(上),第 457 页)英国的棉纺织机在东印度的影响是极其悲惨的。1834—1835 年东印度总督确认:“这种灾难在商业史上几乎是绝无仅有的。织布工人的尸骨把印度的平原漂白了。”(《资本论》第一卷(上),第 472 页)

在资本主义社会内,也不乏有良知的人物,包括一批工厂主。有识之士于是大声疾呼。1863 年 4 月 27 日,议员弗兰德在下院朗声地说:“我受郎卡郡 16 个区的工人代表的委托,在这里讲话。他们告诉我说,工厂中的劳动,由于机器的改进,不断加重。过去一个人带着助手,看管两台织机,现在没有助手,要看管三台织机;而且一个人看管四台织机等等,也完全不是什么稀罕的事。从上述事实中可以看出,12 小时的劳动,现在压缩在不到 10 个劳动小时当中了。因此,不言而喻,近几年来工厂工人的辛劳有了多么惊人的增加。”(工厂视察员亚历山大·雷德格雷夫,载于 1872 年 1 月 5 日《艺术协会杂志》,转引自《资本论》第一卷(上),第 457 页)

“工人的辛劳有了多么惊人的增加”,就意味着资本家口袋里的钞票有了惊人的增加。马克思在《关于在资本主义制度下使用机器的后果的发言》中提及:“从资本家那里曾经不断发出呼声,希望能有一种什么发明,使他们能够不依赖工人而独立。纺纱机和动力织机给了资本家这种独立,因为生产中的动力握在他们手中了。因此,资本家的权力大大加强了。厂主老爷成了在自己企业范围内拥有惩罚权的立法者,他们往往为了自己发财致富而任意罚款。”(《马克思恩格斯全集》第十六卷,第 641 页)现在,资本家的呼声实现了,各种高效的纺纱机接连不断地发明出来。机器成了工厂里至高无上的专制君主,工人则沦为机器卑贱而恭顺的奴隶。他们绝对地服从一种兵营式的纪律,被紧紧地捆绑在织机上。机器一经开动,流水线一经运转,工人就得严格按照大工业生产的技术要求,按照固定的机器性能、规定的工艺程序和预定的产品蓝图来回走动,一刻也不敢稍怠,以适应那个只能用数学方式来描述的几何式生产运作框架。

在这样的遵守和服从中,工人领得了一份可怜的工资。他们被机器所控制,成了机器的另一个活动的部件,生产主体反倒成为机器的延伸形式。机器劳动极度地损害了工人的神经系统，同时它又压抑肌肉的多方面运动，侵吞身体和精神上的一切自由活动。甚至减轻劳动也成为折磨人的手段，因为机器不是使工人摆脱劳动，而是使工人的劳动毫无内容。

亚里士多德的幻想，终究只能在马克思的《资本论》中出现。水磨女神的恩惠，同样只能出现在希腊诗人的作品里。这一切，隐藏着一种危机，隐藏着一场新的斗争的掀起。

当然，也有一种情况是例外，当使用机器不能给资本家带来利润的时候，资本家则宁可利用牲畜和手工操作。美国人发明了碎石机，但英国资本主义不用这种机器。因为从事这种劳动的人，被称为“不幸者”（英国政治经济学用来称呼农业工人的术语）。他们的劳动只有一小部分是有报酬的。所以，对资本家来说，使用碎石机反而提高了生产的成本。同样的原因，在马克思在世时，英国还有时不用马而用妇女在运河上拉纤。马克思指出：“因为生产马和机器所需要的劳动是一个数学上的已知量，而维持过剩人口中的妇女所需要的劳动，却是微不足道的。因此，恰恰是英国这个机器国家，比任何地方都更无耻地为了卑鄙的目的而浪费人力。”（《资本论》第一卷（上），第 432 页）任何人都很清楚，英国资本家不使用碎石机和大量地使用高转速的走锭精纺机，目的是一样的：是为了攫取更多的剩余价值。这叫做殊途同归。

Bandmuhle 织带机的命运

可以说，在目前，使用机器一方面导致联合的、有组织的劳动，另一方面则导致至今存在的一切社会关系和家庭关系的破坏。

马克思：《关于在资本主义制度下使用机器的后果的发言记录》，
《马克思恩格斯全集》第十六卷，第 642 页。

马克思的这段话，引自 1868 年 7 月 28 日在总委员会会议上的发言。这篇由总委员会书记格·埃卡留斯作的记录，保存在总委员会记录簿里。它是从 1868 年 8 月 1 日《蜂房报》第 354 号剪下贴入的，原文是英文。

这段话的意思很清楚，对机器的作用也是一分为二："联合的、有组织的劳动"是一种生产力，科技成果的应用推广是一种生产力，机器的发明，无疑推动了社会的进步；但另一方面，机器的确"导致至今存在的一切社会关系和家庭关系的破坏"，激化了各种社会矛盾，完全改变了国内的资本主义关系。从前，存在着富裕的雇主和使用自己的劳动工具的贫穷的工人，在一定程度上是自由的人，他们还有可能对自己的雇主实行反抗。对于现代的工厂工人来说，对于妇女和儿童来说，这种自由已经不复存在了，他们成了资本的奴隶。

马克思指出："对于那些机器同自己的劳动相竞争的工人来说，机器的影响简直是毁灭性的。无论在英国还是在印度，都有许许多多使用手织机操作的纺织工人随着动力织机的采用而真正丧失了生命。"(《马克思恩格斯全集》第十六卷，第641—642页)在农业中使用机器，造成了不断增长的人口过剩，这些人已不能再找到职业。过剩的人口涌向城市，不断给劳动市场以压力，从而使工资下降。工人们的直觉是：机器成为迫害他们的工具，使他们失去人身自由的工具，因而自发地把斗争的矛头对准机器。

17世纪，工人反对一种叫做Bandmuhle织带机的暴动，几乎席卷了整个欧洲。这种织带机是在德国发明的。它实际上是纺纱机和织布机的先驱。一个毫无织布经验的少年，只要来回推动这种机器的摇杆，就能促使整个机器及其全部织梭运动起来；改良后的这种机器能同时生产40—50条花边。意大利神甫朗切洛蒂在1636年于威尼斯出版的一本书中写道："大约50年前(朗切洛蒂的书写于1629年)，但泽人安东·弥勒在该市看到一台非常精巧的机器，它能同时织4—6条花边；但由于市议会害怕这项发明会使大批工人沦为乞丐，因而压制了这项发明，并派人将发明人秘密勒死或溺死。1629年，在来顿第一次采用了这台机器。先是花边工人的暴动迫使市政局禁止使用这种机器；荷兰国会在1623年、1639年等年份曾颁布几道法令限制使用它；最后，1661年12月15日的法令准许在一定条件下使用它。"于是引起了欧洲的纺织工人的骚动。1676年，这种机器在科伦被禁止使用。1685年德皇颁布命令，禁止在全国使用这种机器。在汉堡，根据市政局的命令，它被当众焚毁。1719年，查理六世重申1685年的命令，直到1765年才准许公开使用它。Bandmuhle织带机被禁用了一百多年。

这位没有留下名字的Bandmuhle织带机的发明者，做梦也没有想到，自己发明了这台机器，竟会招来杀身之祸。Bandmuhle织带机留于人世，发明人却陈尸街头。Bandmuhle织带机成了发明家的坟墓。近代科技史的专家也无法查找到他的名字。他更没有料到的是，这台机器的问世，居然被欧洲人视为洪水猛兽，让几代统治者和工人们惊慌失措。因为哪里用了 Bandmuhle 织带机，那里的女工就会被抛向街头，接踵而来的是工人的暴力抗争，或焚毁机器，或上街游行，或罢工请愿，总之是天下不太平。马克思指出："我们常常听到有人说，机器所造成的灾难是暂时性的。但是机器生产在不断发展，如果说这种发展在同一时间内把大批人吸收到生产中来，使他们获得工作，那末，从另一方面来说，它又不断地使许多工人失去工作。被排挤出来的人口形成一种经常的过剩；这种人口过剩并不像马尔萨斯主义者所断言的那样是对国内的产品而言，过剩的是这样的一些人，他们的劳动被生产效率更高的机器所排挤。"(《马克思恩格斯全集》第十六卷，第 642 页)这就是在一定的历史条件下，工人们对 Bandmuhle 织带机如此深恶痛绝、群起而攻之的原委了。

由机器引起风波的，远不止于一台 Bandmuhle 织带机。在 17 世纪 30 年代，一个荷兰人在伦敦附近开办的风力锯木厂，毁于平民的暴行。1758 年，埃弗雷特制成了第一台水力剪毛机，但它被 10 万名失业者焚毁了。5 万名一向以梳毛为生的工人向议会请愿，反对阿克莱的梳毛机和梳棉机。统治者为了平息冲突，只能下令禁止使用这些机器。诚如马克思所说："资本主义生产方式使劳动条件和劳动产品具有的与工人相独立、相异化的形态，随着机器的发展而发展成为完全的对立。因此，随着机器的出现，才第一次发生工人对劳动资料的暴烈的反抗。"(《资本论》第一卷(上)，第 473 页)

事隔 200 多年再来回过头去看这起事件，应当公正地说，Bandmuhle 织带机是无辜的。非但是无辜的，而且是有功的，它推进了生产力的发展。把机器作为冲击的对象，显然是一种低水平的抗争。罪不在机器，而在于利用机器来无情榨取劳动者剩余价值的资本家。但是，工人要认识这一点，要有一个过程。马克思指出："工人要学会把机器和机器的资本主义应用区别开来，从而学会把自己的攻击从物质生产资料本身转向物质生产资料的社会使用形式，是需要时间和经验的。"(《资本论》第一卷(上)，第 469 页)

在社会主义的制度下，机器吃人的悲惨景象将不会再现。资本主义是机器控制人类，社会主义是人类控制机器。在今天，我们鼓励科技进步，鼓励创造发明，鼓励科技成果的推广和应用，类似发明 Bandmuhle 织带机的工程师惨遭勒死的事件，是绝对不会再现了。我们今天将 Bandmuhle 织带机的不幸旧事重提，旨在希望有更多的科技工作者在今天能够充分发挥自己的聪明才智，创造发明出更多的“Bandmuhle 织带机”，保证他们获得更多的收入，推动社会主义现代化建设的新发展。

机器人能替代中医看病吗？

> 只要机器生产在一个工业部门内靠牺牲旧有的手工业或工场手工业来扩展，它就一定取得成功，就象用针发枪装备的军队在对付弓箭手的军队时一定取得成功一样。
>
> 马克思：《资本论》第一卷(上)，第 493 页。

2015 年 3 月 18 日新华网发表了一则新闻：“中医大白”将成现实：人工智能机器人明年问世。复旦大学日前召开新闻通气会宣布，复旦大学团队正与上海中医药大学合作开发中医人工智能机器人，不仅将原本依赖于医生主观判断的中医把脉诊断技术精准化，还利用其深度学习能力来分析名中医积累的经验信息，使中医在高科技时代得到更好的传承。

这则新闻，引出了一个话题：这个“中医大白”的人工智能机器人，可以像老中医那样为病人搭脉，还能为病人看舌苔、脸色，“望闻问切”，样样在行，能替代中医看病吗？

这个话题，也引出了《资本论》提及的一个重要的关系问题：机器与人的关系，在今天又有哪些新进展？

诚如马克思所说的，机器只是一种生产力。马克思同意约翰·斯图亚特·穆勒在《政治经济学》一书中的意见：“值得怀疑的是，一切已有的机械发明，是否减轻了任何人每天的辛劳。”马克思在第十三章“机器和大工业”的开篇，就强调指出：“但是，这也决不是资本主义使用机器的目的。象其他一切发展劳动生产力的方法一样，机器是要使商品便宜，是要缩短工人为自己花费的工作日部分，以便延长他无偿地给予资本家的工作日部分。机器是生产剩余价值的手段。”(《资本论》第一卷(上)，第 408 页)

当 1735 年约翰·淮亚特宣布他的纺纱机的发明，由此开始了 18 世纪工业革命时,劳动生产率便大大提高,手工织布自然而然地退出了历史舞台。马克思引用了培恩斯先生的数据:由一蒸汽马力推动的 450 个走锭精纺机纱锭及其附属设备,需要两个半工人看管;每个自动走锭精纺机纱锭在一个十小时工作日里可纺出 13 盎司棉纱,因此两个半工人一星期可纺出 366 磅棉纱。可见,大约 366 磅棉花在变成棉纱时,只吸收了 150 个劳动小时,或 15 个十小时工作日,而用纺车,一个手工纺工 60 小时纺 13 盎司棉纱,就要吸收 2 700 个十小时工作日,或 27 000 个劳动小时。

再举一个例子:在 1793 年伊莱·维特尼发明轧棉机以前,轧除一磅棉花的棉籽要花一个平均劳动日。由于有了维特尼的发明,一个黑人妇女每天可以轧 100 磅棉花,而且从那以后,轧棉机的效率又大有提高。原来要花 50 分钱生产的一磅棉纤维,后来只要花 10 分钱,而且利润更高,也就是说,包含的无偿劳动更多了。原来花 50 分钱生产的一磅棉纤的成本,现在只要 3 到 5 分钱,利润提高了十几倍。1860 年,根据议会的命令对联合王国所有的工厂进行一次专门的调查,在郎卡郡、柴郡和约克郡工厂区中属工厂视察员罗·贝克管辖的地区,共有 625 家工厂,其中 570 家拥有:蒸汽织机 85 622 台,纱锭 6 819 146 个,蒸汽机 27 439 马力,水车 1 390 马力,雇用 94 119 人。而到了 1865 年,这些工厂拥有:织机 95 163 台,纱锭 7 025 031 个,蒸汽机 28 925 马力,水车 1 445 马力,雇用 88 913 人。可见,五年之后,这些工厂的蒸汽织机增加了 11%,纱锭增加了 3%,蒸汽马力增加了 5%,而与此同时雇用的工人的人数却减少了 5.5%。(《工厂视察员报告。1865 年 10 月 31 日》,第 58 页)

1851 年,在英国举办的第一届世界博览会上,一台用蒸汽机带动的自动织布机成为最受瞩目的展品。当时的报纸都说它是“不列颠的财富之源”,甚至维多利亚女王也盛誉它“漂亮”。然而,“漂亮”的蒸汽织布机,在资本主义条件下,成为一架“发了疯的机器”。蒸汽纺织机极大地提高了生产率,但同时也抢走了许多手摇纺织工人的饭碗,新采用的机器以多么大的程度排挤了以前各时期的劳动力。马克思举例说,英国手工织布工人被机器应用的缓慢过程毁灭了,在这些织布工人中,许多人饿死了,许多人长期地每天靠 2.5 便士维持一家人的生活。与此相反,英国的棉纺织机在东印度的影响却是急性的。于是,英国一度出现过工人砸纺织机的现象。

比较著名的就是 1811 年至 1817 年在北、中部工业区爆发的卢德运动。主要是手工工人反对新出现的机器生产和工作程序的改进,因为这些本来是历史进步的结果,而在他们看来是使他们的手工技术变得无用了,从而影响到了他们自己的切身利益。1830 年英格兰南部出现了农业工人的“斯文大尉”运动,参加者攻击地主庄园,焚烧草垛牲棚,甚至伤害人身,目的是要禁止使用打谷机,是因为他们认为由于打谷机的使用剥夺了他们在冬天也能工作的机会。日本人阪本胜把《资本论》第一次写成一部戏——《戏剧资本论》,其中有一场戏,专门描写纺织工人砸纺织机的情景:高举锤子大斧,愤怒地猛烈地向那些轰鸣中的纺织机砸去,并发出大声的呼叫。

这不过是一种暂时出现的历史现象。马克思指出:“只要机器生产在一个工业部门内部靠牺牲旧有的手工业或工场手工业来扩展,它就一定取得成功,就像用针发枪装备的军队在对付弓箭手的军队时一定取得成功一样。”(《资本论》第一卷,第 493 页)由于有了机器,现在纺纱工人可以住在英国,而织布工人却在东印度。

工业革命的步伐并没有因为工人猛砸纺织机而停止,人类寻找新工具和高效率的步伐也没有停止。机器是一种生产力,用锤子和大斧是砍不掉的。科学技术的进步,发明了更多的机器,从机器到机器人,更进一步推进了生产力的发展,推进了现代文明的进步。马克思指出:“机器正像拖犁的牛一样,并不是一个经济范畴。机器只是一种生产力。以应用机器为基础的现代工厂才是生产上的社会关系,才是经济范畴。”(《马克思恩格斯选集》第 1 卷,第 127—128 页)马克思还指出:“一旦与大工业相适应的一般生产条件形成起来,这种生产方式就获得一种弹力,一种突然地跳跃式地扩展的能力。”“一方面,机器直接引起原料的增加,例如轧棉机使棉花生产增加。另一方面,机器产品的便宜和交通运输业的变革是夺取国外市场的武器。”(《资本论》第一卷(上),第 494 页)所以,马克思对机器的作用是充分肯定的。

2014 年 4 月 20 日人民网报道:“世界工厂”东莞正在掀起“机器换人”投资热潮。2014 年,东莞经信局对 441 家企业的调研数据显示,66%的企业已经在近五年开始实施“机器换人”,并有 92%的企业表示将在未来两年继续加大投入或准备开展相关工作。通过“机器换人”,淘汰了落后产能,不少企业的生产效率、产品质量都得到了提高,是企业控制成本的一项重要举措,相应提升了参与市场竞争的能力。以人世丰针织厂为例,以前工人都是用手拉机,在政府的支持下实施了“机器换人”,由原来的一人一机到现在的一人控制 8 台全自动电脑机,生产效率提高了十几倍。这是第四次工业革命的前兆。

前三次工业革命的代表分别是:蒸汽机、电动机、计算机,各自对应着机械革命、电器革命和信息革命。第四次工业革命将是人工智能的解放。有“科学天才”之称的物理学家、数学家、软件工程师沃尔弗拉姆认为：“第四次工业革命是前三次工业革命的自然延伸，核心很可能就是人工智能，它可以极大地延伸人脑的功能，对人类的各种科学发明和进步做几何级加速。”比如，人们可以制造出一种很小的纳米机器人，利用它们来制药。这是一种智能的药，吃下去会自动帮助你检测身体哪里出了问题，并帮助人们自动修复。

现在，再回到本文开头的议题上来：这个“中医大白”的人工智能机器人，能替代中医看病吗？

中医看病，讲究“望闻问切”。“望诊”，就是观察病人的面目、口鼻、齿、舌苔、四肢、皮肤及精神状态，了解病人的“神”。“闻诊”，一是用鼻子闻，患者的体味、口气、痰涕等是否有腥、臭等带有疾病信息的气味；二是用耳朵听，患者的声音、呼吸、咳嗽、呃逆等是否含有异常的响动。“问诊”，则是询问病人起病和转变的情形，寒热、汗、头身感、大小便、饮食、胸腹、耳、口等各种状况。至于“切诊”，除了人们印象中的切脉掌握脉象外，还包括“触诊”，以手触按病人的体表病颁部分，如对腹部的按压等，都属于“切”的范畴。中医依据自身经验，因人、因时、因地地对患者进行问诊分析。

“中医大白”的人工智能机器人，也是一台机器，是一台高精密的机器。智能，指感觉和感知，包括记忆、运算、比较、鉴别、判断、决策、学习和逻辑推理等；“中医大白”的发明，是现代科技的又一大成果。它参与中医看病，就像中西医结合治疗，中医也要运用B超、CT和验血来帮助诊断疾病一样。“中医大白”为中西医结合治病，增添了一位好帮手。人工智能机器人通过“望、闻、问、切”，采集到的表型数据，如脉搏、肤色等会更加全面，也更加精确，能克服过去中医医生主观判断的不足。机器人在诊断特定病人时，将不再仅仅依据一位医生的经验，而是很多中医在诊断同类病症时的经验，机器人具有深度学习能力，能够学习并借鉴这些经验。

“中医大白”给病人治病，我以为，“望”、“闻”、“切”三者，都能胜任。如它有人脸识别能力，病人的气色如何，精神状态如何，嘴巴里有没有难闻的气味，脉搏的跳动次数多少、强弱如何，等等，都可以提供精确的数据。但也有不能胜任的局限，如以手触按病人的体表病颁部分，“中医大白”则未必能替代有经验的中医；而对于“问”者，也未必能对答如流。因为它毕竟是一台机器，虽有人工智能，但与病人交流，自然不及有经验的医生。但它所提供的数据，对中医诊断的针对性更强、处方更为有效。

人们都可以接受这种说法，即机器人是靠自身动力和控制能力来实现各种功能的一种机器。联合国标准化组织采纳了美国机器人协会给机器人下的定义："一种可编程和多功能的操作机；或是为了执行不同的任务而具有可用电脑改变和可编程动作的专门系统。"机器人是自动执行工作的机器装置。它既可以接受人类指挥，可以运行预先编排的程序，也可以根据以人工智能技术制定的原则纲领行动。在日本还有一款更神奇的机器人，名为Pepper。它内置咖啡机，能够根据顾客的心情来自动调配出一杯恰当合适的咖啡。所以，如果"中医大白"也有这样的了解顾客心情的功能，那么，对病人的精神状态，也是可以作出有效的诊断的。

不过，"大白"虽然可以帮助中医治病，但不能完全替代中医的"望闻问切"，因为"大白"毕竟是一台机器人。机器人本质还是机器，而不是一位"有感情"的中医。对话、交流，机器人不能替代中医，而且机器还是要由人操作。中医讲究"辨证论治"，机器人则按设定的模式论治；中医强调同一疾病在不同的发展阶段可以出现不同的证型，而不同的疾病在其发展过程中又可能出现同样的证型，在治疗疾病时可以分别采取"同病异治"或"异病同治"的原则，而机器人则顾不到这些。因此，传统中医诊治有较强的灵活性，机器人不可替代中医。正像B超显示图像之后、CT采集到信息之后，确诊病情，对症下药，还是离不开医生的判断的道理一样。

我们期待着更多类似"中医大白"的机器人来到人世。

机器人做新闻有速度，但没有温度

——再谈机器和人的关系

在英国，机器发明之后分工才有了巨大进步，这一点无须再来提醒。例如，织布工人和纺纱工人过去多半是至今我们还可以在落后国家里看到的那些农民。机器的发明完成了工场劳动同农业劳动的分离。

马克思：《政治经济学的形而上学》，

《马克思恩格斯选集》第一卷，第132页。

写了《机器人能替代中医看病吗》后，又看到一些相关机器人的材料。因此，想再谈谈机器和人的关系的这个话题。

美联社有消息称，将以一种新闻书写软件代替人力，自动撰写有关公司财报的新闻。它可在几秒内写出 300 字的快讯，速度超 10 倍于常人。

机器人又走进了一个新领域。第四次工业革命时代是智能制造时代，机器人化是其重要标志之一。从 1735 年约翰·淮亚特宣布纺纱机的发明，到 1954 年美国戴沃尔提出工业机器人的概念，又是工业革命的一大飞跃。机器人本身也是一种复杂的机器。它借助于机器人的关节，利用人手对机器人进行动作示教，机器人能实现动作的记录和再现。这就是所谓的示教再现机器人。

现有的机器人差不多都采用这种控制方式。到 1980 年，工业机器人在日本普及。1980 年被称为“机器人元年”。随后，工业机器人在日本得到了巨大发展，日本因此赢得了“机器人王国”的美称。工业机器人产业代表着未来智能装备业发展方向，对于促进产业转型升级和智慧城市建设具有重要意义。

机器人获得了空前的发展。如今，机器人已成为一个产业。这不是偶然的。诚如马克思所预言：“机器生产是在与它不相适应的物质基础上自然兴起的。机器生产发展到一定程度，就必定推翻这个最初是现成地遇到的、后来又在其旧形式中进一步发展了的基础，建立起与它自身的生产方式相适应的新基础。”(《资本论》第一卷(上)，第 419 页)从机器到机器人，也是在新的历史条件下，“建立起与它自身的生产方式相适应的新基础”的一种展示。现在，机器人的身影活跃在世界各国。全世界都有机器人协会、机器人网站、机器人研究所，大学里设有机器人专业。

人们欣喜地看到，机器长出了手和脚，有头脑，有心脏，能走路，能跳舞，能上天，能入地，可以在剧场里翻跟斗，可以到月亮上行走，可以到地下采煤。现在，智能机器人又能参与看病、写稿、管家、陪老人谈心。采煤“机器人”由一名工人在地面通过点击鼠标控制，每年可开采 1 000 万吨煤炭，每月可掘进 3 公里长的煤层。若以人力进行，每掘进 1 公里煤层，就需要 100 人挖掘一年。下水管道塌陷了、堵塞了，可以派个管道机器人进去看看；在不适合人工检查的狭窄管道、毒害气体浓度高的管道内，还可以请机器人给下水管做个“胃镜”检查。按类别来区分，除了示教再现机器人之外，又可分为水下机器人、空间机器人、空中机器人、地面机器人、微小型机器人，等等。过去许多办不到的事情，现在一一梦想成真。唯一的不足是面孔有点怪，看上去不大像人的模样，有点吓人。

美国康奈尔大学创造性机器实验室负责人胡迪·利普森最近创造了一种具有自我知觉，并能自适应环境的机器人。他给自我意识的定义为“一种自我想象的能力”。他打了个比方，你能想象自己明天要去海滩游泳吗？你能想象出海水的味道吗？你想感知洗沙子浴是什么味道吗？这一切，都可以用自我知觉来设计。

尤其令人兴奋的是：机器人将不再是一身钢筋铁骨，而有望成为“软体动物”——一种可以变形的机器人。好莱坞影片《终结者》中有一个始终不能被击败的液态金属机器人，它在受到外界打击后，不仅可以任意改变外表，还能像液体一样重新聚集，恢复原貌。现在，这种科学幻想色彩浓厚的机器人，有望成为现实。据2015年3月27日《人民日报》报道：清华大学医学院与中国科学院理化技术研究所联合研究小组，研发出了世界上首个自主运动的可变形液态金属机器，为研发可变形机器人迈出了重要一步，为人类制造出可变形机器人“终结者”指明了方向，孙悟空式的72变机器人就要诞生了。

这种“软体动物”的机器人，能“吃”会动、会自主变形，身段柔软，能屈能伸。联合小组在期刊《先进材料》上发表论文，宣布在世界上首次发现液态金属有一种异常独特的现象和机制，即液态金属可在吞食少量物质后，可以改变机器形态，长时间地高速运动。它呈现的一系列非同寻常的特性，已经相当接近自然界简单的软体生物。有趣的是，我们观察到，这种变形机器不仅能在自由空间运动，还能在各种结构槽道中前行，它还会根据槽道的宽窄自行调整，拐弯时则有所停顿，好像人在遇到障碍物时“思索”后行进。柔性机器人能根据需要适时变形，以穿过狭小的通道、门缝乃至散布于建筑物中的空隙，之后再重新恢复原形并继续执行任务。这种“软体动物”的机器人，将来可以制成智能血管机器人、救灾机器人，真是妙用无穷。

恩格斯说过：“日益发展的工业使一切传统的关系革命化，而这种革命化又促使头脑革命化。”（《恩格斯致弗·阿·左尔格》，《马克思恩格斯选集》第四卷，第497页）智能机器人的出现，正是“头脑革命化”的表现。“头脑的革命化”帮助他们具有高度的智慧，使他们的想象能力极大地提升，使他们的工作能力与日俱增。

那么，机器人到底会替代记者写稿吗？

有的记者担心，纸质媒体本来处境不佳，现在机器人又来抢饭碗，看样子新闻这碗饭难吃了。但是，也有人认为，机器人写手是死的，人是活的，机器人写新闻，不能替代记者的采访，因为它没有感情，没有文采，记者们大可不必紧张，不必担心失去饭碗。

对于这个问题，我以为不妨从两方面来看。

一是人工智能机器人写新闻的挑战不可忽视。现代科技进入新闻传媒，带来的影响之大，是超过人们的预料的。如电脑的问世，取代了纸和笔，记者的工作方式发生了巨大的变化，一台手提电脑走遍天下；电脑植字的问世，替代了传统的铅字植字和报纸的拼版，导致铅字退出印刷舞台，导致报纸的印刷方式发生了根本的变化；电脑发稿的普及，也使电报发稿和传真发稿自动取消；邮局的业务现状冷冷清清。瑞典学者的一项研究显示，大多数读者无法分辨自动写作软件和记者撰写的某些报道。《大西洋月刊》网站评论说，自动写作软件目前最擅长的领域是体育和金融，因为这些领域的一些报道本来就已经很"机械化"，好像一个模式里复制出来的。据悉，美联社用机器人写就短篇业绩报道，所用时间比人工写缩短 90%以上。据《纽约时报》证实，从 2010 年春季开始，美国十大体育电视网就已开始使用电脑软件对体育赛事进行简要报道，在 2009 年到 2010 年赛季期间，使用该软件撰写的报道占足球赛事报道的 40%，而且这种报道方式非常便宜，每篇 500 字左右的新闻报道仅耗资 10 美元。这样一来，对记者工作的威胁是客观存在的。我们不能闭上眼睛、视而不见。

另据媒体报道，截至 2014 年年底，美联社会用此方式完成 4 400 篇财报新闻，随后它有可能会在其他领域得到更为广泛的应用。因此，有一家软件公司负责人预测，在 5 年之内机器人所撰写的文章就能获得普利策新闻奖，并称将来会有 90%新闻稿由机器人撰写。

但是，这一估计显然是言过其实了。对记者的工作来说，有机器人的参与写作，是一种助跑，将促使我们的腿要跑得更快些；这是一种促进，促进我们去跟上时代的步伐；要转变文风，新闻应尽力避免"机械化"，防止千篇一律的写作；记者要多写独家新闻，扬深入采访之长，避"公式化"新闻之短，不写那些机器人写手能写的东西，而要让机器人为我所用。

另一方面，记者们也不要过分紧张。机器人将解放记者时间，但不会导致大批记者的失业。人类的思维在短时间内还无法全部被机器人模仿和超越，分析和观点性的报道需要消息来源、知识积累、逻辑思维等众多的能力在里面。在这几方面，机器人写手似乎暂时无法与记者一决高下。这也许是美联社对"机器人"写手还不那么放心的理由。他们决定在最初阶段对每篇自动生成的报道进行审阅后再发表。美联社编辑费拉拉承认:“通过机器人撰写的稿件,会因为内容的生硬和重复而影响稿件的质量。”“机器人记者”能写的文章种类有限,无法进行深度分析,更不会炼字锻句,所以不会有许多记者岗位被替代。许多生活中新鲜活泼的独家新闻,机器人是难以在工作室里获取的。

机器人在工作强度、运算速度和记忆功能方面可以超越人类,但在意识、推理等方面很难超越人类。复旦大学新闻学院教授童兵教授对自动写稿系统并不看好。他认为:“中国没必要搞这个系统,因为写简单的稿件,占记者的劳动时间和精力都是微乎其微的。”新闻是有“温度”的,机器人做新闻有速度,却没有“温度”。日本科学家广濑茂男也认为,即使智能机器人将来具有常识,并能进行自我复制,也不可能带来记者大范围的失业,更不可能对人类造成威胁。

智能机器人并非无所不能。据科学家们的分析:它的智商只相当于 4 岁的儿童,机器人的“常识”比正常成年人就差得更远了。目前,科学家尚未搞清楚人类是如何学习和积累“常识”的。因此,将其应用到计算机软件上也就无从谈起。美国科学家罗伯特·斯隆表示,人工智能研究的难题之一,就是开发出一种能实时作出恰当判断的计算机软件。早在 20 世纪 90 年代,中国科学家周海中就指出:机器人在工作强度、运算速度和记忆功能方面可以超越人类,但在意识、推理等方面不可能超越人类。

所以,无论是纸质媒体的记者,还是电视台记者和新媒体的记者,他们的写作天地还是无比广阔的。中央电视台和人民网决不会派出“机器人”记者去完成“两会”的采访和写作任务,也决不会派出记者去伊拉克和叙利亚采访战地消息。

五、但丁的叹息

“什么是一个工作日?”

资本主义生产——实质上就是剩余价值的生产,就是剩余劳动的吸取——通过延长工作日,不仅使人的劳动力由于被夺去了道德上和身体上的正常发展和活动的条件而处于萎缩状态,而且使劳动力本身未老先衰和死亡。它靠缩短工人的寿命,在一定期限内延长工人的生产时间。

马克思:《资本论》第一卷(上),第 295 页。

马克思的《资本论》第一卷第八章“工作日”,是比较好读的一章。马克思引用了大量的公开发表和未公开发表的材料,揭开了资本吃人的一幕。

社会学家爱·吉·威克菲尔德 1833 年出版的《英国和美国》一书写道:“从事过度劳动的人死得惊人地快;但死者的空位,马上又有人补充上,人物频频更换,但舞台上并不因而发生任何变化。”(转引自《资本论》第一卷,第 299 页)

布朗基是法国的一位经济学家,他曾受法国政府的委托调查过工人的情况。他在《1848 年的法国工人阶级》一书中披露,法国政府于 1850 年 9 月 5 日公布了十二小时工作日法。这项法令适用于一切作坊。在这项法令公布之前,法国的工作日是不受限制的,工厂的工作日长达 14—15 小时或者还要多些。

李小玲

马克思还引用了1863年6月下旬伦敦所有的日报都报道过的《一个人活活累死》这一消息。消息报道一个20岁的时装女工玛丽·安·沃克利是怎样死的。她在一家很有名的宫廷时装店里做工，受一名叫爱丽丝的老板娘的剥削。店里的女工平均每天工作16.5小时，在忙季，她们往往要一连劳动30小时，要不时靠喝雪莉酒、葡萄酒或咖啡来维持她们已不听使唤的"劳动力"。当时正是忙季的最高潮。为了道贺刚从国外来访的威尔士亲王夫人，女工们要为高贵的夫人小姐立即赶制参加舞会的华丽服装。玛丽·安·沃克利同其他60个女工一起连续干了26.5小时，一间屋挤30个人，空气少到还不及需要量的1/3，夜里睡在用木板隔成的一间不透气的小屋里，每两人一张床。玛丽·安·沃克星期五得的病，星期日就死了。使老板娘爱丽丝大吃一惊的是，她竟没有来得及把最后一件礼服做好。医生基斯先生被请来的时间已经太迟了。他直率地向验尸陪审团作证说："玛丽·安·沃克利致死的原因，是在过分拥挤的工作室里劳动时间过长，以及寝室太小又不通风。"

此外，马克思又大量引用官方公布的英国工厂视察员的报告：

"最近半年(1857年)在我的管辖区内，8岁和8岁以上的儿童事实上是从早上6点一直被折磨到晚上9点。"

"露天漂白业者"撒谎说，他们没有使用妇女做夜工，以此逃避了1860年的漂白工厂法。但谎言被工厂视察员揭穿了，同时，工人的请愿书使议会打消了"露天漂白厂"坐落在芳香、凉爽的草地上的印象。在这些露天漂白厂里，干燥室里的温度高达华氏90度—100度，其中做工的主要是少女。"冷却"这个词已成了她们从干燥室偶尔跑到户外喘口气的专门用语。"在干燥室里有15个少女，烘烤麻布的温度是80度—90度，烘烤细麻布的温度是100度和100度以上。一间约10平方呎的小屋，中间放着密闭火炉，12个少女在那里(把细麻布等)烫平和叠齐。少女们围着发出炽热的火炉，细麻布很快被烘干。这些人的劳动时间是没有限制的。在忙的时候，他们要接连许多天干到晚上9点或12点。"(《工厂视察员报告。1862年10月31日》，第18页)一个医生说："没有规定专门的时间让人们去凉快一下，不过当温度高得实在受不了，或者女工的手被汗水弄脏了，便允许她们出去几分钟……"(《工厂视察员报告。1863年4月30日》，第40页)

“丝织区的平均死亡率异常高，人口中妇女部分的平均死亡率甚至比郎卡郡棉纺织区还要高。”

“什么是一个工作日呢?”马克思在“争取正常的工作日的斗争”一节开头，提出了这样的保护劳动者权益的重要命题。他愤然写道：“资本由于无限度地盲目追逐剩余劳动，象狼一般地贪求剩余劳动，不仅突破了工作日的道德极限，而且突破了工作日的纯粹身体的极限。它侵占人体成长、发育和维持健康所需要的时间。它掠夺工人呼吸新鲜空气和接触阳光所需要的时间。它克扣吃饭时间，尽量把吃饭时间并入生产过程，因此对待工人就象对待单纯的生产资料那样，给他饭吃，就如同给锅炉加煤、给机器上油一样……资本是不管劳动力的寿命长短的。它唯一关心的是在一个工作日内最大限度地使用劳动力。它靠缩短劳动力的寿命来达到这一目的，正象贪得无厌的农场主靠掠夺土地肥力来提高收获量一样。”(《资本论》第一卷(上)，第 294—295 页)

马克思在这一章的文字里还痛心疾首地写道：“自十八世纪最后三十多年大工业出现以来，就开始了一个象雪崩一样猛烈的、突破一切界限的冲击。道德和自然、年龄和性别、昼和夜的界限，统统被摧毁了。甚至在旧法规中说得十分简单明了的关于昼夜的概念，也变得如此模糊不清，以致 1860 年一位英国法官为了对昼和夜作出‘有判决力的’解释，竟不得不使出真正学究式的聪明。资本则狂欢痛饮来庆祝胜利。”(《资本论》第一卷(上)，第 307—308 页)

马克思用一支如椽的大笔，用带血的文字，对资本家在资本主义原始阶段残酷地榨取劳动者剩余价值，揭露和批判得何等尖锐和深刻！在当时的英国和法国，一天工作 12 小时、15 小时是家常便饭，童工每天劳动 10 小时也是屡见不鲜。当时在美国，工人每天要劳动 14 至 16 个小时，有的甚至长达 18 个小时，但工资却很低。马萨诸塞州一个鞋厂的监工说：“让一个身强力壮体格健全的 18 岁小伙子，在这里的任何一架机器旁边工作，我能够使他在 22 岁时头发变成灰白。”这是一种多么高明的本事！

马克思的揭露在工人中引起了强烈的反响，被机器的轰鸣声震昏了头的工人一旦稍为清醒过来，就开始进行反抗，罢工浪潮一浪高过一浪。工人创作了一首《八小时之歌》。歌中唱道：

我们要把世界变个样，
我们厌倦了白白的辛劳，

光得到仅能糊口的工饷，
从没有时间让我们去思考。
我们要闻闻花香，
我们要晒晒太阳，
我们相信：
上帝只允许八小时工作日。
我们从船坞、车间和工场，
召集了我们的队伍，争取
八小时工作，八小时休息，
八小时归自己！

英国工人阶级 18 世纪末开始争取用立法手段限制工作日，从 19 世纪 30 年代起，广大无产阶级群众投入争取十小时工作日的斗争。十小时工作日法案是英国议会在 1847 年 6 月 8 日通过的，1848 年 5 月 1 日起作为法律生效。该法律将妇女和少年的日劳动时间限制为 10 小时。1864 年 9 月 28 日在伦敦发布的《国际工人协会成立宣言》指出："十小时工作日法案不仅是一个重大的实际的成功，而且是一个原则的胜利；资产阶级政治经济学第一次在工人阶级政治经济学面前公开投降了。"(《马克思恩格斯选集》第二卷，第 132 页)

但是，公开投降不等于真正守法，许多英国工厂主并不遵守这项法律。他们寻找各式各样的借口把工作日从早晨 5 时半延长到晚上 8 时半。经过 20 多年的罢工斗争，1884 年联邦贸易组织终于通过了一项解决方案，以立法的形式规定：从 1886 年 5 月 1 日开始执行每日八小时工作制。这是劳动者"争取正常的工作日"的一大胜利。1889 年 7 月 14 日，由各国马克思主义者召集的社会主义者代表大会，在法国巴黎隆重开幕。这次大会上，法国代表拉文提议：把 1886 年 5 月 1 日美国工人争取八小时工作制的斗争日，定为国际无产阶级的共同节日。与会代表一致同意，通过了这项具有历史意义的决议。从此，"五一"国际劳动节诞生了。

今天我们重读马克思在"工作日"中的那些文字，对于保护劳动者的各种合法权益，依然有它的现实意义。我国《劳动法》明确规定，劳动者每天工作时间为 8 小时，每周工作时间不得超过 44 小时(后被国务院修改为每周不超过 40 小时)。我们要在所有的企业中严格实行八小时工作制，决不允许以各种各样的借口超时加班。对于一切违反劳动法的种种行为，一定要依法查处。

19 世纪童工的苦难

如果但丁还在，他一定会发现，他所想象的最残酷的地狱也赶不上这种制造业中的情景。

马克思：《资本论》第一卷(上)，第 275—276 页。

马克思上述这段话，指的是英国的火柴制造业。火柴制造业是 1833 年发明用木梗涂磷的办法后出现的。于是，一座新的人间地狱筑构而成。从 1845 年起，火柴制造业开始在英国各地迅速地发展起来。磷有剧毒，生产火柴的工人都在充满磷毒的工作室内工作、吃饭，吃饭又没有固定的时间。许多工人接触磷毒不到一年，就患了一种名叫牙关闭锁症，嘴巴张不开了，吃饭、喝水都很困难。维也纳的一位医生在 1845 年发现这种病是生产火柴工人的职业病。但是，更不能容忍的是，许多生产火柴的工厂竟大量使用童工。

工业革命使儿童破天荒地走进了各种大大小小的工厂，童工成为工厂主们迫切需要的自由、廉价、灵活、顺从的劳动力。从 17 世纪以来，他们成了牺牲掉的一代，就像被贩运到美洲的黑奴一样，成为英国资本主义资本原始积累的重要来源之一。他们的童年是今天的孩子所无法想象的。没有欢声笑语，只有机器的轰鸣；没有父母的呵护，只有监工的斥责；没有上学的机会，只有挨饿的痛苦；没有愉快的假期，只有枯燥的劳动。在沉重的劳动和令人发指的剥削压榨下，他们的肉体和心灵受到了极大的摧残。走进工厂就是噩梦的开始，走下矿井就是走向地狱。

马克思愤怒地揭露道："工人中有一半是 13 岁以下的儿童和不满 18 岁的少年。谁都知道，这种制造业有害健康，令人生厌，所以只有工人阶级中那些最不幸的人，饿得半死的寡妇等等，才肯把'衣衫褴褛、饿得半死、无人照管、未受教育的孩子'送去干这种活。在委员怀特 1863 年询问过的证人当中，有 270 人不满 18 岁，40 人不满 10 岁，10 人只有 8 岁，5 人只有 6 岁。工作日从 12 到 14 或 15 小时不等，此外还有夜间劳动，吃饭没有固定时间。"(《资本论》第一卷(上)，第 275 页)马克思关于火柴制造业是地狱的感慨，由此发出。一个推动人类社会进步的

李小玲

行业,竟有如此可耻的现象:它依靠童工的血和泪,取得了火柴的普遍应用,但伴随而来的,是大批儿童的备受折磨,早期死亡。

资产阶级通过自己颇有名气的学者如尤尔博士、西尼耳教授及其他同类聪明人之口屡次预言,并且不停地重复说:对于工时的任何立法限制都必然要为不列颠工业敲起丧钟;不列颠工业像吸血鬼一样,只有靠吮吸人血,其中也有儿童的血,才能生存。这种魔鬼的吃人"理论",和古时杀害儿童是崇拜摩洛赫神的宗教的神秘仪式如出一辙,但它只是在一些极隆重的场合下实行,大概一年不过一次;同时,摩洛赫神并没有表示专吃穷人的儿童的血。

接着,马克思引用了更多的英国官方公布的材料,揭露了资本主义社会普遍使用童工的罪恶。他引用英国官方报告说:"实在可怕。"可怕在哪里?报告接着写道:"任何有感情的人想到证词中提到的 9—12 岁儿童的劳动量,都不能不得出结论说,再也不能容许父母和雇主这样滥用权力。"

这个结论的背后,是一连串触目惊心的活生生的事实。先请看壁纸工厂中使用童工的现象。"伍·达菲说:'孩子们往往疲倦得睁不开眼睛,其实,我们自己也是勉强地支持着。为了不让她们打瞌睡,我必须对她们大声喊叫。'詹·莱特伯恩说:'我 13 岁……去年冬天我们干到晚上 9 点,前年冬天干到晚上 10 点。去年冬天我的脚有伤,差不多每天晚上都疼得哭起来。'格·阿蒲斯登说:'我这个孩子 7 岁的时候,我常常背着他在雪地里上下工,他常常要做 16 个钟头的工!……当他在机器旁干活时,我往往得跪下来喂他的饭,因为他不能离开机器,也不能把机器停下来。'"(《资本论》第一卷(上),第 276 页)

马克思引用《工厂巡视员报告·1860 年 10 月 31 日》写道:"杜斯伯里(约克郡)的治安法官接到控告,说巴特里附近有 8 个大工厂的厂主违反了工厂法。其中有几位先生雇用 12—15 岁的儿童 5 人,迫使他们从星期五早晨 6 点一直劳动到星期六下午 4 点,除了吃饭和半夜一小时睡眠外,不让有任何休息。这些孩子在那种叫做'再生毛料洞'的小屋里一连劳动 30 小时,他们在那里把破旧毛织物撕成碎片,洞里迷漫着灰尘和毛屑,连成年工人都要经常用手帕捂着嘴来保护自己的肺!这些被告先生虽然没有发誓(他们这些战栗教徒都是谨小慎微的信教者,是不发誓的),但是硬说他们怀有怜悯之心,本来允许这些可怜的孩子睡 4 个小时,但是这些固执的孩子偏偏不肯睡!"(《资本论》第一卷(上),270 页)

真是惨无人道!有一点起码的人类同情心的人,读到这里,都会为这些不幸的孩子的悲惨遭遇流下眼泪。

愤怒的马克思接着又引用《童工调查委员会·第四号报告》的材料，进一步证明英国工厂使用童工是一个普遍的现象：

> 有一个压延厂，名义上的工作日是从早晨6点到晚上5点半。有一个儿童，每星期有4个夜晚，至少要干到第二天晚上8点半……这样一直继续了6个月。另一个儿童，9岁时，有时一连做3班，每班12小时，10岁时，有时一连干两天两夜。第三个儿童，今年10岁，每星期有三天都是从早晨6点一直干到夜间12点，在其余几天干到晚上9点。第四个儿童，今年13岁，整个星期都是从下午6点干到第二天中午12点，有时连做3班，例如星期一早晨一直干到星期二夜晚。第五个儿童，今年12岁，在斯泰夫利铸铁厂做工，他一连14天都是从早晨6点干到夜间12点，他已经不能再这样干下去了。9岁的乔治·阿林斯沃思说："我是上星期五来的。我们应当在第二天清早3点上工。所以我就留在这里过夜。我家离这里有5哩路。我睡在地板上，铺一条皮围裙，盖一件短外衣。以后的两天我早晨6点来上工。唉！这个地方真热！来这儿以前，我有整整一年的时间也是在高炉上做工。那是在乡下的一家非常大的工厂，在那里，星期六也是清早3点上工，不过好歹还能回家睡觉，因为离家不远。在别的日子里，我早晨6点上工，到晚上6点或者7点下工。"(《资本论》第一卷(上)，第288页)

马克思又举例说："北明翰及其近郊的金属手工工场除雇用1万个妇女外，还雇用3万个儿童和少年，大多数都干着很重的活。他们在这里的有害健康的铸铜业、纽扣业、珐琅业、电镀业和油漆业中劳动。伦敦的各家书包印刷厂由于让成年和未成年的工人从事过度劳动而博得了'屠宰场'的美名。在订书业中也存在着这种过度劳动，这里的牺牲品主要是妇女、少女和儿童。在制绳业中，未成年的工人担负着繁重的劳动，在制盐、制蜡烛以及其他化工工场中，他们还得做夜工，在尚未采用机械动力的丝织业中，织机是由少年来推动的，这种活简直能累死人。"(《资本论》第一卷(上)，第507页)可见当时在英国，使用童工是比比皆是的现象。资本家的洋房和汽车，是用童工的鲜血和白骨换来的。

值得注意的是，也有的老板并不讳言这一点。有个雇儿童做夜工的钢铁厂老板说："做夜工的少年在白天也不能睡觉，不能得到必要的休息，他们只好在第二天不停地到处乱跑，看来这是很自然的。"(《童工调查委员会》·第4号报告第63号)19世纪英国童工的悲惨的处境，和电影《星星之火》中的包身工的女儿“小珍子”如出一辙。马克思用意大利诗人但丁所想象的最残酷的地狱来作比方，是一点也不为过的。

那么，这些没有心肝的工厂主为什么大量使用童工，甚至置英国政府的禁令于不顾呢？

马克思又引用桑德森兄弟钢铁公司的伊·弗·桑德森先生的话回答说：“禁止未满 18 岁的少年做夜工会引起很大的困难；主要的困难是，用成年男工代替少年工必然使费用增加。增加多少，我说不上，但是看来不会增加到使工厂主能够提高钢的价格，因此，这种损失就落在工厂主身上。”（转引《资本论》第一卷（上），第 291 页）另一个玻璃厂的老板也有类似的忧虑。他认为规定童工的“正常吃饭时间”是不可能的，因为熔炉由此散失的一定的热量是“纯粹的损失”或“浪费”。还有一个名叫埃利斯的老板说：“我们反对禁止 18 岁以下的少年做夜工，因为这会增加费用。这就是唯一的理由。（多么无耻的坦率！）我们认为，为此增加的费用，会超出企业正常的负担能力，如果适当地考虑到营业的成效的话。（多么拐弯抹角！）”百分之百的利润将使他们胆大包天。明乎此，我们就不难明白工厂主为什么千方百计使用童工了。

在列举了上述大量有说服力的材料后，马克思写下了这样一行文字，尖锐地批判了资本的所有者：“资本是根本不关心工人的健康和寿命的，除非社会迫使它去关心。人们为体力和智力的衰退、夭折、过度劳动的折磨而愤愤不平，资本却回答说：既然这种痛苦会增加我们的快乐（利润），我们又何必为此苦恼呢？”（《资本论》第一卷，第 299—300 页）这一段辛辣的讽刺，也是《资本论》的精髓之一。

失业问题

一旦工人发现，他们本身之间竞争的激烈程度完全取决于相对过剩人口的压力；一旦工人因此试图通过工联等等在就业工人和失业工人之间组织有计划的合作，来消除或削弱资本主义生产的那种自然规律对他们这个阶级所造成的毁灭性的后果，这时，资本和它的献媚者政治经济学家就大吵大叫起来，说这是违反了“永恒的”和所谓“神圣的”供求规律。

马克思：《资本论》第一卷（下），第 702 页。

有一位刚从大学校门走出来的青年朋友问我：马克思在《资本论》中有没有谈过再就业问题？他对这个问题有什么高见？我回答说，直接谈再就业的文字未见，但对资本主义社会的相对过剩人口或产业后备军问题，却有不少论述。

本文开头引用的这段话，是马克思在《资本论》第二十三章“资本主义积累的一般规律”中“相对过剩人口或产业后备军的累进生产”一节的结束语。这一节，详细谈到了资本主义社会的失业问题的由来和发展。有失业就必然有再就业，我们就再来听听，马克思对失业问题是怎么分析的。

相对过剩人口和失业、半失业是紧密联系的。资本主义社会的存在有相对过剩人口，需要工人的失业和半失业。相对过剩人口是形形色色的。每个工人在半失业或全失业时期，都属于相对过剩人口。马克思指出：“工业周期阶段的更替使相对过剩人口具有显著的、周期反复的形式，因此相对过剩人口时而在危机时期急剧地表现出来，时而在营业呆滞时期缓慢地表现出来。如果撇开这些形式不说，那末，过剩人口经常具有三种形式：流动的形式、潜在的形式和停滞的形式。”(《资本论》第一卷(下)，第 703 页)下面分别作些介绍：

流动的过剩人口主要指城市和工业中心临时失业的工人。这些工人时而就业、时而失业，具有流动性。这是由于有的部门和企业因生产萎缩，或因采用新技术，或因资本转移，随时都要解雇工人。与此同时，另一些部门和企业却因生产发展需要吸收一部分工人。到复苏高涨阶段，许多失业人口又被资本所吸收。在现代工业的中心——制造厂、冶金厂、矿山等等，工人时而被排斥，时而在更大的规模上再被吸引，总的来说，就业是增加的，虽然增加的比例同生产的规模相比不断缩小。在这里，过剩人口处于流动的形式。

潜在的过剩人口是指农业过剩人口。资本主义农业的发展，使越来越多的个体农民破产；同时，随着农业资本有机构成的提高，机器的广泛使用，对农业劳动力的需求也相对地甚至绝对地减少。这就在农村中形成了大量的相对过剩人口。他们和城市工业中的流动过剩人口不同，通常还守着一小块土地，一年中只有很少一部分时间从事农业劳动，经常处于半失业状态，生活也极端贫困，是一种潜在形式的相对过剩人口。他们一有机会就流入城市、矿山、铁路、建设工地，从事劳动条件差、工资低的工作。这部分过剩人口，是资本主义企业大量廉价劳动力的重要来源。

停滞的过剩人口是由于过度劳动而早衰，或者是缺少资本家所需要的文化技术，往往经过多次失业以后，很难再找到正式的工作。他们没有固定的职业，只有依靠从事家内劳动和打零工等勉强维持生活。他们的劳动很重。“它的特点是劳动时间最长而工资最低。”(《马克思恩格斯全集》第二十三卷,第 705 页)

此外,还有一部分人处于相对过剩人口的最底层,他们是需要救济的贫民及其子女、孤儿及丧失劳动力和各种迫于生计的流浪者。

马克思所揭示的相对过剩人口规律是市场经济的共有规律。过剩人口和赤贫,在资本主义条件下是资本家剥削工人的剩余劳动的结果。资本的发展需要大批相对过剩人口,这样资本家才能源源不断地获得更多的廉价劳动力和产业工人的后备军。这便是资本主义的经济学家奉为“神圣的”供求规律的秘密所在。马克思指出:“产业后备军的相对量和财富的力量一同增长。但是同现役劳动军相比,这种后备军越大,常备的过剩人口也就越多,他们的贫困同他们所受的劳动折磨成反比。最后,工人阶级中贫苦阶层和产业后备军越大,官方认为需要救济的贫民也就越多。这就是资本主义积累的绝对的、一般的规律。”(《资本论》第一卷(下),第 707 页)因此,一旦工人们联合起来,试图“消除或削弱资本主义生产的那种自然规律对他们这个阶级所造成的毁灭性的后果”时,资本和他们的献媚的政治经济学家就大吵大叫起来,说这是违反了“永恒的”和所谓的“神圣的”供求规律,便是完全可以理解的了。

2008 年的西方金融危机风暴席卷了全世界,首当其冲的是美国。过去以高就业著称的美国,出现了大批失业人员。失业人口激增是美国经济面临的最大问题。由于失业率上升引发消费萎缩,在失业率回落之前,主要依赖消费拉动的美国经济很难有起色。马克思关于经济危机带来大批失业工人的指示再次应验。瑞士信贷亚洲首席经济分析师陶东这样描述美国经济:“拉动美国经济这个热气球上涨的有四条绳子,第一条是房地产热,第二条是信贷扩张,第三条是高就业,第四条是低通胀。如今四条绳子中已有三条已断掉,唯一剩下的是已开始嘎嘎作响的高就业这条绳子。”

现实生活提供了无数材料证明这一点。据悉,欧、美、日一天的失业人数,要比 1866 年英国发生经济危机时多得多。当年英国的经济危机,伦敦共有 15 000 人失业。在当时,已是一个惊人的数字,但比之于今天的西方金融危机带来的失业潮,这个数字则是毛毛雨了。2009 年 1 月 27 日,全世界的各大媒体都在显著位置刊登了这样一条新闻:由于经济衰退愈演愈烈,美国、欧洲、日本多家大公司在 2009 年 1 月 26 日同一天宣布大规模裁员计划,令世界各地共有超过 9 万人同时失业。美国企业纷纷选择在财务结算时期集中发布裁员计划,主要大企

陈庆勋

业仅1月26日这一天发布的裁员数字就达5.6万人，单日裁员规模超过了2008年11月花旗集团单日裁员5万人的水平。据统计，5家美国大公司的计划裁员总人数超过了4.5万人。其中总部位于伊利诺伊州的美国重型工业设备制造商卡特彼勒公司的动作最大，一举裁掉2万人。全球最大家具建材零售商家得宝公司、美国第三大无线通信运营商斯普林特公司、全球最大制药公司美国辉瑞公司、通用汽车公司也各自宣布裁员计划。

欧洲也难以逃脱裁员风潮的打击。欧洲最大的电子设备商荷兰飞利浦公司、荷兰银行和保险公司"荷兰国际集团"，以及欧洲第二大钢铁企业英国科鲁斯钢铁集团公司都宣布将裁员。飞利浦公司2008年第4季度亏损高达14.7亿欧元，计划全球裁员6 000人，其中包括英国员工2 500人。一些公司为了避免裁员，只得采取其他削减成本的措施。英国维珍航空公司1月26日宣布冻结所有层级雇员的薪酬，还有许多公司已经宣布缩短工时以节约开支。

受国际金融危机影响，我国就业面临前所未有的压力，我国经济增速减缓。2008年10月份以来一向稳定的就业释放出令人忧虑的信号：城镇新增就业人数增速下降，企业的用工需求出现下滑，现有的岗位流失严重。巧得很，目前我国的过剩人口大体上也是三类人：到2009年7月，将有700万农村新成长劳动力进入求职队伍；另据统计，2009年全国有610万大学毕业生，再加上2008年毕业未就业的高校毕业生100万人，总计710万左右；在这两个庞大的就业群体之外，还有城镇下岗失业人员、地震灾区劳动者、残疾人等各类就业困难人员。

社会主义制度的优越性，在解决这些要求再就业人员的过程中，充分显示了出来。从2008年11月开始，政府打出"组合拳"，积极化解各种不利因素。为了提高劳动者的就业创业能力，《实施特别职业培训计划》登台亮相，提出从2009年至2010年，集中对困难企业在职职工、失去工作返乡的农民工、失业人员和新成长劳动力开展有针对性的职业培训。针对农民工就业，政府提出，加强农民工就业能力培训，扶持有条件、有能力的农民工返乡创业等。针对高校毕业生就业，政府明确指出，到城乡基层就业是大方向，到中小企业和非公有制企业就业是主渠道，鼓励自主创业，鼓励骨干企业和科研项目单位吸纳和稳定高校毕业生就业。为了鼓励企业少裁员不裁员，人力资源和社会保障部等部门联合发出通知，通过采取缓缴社会保险费等五大举措减轻企业负担，稳定就业局势。

半年多来，各级地方政府和全社会关注再就业已取得了明显成效。2009年1月份城镇就业人数略有回升，扭转了2008年11月份以来的连续下滑趋势。

人力资源和社会保障部对地震灾区就业实行援助，已累计助灾区实现异地转移就业 21.9 万人，就地就近就业 86.5 万人。针对大学生找工作难问题，人力资源和社会保障部劳动工资研究所所长苏海南在接受记者采访时认为，第一要扩大投资；第二要采取减税措施；第三要扶持就业，尤其是用创业带动就业，这样的方法不仅能使劳动者积极参与其中，并且尤其适合于现阶段大学毕业以后没有找到工作的大学生和青年；第四要扩大社保，中央可以对劳动密集型企业进行一定的扶持，使中小企业裁员情况得到改善。解决中国的失业问题，虽然有困难，但前景是乐观的。

且听一位沉默的工人的声音

> 资本家对剩余劳动的贪欲表现为渴望无限度地延长工作日，而领主的贪欲则较简单地表现为直接追求徭役的天数。
>
> 马克思：《资本论》第一卷（上），第 265 页。

马克思的《资本论》的第八章“工作日”，文字形象生动，材料丰富，揭露资本家“对剩余价值的狼一般的贪欲”，令人触目惊心。特别值得注意的是，他在“工作日的界限”一节里，用了杂文笔法，以一位工人自诉的写法，诉说了出卖劳动力者的不幸。这段近千字的文字，幽默有趣，但含义极其深刻，对杂文研究有兴趣的读者，不妨仔细读一下这段文字。

杂文写作要有由头。马克思说：“资本家是以商品交换规律作根据的。他和任何别的买者一样，想从他的商品的使用价值中取得尽量多的利益。但是，突然传来了在疾风怒涛般的生产过程中一直沉默的工人的声音。”（《资本论》第一卷（上），第 261 页）

以下是我对这些“声音”的解读：

> 我卖给你的商品和其他的普通商品不同，它的使用可以创造价值，而且创造的价值比它本身的价值大。

——这三句话，说明劳动力这种特殊商品的特殊属性，即它的使用价值具有成为价值源泉的特殊性。因此，它的实际使用本身就是劳动的物化，从而是价值的创造。资本可以从交换价值中取得大于它所投入价值的价值。资本家雇用一名工人，如果创造的价值不及本身的价值，这个资本家就亏了。他就会解雇这名工人。

> 正是因为这个缘故你才购买它。在你是资本价值的增殖，在我则是劳动力的过多的支出。你和我在市场上只知道一个规律，即商品交换的规律。

——这是做买卖的一条铁的定律，买方和卖方都必须遵守。交换者双方要互相尊重对方的意志，经过双方的一致同意，劳动力商品才能相互交换。所谓尊重对方的意志，即互不侵犯对方的私有权。你的资本价值增殖了，我拿到了货币，两相情愿，买卖成功。

> 商品不归卖出商品的卖者消费，而归买进商品的买者消费。因此，我一天的劳动力归你使用。但是我必须依靠每天出卖劳动力的价格来逐日再生产劳动力，以便能够重新出卖劳动力。如果撇开由于年老等等原因造成的自然损耗不说，我明天得象今天一样，在体力、健康和精神的正常状态下来劳动。

——雇佣劳动是从社会划分为资产者和工人以来存在的那种无偿劳动制度的特殊的历史形式。劳动力再生产要以劳动力的价格来维持。

> 你经常向我宣讲"节俭"和"节制"的福音。好！我愿意象个有理智的、节俭的主人一样，爱惜我唯一的财产——劳动力，不让有任何荒唐的浪费。我每天只想在它的正常耐力和健康发展所容许的限度内使用它，使它运动，变为劳动。

——工人的"任何荒唐的浪费"，对资本家来说，都是"零敲碎打地盗窃"；而"节俭"和"节制"的劝说，只有一个目的：未来让雇用他的老板的口袋中增加更多的利润。英国有一位工厂巡视员在 1860 年 4 月 30 日的报告中写道："有一位可敬的工厂主对我说：如果您允许我每天只让工人多干10分钟的话，那你一年就把1 000镑放进了我的口袋。”“时间的原子就是利润的要素。”这位工厂主的确是可敬的，因为他在这里说了大实话。

> 你无限制地延长工作日，就能在一天内使用掉我三天还恢复不过来的劳动力。你在劳动上这样赚得的，正是我在劳动实体上损失的。

——工人在这一点上的感受，和上面这位可敬的工厂主的赚钱的体会同样深刻。一进一出，一得一失，同样是公平的。这就叫做剥削。

> 使用我的劳动力和劫掠我的劳动力完全是两回事。

——前者是劳动力这种特殊商品的所有者，后者是劳动力这种特殊商品的供应者；前者从雇佣的工人身上获取剩余价值，后者为资本家提供剩余价值；前者是资本家使用劳动力的所得，后者是工人受资本的雇佣所失。

> 你使用三天的劳动力，只付给我一天的代价。这是违反我们的契约和商品交换规律的。因此，我要求正常长度的工作日，我这样要求，并不是向你求情，因为在金钱问题上是没有情面可讲的。

——这是理直气壮的要求，这是资本家“狼一般贪欲”的呼声。是的，“在金钱问题上是没有情面可讲的”。因此，要求正常长度的工作日，既合法，又合理。顺便提一句，1850年12月，马克思领到了一张英国伦敦博物馆的阅览证，从此，阅览室成了他的半个家，他每天从上午9点一直工作到下午8点左右，回到家里还要整理阅读材料所记录的笔记，一般情况，他都是到深夜两三点钟才休息。他曾对别人说，我为了为工人争得每日8小时的工作时间，自己就得工作16小时。

> 你可能是一个模范公民，也许还是禁止虐待动物协会的会员，甚至还负有德高望重的名声，但是在你我碰面时你所代表的那个东西的里面是没有心脏跳动的。

——这就是某些资本家的两面性。在尽最大限度延长工人劳动时间的同时，并不排斥他们对猫狗动物的关心。“模范公民”的桂冠，也是一种名声的资本。真正德高望重的企业家，我们是尊敬的。但沽名钓誉之辈，他们想方设法去获取一种名声的资本，归根结底还是要赚取更多的货币的资本。

如果那里面仿佛有什么东西在跳动的话，那不过是我自己的心。我要求正常的工作日，因为我和任何别的卖者一样，要求得到我的商品的价值。

——工人反对无限延长工作日的要求，是天经地义的。资本家无限延长工作日和工人要求把工作日限制在一定的正常量内的对抗，是权利与权利的对抗。这两种权利都是商品交换的规律所承认的。《资本论》出版了一百多年，但是，马克思为工人的仗义执言，至今仍有相当大的现实主义。

喝“乞丐汤”的好处

把剩余价值再转化为资本，叫做资本积累。

马克思：《资本论》第一卷（下），第635页。

这两句话，是马克思在《资本论》第二十二章“剩余价值转化为资本”开宗明义所说的话。马克思接着举例说明什么是资本积累。他说，首先，我们从单个资本家的角度来考察这个过程。例如，一个纱厂主预付了10 000镑的资本，其中4/5用于棉花、机器等等，其余1/5用于工资。假定他每年生产棉纱240 000磅，价值为12 000镑。如果剩余价值率为100%，剩余价值就包含在40 000磅棉纱的剩余产品或纯产品中，它占总产品的1/6，价值2 000镑。这2 000镑价值将由出售而实现。因此，纱厂主要把他新增加的2 000镑货币变成资本，在其他条件不变的情况下，就得预付其中的4/5去购买棉花等物，1/5去购买新的纺纱工人，这些纺纱工人会在市场上找到生活资料，而生活资料的价值已由纱厂主预付给他们了。于是，这2 000镑新资本就在纺纱厂中执行职能，并又带来400镑的剩余价值。马克思说:“这是亚伯拉罕生以撒,以撒生雅各等等的老故事。10 000镑原有资本带来2 000镑剩余价值,这些剩余价值资本化了;新的2 000镑资本又带来400镑剩余价值;这个剩余价值又资本化了,于是变成了第二个追加资本,又带来80镑新的剩余价值,依此类推。”(《资本论》第一卷(下),第638页)

“亚伯拉罕生以撒,以撒生雅各等等的老故事”,留到以后再谈,这里先谈一下剩余价值转化为资本的一个前提条件是:资本家必须把自己的商品卖出去,把它变成货币,并把由此得到的绝大部分货币再转化为资本。把生产出来的帽子或鞋子都堆放在仓库里,不能变成货币,资本家就要亏本了。这个简单的道理,几乎每一个办企业、做生意的老板都懂。马克思把这个过程用一段清晰的文字来表达:

> 要积累,就必须把一部分剩余产品转化为资本。但是,如果不是出现了奇迹,能够转化为资本的,只是在劳动过程中可使用的物品,即生产资料,以及工人用以维持自身的物品,即生活资料。所以,一部分年剩余劳动必须用来制造追加的生产资料和生活资料,它们要超过补偿预付资本所需的数量。总之,剩余价值所以能转化为资本,只是因为剩余产品(它的价值就是剩余价值)已经包含了新资本的物质组成部分。(《资本论》第一卷(下),第637页)

所有大大小小的资本家,从夫妻老婆店到总资产几十亿元的大企业、大公司,他们把剩余价值转化为资本,或者说得通俗一点,他们的生财之道,都离不开这个规律和模式。

转化为资本的剩余价值和原预付价值一样,分为不变资本和可变资本,分为生产资料和劳动力。剩余价值率首先取决于对劳动力的剥削程度。资本主义积累的一般规律是:资本的增大包含着它的可变部分转化为劳动力的部分的增大。如果资本构成保持不变,如果一定量的生产资料经常需要有同量劳动力运转,那么显然,劳动力的需求和工人的生活资料基金就会随着资本的增加而增加,而且资本的增加越迅速,它的增加也就越迅速。但是,每一个精明的资本家为了攫取更多的剩余价值,常用的手段是以同样的可变部分雇用更多的劳动力。马克思说:“资本只要把工人阶级每年向它提供的各种年龄的追加劳动力同已经

包含在年产品中的追加生产资料合并起来，剩余价值向资本的转化就完成了。”(《资本论》第一卷(下)，第637页)

为了达到这个目的，降低工人的工资、要求他们减少消费支出，这同样是一个老掉牙的故事。马克思在“剩余价值转化为资本”这一章里，大量引用了许多工厂主的“经验”，介绍如何让工人吃最少的东西、干更多的活。有一个英国的工厂主仰天悲鸣：“劳动在法国要比在英国整整便宜三分之一，因为法国的穷人劳动繁重，但衣食简单，他们的主要食物是面包、水果、青菜、根菜和干鱼；他们很少吃肉，小麦昂贵时，面包也吃得很少……而且他们喝的只是白水或清淡饮料。因此他们实际上花的钱极少。”(《论手工业和商业》，1770年伦敦版，第70—71页；转引自《资本论》第一卷(下)，第659页)还有一个名叫伊顿爵士的著作家，则在他所著的《贫民的状况，或英国劳动者阶级从征服时期到现在的历史》一书中，竭力向贫民习艺所推荐一种“富有营养”的“乞丐汤”，并以责备的口吻提醒英格兰的工人说：“在苏格兰，有许多家庭一连几个月都只吃加盐和水的燕麦面和大麦面，而不吃小麦、黑麦和肉，尽管如此，他们还是生活得很舒适。”(转引自《资本论》第一卷(下)，第660页)我想，这位伊顿爵士最好自己身体力行，带头喝一个月的“乞丐汤”，对他的健康状况肯定是大有好处的；如果他感到虽然“富有营养”，但难以下咽，那么，他的推荐喝“乞丐汤”的险恶用心，则是不言而喻的了！

越来越多的工人喝“乞丐汤”，工厂主的腰包就很快地鼓起来了。据《国际工人协会成立宣言》揭露：“大约有3 000人每年共收入2 500万英镑，这个数目比英格兰和威尔士全体农业工人每年的收入还要大。翻开1861年的人口调查表，你们就会看到，英格兰和威尔士两处的男性土地所有者人数已经由1851年的16 934人，减少到1861年的15 066人；这就是说，土地集中程度在十年中增大了11%。如果英国地产集中于少数人手中的过程今后仍将如此迅速地继续下去，那末土地问题就将异常简单化，就象在罗马帝国有过的情形那样，当时尼禄皇帝听说非洲一省有一半土地属于六个所有者，就曾露齿狞笑。”(《马克思恩格斯选集》第二卷，第129—130页)英国的工厂主们和尼禄皇帝一样露齿狞笑，这就是越来越多的工人喝“乞丐汤”的好处。

资本积累的另一个重要的因素是社会劳动生产率的水平。随着劳动生产率的提高，体现一定价值从而一定量剩余价值的产品量也会提高。在1782年，英国前三年剪下的全部羊毛都因为缺少工人而没有加工，假若不是新发明的机器帮助把所有的羊毛都纺出来的话，这些羊毛还得这样搁下去。机器形式的劳动资料使为数不多的工人通过追加相对少的活劳动，就能不仅把羊毛生产地消费掉，加进新的价值，而且还以毛纱等形式保存它的旧价值。在剩余价值率不变甚至下降，但其下降比劳动生产力的提高缓慢的情况下，剩余产品量也会增加。因此，在剩余产品分为收入和追加资本的比例保持不变的情况下，资本家的消费可以增加，而积累基金并不减少。积累基金的相对量甚至可以靠牺牲消费金而增加，而同时由于商品变得便宜，资本家享用的消费品仍和过去相等甚至可以比过去还多。但是我们已经知道，工人之变得便宜，从而剩余价值率的增加，是同劳动生产率的提高携手并进的，即使在实际工资提高的情况下也是如此。实际工资从来不会和劳动生产率按同一比例增加。这样，同一可变资本价值可以推动更多的劳动力，从而可以推动更多的劳动。同一不变资本价值可以体现在更多的生产资料上，即体现在更多的劳动资料、劳动材料的辅助材料上，从而会提供更多的形成产品和价值的要素，或者说，提供更多的吸收劳动的要素。因此，在追加资本的价值不变甚至降低的情况下，积累仍然可以加速。这样，不仅再生产的规模在物质上扩大了，而且剩余价值的生产也比追加资本的价值增长得更快。

伦敦面包制造商为何要添加面包素？

至于单个资本家，那末很清楚，他唯一关心的，是剩余价值即他出售自己的商品时所得到的价值余额和生产商品时所预付的总资本的比率。而对这个余额和资本的各个特殊组成部分的特定关系以及这个余额和它们之间的内在联系，他不仅不关心，而且掩盖这个特定关系和这种内在联系，正是他的利益所在。

马克思：《资本论》第三卷(上)，第 51 页。

在马克思的时代，面包是一种主食。“面包还是有的”，这句流行语，说明面包是“民以食为天”的一个要紧的内容。不过，在当时的英国，报纸上揭露道，居民天天都在吞食一种粗制滥造、不卫生的面包，里面含有一种叫做“面包素”的添加剂。

针对这个社会现象，马克思在 1862 年 10 月 30 日英国的《新闻报》上，发表了一篇短文，批评了面包制造商在制作面包时添加“面包素”的行为。文章写道，加里波第、美国内战、希腊革命、棉纺织业的危机和威亚尔的破产——所有这一切如今在伦敦都退到次要地位，而让位于面包问题，一个地地道道的面包问题。以“钢铁和蒸汽领域中的思想”而自豪的英国人忽然发现，他们是在用古代法兰克人的方法制作“staff of life”（英谚“生命支持物”，指面包），像诺曼人入侵时期那样。唯一的一项重要进展，是借现代化学之助制作掺假的食品。

马克思接着幽默地写道，英国有句古语说，每个人，甚至最好的人，一生都得吃一斗脏东西。但是，“约翰牛”想不到的是，在最直接的物理意义上，他天天都在吞食一种不可思议的由面粉、明矾、蜘蛛网、蟑螂和人的汗水做成的 mixtum compositum（混合物）。马克思熟读圣经，当然知道人是汗流满面才取得面包的；但是，人的汗水必须当作一种不可缺少的调料，加在和好的面团里，这对他来说还是一件大大的新闻。

在《资本论》第一卷第三章“绝对剩余价值的生产”里，马克思又重申了上述批评：“面包掺假的情况，令人难以置信，尤其在伦敦更为厉害。这种现象，最先是由下院‘食品掺假’调查委员会（1855—1856 年）和哈塞尔医生《揭穿了的掺假行为》一书揭发出来的。”（马克思：《资本论》第一卷（上），第 227—278 页）这种叫“面包素”的添加剂，是把明矾磨成细粉，或与盐混合，加入骨粉，成为一种常用的面包添加剂。哈塞尔医生在《揭穿了的掺假行为》一文里写道：“这些按低价出售的面包房所出售的面包，几乎无一例外地都掺了明矾、肥皂、珍珠灰、白垩、得比郡石粉，以及诸如此类的其他一些‘颇为可口的、富有营养的而又合乎卫生’的成分。”约翰·戈登爵士对调查委员会说：“由于这种掺假，每天靠两磅面包度日的穷人，现在连四分之一的养料也得不到，且不说这种掺假对他们的健康的危害了。”

内务大臣派调查员特里门希尔先生去作调查。他在调查报告里写道：“至于烤制面包工作本身，它通常是在窄小的、通风不良或者干脆不通风的地下室里进行的。”除不通风以外，破脏水管子还不断冒出臭气，而“面包在发酵时就吸收着它周围的各种有害的气体”。蜘蛛网、蟑螂、大老鼠和小老鼠全都“混在和好的面里”。“不管我多么恶心，”特里门希尔先生说，“我不得不得出结论：面团里差不多总是含有汗水，而且常常含有和面工人的更有害的排泄物。”马克思对这几个报告予以高度关注。他在《资本论》中大段地引用了有关材料后指出：“揭发的结果是 1860 年 8 月 6 日颁布了《防止饮食食品掺假法》，这是一项无效的法律，因为它对每个企图靠买卖假货'赚正当钱'的自由贸易者当然是极端宽容的。委员会本身也相当坦率地承认,自由贸易实质上是假货贸易,或者用英国人的俏皮说法,是'诡辩品'贸易。"(马克思:《资本论》第一卷(上),第 278 页)许多吃这种含有明矾添加剂的市民,都成了这种"诡辩品贸易"的牺牲品,《防止饮食食品掺假法》不过是一纸空文,人们对它无可奈何。

马克思还在"绝对剩余价值的生产"的脚注(76)中列举了法国化学家舍伐利埃在一篇论商品掺假的文章中说,他所检查过的 600 多种商品中,很多商品都有 10、20 甚至 30 种掺假的方法,他又说,很多掺假的方法他还不知道,而且他知道的也并没有全部列举出来。他指出,糖有 6 种掺假方法,橄榄油有 9 钟,奶油有 10 种,盐有 12 种,牛奶有 19 种,面包有 20 种,烧酒有 23 种,面粉有 24 种,巧克力有 28 种,葡萄酒有 30 种,咖啡有 32 种,等等。甚至仁慈的上帝也不能逃脱这种命运。接着,马克思又幽默地写道:"他的报告和列举的证词激动了公众,不过不是激动了公众的心,而是激动了公众的胃。"(《资本论》第一卷(上),第 278 页)《防止饮食食品掺假法》是"极端宽容"啊!

为了说明对"买卖假货'赚正当钱'的自由贸易者当然是极端宽容的"这一点,马克思又举了一个例子:大家知道,煤烟是碳的一种高效形态,可做肥料,资本主义的烟囱扫除业者都是把煤烟卖给苏格兰租地的农民。1862 年,一个英国陪审员审理了这样一件案子:卖者瞒着买者在煤烟中掺了 90%的灰尘和沙,这样的煤烟究竟算是"商业上"的"真正的"煤烟呢,还是法律上的"掺假的"煤烟?"商业之友"判决说,这是"商业上"的"真正的"煤烟。于是原告租地的农民的官司打输了,并且还要担负诉讼费用。英国的法律真是"极端宽容"啊!

伦敦面包制造商除了在面包中添加面包素外,更延长面包工人的劳动时间。马克思感慨地写道;"在英国,没有一个工业部门像面包业(刚刚兴起的机制面包业不算在内)那样,直到今天还保持着如此古老的、只有从罗马帝国时代的诗人作品里才可以看到的纪元前的生产方式。"(《资本论》第一卷(上),第 277 页)这些面包制造商号称自己所生产的是"低价面包"。其实,它的低价除了在面包中添加"面包素"外,还建筑在剥夺面包工人的休息时间的基础之上。请读《就面包工人的申诉向女皇陛下内务大臣的报告》:

"伦敦的面包工人通常在夜里 11 点开始干活。他先发面,这是一种极费力气的活。根据烤制面包的数量和精细程度,需要半个小时到三刻钟。然后他躺在那块兼作发面盆的面板上,拿一个面袋枕在头下,再拿一个面袋盖在身上,睡几个钟头。随后他一连紧张地忙上 5 个小时，把面揉好，分成一块一块，做成面包样子，放到炉里去烤，再从炉里取出，等等。烤炉房里的温度达 75 度到 90 度，小烤炉房的温度还要高些。各种各样的面包做成后，分送面包的工作又开始了。短工中的大部分人，刚刚结束了上述繁重的夜间劳动，又要在白天提着篮子或推着车子挨户送面包，有时，他们还要到烤炉房里干些别的活。根据季节和营业范围的不同，劳动在下午 1 点到 6 点之间结束，而另一部分工人则在烤炉房里一直忙到晚上。”“在伦敦社交季节，伦敦西区烤制‘全价’面包的工人通常在夜里 11 点开始干活，一直忙到第二天早晨 8 点，中间只稍微休息一两次。然后就叫他们运送面包，或有时在烤炉房里烤面包干，一直干到下午 4 点、5 点、6 点甚至 7 点。活全干完了才睡 6 个小时，有时只睡 5 个或 4 个小时。到了星期五，总是提前上工，大约从晚上 10 点开始，不停地烤制面包或发送面包，一直忙到星期六晚上 8 点，而在大多数情况下，要一直干到星期日早晨 4 点或 5 点。就连出售‘全价’面包的第一流面包房，到了星期天，也要为第二天做 4—5 小时的准备工作……在卖‘低价面包的老板’那里（前面已经说过，这种人在伦敦面包业主中占四分之三），面包工人的劳动时间更长，不过几乎全是在烤炉房里做工，因为他们的老板除把面包供应一些小铺子外，只在自己的店铺里出售。每当临近周末，就是说从星期四起，晚上 10 点就开始干活，一直干到星期六深夜，中间只有很少的休息。”伦敦面包工人劳动时间之长、工作之辛苦，常人是难以想象的。马克思接着指出：“根据以上所述，我们就可了解，为什么委员会的报告把面包工人列为短命的工人；这些工人即使幸运地逃脱了工人阶级的各个部分通常都难免的夭折，他们也很少活到 42 岁。”（《资本论》第一卷（上），第 281 页）

因此，马克思在《国际工人协会成立宣言》里大声疾呼：“请看一看特里门希尔先生的蓝皮书《面包工人的申诉》吧！当人们读到工厂视察员发表的有官方的出生和死亡统计数字作声明的奇怪声明时，又有谁能不为之战栗呢？据这个声明所说：当郎卡郡的工人依靠少量救济粮维持生活时，他们的健康情况实际上却改进了，因为由于棉荒，他们暂时停止了在棉织工厂做工；儿童死亡率在这个时期也减低了，因为母亲这时终于有可能给他们喂奶，而不是给他们喂安眠的鸦片药水了！”（《马克思恩格斯选集》第二卷，第 129 页）

从在面包中添加“面包素”到强迫制造面包的工人超时加班，也是一面镜子，值得我们反思。

对冷血的空论家的批判

> 在一极是财富的积累,同时在另一极,即在把自己的产品作为资本来生产的阶级方面,是贫困、劳动折磨、受奴役、无知、粗野和道德堕落的积累。
>
> 马克思:《资本论》第一卷(下),第708页。

这一段话,深刻地说明了剩余价值对工人的剥夺。与资本积累相适应的是工人的贫困的积累。资本的积累是靠牺牲工人的利益来实现的。在资本主义社会里,一切发展生产的手段都变成统治和剥削生产者的手段,都使工人畸形发展,成为机器的奴隶,使工人备受非人的折磨,从而使劳动成为工人脖子上的锁链,并随着科学的进步而使劳动过程中的智力与体力相异化;这些手段使工人的劳动条件变得更为恶劣,使工人在劳动过程中屈服于最卑鄙、最无耻的专制,并把工人的妻儿老小都抛到了资本的车轮之下。

但是,值得注意的是,当里昂的工人开始敲响警钟、英国的无产者开始纵火的时候,18世纪中叶有一批资产阶级雇佣的"理论家",提出了各种各样的颂扬贫困的理论。为了让工人的饥饿永久化,庸俗经济学家发明了一种"节欲说",对石工们在某天早餐时喝了一瓶香槟酒大加非难,他们还为工人拟定了廉价食谱。马克思在"资本主义积累的一般规律"这一章里,对这些冷血的理论家的空论予以严词批评。

首先被马克思拉出来批评的是18世纪的一位"大经济学著作家"奥特斯。此人把资本主义生产的对抗性理解为社会财富增长的自然规律。他说:"在一个国家里,经济上的善和经济上的恶总是保持平衡,一些人财富的充裕总是与另一些人财富的贫乏相抵。一些人享有巨大财富,同时总伴有更多得多的其他人被完全剥夺必需品。一个国家的财富同它的人口相适应,而它的贫困则同它的财富相适应。一些人勤劳迫使另一些人懒惰。穷人和懒惰者,是富人和勤劳者所造成的一个必然结果。"(《国民经济学》六卷集,1774年版,载于库斯托第编:《意大利政治经济学名家文集》现代部分,第21卷;转引自《资本论》第一卷(下),第709页)他还在该书的第32页上写道:"我不想提出对人民幸福无用的制度,我只研究人民不幸的原因。"

马克思批评他是"把它同资本主义前的生产方式的那些尽管部分地相类似

但本质上不同的现象混同起来”(《资本论》第一卷(下),第708页)。一些人财富的充裕与另一些人财富的贫乏,是部分的现象上的相似,但资本主义社会里的资本家与工人的对抗性,则是剩余价值的创造与被剥夺所造成的。奥特斯不认识这一点。他奢谈什么“经济上的善和经济上的恶”,那就既不可能提出对人民幸福有用的制度,也无法正确研究人民生活不幸的原因。这样一来,他就更不能找出一些人享有巨大财富、时而总伴有更多的人被完全剥夺必需品的根本原因。抽象地谈论贫困与富裕,是回避了问题的实质,是一种修道士的伪善。勤劳和懒惰决不是资本家发财和工人陷入贫困的根本原因。勤劳的资本家发家致富者固然大有人在,但懒惰的资本家坐享其成者,为数也不少。许多终日忙碌的工人和懒惰的工人一样,照样食不果腹。但这决不是勤劳和懒惰所能解释的。不管工人的报酬高低多少,工人的状况必然随着资本的积累而日趋恶化。回避了剩余价值的榨取这个制度上的根本原理,是不能探寻到工人“贫困、劳动折磨、受奴役、无知、粗野和道德堕落的积累”的原因的。

如果说,奥特斯言论是出于一个修道士的说教,还有几分对穷人的同情,那么,高教会新教牧师唐森则露骨地颂扬工人的贫困是创造财富的必要条件,更令人感到可憎和可恶。他说:“饥饿不仅是和平的、无声的和持续不断的压力,而且是刺激勤勉和劳动的最自然的动力,会唤起最大的干劲。”(《论济贫法》,1786年版;转引自《资本论》第一卷(下),第709页)

马克思批评这是“使工人阶级的饥饿永久化”。“照唐森的看法,那个特别在穷人中起作用的人口原理已经把这件事安排好了。”(《资本论》第一卷(下),第709页)唐森希望工人一直保持饥饿的状态。由于胃的空虚,就能“唤起最大的干劲”。他反对济贫帮困,据说这样一来,就会“破坏上帝和自然在世界上所创立的这个制度的和谐与优美、均称与秩序”。因为穷人的肚子里填满了饭和菜,没有了饥饿感,他们就不会有“最大的干劲”。为了维持这个社会的“和谐与优美、均称与秩序”,最好的办法莫过于让工人一直吃不饱、穿不暖,让他们一直挨饿,一直“担任社会上最卑微、最肮脏、最下贱的职务”。这个自称“一个愿人们幸福的人”的言论,撕下了他的伪善的牧师的高雅的假面具,露出了他的剥削者帮凶的嘴脸,露出了嘴里两排吃人的白牙。

马克思针对唐森的言论,用这样一段辛辣的文字加以讽刺:“这位‘高雅的’牧师的上述著作和他的《西班牙游记》,马尔萨斯经常整页整页地加以抄袭,而唐森自己的大部分学说却是从约·斯图亚特爵士那里抄袭来的,不过加以歪曲了而已。”(《资本论》第一卷(下),第 709 页)真是一语中的,痛快!

马克思执笔的 1864 年 9 月 28 日发表的《国际工人协会成立宣言》指出:“工人阶级的广大群众到处都在日益下降,下降的程度至少同那些站在他们头上的阶级沿着社会阶梯上升的程度一样厉害。不论是机器的改进,科学在生产上的应用,交通工具的改良,新的殖民地的开辟,向外移民,扩大市场,自由贸易,或者是所有这一切加在一起,都不能消除劳动群众的贫困;在现代这种邪恶的基础上,劳动生产力的任何新的发展,都不可避免地要加深社会对比和加强社会对抗。这在欧洲一切国家里,现在对于每一个没有偏见的人都已成了十分明显的真理,只有那些一心想使别人沉湎于痴人乐园的人才会否认这一点。在这种‘令人陶醉的’经济进步时代,在不列颠帝国的首都,饿死几乎已经成为一种常规。这个时代在世界编年史上留下的标志,就是被称为工商业危机的社会瘟疫日益频繁地重复发生,规模日益扩大,后果日益带有致命性。”(《马克思恩格斯选集》第二卷,第 130—131 页)这段掷地有声的言论,也是对唐森之流的言论的最有力的驳斥。

另被马克思称之为“冷血的资产阶级空论家”的施托尔希和特拉西,又想出了两条美妙的理由,希望劳动者们安于贫穷。马克思写道:“施托尔希问自己:这种伴随有群众贫困和堕落的资本主义文明,同野蛮相比究竟有什么优越性呢?他只找到了一个答案:安全!”(《资本论》第一卷(下),第 710 页)最后,马克思连续用了“冷血”和“冷酷”两个字眼来抨击特拉西:“冷血的资产阶级空论家德斯杜特·德·特拉西冷酷地声称:‘在贫国,人民是安乐的;在富国,人民通常是贫苦的。’”(《资本论》第一卷(下),第 710—711 页)原来如此,贫困居然有这等意想不到的好处:安全和安乐。让那条该死的舌头休息,真是妙不可言:没有酒肉,日子同样过得逍遥自在;布衣蔬食,可以免除一切危险和不幸,免除现代疾病的威胁;因为酸性体质是癌症的根源,粗茶淡饭,足以使体内的酸碱平衡;一天只吃三个面包,一瓶清水,更能清心寡欲,没有“三高”,消灾避祸。这些“理论家”在酒足饭饱之后,居然想出如此美妙的安贫乐道法,资本主义国家的当权者真可以高枕无忧了。

关于资本家生产财富与产生贫困的关系,马克思在他的另一部名著《哲学的贫困》中深刻地指出:资产阶级运动在其中进行的那些生产关系的性质绝不是一致的单纯的,而是两重的;在产生财富的那些关系中也产生贫困;在发展生产力的那些关系中也发展一种产生压迫的力量;只有在不断消灭资产阶级个别成员的财富和形成不断壮大的无产阶级的条件下,这些关系才能产生资产者的财富，即资产阶级的财富；这一切都一天比一天明显了。

上述使劳动者陷于"饥饿永久化"的种种奇谈怪论，在马克思的宏论的阳光面前，像一堆黑色的积雪很快地消融了。

一个资本家打倒许多资本家

一个资本家打倒许多资本家。

马克思：《资本论》第一卷(下)，第831页。

一个资本家怎么会打倒许多资本家呢？请听马克思的解释：

> 这种剥夺是通过资本主义生产本身的内在规律的作用，即通过资本的集中进行的。一个资本家打倒许多资本家。随着这种集中或少数资本家对多数资本家的剥夺，规模不断扩大的劳动过程的协作形式日益发展，科学日益被自觉地应用于技术方面，土地日益被有计划地利用，劳动资料日益转化为只能共同使用的劳动资料，一切生产资料因作为结合的社会劳动的生产资料使用而日益节省，各国人民日益被卷入世界市场网，从而资本主义制度日益具有国际的性质。随着那些掠夺和垄断这一转化过程的全部利益的资本巨头不断减少，贫困、压迫、奴役、退化和剥削的程度不断加深，而日益壮大的、由资本主义生产过程本身的机构所训练、联合和组织起来的工人阶级的反抗也不断增长……这个外壳就要炸毁了。资本主义私有制的丧钟就要响了。剥夺者就要被剥夺了。(《资本论》第一卷(下)，第831—832页)

这就是我们耳熟能详的马克思关于历史唯物论和科学社会主义的一个重要的历史性结论。

马克思的这段话，告诉我们资本主义积累的历史趋势，告诉我们随着资本主义积累的加速，资产者和劳动者同时走向自己的对立面。一旦劳动者转化为无产者，他们的劳动条件转化为资本，一旦资本主义生产方式站稳脚跟，劳动进一步社会化，土地和其他生产资料的进一步转化为社会使用的即公共的生产资料，从而对私有者实行进一步剥夺，就会采取新的形式。这样一来，资本要剥夺的已经不再是独立经营的劳动者，而是剥削许多工人的资本家。资本主义生产方式归根结底是对资本家对立面的蹂躏。它不是永恒存在、亘古不变的。否定之否定规律最后将在资本主义发展的历史进程中显现它的魔力。资本主义生产方式最终要被自身生成的否定因素所吞噬。

一个资本家打倒许多资本家，那是靠小鱼吃虾米、大鱼吃小鱼、鲨鱼吃大鱼来实现的。这是一种资本的集中，体现了少数掠夺者对多数人(包括对中小资本家)的剥夺。一个资本家打倒许多资本家，也反映出资本主义经济的竞争的规律。资本主义竞争的本质是在资本主义私有制基础上商品生产者之间争夺经济利益的斗争。马克思指出："竞争的结果总是许多较小的资本家垮台，他们的资本一部分转入胜利者手中，一部分归于消灭。"(《资本论》第一卷，第 687 页)竞争的结果是优胜劣汰。茅盾笔下的"林家铺子"被百货公司所吞并，小公司被大公司所吃掉，小资本变成大资本，大资本变成托拉斯。这个过程是无比残酷的。

一个资本家打倒许多资本家，最后是资本走向垄断。由于各种矛盾的尖锐化，必然导致资本主义自由竞争阶段向垄断阶段过渡，最后为资本主义制度的毁灭创造条件。资本主义的强化是以资本主义的解体为代价的。马克思指出："资本的垄断成了与这种垄断一起并在这种垄断之下繁盛起来的生产方式的桎梏。生产资料的集中和劳动的社会化，达到了同它们的资本主义外壳不能相容的地步。"(《资本论》第一卷(下)，第 831 页)恩格斯晚年非常关注资本主义经济发展的新现象，在整理《资本论》第三卷第 27 章"股份公司的成立"一节时，他做了重要的增补："历来受人称赞的自由竞争已经日暮途穷，必然要自行宣告明显的可耻破产。这种破产表现在：在每个国家里，一定部门的大工业家会联合成一个卡特尔，以便调节生产。一个委员会确定每个企业的产量，并最后分配接到的订货。在个别场合，甚至有时会成立国际卡特尔，例如英国和德国在铁的生产方面成立的卡特尔。但是，生产社会化的这个形式还嫌不够。各个公司的利益的对立，过于频繁地破坏了它，并恢复了竞争。因此，在有些部门，只要生产发展的程度允许的话，就把该工业部门的全部生产，集中成为一个大股份公司，实行统一领导。在美国，这个办法已经多次实行，在欧洲，到现在为止，最大的一个实例是联合制碱托拉斯。这个托拉斯把英国的全部碱的生产集中到唯一的一家公司手里。单个工厂——超过三十家——原来的所有者，以股票的形式取得他们的全部投资的固定价值，共约 500 万镑，代表该托拉斯的固定资本。技术方面的管理，仍然留在原来的人手中，但是营业方面的领导则已集中在总管理处手中。约100万镑的流动资本是向公众筹集的。所以，总资本共有600万镑。在英国，在这个构成整个化学工业的基础的部门，竞争已经为垄断所替代，并且已经最令人鼓舞地为将来由整个社会即全民族来实行剥夺做好了准备。”(《资本论》第三卷(上)，第495页)这个增补是十分重要的。恩格斯把资本主义从自由竞争发展到垄断的过程清清楚楚地写出来了。资本主义的垄断为自己准备好了掘墓人。“剥夺者就要被剥夺了”，这是为许多垄断资本主义的创造者所始料不及的。

但是，当代的资本主义社会在眼下还没有实现恩格斯所说的“全民族来实行剥夺”。资本主义不可避免地崩溃终将发生，尽管目前尚没有很多的迹象。吸引很多工人的东西包括股票、与工作表现相关的薪水及其奖金，他们不会在近期破坏这个制度。我们更注意到，国际金融风暴袭来之时，西方许多“大鱼”纷纷被鲨鱼所吞噬，剥夺者被剥夺正在以另一种方式进行。

据2008年11月出版的《3C周刊》报道，AT&T将于2009年第二季度斥资9.44亿美元对无线设备提供商Centennial Communications进行收购。同时，AT&T日前也宣布以2.75亿美元现金收购WiFi服务提供商Wayport，AT&T将成为全球最大提供WiFi服务的“巨无霸”。业内人士表示，美国电信市场将因此发生深刻而重大的变化。在欧洲，全球主要的移动通信商沃达丰取得了南非Vodacom集团的控股权；法国电信首席执行官对媒体透露，该公司计划在英语系国家开展并购活动。而在亚洲，李嘉诚控制的和记黄埔有意收购爱尔兰最大电信公司Eircom的资产；日本最大移动运营商NTTDoCoMo则有意以2 600亿日元(约27亿美元)代价买下印度塔塔电信约26%股权。资本脱离生产而积聚膨胀，资本的有机构成已经成了一种“癌变构成”，资本不是由推动活劳动的量来决定利润的多少，而是由对利润流向的控制来攫取最大的利润。

当然，一个资本家剥夺一批资本家的过程，决不是太平地实现的。这是剥夺资本控制财富的权力，被剥夺者当然不会自愿地俯首称臣。被剥夺通过两条途径：从经济方面，通过剧烈的金融危机，一次不行将经过多次，比如美元的金融霸权体系就不得不瓦解，代之以知识经济时代的与实体生产相吻合的电子货币体系；从政治方面，则会引发罢工等手段，迫使资本家对劳动者让步。2009年3月法国的百万工人大罢工，就是由金融危机引出经济危机、政治危机的先兆。资本积累的历史趋势是剥夺者的被剥夺，被两极分化的积累所剥夺：一方面被自己的经济危机积累所剥夺，另一方面被政治危机的积累所剥夺。百万工人的大罢工让法国总统萨科齐的日子很不好过，就是一个证明。

从虚伪的兄弟到共济会的团结

我们在这里得到了一个象数学一样精确的证明：为什么资本家在他们的竞争中表现出彼此都是虚伪的兄弟，但面对着整个工人阶级却结成真正的共济会团体。

马克思：《资本论》第三卷(上)，第221页。

这几句话，描写资本家之间和工人的关系，可以说是说得入木三分。一会儿是“虚伪的兄弟”，一会儿又体现了“共济会的团结”，那是什么道理？很简单：利益使然。“兄弟”是假的，“团结”倒是真的。目的只有一个，获得更多的高额的利润。

且来举几个今天现实生活中的例子看看。

格列卫(Glivec)，又叫甲磺酸伊马替尼片，是一种慢性髓性白血病的救命药，也能治疗不能切除或发生转移的恶性胃肠道间质肿瘤患者。格列卫治疗白血病患者，用上海话来说，叫做“格粒药能保卫白血病癌患者的性命”，所以叫格列卫，名副其实。

格列卫是由瑞士一家名叫诺华制药公司生产的。不过，格列卫在全世界各国的售价，经瑞士诺华公司和世界各国“共济会团体”的商量，售价是大不相同的。格列卫在中国内地每盒的售价为23 000—25 800元，而在中国香港售价每盒合人民币17 000—19 000元，格列卫在日本也属于价格较为昂贵的抗癌药物，每盒售价为16 440元人民币，但在美国售价约合人民币13 600元。澳大利亚的主流药店也出售由诺华公司生产的格列卫，因该药属于处方药，因此售价每盒约合人民币10 616元。韩国是格列卫售价最低的国家，每盒的零售价为9 720元。经调查发现，在世界各国出售的瑞士诺华格列卫中，中国的售价最高，每盒比韩国高出1万多元。一粒格列卫和一粒阿司匹林相比，是阿司匹林价格的1 600倍。

另一种治疗肺癌的特效药易瑞沙，售价也有类似情况。80岁以上的非小细胞肺癌患者，或者肺癌转移的病人，都有可能服用易瑞沙。但吃药之前，先要做一个基因测试，看看患者的基因是否适合，大约有 51.4%的亚裔晚期肺腺癌患者能服易瑞沙。这样，它就能为他们带来新的生命曙光。在治疗一个月后，大多数患者的肿瘤会变小，小部分患者在治疗后四个月后病情也可以缓解。易瑞沙帮助他们的中位生存期从原来的一年左右，一下提高到两年半至三年。

易瑞沙的生产技术、工艺和销售都被英国拜耳公司所垄断。易瑞沙在各国的售价也各不相同。英国生产的易瑞沙 16 500 元人民币一盒，美国销售价格是 3 000 人民币一盒，而印度版的易瑞沙只有 200 元人民币一盒。有的肺癌病人说，这简直是烧钞票来延长寿命。这话可一点不假。

格列卫、易瑞沙的售价为何那么高？瑞士和英国制药公司的老板回答说，市场经济不相信眼泪。这是专利。啥叫专利？就是发明和生产格列卫的科研机构和公司付出的本钱，要通过销售收回成本。你要吃我的药，你就要出大价钱来买。外国公司老板又说，一款抗癌药，临床实验费用达十几亿美元，格列卫、易瑞沙是属于专利产品，在专利到期之前，其药品的价格是处于垄断地位的。诺华制药公司、英国拜耳公司和各国的经销商们在癌症患者面前，体现了一种“共济会的团结”，根据各国的不同的市场需求，共同分割高额的利润，制订了不同的销售价格。

其实，格列卫和易瑞沙的研发成本，并没有他们所说的 10 亿美元那么高昂。据悉，药物的真正研发成本平均在 1 亿美元之下。开始，诺华制药公司对格列卫并没有显示出巨大的热情，直到格列卫的发明者德鲁克(Druke)博士做了一期临床试验，反应率为 100%，诺华公司才亢奋起来，他们发现了一棵摇钱树。德鲁克博士本人没有拿到一分钱的好处。看来，药物价格并不由其研发成本所决定，相反，而是由它们在治疗疾病中的价值决定的，按照物以稀为贵的原则来决定的：你求之不得，我就是这个价钱，买不买，听便。诺华公司和英国拜耳公司发现了这两种药可以赚大钱，就以高于价值许多倍的价格出售药品，因此大发其财。

实际上，格列卫、易瑞沙问世多年以来，其研发成本已数十倍地收回了，制药公司已赚得满盆满钵。尽管韩国的格列卫的售价是全世界最低的，但韩国市民团体依然不断呼吁诺华公司下调药价：“格列卫价格被认定为高于正常水平，在很大程度上影响到健康保险的裁定，所以必须下调。”但是，高额利润这只老虎放出笼子之后，是很难把它收回去的。制药公司不是人道主义机构，不是慈善机构，唯利是图是其本性。我有专利保护，赚大钱是天经地义的。在专利到期和仿制品出来之前，要想请这些外国药商大发慈悲，似不大可能。

马克思认为，需求决定市场价格。他指出："说到供给和需求，那末供给等于某种商品的卖者或者生产者的总和，需求等于这同一种商品的买者或消费者(包括个人消费和生产消费)的总和。而且，这两个总和是作为两个统一体，两个集合力量来互相发生作用的。"(《资本论》第三卷(上)，第 216 页)他还指出："当同一商品在不同时期有两个不同的'自然价格'时，供求在每个场合都能够互相一致，并且必须互相一致，以便商品在两个场合都按照它的'自然价格'出售。"(《资本论》第三卷(上)，第 214—215 页)马克思似乎洞察了今天诺华公司和英国拜耳公司的经营手段，在自然价四字上打上了引号。

抗癌药目前是需求大于供给。近十几年来，白血病和肺癌在各国的发病率不断提升，中国也是如此。根据全国肿瘤登记中心最新发布的数据，中国每年新发肺癌病例高达 60 万，相当于几乎平均每分钟就有 1 人被诊断为肺癌。有专家预测，如果空气污染状况依然持续，到 2025 年，中国肺癌患者将达 100 万人，再过 20 年左右的时间，中国将迎来肺癌井喷式爆发，成为全球第一肺癌大国。现在，肺癌已成为中国第一癌症死因。这样一来，对易瑞沙的需求量激增，许多病人被迫卖掉了房子来买药。

这对英国拜尔公司来说，那是求之不得的好事。销售墓地的商人盼望多死人，以便哄抬墓地的价格，现在有些地方，墓地的价格超过了活人的住房价格。中国肺癌患者的市场需求是无比广阔的，西方的制药公司于是奇货可居，垄断价格，居高不下，是一点也不足为奇的事。在英国住过很长一段时间的马克思说过：资本来到世界上，从头到脚每一个毛孔都滴着肮脏的鲜血。要想请这些制药公司的外国老板降价出售这些药物，那是缘木求鱼。

那么，格列卫和易瑞沙的超额利润是从哪里来的？马克思又告诉我们："超额利润还能在下列情况下产生出来：某些生产部门不把它们的商品价值转化为生产价格，从而不把它们的利润化为平均利润。"(《资本论》第三卷(上)，第 222 页)"不把它们的商品价值转化为生产价格"，就是说，"如果需求增加，因而市场价格高于市场价值"，"供求关系一方面只是说明市场价格同市场价值的偏离，另一方面是说明抵消这种偏离的趋势，也就是抵消供求关系的影响的趋势"。(《资本论》第三卷(上)，第 212—213 页)需求增加，供不应求，造成价格虚高；但是，价格虚高，许多肺癌患者吃不起易瑞沙，只好等待死神的到来。而只要公司"不把它们的利润化为平均利润”，结果就获得了巨大的超额利润。

那么，为什么同样一种药品，在不同的国家，它可以按照不同的价格出售？

这典型地说明：这些进口药的销售价格的弹性空间很大，“虚伪的兄弟”们之间有很大的讨价还价的余地。除上述专利的因素外，各国的售价不一，格列卫在美国的销售价格比中国便宜接近一半，说明还有种种非专利因素在内。据我的猜测，中间一定有“第三者”插手。病人的求生欲望与求治要求，使癌症病人成为某些人手里的一块“唐僧肉”。关税、中间商，还有医院和医生，都乘机向病人咬一口。比如，中国进口药品都有一个进口关税，关税一般为5至8个百分点，药品销售如果进入医院，还要加上15个百分点。医院靠卖药赚钱，两者相加，占了定价的1/4以上。大家都来咬一口，使痛苦不堪的癌症患者雪上加霜。在英、日等国，药品卖得虽贵，但他们有政府出钱补贴，私人保险、政府救助、老百姓医保……在多重分担之后，最后才是民众自掏部分。现在我国凸显的问题是：救命“贵药”大多沦为自费药范畴，只能百姓自掏腰包。因此，在药品的国际垄断价格没有打破前，我们能不能想点办法，出台相关的政策，如大幅度降低关税、大幅度降低经销商和医院的盈利，减少中间流通环节的成本，或者允许这些药的费用纳入医保，让更多的癌症患者能吃得起这些药，延长和挽救他们的生命。

这里还有一个问题值得研究：作为专利药品格列卫受到法律的严格保护，但由于格列卫是与人的生命健康密切相关的特效药，国际专利法对其网开一面，允许在特殊情况下实行专利强制许可。当年针对非洲民众的“河盲”症，美国“默沙东”药就可直接被“强仿”；到了最后，“默沙东”药厂干脆直接免费赠送，此事还被哈佛大学商学院编入企业社会责任案例。我们可以从中获得启发：“强仿”格列卫和易瑞沙的生产，用来挽救更多的癌症病人。

另据美联社报道，2015年4月1日，印度最高法院驳回瑞士制药巨头诺华公司对改进后的抗癌新药格列卫专利保护的要求。这意味着印度药企可以继续合法生产格列卫仿制药。这也是打破垄断、挽救更多癌症病人生命的一个重要的途径。近年来，印度获批的仿制药申请，约占美国食药监局（FDA）批准的1/3，暂时性批准约占近40%。印度和泰国都有从国家层面与国外药企大公司交涉，以保护本国患者充分享有仿制药，而我国政府基本对此少有动作。印度药企可以这样做，中国的药企为什么不能这样做呢？

我们还要看到，专利到期是药企面临的另一项挑战，典型案例是世界最畅销药物立普妥。它在美国专利权到期之后，廉价的代替品随处可见。数据显示，一般一个药物的专利保护期结束，该药为公司带来的销售收入将暴跌至20%以下。因此，在专利权到期之前，我们要设法打破国际的垄断，赶紧把国产抗癌药研发出来，疗效可靠，价格亲民。据悉，格列卫在中国的专利申请日期为1993年4月2日，中国的法律规定专利期20年期满。这意味着，国内的仿制药企在2013年4月1日过后，就可以合法生产格列卫了。有消息说，治疗肺癌的抗癌药，我国贝达药业的凯美纳现已投入临床，成为继美、英之后拥有完全自主知识产权靶向抗癌药的第三个国家，药学和医学界院士专家们评价凯美纳比同类进口药“药效和安全性更好，价格更低”。2013年后，中国国内正大天晴和豪森药业的仿制药上市。但是，正大天晴的格列卫定价4 200元一盒，豪森制药的格列卫定价3 800元一盒，价格仍远高于印度每盒200元的格列卫。这说明我国现有的单独定价权，对已过专利期的药品定价机制不合理，应当设法把它们的药价大幅度地降下来。

这里还要顺便说一下，在中国的公立医疗机构，药价虚高是一个十分普遍的现象，不但外资药企如此，国产药企同样如此。例如，央视曾经先后报道过医生回扣占药价37.5%的芦笋片，药价虚高2 000%、医生回扣占药价40%的克林霉素磷酸酯注射液，药价虚高6 500%的盐酸奈福泮注射液，等等。我们要严惩这些不法销售商，同时也希望更多的药企能够和患者真正做到“共济会的团结”，让更多的癌症患者吃得起国产药，延长和挽救更多患者的生命。

六、农民成了外来务工者

谁最早提出“农业是国民经济的基础”的理论?

农业的一定发展阶段,不管是本国的还是外国的,是资本发展的基础。

马克思:《马克思恩格斯全集》第二十六卷第一册,第 23 页。

谁最早提出了农业是基础的理论?不是别人,正是马克思。

马克思曾直截了当地指出:“作为农业(它是基础)。”(《马克思恩格斯全集》第二十五卷,第 886 页)这就是说,不论是从历史发展的纵向即产业演进、分化角度来看,还是从国民经济的横向发展的双重角度来看,农业都是经济和资本发展的基础。农业既是经济发展的基础,也是人类社会发展的基础。

中华人民共和国成立后,毛泽东根据马克思的这一理论,制订了“农业是国民经济的基础”的国策。1960 年中共中央在北戴河召开的工作会议上,重申了“农业是国民经济的基础”的论断。1962 年党提出“以农业为基础,以工业为主导”的发展国民经济的总方针之后,“农业是国民经济的基础”这一概念逐渐深入人心。新中国成立以来,尽管经济政策不断有改变和调整,但以农业为基础这个国策是始终如一的。

俗话说:“民以食为天。”在衣食住行之中,“食”被放在“天”的位置上,可见其是最重要的。又道是:“食以农为源。”“食”主要是靠田里供给的。人们生活在世界上,

李小玲

首先要解决的就是吃饭问题、温饱问题，才能维持生命运动，才有条件去从事其他活动。因此，农业在国民经济中是衣食之源，生存之本。农业是工业等其他物质生产部门和非物质生产部门存在和发展的必要条件。农业是支撑整个国民经济不断发展与进步的保障。简而言之：无农不稳，无农不富。这个道理，马克思早就说清楚了。

1998 年 10 月召开的党的十五届三中全会，特别作出了《中共中央关于农业和农村工作若干重大问题的决定》。《决定》指出："农业、农村和农民问题是关系改革开放和现代化建设全局的重大问题。没有农村的稳定就没有全国的稳定，没有农村的小康就没有全国人民的小康，没有农业的现代化就没有整个国民经济的现代化。"这里，第一次提出了"三农"问题（农业、农村和农民问题）。"三农"问题成为全党、全国工作的"重中之重"。

党中央和国务院一直强调："三农"问题倘若不能得到彻底解决，现代化的一切都无从谈起。为解决"三农"问题，又出台了一系列"惠农"政策：进行税费改革，费改税，切实减轻农民负担；部分省区免除农业税，农民种粮交"皇粮国税"渐成历史；取消不合理的"二元户籍"制度，鼓励农民进城，给农民以"国民待遇"。

农村稳，国家稳。农民富，国家福。如今，中国农民的生活，在一天天得到改善。解决"三农"问题，已取得了可喜的成效。马克思的"作为农业（它是基础）"的理论，在中国这片土地上，产生了不可估量的物质力量。

当前，我们要更加重视农业，必须切实增强危机意识，一定要充分估计困难，紧紧抓住机遇，果断采取措施，坚决防止粮食生产滑坡，坚决防止农民收入徘徊，确保农业稳定发展，确保农村社会安定。扩大国内需求，最大潜力在农村；实现经济平稳较快发展，基础支撑在农业；保障和改善民生，重点难点在农民。我们要把保持农业农村经济平稳较快发展作为首要任务，围绕稳粮、增收、强基础、重民生，进一步强化惠农政策，增强科技支撑，加大投入力度，优化产业结构，推进改革创新，千方百计保证国家粮食安全和主要农产品有效供给，千方百计促进农民收入持续增长，为经济社会又好又快发展继续提供有力保障。

小岗村的改革方案是符合马克思主义的

农民是自己耕种的土地的自由私有者，手工业者是自己运用自如的工具

的自由私有者的地方，它才得到充分发展，才显示出它的全部力量，才获得适当的典型的形式。

马克思：《资本论》第一卷（下），第830页。

1980年，安徽省凤阳县梨园公社小岗生产队以前任村官严宏昌为首的18户农民，出于生存危机的挑战，在万般无奈的情况下，冒着坐牢杀头的风险开始了“集体行动”，秘密订立了一份“生死”血书，通过分地承包、推行“大包干”，创造了“农业家庭承包制”。

推行“大包干”是有大风险的。早在20世纪五六十年代，“包产到户”就屡屡被安上“走资本主义道路”的罪名而饱受打击。据新华社披露，当安徽省包产到户的做法得到其他省农民的仿效时，一篇篇批判“包产到户”的“檄文”就从四面八方飞来。在省委书记这一级干部当中就有不少反对者，他们不满地说：“辛辛苦苦三十年，一夜回到解放前。”

但是，这一切都阻挡不住农村改革的潮流。改革之所以从农村开始，是因为农民太穷；农村改革之所以选择从小岗突破，是因为小岗农民更穷。穷则思变，穷则思改革。历史经验显示，改革往往从最薄弱的环节突破，偶然中蕴含着必然。前任国务院总理朱镕基曾不止一次地说：“在农业的问题上，在中央要对农业作出重大的决策时，我往往是会到安徽来调查研究的。可以说，我们许多成功的经验都是从安徽来的，安徽为中国的农业作出了很大的贡献。”

农业家庭承包制作为当代中国农村土地经营制度的重大创新，它通过土地所有权与经营权的“两权分离”，在不改变土地集体所有制的前提下，使土地由过去的“集体所有、集中劳动、集体统一经营”，变为“集体所有、分散劳动、家庭承包经营”，从而极大地调动了广大农民的生产劳动积极性，有效地提高了土地的投入产出效率。以大包干为主要形式的农业家庭承包制，也因其巨大的制度绩效而被载入中国农业的光辉史册。

1980年，邓小平的表态一锤定音，凤阳花鼓中唱的那个凤阳县，绝大多数生产队搞了大包干，也是一年翻身，改变面貌。有人担心，这样搞会不会影响集体经济。我看这种担心是不必要的。

党中央推广安徽小岗村的大包干的政策，施行包产到户，也以马克思的理论为依据。在“一大二公”的人民公社里，平均主义盛行，农民失去了自由支配的土

李小玲

地，失去了自己所有的劳动和劳动条件，干与不干一个样，干多干少一个样。他们不再关心自己的劳动成果，不再有劳动的积极性和创造性，社会生产力遭到巨大的破坏。我国农村改革的巨大成功，首先是解放了农民，使过去农民如同植物一样被置于土地上而不能自由流动，变为可以在市场经济中自由择业的劳动者。这一点是通过废除人民公社制度，实行家庭承包经营而实现的。农民解放后第一次有了自己的土地，又能自主支配自身的劳动力，自主地开展经营活动，从而极大地激发和调动了他们的积极性和创造力。小岗村“大包干”带头人严俊昌说：“大包干的历史贡献怎么评价都不过分。没有包产到户，农民就不能解决温饱问题，国家就没有后来的发展！”这生动地证明了马克思的先见之明。中国的广大农民从平均主义的桎梏中解放出来后，他们的聪明才智才能“得到充分发展，才显示出它的全部力量”。小岗村的“农业家庭承包制”的成功，证明了马克思的“农民是自己耕种的土地的自由私有者，手工业者是自己运用自如的工具的自由私有者的地方，它才得到充分发展，才显示出它的全部力量”的论点，是完全正确的。

“农业家庭承包制”也是马克思所指出的一种“适当的典型形式”。这种“典型形式”是符合中国当时的国情的。家庭承包经营能够容纳现代农业生产力发展的要求。实行家庭承包经营，符合农业生产的自然性、季节性、区域性的特征，也能够有效地承接现代农业技术和现代农业生产经营方式。从世界各国农业发展的实践来看，家庭经营仍是发达国家农业最基本的经营形式。

从家庭承包到“国有民用”是螺旋形上升

从资本主义生产方式产生的资本主义占有方式，从而资本主义的私有制，是对个人的、以自己劳动为基础的私有制的第一个否定。但资本主义生产由于自然过程的必然性，造成了对自身的否定。这是否定的否定。这种否定不是重新建立私有制，而是在资本主义时代的成就的基础上，也就是说，在协作和对土地及靠劳动本身生产的生产资料的共同占有的基础上，重新建立个人所有制。

马克思：《资本论》第一卷(下)，第 832 页。

马克思的这一段话，很值得我们仔细研究一下。它虽然说的是资本主义时代的否定之否定，但作为一个辩证法的普遍规律，也同样适用于今天中国农村的变化，适用于小岗村的“农业家庭承包制”，适用于小岗村的“国有民用”制度。

小岗村的“农业家庭承包制”是在不改变土地集体所有制的前提下，以生产者自己的劳动为基础的个人所有制，它和资本主义社会中以剥削别人的劳动为基础的私有制，是截然对立的。

改革开放30年以来，中国农村实行“集体所有，家庭承包”的土地制度，已取得举世瞩目的成就，但也遇到了一些新问题。“大包干”确实解放了农民的生产力，但一家一户粮食再丰收，也卖不出“金子”。在新的历史时期，农民要进一步致富，遇到了困难。小岗村曾停留在“家庭承包”的路上，多年来经济徘徊不前。时代发出了新的呼唤：深化改革。于是，推行土地“国家所有、农民永久使用”，即“国有民用”制度，应运而生。

2006年1月25日，小岗村的新任村官沈皓等召开村民大会，宣布要将土地合并，集中办农场、搞养殖和旅游开发等。具体做法是：在不改变土地集体所有制和农民的土地承包经营权的前提下，以自愿为原则，把农户家庭承包的集体土地集并起来，以每年500元/亩的价格出租给农业公司经营，农民收取租金，以后再根据形势发展的需要，由农民自愿将承包的土地入股直至转让。当年的小岗村农民冒死搞分田大包干，而今，小岗村的农民又自愿要求将分散承包经营的土地集中起来，以“使用权整体出租”的形式租赁给农业公司统一经营。这种新型的合作关系不再以自上而下的强推为动力，而以农民之间自愿的合作、风险的共担、利益的共享为基础。小岗村建成为一个制度创新的试验村。小岗村在制度创新上发扬传统、大胆试验。在小岗村，约2 000亩耕地中有60%已经以出租流转给公司等形式被集中起来，用于发展蘑菇、花卉、葡萄规模种植及家禽养殖等。2008年年底，胡锦涛总书记在河南农村考察时，即表示通过组织农民专业合作社发展规模经济，是一条切实可行的路子，并希望继续探索，更好地把农民组织起来，给农民带来更多实惠。看来，发展现代农业，“家庭承包制＋专业合作社”是符合小岗村实情的模式，必须大力培育合作经济组织。小岗村的这一做法符合农业规模经营的发展方向和要求，是农业现代化的必然选择。

马克思主义认为，在无产阶级取得政权后的国家，土地的完全所有权也应一分为二，即土地所有权属于国家，土地使用权属于交地租的农民和市民。马克思在《资本论》中明确指出，“完全所有权”，无疑包括“法律上的所有权”（也称

李小玲

“单纯所有权”)和“经济上的所有权”(即使用权或经营权)。两者既可永久分离,又可相对统一。

小岗村的新做法,同样是符合马克思的理论的。即“法律上的所有权”依然不变,而“经济上的所有权”的方式又应时而变。在当年自发“单干”打破高度集权的集体模式的小岗村,人们却又自愿重新组织起来,开始新型的合作。从互助组到合作社,再从合作社到包产到户,又从包产到户到“统分结合”,从家庭承包到“国有民用”,分了合,合又分,分再合,它们都不是对原来事物的简单否定,不是形式上的复旧,而是否定之中有肯定,呈现了恩格斯指出的“由矛盾引起的发展或否定的否定——发展的螺旋形式”。

螺旋形上升运动是由事物内部矛盾引起的,矛盾双方经过反复斗争,引起对立面的两次否定,两次转化,事物的发展,从肯定到否定,再到否定之否定,形成一个周期性,每一周期的终点同时又是下一周期的开端。一个周期接着一个周期,每一周期完成时出现仿佛向出发点的复归,形成由无数“圆圈”衔接起来的无限链条,呈现出螺旋形的上升运动。这是一种在新的历史条件下的进步。

党中央适时地作出重要决定,引领广大农民继续前进。2008 年 10 月,党的十七届三中全会着重强调了制度创新对于加快农村改革发展的作用,并作出了《中共中央关于推进农村改革发展若干重大问题的决定》。《决定》指出,随着农村劳动力外出务工的增多和现代农业的发展,农村对加快土地承包经营权流转的要求更加迫切。《决定》提出,加强土地承包经营权流转管理和服务,建立健全农村土地承包经营权市场,按照依法自愿有偿原则,允许农民以转包、出租、互换、转让、股份合作等形式流转土地承包经营权,发展多种形式的适度规模经营。

“国有民用”的许多新事物接踵而来。在上海宝山区,又出现了首批“农业工人”的新闻。这则新闻传递了这样一个重要信息:在落实《中共中央关于推进农村改革发展若干重大问题的决定》精神,消除城乡二元结构方面,上海的探索符合中央精神,走在了全国的前面。

宝山的集体合作农场与几十年前的农村合作社有本质区别。首先,土地的承包经营权仍归农民家庭所有,只是由农场集中利用,政府补贴农户土地流转费。其次,经营管理方式不同,原先是“工分制”,现在则是“统分结合”,引入现代企业管理方法,对各作业组的“业绩”进行考核,根据创利多少进行分配。第三,农场全部使用大型农业机械耕作,规模效应显现,劳动生产率大大提高,符合现代农业的发展方向。

一支资本的轻步兵

> 现在我们谈谈一个来自农村而大部分在工业中就业的居民阶层。他们是资本的轻步兵，资本按自己的需要把他们时而调到这里，时而调到那里。当不行军的时候，他们就“露营”。
>
> 马克思：《资本论》第一卷(下)，第728—729页。

马克思指出：“大工业在农业领域内所起的最革命的作用，是消灭旧社会的堡垒——‘农民’，并代之以雇佣工人。因此，农村中社会变革的需要和社会对立，就和城市相同了。”(《资本论》第一卷(上)，第551页)马克思的这一观点，在第十三章“机器和大工业”的第十节“大工业和农民”中被开宗明义地提了出来。

马克思接着指出，农民变成雇佣工人是社会的一种历史的进步。因为这样一来：“最陈旧和最不合理的经营，被科学在工艺上的自觉应用代替了。农业和工场手工业的原始的家庭纽带，也就是把二者早期未发展的形式联结在一起的那种纽带，被资本主义生产方式撕断了。但资本主义生产方式同时为一种新的更高级的综合，即农业和工业在它们对立发展的形式的基础上的联合，创造了物质前提。”(《资本论》第一卷(上)，第551—552页)大批农民离开了他们祖祖辈辈赖以生存的土地和家乡，来到了大城市，转业当了工人。这支“资本的轻步兵”的作用是万万不可低估的：“资本按自己的需要把他们时而调到这里，时而调到那里。当不行军的时候，他们就‘露营’。”所谓“露营”的含义，马克思又解释道：“这种流动的劳动被用在各种建筑工程和排水工程、制砖、烧石灰、修铁路等方面。”(《资本论》第一卷(下)，第729页)

马克思所说的这一支“资本的轻步兵”，在中国改革开放以后，也奇迹般地涌现了出来。法国国家亚洲事务研究所中国农业问题专家克洛德·奥贝尔说：“1978年刚开始经济改革的时候，中国的农业就业人口占到整个就业人口的70%，但到2003年，这个比例就下降到了42%，即3.13亿人。在这3.13亿人当中，每年外出打工超过半年的占到了一半。”

从20世纪80年代初开始，中国的亿万农民怀着朴素而又美好的梦想来到

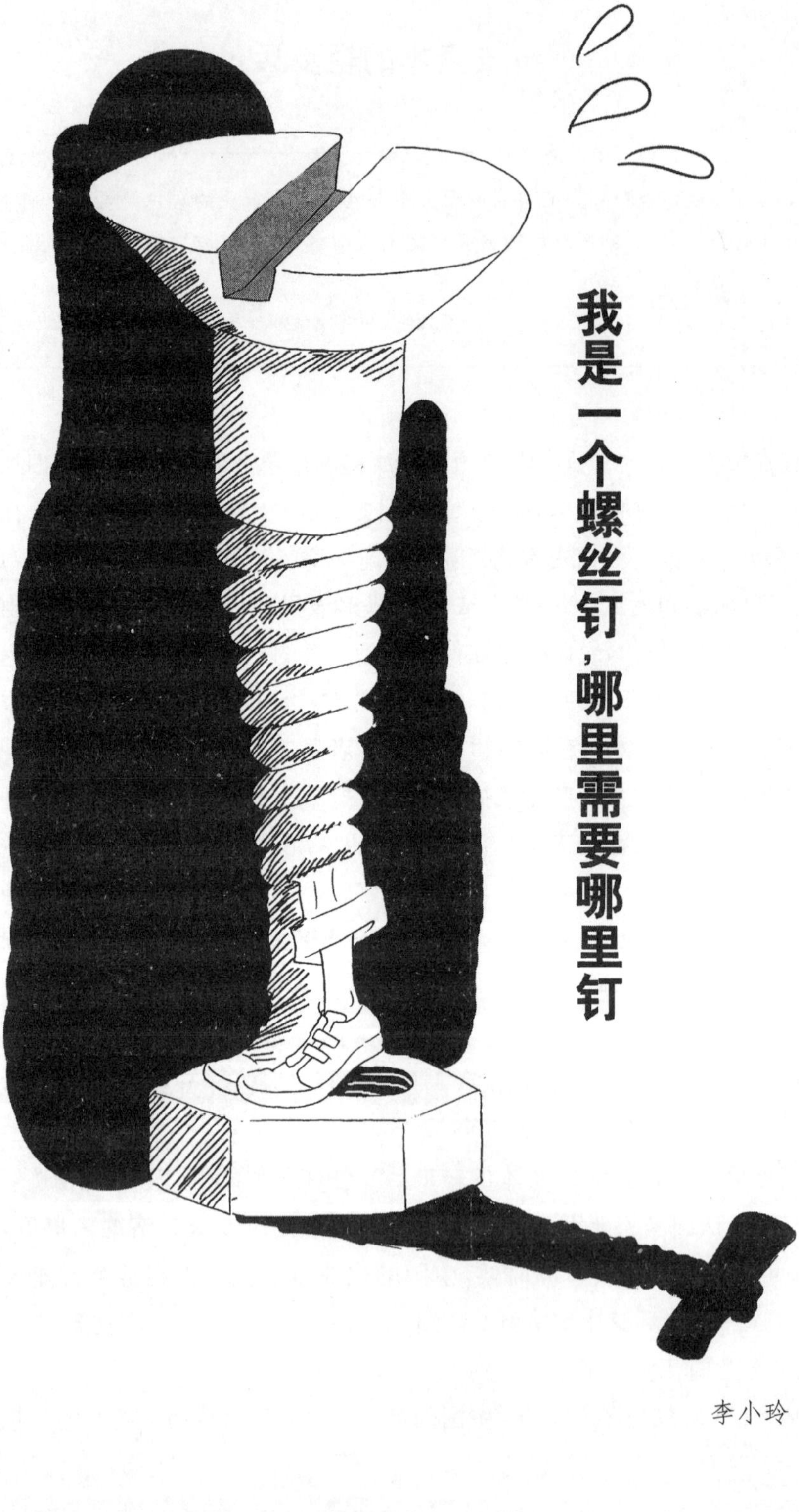
我是一个螺丝钉，哪里需要哪里钉
李小玲

城市，希望能挣脱世代“面朝黄土背朝天”的农耕生涯，改变命运赋予他们的终极身份，开始被称为“民工潮”；他们在城市里做着“城里人”不愿干的苦、累、差的工作：在挥汗如雨的建筑工地、在尘土纷飞的马路、在恶臭扑鼻的下水道；他们的劳动和奉献，成为推动中国经济迅猛增长的最重要因素之一。他们甚至不奢求社会保障，只求劳动后能按时拿到那点微薄的工资；他们渴望得到人们对他们劳动的尊重和认同，他们一直都以自己的朴实和善良感恩着城市所带给他们的一切。改革开放以来，这批源源不断地从广袤的农村流动出的年轻、最勤劳、坚韧的数量庞大的打工者，形成了一支新兴的产业工人的大军，他们是“中国制造”的基石之一。

这里需要说明，我个人不大赞成“农民工”这个概念。农民就是农民，工人就是工人，如果农民进城当了工人，他们的身份就应当是工人。如果他们再回乡务农，那么又成为农民。如果考虑到他们的身份兼顾城市和农村两头，有亦工亦农的特点，叫“外来务工者”，也许比“农民工”更确切些。应当公正地说，“外来务工者”是当今中国经济社会中牵扯社会关系最为广泛的，在改革中地位发生变化最明显的劳动阶层。

其实，早在 2004 年，中央 1 号文件就已经明确指出：“进城就业的农民工已经是产业工人的重要组成部分。”这一判断非常正确，意义重大。但是，由于种种体制性障碍的存在，使他们的待遇与城市产业工人相比，依然存在着相当大的差距。而正视这种差距、缩小这种差距，为他们明确产业工人身份，就势在必行。诚如上海市社科院专家陆晓文所说的：“进城的亿万农民工事实上已成为补充传统产业工人大军的重要力量，给予他们正式的产业工人身份和待遇关系全局，是不可逆阻的历史趋势。”

这支新型的“产业大军”对中国发展经济，建立国内市场的贡献是十分巨大的。四川是中国最大的劳力输出省份，截至 2008 年年底有 2 000 多万农民工在外地打工。据中国社科院人口经济研究所的报告称，改革开放 30 年，劳动力流动对 GDP 贡献率达 21%。他们为中国贡献了大约 1/4 的国内生产总值，平均每个工人的贡献是 2.5 万元人民币，世界上其他国家所购买的中国产品，大部分是农民工生产出来的。河南省社会科学院研究员、河南大学教授巫继学指出，农民工阶层的出现与发展壮大，对我国经济社会发展具有十大历史贡献：“第一，为经济起飞持续提供充裕的廉价劳动力。第二，壮大并更新了我国产业大军。第三，解决了农村剩余劳动力难题，为摆脱‘三农’问题困境踏出一条坦途。第四，农民工成为农村社会脱贫的主力军。第五，大量农民工进城冲击着城市消费，已经改变了并继续改变着城市消费规模、消费结构与消费水平。第六，对传统农

李小玲

村的生育观念起到了根本性冲击。第七，推动了城市扩容与小城镇的建设。第八，为市场化的进程起到了独特的作用。第九，将城市生活的新观念，市场经济运行中的新规范，带回了农村。第十，培养着一代新型农民，即农夫转变为'农商'。"(《湖北日报》，2006 年 7 月 24 日)这十点作用是非常准确而贴切的概括。

中国的外出务工的农村劳动力，他们的身份和作用，和马克思当年所说的"资本的轻步兵"，已有些不同。他们并不是都在私人企业工作，有相当一部分人在国有企业里务工。2009 年 2 月 1 日，时任总理的温家宝在接受英国《金融时报》主编巴伯的采访时说："我们应该感谢农民工，他们为现代化建设作出了贡献。在金融风波当中，他们又成了劳动力的一个大的蓄水池。"时任中共中央政治局委员、上海市委书记俞正声在 2009 年 2 月 24 日召开的九届上海市委七次全会第一次大会上，高度评价了外来务工者的作用，并强调切实保障农民权益的重要性："上海是农民工相对比较集中的城市。我们既要看到，这些外来农民工不仅是上海发展的建设者，而且也是许多郊区农民通过房屋租赁增加财产性收入的重要来源，关心外来农民工、支持他们稳定就业，也是在促进上海本地农民增收。"上海有着 1 000 万外来务工人员，没有他们的辛勤工作，上海不可能发展得这么快。上海的世博会建设、南浦大桥、地铁等重大建设项目中，都留下了他们的身影和汗水。他们都是农村中的"精英"，从相对封闭的农村走向比较开放的城市，在与现代化大生产相融合的过程中，提高了他们的组织意识、生产技能；在与现代城市生活相融合的过程中，开阔了他们的人生视野、改变了他们的生活方式。在积累了一定的资本和经验以后，不少人萌生了创业的冲动。他们有的在落脚地成了当地企业的骨干，有的自立门户当上了"老板"，还有的人，一旦时机、条件成熟，就带着资本、技术和多年形成的商业网络，回到自己的家乡经商办厂，扩大非农就业，发展当地经济，成为播向家乡工业化、城镇化和现代文明的种子。

我们应满腔热情地欢迎马克思所说的这支"资本的轻步兵"在城市里成长，在条件成熟时落地生根。

关注外来务工者的生存现状

我死后哪怕洪水滔天！这就是每个资本家和每个资本家国家的口号。因

此，资本是根本不关心工人的健康和寿命的，除非社会迫使它去关心。人们为体力和智力的衰退、夭折、过度劳动的折磨而愤愤不平，资本却回答说：既然这种痛苦会增加我们的快乐（利润），我们又何必为此苦恼呢？

马克思：《资本论》第一卷（上），第299—300页。

马克思在充分肯定由农民转换成工人对资本主义社会发展的革命作用的同时，又尖锐地指出了大批农民转换成工人的负面作用："这样，它同时就破坏城市工人的身体健康和农村工人的精神生活。""在农业中，像在工场手工业中一样，生产过程的资本主义转化同时表现为生产者的殉难历史，劳动资料同时表现为奴役工人、剥削工人和使工人贫困的手段，劳动过程的社会结合同时表现为对工人个人的活力、自由和独立的有组织的压制。"（《资本论》第一卷（上），第552页）

马克思在列举了当时许多工人的工作时间太长、健康和生命得不到保障的材料后，十分赞成英国工厂巡视员罗·约·桑德的意见："如果不先限制工作日，不严格地强制贯彻工作日的法定界限，要想在社会改革方面采取进一步的措施，是决不可能有任何成功希望的。"他还深刻地指出："我们的工人在走出生产过程时同他进入生产过程时是不一样的。在市场上，他作为'劳动力'这种商品的所有者与其他商品的所有者相遇，即作为商品所有者与商品所有者相遇。他把自己的劳动力卖给资本家时所缔结的契约，可以说像白纸黑字一样表明了他可以自由支配自己。在成交以后却发现：他不是'自由的当事人'，他自由出卖自己劳动力的时间，是他被迫出卖劳动力的时间；实际上，他'只要还有一块肉、一根筋、一滴血可供榨取'，吸血鬼就决不罢休。"（《资本论》第一卷（上），第334—335页）

马克思指出的这些农民转换成工人后存在的问题，在今天，依然以各种不同的形式出现了。外来务工者的过度劳动，并不是资本主义国家所特有的现象，在社会主义市场经济的条件下，马克思所指出的"破坏城市工人的身体健康和农村工人的精神生活"现象，也一再出现了。这个问题就要引起我们的高度重视。

在有些民营企业里，企业家为了节约成本，为了自身利益最大化，在有大量劳动力可选择的情况下，便往往通过赶货等各种理由，强行或诱导员工加班，且加班不发或少发加班费，以获取更大利润。只要获得的利润高于违法成本，他们就乐此不疲，甚至让员工说谎来应付各种检查，蒙蔽"超时加班"。有人说，他们种的粮，他们盖的房，分享盛宴场，罕有他们档。排排坐，吃果果，却少有农民的

李小玲

档位。这个评论是很对的。

2008年的全球金融危机波及了中国，对中国经济也造成较大的冲击，中国同样面临严峻的挑战。这种冲击主要是：外部需求明显收缩，部分行业产能过剩，企业生产经营困难，城镇失业人员增多，经济增长下行的压力明显加大。这几者中，外来务工者的受损是首当其冲。许多企业开始采取"节衣缩食"过冬的对策，企业的困境又直接转化为农民工提前返乡的行动，多年来形成的固定频率的"候鸟式"劳动力迁徙的惯例，在2008年冬天第一次显示出节奏被打破的迹象。国家发改委公布的一项数据显示，2008年上半年，中国共有67 000家中小企业倒闭。

社会主义中国和资本主义国家处理金融危机的最大不同，即以人为本的原则，在危难时见真情。2009年新春伊始，杭州市200家企业发出了《履行社会责任、保障就业岗位》的倡议书，号召全社会企业家们2009年不裁员、一线员工不减薪。这和美国、欧洲、日本多家大公司在2009年1月26日同一天宣布大规模裁员9万人的消息，形成鲜明的对比。

如何对待外来务工者，不是一件小事，而是关系全局和长远的大事。这对于促进城乡协调发展、全面建设小康社会，对于维护社会公平正义、保持社会和谐稳定，具有重大意义。亚当·斯密在《道德情操论》里说，如果一个社会的经济发展成果不能真正分流到大众手中，那么它在道义上将是不得人心的，而且是有风险的，因为它注定要威胁社会稳定。

全社会都要关注农民工问题，各地区各部门要切实把解决好外来务工者问题，作为事关改革发展稳定全局的一件大事来抓。各级政府要充分认识做好外来务工者工作的重大意义，切实加强领导，完善协调机制，加快配套政策研究，引导他们提高自身素质，充分发挥社区管理服务的作用，加强宣传舆论工作，在全社会形成理解、关心、保护外来务工者合法权益的良好氛围。

逐步废除农民工制度

资本主义生产一旦占领农业，或者依照它占领农业的程度，对农业工人人口的需求就随着在农业中执行职能的资本的积累而绝对地减少，而且对人口

> 的这种排斥不象在非农业的产业中那样，会由于更大规模的吸引而得到补偿。因此，一部分农村人口经常准备着转入城市无产阶级或者制造业无产阶级的队伍，经常等待着有利于这种转化的条件。
>
> 马克思：《资本论》第一卷（下），第 704 页。

按照马克思的说法，一部分农村人口转入或准备转入城市后，会遇到许多原来没有遇到的新问题。自 20 世纪 80 年代初，我国一大批民工涌入各大城市，被称为“民工潮”。有进必有出，有“民工潮”就会引出返乡潮。于是，每逢岁末年初，一年一度的“候鸟式”返乡旅程开始，数以千万计的外来务工者总要碰到一个困惑人心的问题：回家难。改革开放 30 年来，国民经济持续快速发展，综合国力显著增强，铁路运输也取得了令世人瞩目的成就，但每逢春运、暑运、黄金周假期等时期，“一票难求”的现象仍十分突出。

这个问题，马克思在世时没有碰到。这是一个有中国特色的社会问题。当年的英国也好，德国也好，都不曾有过几千万人在短时间内从伦敦或柏林作“候鸟式”返乡旅程。因为中国幅员辽阔，从四川到上海，从安徽到深圳，相隔数千里。再加上春节回家过年的传统习俗，一亿多人在 40 多天内的大迁移、大流动，长途跋涉，拖儿带女，回家团聚，既是一种需求，又成为一个社会问题。

在全国春运中，绝大部分是“候鸟式”返乡旅程的务工者。许多要求回乡的务工者，为了能得到一张回家的火车票，不惜通宵达旦地排队，有人竟冻出了病，或从票贩子手里买高价票。“买票难”现象，说到底，是因为铁路运力不足。

如何解决“候鸟式”返乡旅程的难题？解决铁路的运力只是治表，治本之法乃是应逐步废除外来务工者制度，即是说，让部分由农村转换到城市里打工的工人，从根本上改变他们的高度流动性，在城市里居住下来成为市民，摘去“农民工”这顶帽子。外来务工者现象，经历一个历史时段后将逐步消失。“三农”问题的根本解决在于通过工业化和城市化减少农民。农民进城做工的队伍最终会发生分化，其中绝大部分人会成为城市产业工人，少部分人回归当农民。建设社会主义新农村绝不是意味着把农民赶回农村去，或吸引他们回去。这样一来，逢年过节，外来务工者就不必像候鸟一样飞来飞去，可以大大减轻铁路运输的压力。新加坡国立大学东亚研究所所长郑永年在《联合早报》上发表一篇题为《中国应逐步废除农民工制度》的文章认为：“金融危机彰显农民工的影响力。农民工的

李小玲

出现既是历史的必然，早期也是社会制度进步的表现。农民工对中国的经济发展作出了巨大贡献。具有远见的唯一选择是从现在开始要有意识地、有规划地、一步一步地废除农民工制度。”这是很有见地的、切中要害的建议，希望能引起党和国家的重视。

在此同时，我们还应设法提高农民的收入，改善他们的生产生活条件。自2008年5月四川汶川大地震发生后，60多万人回到家乡。对于中国人口第一大省河南省的在外农民工返乡潮，省政府正实施“凤还巢”工程，支持他们回家乡创业。回乡创业风险小，子女教育和社会保险问题容易解决，加上有故乡情结，使得外来务工者返乡也形成了一个潮流。从外来务工者“返乡潮”中，可以看出中央政府的政策意图。国家陆续出台的一系列支农惠农政策，如新的粮食收购政策的出台以及新的土地政策，对农民返乡具有吸引力。外来务工者返乡有助于减轻城市就业压力，缓解城市就业和其他社会矛盾；外来务工者返乡从事农业生产，可以增加中国粮食储备，增强中国在粮食方面抵御风险的能力。当然，外来务工者返乡也有助于减轻铁路运输的压力，有助于解决“候鸟式”返乡旅程的难题。

英国的住宅问题

> 任何一个公正的观察者都能够看到，生产资料越是大量集中，工人也就越要相应地聚集在同一个空间，因此，资本主义的积累越迅速，工人的居住情况就越悲惨。
>
> 马克思：《资本论》第一卷（下），第721页。

马克思此论真是一针见血。他在写了上面这段话后，又继续十分深刻地指出：“随着财富的增长而实行的城市‘改良’是通过下列方法进行的：拆除建筑低劣地区的房屋，建造供银行和百货商店等等用的高楼大厦，为交易往来和豪华马车而加宽街道，修建铁轨马车路等等；这种改良明目张胆地把贫民赶到越来越坏、越来越挤的角落里去。另一方面，每个人都知道，房屋的昂贵和房屋的质量成反比,房屋投机分子开采贫民这个矿山比当年开采波托西矿山花的钱还要少,赚的钱还要多。”(《资本论》第一卷下,第721—722页)这样一来,显而易见的是,城市里工人的住宅就越来越小,越来越差。今天中国的某些房地产商,正在步他们先辈的后尘,并且有过之而无不及。

在资本主义社会里,大城市的住房问题是和工业化紧密相关的,是大工业的发展所必然出现的现象。恩格斯在其名著《论住宅问题》的第二版序言中分析道:“当一个古老的文明国家这样从工场手工业和小生产向大工业过渡,并且这个过渡还由于情况极其顺利而加速的时期,多半也就是‘住宅缺乏’的时期。一方面,大批农村工人突然被吸引到发展为工业中心的大城市来;另一方面,这些旧城市的布局已经不适合新的大工业的条件和与此相应的交通;街道在加宽,新的街道在开辟,铁路铺到市里。正当工人成群涌入城市的时候,工人住宅却在大批拆除。于是就突然出现了工人以及以工人为主顾的小商人和小手工业者的住宅缺乏现象。”(《马克思恩格斯选集》第二卷,第459页)住宅问题成了一个严重的社会问题,一个与民生息息相关的问题,引起了马克思和许多社会学家的关注。

曼彻斯特的郎—密尔盖特街下段,在马克思、恩格斯的时代,既不干净,更不舒适。于是,1844年,恩格斯经过走访调查,在《英国工人阶级状况》中愤怒写道:“郎—密尔盖特街的下段是一个大杂院,四周充满了动物腐烂的臭气,到处是一堆堆的垃圾、脏东西和废弃物,死水洼代替了水沟。不管投宿的人有多少,都统统安插在这里,大家乱七八糟地睡在一起,就连大小便的地方也没有。”

就住宅过分拥挤和绝对不适于人居住而言,伦敦是首屈一指的。马克思在《资本论》中引用汉特医生在他写的《公共卫生》第8号报告说:有两点是肯定无疑的;第一,在伦敦,大约有20个大的贫民区,每个区住1万人左右,这些人的悲惨处境超过了在英国其他任何地方所能见到的一切惨象,而这种处境几乎完全是由住宅设备恶劣造成的;第二,在这些贫民区,住房过于拥挤和破烂的情况,比20年前糟糕得多。马克思写道,据保健医官计算,在滨河路的一个教区里,每一英亩面积就住有581人,而且还把泰晤士河的一半水面算了进去。

因为房价昂贵,许多工人根本买不起一间住房,而是靠租房来解决居住问题,而且由于租金的昂贵,租房也很不容易。汉特医生的报告还揭露道,对于从事这种营业(作者按:指出租住房的商人)的绅士们所能期待的,就是他们会像他们所干的那样去干——尽量从房客身上榨取一切可能榨取的东西,而把糟到不能再糟的房子留给他们的后继者。“不久前,我们看到伦敦东头有许多家庭从自己的旧住所里被赶出来,在一个星期六的晚上背着少得可怜的家当到处徘徊,可是除了投奔贫民习艺所,找不到任何栖身之地。”(《公共卫生·第8号报告》1866年伦敦版,第93页)这种租房难的现象对工人的打击,无疑要比对富裕阶级的打击厉害;但是,这种情况正如小店主的欺骗一样,不是一种仅仅伤害工人的祸害,并且因为它伤害了其他工人,所以发展到一定程度和经过一定时间以后,必然要爆发更加严重的社会问题,同样会在经济上受到某种抵消,二房东成为一个最赚钱的职业。

恩格斯在《论住宅问题》一书中指出:“现在在大工业的统治下,不仅成了工人最沉重的枷锁,而且成了整个工人阶级最大的不幸,成了工资无比地低于正常水平的基础,并且不仅个别工业部门和个别地区是这样,全国各地也是这样。”(《马克思恩格斯选集》第二卷,第467页)这种“沉重的枷锁”套在英国工人的脖子上是怎样的滋味,请看当时英国媒体的大胆揭露:

1872年7月14日,英国曼彻斯特发生了一次水灾,梅德洛克河的河水淹没了一个叫小爱尔兰的住宅区,其中有一个地下室是被一群工人租住的。当地的《泰晤士周报》的记者作了实地采访,发现在查理街和布鲁克街拐弯的地方,有个名叫四方大院的几处地下室的“可耻状态”:“这个大院的地下室早就该关闭了。更确切地说,它们本来就不应当作为人们的住宅的。在这些房屋的上面,布鲁克街最低处的铁道高架桥下,行人每天来来往往,决不会料想到在他脚下深深的洞穴中,还住着称为人的生物。这个大院是公众看不到的,能接近它的只是那些迫于贫穷不得不在其墓冢似的幽闭环境中寻找栖息之地的人。甚至在被堤岸所挡住的通常停滞不动的梅德洛克河水不超过它的平常水位的时候,这些住宅的地面也不过只高出水面几英寸;任何一次大雨都能使污水坑或污水管中令人呕吐的脏水溢出来,把有毒的气体散布到这些住宅中去,这就是每次污水泛滥所留下的纪念。”

接着,《泰晤士周报》记者走进了地下室,所见所闻使他大吃一惊:“我们的记者此时才走得进去的内院里,看见有三间房子,其中两个还有人住。那里臭气熏天,甚至最健康的人在几分钟之后也一定会呕吐起来……这个可憎的洞穴里住着一个七口之家,他们在星期四(河水泛滥的那一天)都在家里睡觉。更确切些说,如那个妇女改口说,他们并没有睡觉,因为她和她的丈夫大半夜都被臭气弄得不断呕吐。星期六他们不得不涉着深及胸膛的水把自己的孩子们送出去。她也认为,这个洞穴连养猪也不合适,但是,由于房租很低——每周一个半先令,她就把它租下了,因为她的丈夫最近生了病,常常没有工钱。这个大院和这个像活人坟墓般的大院的居民,给予人们一个简直无可奈何的印象。此外,我们必须指出:根据我们的观察,四方大院不过是这个地区其他许多地方的一个复制本——也许是稍微夸大的复制本,——这些地方的存在,我们的卫生委员会是不能辞其咎的。”(《马克思恩格斯选集》第二卷,第 523—524 页)

这些《泰晤士周报》记者是可敬的。他们的职业道德和良心在英国工人的苦难面前没有闭上自己的眼睛。《泰晤士周报》记者对布鲁克街四方大院地下室居民住宅区的真实描写,是英国工人住宅困难的典型写照。这户人家房租一个半先令的房租,必须每周交给二房东。如果交不起,就有被赶出去的可能。这个问题引起了当时社会的关注。恩格斯在《论住宅问题》一书中指出:“目前引起报刊极大注意的所谓住宅短缺现象,并不是说工人阶级一般总是住在恶劣的、拥挤的、不卫生的住宅中。这种住房缺乏不是现代特有的现象;它甚至也不是现代无产阶级所遭受的一种和以前一切被压迫阶级的痛苦不同的特有的痛苦;相反,它几乎是同等地伤害到一切时代的一切被压迫阶级。”(《马克思恩格斯选集》第二卷,第 470 页)

在 19 世纪之初,英国除了伦敦之外再没有一个 10 万人口的城市。只有 5 个城市超过 5 万人,而到了 19 世纪中叶,超过 5 万人的城市已有 28 个。马克思在《资本论》里继续用了许多笔墨描写了这些城市居民住宅的拥挤。他指出:“一个工业城市或商业城市的资本积累得越快,可供剥削的人身材料的流入也就越快,为工人安排的临时住所也就越坏。”(《资本论》第一卷(下),第 725 页)马克思又举了产量不断增加的煤铁矿区中心的太恩河畔新堡为例。马克思称它为“是一座仅次于伦敦而居第二位的住宅地狱”,那里住小单间房屋的不下于 34 000 人。由于人口拥挤不堪,流行病爆发。据另一位新堡热病医院的恩布尔顿医生的报告说:“毫无疑问,伤寒病持续和蔓延的原因,是人们住得过于拥挤和住房肮脏不堪。从光线、空气、空间、清洁各方面来说,简直是不完善和不卫生的真正典型,是一个任何文明国家的耻辱。男人、妇女、儿童夜晚混睡在一起。男人们上日班和上夜班的你来我往,川流不息,以致床铺难得有变冷的时候。这些住房供水不良,厕所更坏,肮脏,不通风,成了传染病的发源地。”昨天的英国工人居住在住宅地狱的悲惨情景,今天读来,还是使我们触目心惊!

但是,直到如今,许多英国人还是买不起住房。据 2015 年 4 月 11 日英国

《每日邮报》报道，因为房价高企、收入微薄，越来越多英国人不得不放弃了买房的想法。“租房一代”调查报告称，约 3/4 的英国租房者担心一辈子买不起房。而在近几年房价以两位数增长的伦敦，这一比例达 4/5。此前，《每日邮报》报道，调查显示 10%的英国情侣感情不佳，但因无足够的钱另外买房或租房，只得继续租住在一起。16%的人因居无定所而过早与新伴侣同居。高昂的住房成本也令 15%的 18 至 34 岁的成年人不得不搁置结婚的计划，57%的人选择至少推迟五年要孩子，14%的人考虑搬回去跟父母住。哈利法克斯银行近日在对 4 万名年龄在 20 至 45 岁间的英国人进行问卷调查后发现，选择存钱买房的人在 2014 年却降低了 6 个百分点，跌至 43%。

昨天英国工人和今天英国青年住宅的困境，仍是我们的一面镜子。改善职工和大学毕业生的居住条件，想多种方法解决城市居民的住房问题，在今天，依然是当务之急。

再谈住房问题

> 由于资本和劳动的大量流动，一个工业城市的居住状况今天还勉强过得去，明天可能变得恶劣不堪。或者，有时市政府官员终于能振作起来去消除最恶劣的弊端，然后明天，衣衫褴褛的爱尔兰人或者破落的英格兰农业工人就会象蝗虫一样成群地拥来。
>
> 马克思：《资本论》第一卷（下），第 726 页。

马克思在写了上述这段论述后，又继续研究了布莱得弗德市的住房问题。这个城市原来人们的居住情况是不错的。在 1861 年，那里还有 1 751 栋没有人住的房子，这个城市的工人都有较好的住所。但是，随着大批流动的产业大军的涌入，工人的住宅问题立即变得十分突出，许多工人居无定所。许多衣衫褴褛的爱尔兰人或者破落的英格兰农业工人只能到地下室和小房间中，找到他们的栖身之所。马克思从一家保险公司的代办所得到了一张表格，记载了英格兰农业工人的居住情况。这张表格被写进了《资本论》：

火神街 122 号…………1 间房…………16 人

拉姆利街 13 号…………1 间房…………11 人

鲍威尔街 41 号…………1 间房…………11 人

波特兰街 112 号…………1 间房…………10 人

哈尔迪街 17 号…………1 间房…………10 人

北街 18 号…………1 间房…………16 人

北街 17 号…………1 间房…………13 人

魏曼街 19 号…………1 间房…………8 个成年人

乔威特街 56 号…………1 间房…………12 人

乔治街 150 号…………1 间房…………3 家

莱福场马丽门 11 号…………1 间房…………11 人

马歇尔街 28 号…………1 间房…………10 人

马歇尔街 49 号…………3 间房…………3 家

乔治街 128 号…………1 间房…………18 人

乔治街 130 号…………1 间房…………16 人

爱德华街 4 号…………1 间房…………17 人

乔治街 49 号…………1 间房…………2 家

约克街 34 号…………1 间房…………2 家

咸饼街…………2 间房…………26 人

地下室

瑞琴特广场…………1 个地下室…………8 人

爱克街…………1 个地下室…………7 人

罗伯茨街 33 号…………1 个地下室…………7 人

普腊特后街(炼铜场)…………1 个地下室……7 人

埃本尼泽街 27 号…………1 个地下室…………6 人

一间房,最多居然住了 18 人,一个不见天日的地下室,也住了 8 人,其拥挤程度是可想而知的。

因为建造铁路,流动人口的大量涌入,使原来欧洲最富有的城市之一的布利斯托尔的居住情况也迅速恶化,赤贫现象极为严重。这个城市的住房的缺乏程度仅次于伦敦,居于英国第三位。马克思指出:"在象铁路建设等需要大量投资的企业中,通常由企业主本人为自己的军队提供一些木棚之类的住所,这种临时的村落，没有任何卫生设备，不受地方当局监督，对承包人先生非常有利可图，他把工人既当产业士兵又当房客进行着双重剥削。”(《资本论》第一卷(下)，第729页)他接着举了一个例子：

据西蒙医生报告，1864年9月，内务大臣乔治·格雷爵士收到塞文诺克斯教区卫生警察委员会主席如下一份揭发报告：“大约12个月以前，这个教区根本没有听说有天花病。在那以前不久，从留伊斯海姆到汤布里季的铁路工程开始了。主要工程就在这个城市附近进行，工程总部也在这里。因此有大量的人在这里就业。由于小屋住不下所有的人，承包人杰伊先生就吩咐在铁路沿线各点建造一些供工人居住的小棚。这些小棚既没有通风设备，也没有排水沟，而且必然拥挤不堪，因为每个房客不管自己家里有多少人，而且尽管每个小棚只有两个房间，也必须接纳别的房客。根据我们收到的医生的报告说，结果是这些可怜的人夜里为了躲避从窗前的臭水里和厕所里发出的恶臭，不得不忍受窒息的痛苦。最后，一位有机会参观过这些小棚的医生向我们委员会提出了控诉。这位医生用极其沉痛的语调叙述了这些所谓住宅的状况，他担心倘若不采取一些预防措施，就会产生极其严重的后果。大约一年前，上面提到过的那位杰伊曾答应安排一所房子，以便他雇用的人在患传染病时可以立即被隔离。今年7月底，他再次许下了这个诺言，但是此后尽管发生了几起天花，并且有两人因此死亡，他仍然没有采取任何步骤履行自己的诺言。9月9日凯尔桑医生向我报告说，在这些小棚里又发生了几起天花，他把情况描绘得非常可怕。我还应当向阁下〈大臣〉补充报告一点。我们教区已有了一座隔离所，也就是所说过的传染病房，用来收容本教区传染病患者。几个月来，这个病房的病人总是挤得满满的。有一家5个孩子死于天花和热病。今年4月1日至9月1日，死于天花的已不下10人，其中有4个人就是死在成为传染病发源地的上述小棚中。由于遭难的家属极力保守秘密，患者的数目无法确定。”(《公共卫生。第7号报告》，1865年伦敦版第18页)

应当感谢塞文诺克斯教区卫生警察委员会主席的报告，为马克思研究工人的住宅问题提供了非常有说服力的素材。天花的流行和住房拥挤有着直接的关系。欧洲最富有的城市之一的布利斯托尔，同样沦为一座新的人间地狱。马克思继而发表了一段极为精彩的论述：“我们绝不能让那些偶尔见到的灿烂夺目的景象迷住眼睛而看不见那些有辱英国文明的大量事实。尽管现在的居住情况已经到了骇人听闻的地步，但是权威的观察家们却一致得出结论说，住宅固然普遍恶劣不堪，但同住宅不足比较起来，那还是一个微不足道的灾难。这种状况真是太可怕了。”(《资本论》第一卷(下),第750—751页)这些权威的观察家们真是闭煞眼睛说瞎话。他们自己有好房子住,自然不顾工人们的死活。

在今天,重温马克思关于住房问题的告诫,对中国的各大城市来说,依然有着重要的现实指导意义。随着中国经济的高度发展,大批外来务工者进城,许多大学毕业生参加工作。以上海为例,到2014年末,上海的常住人口总数为2 425.68万人,外来的流动人口占23%以上。住房建设虽然不断增长,但这些年来,大城市的房价一路走高,远远超出了一般收入阶层的承受能力,更不用说收入低微的外来务工人员。因房价的昂贵,绝大部分外来务工者和大学毕业生是买不起住房的。他们只好靠租房为生。于是,社会上出现了“群租”现象。

群租现象由来已久。上海有一出滑稽戏叫“七十二家房客”,描写在解放前一幢石库门房子住了72户人家,这就是当时的群租,也是上海最早的群租。现代的群租比“七十二家房客”有过之而无不及,就是把一套房分割成一个个独立小间,经过简单装修,再以低价出租给很多人,就形成了现代社会的一个独特现象——群租。据媒体揭露,一套80多平方米的住房,竟住了15至20多人。出租住房的二房东,则乘机生财。

一个署名“小窝快到碗里来”的网友,给杭州一家报纸寄来一封信,吐露群租生活的艰辛:“我的群租生活已经快两年,其中酸楚,真的只有自己体会。我老家在龙游,两年前毕业于杭州一所大专院校,学的是工商管理专业。父母都是老实巴交的农民,为我的学费早已耗尽家里所存。毕业前找到一份推销杂志的活,每月2 000元的工资。这么点工资,想在杭州立足很难。找了一家中介看房,当我说出每月400元的预算,中介人员把我领到一个地方。一进门,便吃了一惊:客厅就是一张床,算是一个房间,昏暗的灯光下,看到一群哥们坐在桌前,边抽烟,边玩电脑,屋里弥漫着汗臭味,而这样的小房间共有8间。

“群租生活简直像炼狱一般。生活在这里的8个人,有饭店厨师,有出租车司机,有摆地摊的,每天在不同时间段出门赚钱、回屋休息。相对来说,我的时间比较固定,白天上班,晚上休息,当初选择小房间,就为图个清静。谁知房子的隔音效果几乎为零,隔壁那谁吃泡面的‘哧溜’声,再隔壁那谁和老婆打电话的腻歪声,再再隔壁那谁深夜下班回来的摔门声,全都听得一清二楚。休息不好还在其次,最可怕的是无处不在的安全隐患。有次,一哥们用‘热得快’烧水,自己跑出去买药。水‘突突突’地响,但那哥们还没回来。我想帮他拔插头,但他的门锁住了。后来,感觉水壶快要爆炸,我一心急,只能飞起一脚踢开门……”

群租成为城市管理的一个老大难问题。群租房成安全隐患的重灾区。噪声扰民、楼道脏乱、治安隐患、消防隐患……带来了许多严重的危害。2014 年 5 月 1 日上海龙吴路 2888 弄盛华景苑发生火灾，导致两名消防战士牺牲，这又是群租闯的祸。据《新民晚报》报道：事发房屋所在的该小区 24 号楼 1301 室，建筑面积 88.65 平方米，客厅用木板作简易分割。该户业主将房屋租给江苏籍来沪人员沈某，房内住有 10 人，违法使用液化气钢瓶，导致火灾发生。火灾事发当晚，上海公安、房管、城管、环卫等多部门紧急行动，对火灾发生地盛华景苑小区连夜突击整治群租。一夜间清查群租房 90 户，清退群租房客 380 余人。

群租房客虽然清退了，但他们的住宅问题依然没有解决，租房客也许只好另找住处，即另找一处群租房去居住。"一间房只能出租给一个家庭或一个自然人居住"的规定，将为他们在城市里谋生制造巨大的麻烦。多地曾走入"治一乱"循环：短期内收效显著，群租现象大量减少，但监管一旦放松，群租又死灰复燃。如果没有配套政策来安置他们，仅仅强调严格执行规定，其可能带来的问题将远远大于群租本身的危害。2013 年 7 月，北京市住建委、市公安局、市规划委员会同市卫生局等部门联合印发《关于公布我市出租房屋人均居住面积标准等有关问题的通知》，明确规定，出租房屋人均居住面积不得低于 5 平方米，每个房间居住的人数不得超过 2 人，但要做到这一点，也很不容易。据北京市统计局数据显示，北京市房租价格从 2009 年 3 月起，连续 52 个月同比上涨。本来，房价是"北漂"一族无法承受之重，而随着租金也不断上扬，在"买不起"与"租不起"的两难选择下，"群租"便成为一种经济理性的选择。

如何解决当代的住宅问题，仍是一个重大的民生问题，值得政府有关部门去探索、研究。

居者有其屋

由于资本和劳动的大量流动，一个工业城市的居住情况今天还勉强过得去，明天就可能变得恶劣不堪。

马克思：《资本论》第一卷（下），第 726 页。

在资本主义社会里，能不能解决雇用工人的住宅问题，恩格斯对此是持怀疑态度的。他在《论住宅问题》的序言里写道："这里我们清楚地看到：在比较早的历史阶段上曾经是工人较好生活的东西——农业与工业的结合，占有房屋、菜园和土地，稳定的住宅——现在在大工业的统治下，不仅成了工人最沉重的枷锁，而且成了整个工人阶级最大的不幸。"(《马克思恩格斯选集》第二卷，第 467 页)马克思也指出："一个工业城市或商业城市的资本积累得越快，可供剥削的人身材料的流入也就越快，为工人安排的临时住所也就越坏。"(《资本论》第一卷(下)，第 725 页)时间过去了一百多年，在西方资本主义世界，住房难题几乎困扰着所有国家的平民百姓。即使在发达国家，"居者有其屋"，也不是所有人单靠自己的力量就可以实现的。住宅问题仍然是困惑工人和普通职工的一大民生问题，许多人辛辛苦苦工作了一辈子，依然不能拥有一套住宅。

新中国成立以后，对于改善职工的住房需求，各级政府曾采取福利分房的办法，实施了 20 多年之后，虽然也盖了许多公房，但一个单位一年只分到几套住房，粥少僧多、供不应求，难于满足日益增长的住房需求。1998 年进行的房改，对于全体中国城市居民继而是全体人民都成了一项具有历史性转折的政策。房改政策取消了过去的福利分房，取而代之的是名为"建立和完善以经济适用住房为主的住房供应体系"，来解决大部分城镇居民的住房问题。尔后，随着工业化、城镇化的快速发展过程，大批外来务工者被吸引到发展为工业中心的大城市来，住房供求关系紧张局面将长期存在。

住房问题处理不妥，会变成政治问题，或引出经济危机。20 世纪 20 年代初期，美国佛罗里达州出现的前所未有的房地产泡沫，催生了美国经济危机，最终导致华尔街股市崩溃，引发了 20 世纪 30 年代的世界经济大危机。20 世纪 90 年代，日本房地产泡沫破灭，可以说是第二次世界大战后日本的"又一次战败"，其国内经济经历着没有曙光的漫长停滞，乃至衰退。1997 年，泰国等东南亚国家的房地产泡沫破灭，直接导致这些国家经济严重衰退和社会危机，上万亿货币被其他国家掠走。2008 年的美国住房次贷危机，由此引发了全球金融危机，使一些国家甚至全世界都经历着经济衰退的痛苦。因此，处理好房地产问题，不仅关系到民生，同样关系到经济、政治。

20 多年来，中国政府为解决广大百姓的住房问题，建造了大批住房，使他们的住房情况有了极大的改善。以上海为例，20 世纪 80 年代上海人均居住面积为 5.5 平方米；2005 年上海人均居住面积为 15.5 平方米；2014 年上海人均住房面积 17.8 平方米。这是一个非常了不起的变化。

据《新闻晨报》2015 年 4 月 14 日报道：上海社科院社会调查中心和社会学研究所出台了《上海居民住房及物业状况最新调查》，结果相对乐观，七成居民“居有其所”，人均建筑面积达 24 平方米。但居民建筑面积内部差异仍较大，最高人均建筑面积是最低人均建筑面积的 51.6 倍。调查显示，居民租住单位宿舍、租住商品房、与亲友同住、已购商品房、保障性住房、自建房的比例分别为 4.8%、16.2%、5.4%、58.5%、13.1%、1.9%，从中可以看出，近六成上海常住居民通过购买商品房实现了“居有其屋”的愿望，还有一成居民通过保障性住房解决了住房问题。也就是说，超七成上海市民已解决住房问题，居住条件明显改善。

我国解决低收入者的住房困难，主要通过建设社会保障性住房来解决。社会保障性住房是我国城镇住宅建设中较具特殊性的一种类型住宅。它通常是指根据国家政策以及法律法规的规定，由政府统一规划、统筹，提供给特定的人群使用，并且对该类住房的建造标准和销售价格或租金标准给予限定，起社会保障作用的住房。以 2014 年为例，全国新开工城镇保障性安居工程 700 万套以上（其中各类棚户区 470 万套以上），基本建成 480 万套。

习近平总书记指出，加快推进住房保障和供应体系建设，要处理好政府提供公共服务和市场化的关系、住房发展的经济功能和社会功能的关系、需要和可能的关系、住房保障和防止福利陷阱的关系。习近平强调，从我国国情看，总的方向是构建以政府为主提供基本保障、以市场为主满足多层次需求的住房供应体系。这为我国住房政策构架的完善进一步指明了方向。

“十二五”规划提出，建设城镇保障性住房和棚户区改造住房 3 600 万套（户），到 2015 年全国保障性住房覆盖面达到 20%左右。习近平总书记指出，这是政府对人民作出的承诺，要全力完成。

帮助低收入者解决住房困难的另一重要举措是大力建设公租房。公租房是一种针对既无力购买商品房、又无力购买经济适用房的城镇最低收入家庭设计的一种社会保障性的住房。公租房是作为家庭在购买住房前，家庭财富积累期间的过渡性住房。2010 年颁布的《关于加快发展公共租赁住房的指导意见》规定：“公共租赁住房供应对象主要是城市中等偏下收入住房困难家庭。”有条件的地区，可以将新就业职工和有稳定职业并在城市居住一定年限的外来务工人员纳入供应范围。公共租赁住房的供应范围和供应对象的收入线标准、住房困难条件，由市、县人民政府确定。已享受廉租住房实物配租和经济适用住房政策的家庭，不得承租公共租赁住房。公租房只租不售，出租给城镇居民中最低收入者。在房价疯涨、经济适用房走入困境、百姓居住难的背景下，公租房便成了社会关注的焦点，成为低收入家庭住房的“救命草”。

根据 2012 年开始实施的北京公租房租金补贴办法，符合人均月收入在 2 400 元以下等条件的城镇户籍家庭，通过公开摇号承租公租房，将获得政府提供的租金补贴。其中对于公租房家庭的补贴额度最高，符合廉租实物配租条件的城市低保家庭，补贴房租租金的 95%；其他符合廉租实物配租条件的家庭，补贴房屋租金的 90%；符合廉租租金补贴条件的家庭，补贴房屋租金的 70%。

公租房有一部分是提供给刚毕业的大学生和刚就业的人群，所以公租房没有设置申请年龄的限制。北京公租房供给人群的《通知》规定，公共租赁住房的供应对象包括三类人员：一是廉租住房、经济适用住房、限价商品住房轮候家庭；二是申请人具有本市城镇户籍，家庭人均住房使用面积 15 平方米(含)以下；3 口及以下家庭年收入 10 万元(含)以下、4 口及以上家庭年收入 13 万元(含)以下；三是外省市来京连续稳定工作一定年限、能提供相应证明且在本市均无住房的人员。

为低收入者解决住房困难的第三条重要举措是建设经济适用住房。经济适用住房是政府以划拨方式提供土地，免收城市基础设施配套费等各种行政事业性收费和政府性基金，实行税收优惠政策，以政府指导价出售给有一定支付能力的低收入住房困难家庭。经济适用房是国家为解决中低收入家庭住房问题而修建的普通住房，这类住宅因减免了工程报建中的部分费用，其成本略低于普通商品房，故又称为经济适用房。这类低收入家庭有一定的支付能力或者有预期的支付能力，购房人拥有有限产权。经济适用房是具有社会保障性质的商品住宅，具有经济性和适用性的双重特点。

随着时代的发展，经济适用房的适用性也会发生质的变化，即随着经济发展水平的提高而不断地提高住房质量。因而经济适用房的建设在数量上必须满足不断增长的住房需求，在质量上要通过精心规划、精心设计和精心施工，使经济适用住房的建设达到：标准不高水平高，面积适中功能全，造价不高质量高，占地不多环境美。

七、关注人与自然的和谐

雾霾，我该拿你怎么办？

我的观点是：社会经济形态的发展是一种自然历史过程。不管个人在主观上怎样超脱各种关系，他在社会意义上总是这些关系的产物。

马克思：《资本论》第一卷（上），序言，第 12 页。

这个观点非常重要。它是马克思写《资本论》开宗明义的重要观点之一。这就是说，一个社会经济形态的发展，离不开与自然和历史的关系，人是自然的一部分。人和自然构成了生态环境。人与自然应当和谐相处。人不能破坏和自然的和谐关系，不能形成人和自然的异化。人和自然的关系如果发生了异化，自然就要弄点颜色给人类看看，一点面子也不讲。马克思还指出："人同自身和自然界的任何自我异化，都表现在他使自身和自然界跟另一个与他不同的人发生的关系上。"（《马克思恩格斯全集》第 42 卷，第 197 页）

这表明，人与自然界的关系是建立在生产实践基础上的，是一种改造与被改造、认识与被认识的关系，其中人是能动的、主动的方面。生态危机的责任在人。在人的生产方式和生活方式产生了偏差，即使人类对自然界改造一时一地取得了显著的主体成就，本质上往往不抵自然界反主体的负面效应，造成人与自然界关系的紧张，甚至导致破裂。所以，我们不赞成人定胜天、向大自然开战等说法。

生活一再提供这样的实例：一旦人与自然界关系导致破裂，各种意想不到的灾害就会从天而降。1952年12月5日的伦敦大雾，便是一个典型例子。

马克思在《资本论》中注意到了“资本主义的生产、分配、交换和消费过程导致了资源的消耗与枯竭、大量的废弃物以及严重的污染”，认知到了资本主义的反生态本质，所以马克思被认为是“自然资源保护论者”，具备了“一种潜在的生态学社会主义的理论视阈”。

现代意义上的环境污染始于1800年左右，这与欧洲的工业革命正好同步。接下来的两百多年的资本扩张，一方面带来经济的飞速增长，另一方面使得环境污染越演越烈。诚如狄更斯在1859年出版的《双城记》开头写道：“那是最美好的时代，那是最糟糕的时代；那是睿智的年月，那是蒙昧的年月；那是信心百倍的时期，那是疑虑重重的时期；我们面前无所不有，我们面前一无所有；我们大家都在直升天堂，我们大家都在直下地狱……”1952年12月3日，灾难发生的前两天，习惯了阴冷冬天的伦敦人迎来了一个难得的暖冬天气。最高气温甚至达到了6℃，从北海吹来的风将伦敦的空气吹得清新、洁净。不少伦敦人走出家门享受难得的好天气。12月4日，灾难来临的前一天，风渐渐变小了。午后，云层开始遮蔽天空，阴霾开始弥漫。不过，谁也不会想到，一场悄无声息的杀戮，由此拉开序幕。

伦敦一度以“雾都”出名。在近200年的时间里，城市上空总是被浓浓的烟雾笼罩。《雾都孤儿》的作者、19世纪英国著名作家查尔斯·狄更斯这样描绘伦敦的雾：“这一天，伦敦有雾。这场雾浓重而阴沉。有生命的伦敦，眼睛刺痛，肺部郁闷。有生命的伦敦，是一个浑身煤碳的幽灵。”“在城市边缘地带，雾是深黄色的。靠里一点儿，是棕色的。再靠里一点儿，棕色再深一些。再靠里，又再深一点儿。直到商业区的中心地带，雾是赭黑色的。”1871年的《纽约时报》说：“伦敦的居民周期性地被淹在黄色的浓雾当中。”马克思在伦敦也经常遇到大雾。他在1869年4月15日从伦敦发出致恩格斯的信中写道：“小燕妮已于星期三平安抵达。归途中在海上碰到大雾，轮船几乎遇险。”

但是，从12月5日到12月8日的4天里，伦敦的这场大雾成为一场“杀人雾事件”，是人们根本没有想到的。当时，煤烟从空气中纷纷飘落，大的烟尘颗粒落在屋顶、街道上，落到了行人的帽子和衣服上，较小的烟尘则随处飘流。夹带着烟尘的雾气，化作一阵黑色的毛毛细雨，其中还夹带着鹅毛大雪般的片片煤屑。蒙蒙烟雾，随着人流四处飘散，同时也带进了室内，整个伦敦城沉浸在烟尘煤气之中。能见度很低,司机看不见前方的车辆和行人,公共交通停止运行。浓密的烟雾甚至侵入室内,以至于剧院都因观众看不清舞台上的表演而停止演出。那次雾霾无论是在持续时间上,还是程度上都超过了之前的所有雾霾天气,它是英国历史上最严重的环境污染事件。

是日,伦敦正在举办一场牛展览会,参展的 350 头牛有 52 头严重中毒,14 头奄奄一息,1 头当场死亡。不久,伦敦市民也开始对毒雾产生反应,许多人感到呼吸困难、眼睛刺痛,发生哮喘、咳嗽等呼吸道症状的病人明显增多。据史料记载,从 12 月 5 日到 12 月 8 日的 4 天里,伦敦市死亡人数达 4 000 人。在所有遇难者中,5 岁女孩戴安娜是最早见报的人物之一。12 月 5 日晚,她在室外玩耍时忽然倒地,大口喘气。母亲原以为她是玩得太累引起了气喘,但仅一天后,戴安娜就因呼吸困难死去。由于死的人太多,伦敦的公墓人满为患。事后有人回忆当时的情景:在毒气的侵袭下,送葬的队伍已经哭不出来了,只是默默地走着,运尸车在人群中缓缓穿行。

当年 24 岁的芭蕾舞演员芭芭拉回忆说:“太恐怖了!我从未见过那么可怕的烟雾。”大雾降临的那天晚上,芭芭拉和她的未婚夫从一个宴会上驱车回家,尽管车灯开到最亮,但仍看不清道路。她只好下车一边步行一边吆喝,引导汽车一寸一寸地爬行,回到家已是清晨 5 时许。芭芭拉说,她是穿着晚礼服和高跟鞋走完那 20 多公里路程的。

1952 年 12 月,伦敦交警举着火把指挥交通。在 12 月 9 日之后,由于天气变化,毒雾逐渐消散,但在此之后两个月内,又有近 8 000 人因为烟雾事件而死于呼吸系统疾病。一些专家认为,受此次污染影响的实际死亡人数要比公布的数字高出三倍。当时,殡仪馆的棺材全部卖光了。

大雾发生的第二天,美国卫生教育部大气污染局局长普兰特博士到达伦敦。他说:“当我们乘坐的飞机抵达伦敦时,因为伦敦机场烟雾弥漫,所以飞机只得在伦敦南面 32 公里的机场着陆。在机场上,刚一推开机舱门,一股硫磺和煤烟的气味迎面扑来。下了飞机,听说夜里在伦敦街道上散步,口中似乎有金属的味道,鼻子、咽喉及眼睛受到了辛辣的刺激,很像剥开葱皮时眼睛所感受到的那种刺激。傍晚,我们从旅馆卧室窗口外望,视程大约只有四五米。在那个寒冬,使人咳嗽的灰褐色的烟雾笼罩一切。”这一切,至今想起来,还是令人不寒而栗。马克思指出:“人类面对的周围的感性世界决不是某种开天辟地以来就已存在的、始终如一的东西,而是工业和社会状况的产物,是历史的产物,是世世代代活动的结果。”(《马克思恩格斯全集》第3卷，第48页)伦敦的大雾决不是偶然的。作为一种“增长病”，雾霾天气的出现被广泛认为是源于对经济增长的过分追求，没有考虑环境的容纳能力。由于19世纪工业革命中大量应用煤炭作燃料导致空气污染后，在20世纪50年代前的一百年间，伦敦曾经有过约十次大规模的雾霾。

雾霾这个东西，稍有不慎，又会卷土重来。2015年3月20日早上，英国广大地区本来可观测到一次几十年不遇的日食天象，但伦敦又遭遇严重雾霾，人们连太阳的影子都没瞧见。在伦敦“制高点”碎片大厦上蹲守日食的各路记者，在寒风中苦等数个小时，最后面对伦敦上空弥漫着的“黑纱”，只得铩羽而归。英国环境部为此专门发出警告，提醒人们注意身体健康，尤其是患有心脏、肺部疾病和哮喘病的市民，可能会出现症状加重的情况。法国巴黎这段时期天气也不太平，3月下旬以来，连续近一周空气污染指数超过警戒线，著名地标埃菲尔铁塔几乎从人们的视线中消失，就连1999年以来规模最大的日全食都淹没在一望无际的灰霾里，让守候很久的市民失望不已。人们甚至无需戴上专门的防护眼镜就可以直接进行观测，因为雾霾足够“遮天蔽日”了，巴黎3月20日那一天，也成为全世界空气最糟糕的城市之一。

雾霾不是某一个国家或某一个地区的“专利”，也不分发达或是发展中的国家。从伦敦的大雾，我又想到了北京的雾霾。

历史总是惊人的相似。时隔60年后，类似伦敦的雾霾又在北京和中国各地的大城市里出现了，其特点也是相似的。天气灰蒙蒙的，大雾隐隐浮现。同样是持续数日，同样是处在城市高速发展阶段。

有人问：最早的北京雾霾始于哪一年？古代的北京鲜见雾霾。雾霾，史称“霾灾”、“雨霾”、“风霾”、“土雨”等。《北京气象志》、《北京灾害史》、《元史》、《明实录》和《清实录》等史料中多有记载。从历史上看，霾灾比较频繁，最早的记录可追溯到元朝。据《元史》记载：元天历二年(1329年)三月，由于前年冬天没有降雪，春天又少雨水，天气异常干燥，导致“雨土，霾”，“天昏而难见日，路人皆掩面而行”。至元六年(1340年)腊月，“雾锁大都，多日不见日光，都(城)门隐于风霾间”，“风霾蔽都城数日，帝恐天神之怒，遣礼部焚香祭天，祈神灵驱风霾而散”。

现代北京的雾霾，确切地说，始于2009年。之前，2005年曾达到中污染级别。从2013年3月到2014年3月，北京连续3天及以上能见度小于3 000米的严重雾霾污染事件，共出现了18次。2013年，“雾霾”成为年度关键词。这一年的1月,4次雾霾过程笼罩30个省(区、市),在北京,这个月仅有5天不是雾霾天。有报告显示,中国最大的500个城市中,只有不到1%的城市达到世界卫生组织推荐的空气质量标准,与此同时,世界上污染最严重的10个城市有7个在中国。

2014年2月20至26日,持续7天的重度雾霾天气更是北京市数年来持续时间最长、空气质量最差的一次。部分站点PM2.5小时浓度超过每立方米550微克,达到空气质量指数AQI评价的浓度上限,即所谓的"爆表"。

专家们认为,自"十八大"以来,在"美丽中国"的目标之下,以GDP论英雄的发展模式已经过时,但是改变现状需要更多时间。中国的雾霾,无论是持续时间、发生频率、烟雾浓厚程度和覆盖面积,都是世上少见的。

覆盖包括北京在内的中国大部分地区的严重空气污染和雾霾,不只是令人感到极度不适而已,它还意味着人们,尤其是老人、儿童和有呼吸疾病的人群也许会死亡。据北京市卫生局统计,每次出现重度雾霾的天气,来市属各大医院的呼吸科就诊的患者就增加2至5成。

更为严重的是,空气污染还能影响人类的生育和婴幼儿的健康。专家称,在胚胎和婴幼儿时期暴露在高浓度空气污染物的动物,相比较成年时期暴露在污染环境里的群体的生育力有显著下降。全国人大代表、中国工程院院士钟南山介绍,沈阳2014年11月,他就灰霾对孩子咳嗽和哮喘发病率影响的研究显示,孩子咳嗽发病率从平均的3%上升到雾霾天气的7%,哮喘发病率增加了一倍。降尘浓度从比较低到100,发病率直线上升,从200到500就变成了一个频段,发病率不是一直升高的,500到800以后就变成了剧烈递增。

雾霾,我该拿你怎么办?回答是四个字:综合治理。

雾霾不是不治之症。自从1952年的"杀人雾事件"之后,英国政府很快制定了工厂排烟基准,1956年又出台了"大气净化法"(Clean Air Act 1956),1968年,英国再次颁布《清洁空气法案》,加大控制空气污染力度。1974年,英国政府出台《污染控制法案》,对机动车燃料成分和石油燃料含硫量作出规定,采取了各项保护环境的措施。自那以后,系列法案取得明显成效。1962年,英国再次爆发严重烟雾事件,但这一次的死亡率并未达到1952年的水平。1975年,伦敦有雾的日子从19世纪末每年的90天左右减少至15天。1980年,只有5天有雾。从此,伦敦摘掉了"雾都"的帽子。

1995年起,英国又制定了国家空气质量战略,规定各个城市都要进行空气质量的评价与回顾，对达不到标准的地区，政府必须划出空气质量管理区域，并强制在规定期限内达标。为了符合国家空气质量标准，早在2003年，伦敦市政府就开始对进入市中心的私家车征收“拥堵费”，并将此笔收入用来改善公交系统发展。

解铃还须系铃人。羊毛出在羊身上。伦敦摘掉“雾都”帽子的事实告诉我们：只要努力去治理，使人和自然恢复和谐的关系，我们同样有信心还北京一个蓝色的晴朗的天空。

破坏土地肥力的代价

在现代农业中，也和在城市工业中一样，劳动生产力的提高和劳动量的增大是以劳动力本身的破坏和衰退为代价的。

马克思：《资本论》第一卷(上)，第552页。

马克思的上述告诫，在我国生态问题同样日益严重的今天，对于我们进行生态问题的理论研究和解决生态问题的科学实践活动，都具有重大的现实意义和指导意义。

马克思在《资本论》的第十三章“机器和大工业”中专门写了一节：“大工业和农业”。马克思严肃地指出：“资本主义农业的任何进步，都不仅是掠夺劳动者的技巧的进步，而且是掠夺土地的技巧的进步，在一定时期内提高土地肥力的任何进步，同时也是破坏土地肥力持久源泉的进步。”马克思接着以美国为例说：“一个国家，例如北美合众国，越是以大工业作为自己发展的起点，这个破坏过程就越迅速。因此，资本主义生产发展了社会生产过程的技术和结合，只是由于它同时破坏了一切财富的根源——土地和工人。”(《资本论》第一卷(上)，第552—553页)因此，他主张以良好的物质变换(改变其自发地形成的状态)作为调节社会生产的规律，并在一种同人的充分发展相适应的形式上，系统地建立起农业和工业的“更高级的综合”，以代替资本主义性质的物质变换形式。

这一点，和马克思同时代的自然科学家们也注意到了。1847年，德国植物学家和农学家、慕尼黑大学教授卡尔·尼古劳斯·弗腊斯在《各个时代的气候和植物界，两者的历史》一书中，对人类文明进步和自然生态维护的前景表示深切忧虑。在考察了“进步的各民族的文化遗留下相当大的荒漠”这一事实后，弗腊斯认为迄今为止的“文明是一个对抗的过程，这个过程以其至今为止的形式使土地贫瘠，使森林荒芜，使土壤不能产生其最初的产品，并使气候恶化”。

恩格斯也曾屡次揭露资本主义生产污染水源、毒化空气的事实。他以19世纪美洲森林的损毁为例，揭示资本主义生产方式的弊病。他指出，我们不能过分陶醉于对自然界的胜利。对于我们的每一次这样的胜利，自然界都会无情地报复我们。

在中国，随着现代工业的发展，在不少地方，因为以利润作为生产的动机，结果也在重复“掠夺土地技巧的进步”和“破坏土地肥力持久源泉的进步”的错误。这里的“进步”两字，是应当打上引号的。在许多地方，土地滥施化肥，鱼塘内用人工饲料速成养鱼，结果大米、蔬菜和鱼变得十分难吃。我们不能再走资本主义国家破坏资源和土地肥力的老路。在资本主义社会里，资本将自然看成是资源的“水龙头”和废弃物的“污水池”。尊重生态规律与发展资本主义是矛盾的。社会主义现代农业的发展，则要把资源的“水龙头”和废弃物的“污水池”统一起来。有进一定要有出。土壤的结构不能允许无限量地施加化肥。在发展现代工业和现代农业的同时，一定要注意不要破坏土地的肥力，注重生态平衡，注重人与自然的和谐关系，注重可持续发展。

唯有如此，我们方能做到马克思为人类社会提出的长远目标：“社会化的人，联合起来的生产者，将合理地调节他们和自然之间的物质变换，把它置于他们的共同控制之下，而不让它作为盲目的力量来统治自己；靠消耗最小的力量，在最无愧于和最适合于他们的人类本性的条件下进行这种物质变换。”（《资本论》第三卷（下），第926—927页）可喜的是，这样的“物质变换”现象在今天的现实生活中已出现了。据2009年3月30日《新民晚报》报道，上海松江区农民施行科学种田，做到了马克思说过的人与自然之间的物质变换：以猪肥替代化肥，滥施化肥会破坏土地的生态链；猪肥不再流失，不再污染环境；科学施肥，合理施肥，重新实现土壤内的生态平衡，土地与有机肥组合在一起，改善了土壤的内部结构；食品安全得到保证；农民增加了收入，养猪成为新的经济增长点；农业内部得到良性循环，农产品质量能够提高。这真是一举数得的好事。当地政府为一家农户投入60万元造一个养猪场，收到的成效是难以用物质财富来估量的。

李小玲

在上海松江区，人与自然重新恢复了和谐相处的关系。土地与肥料有机地组合在一起。这是一件值得庆贺的好事。马克思又指出："在这个必然王国的彼岸，作为目的本身的人类能力的发展，真正的自由王国，就开始了。但是，这个自由王国只有建立在必然王国的基础上，才能繁荣起来。"(《资本论》第三卷，第927页)上海松江区的农民现在通过实现人与自然的和谐，走进了彼岸的自由王国，这是何等美妙的前景啊！

让"受伤"的土地休养生息

工业和商业则为农业提供各种手段，使土地日益贫瘠。

马克思：《资本论》第三卷(下)，第917页。

马克思的这个预言，早在一百多年之前就提出了。当时，资本主义的各种弊病只是刚刚露头，但马克思就敏感地发现了这个问题，并在第四十七章"资本主义地租的产生"里，指出了人类将在尔后品尝到"土地日益贫瘠"带来的种种恶果。

马克思这段话的前面，还有这样一段话："大工业和按工业方式经营的大农业一起发生作用。如果说它们原来的区别在于，前者更多地滥用和破坏劳动力，即人类自然力，而后者更直接地滥用和破坏土地的自然力，那么，在以后的发展进程中，二者会携手并进，因为农村的产业制度也使劳动者精力衰竭。"(《资本论》第三卷(下)，第917页)资本主义在"物质变换的联系中造成一个无法弥补的裂缝，于是就造成了地力的浪费"，物质变换过程中的"裂缝"，就使得以食物和纤维的形式从土壤中移走的养料无法返还于土壤，其对应物就是城市的污染和现代排污系统的不合理。

此外，《资本论》在第一卷第十三章"机器和大工业"中又明确指出："资本主义农业的任何进步，都不仅是掠夺劳动者的技巧的进步，而且是掠夺土地的技巧的进步，在一定时期内提高土地肥力的任何进步，同时也是破坏土地肥力持久资源的进步。一个国家，例如北美合众国，越是以大工业作为自己发展的起点，这个破坏过程就越迅速。因此,资本主义生产发展了社会生产过程的技术和结合,只是由于它同时破坏了一切财富的源泉——土地和工人。"(《资本论》第一卷(上),第552—553页)

这真是一针见血。马克思把这段话作为《资本论》第一卷的压轴之论,是别有深意的。一百多年后社会的发展,完全证实了马克思的这个预言。当前农耕的一大弊病:单一连作、破坏土壤结构、掠夺土地的技巧的进步,导致"土地日益贫瘠"。

"万物土中生,有土斯有粮。"耕地质量事关粮食安全和农业的产出能力,然而,由于长期以来我国耕地高强度、超负荷利用,"掠夺式"的生产方式已难以为继:根据2004年底农业部发布的《全国耕地质量等级情况公报》,我国耕地退化面积占耕地总面积的40%以上,中低产田占耕地总面积的70%。

造成土壤退化的原因是多方面的,首先是生产方式的转变,受农业效益不高的影响,从20世纪90年代起,大量农村青壮年外出务工,留下老人与妇女留守在乡村,也催生了"懒人农业",即大量使用化肥和农药。此外,养猪农户的大量减少,也造成农家肥的使用降低,大量依赖化肥和农药,就造成了土壤的污染和板结。同时,许多企业进入农村,对土地进行"掠夺式"开发,获得收益后就离开,时间虽不长,但对土地却造成了长期的严重的伤害。

马克思指出的"工业和商业则为农业提供各种手段",如今最突出的表现,是化肥和农药的大量生产和过度的使用。中央电视台和各地媒体的广告中的一个重要内容,便是各种化肥产品。在天气预报这个节目里,各地的气象预报中竟有13个城市的广告是化肥广告。某种复合肥年产一千万担的广告,天天刺激着观众的眼睛和耳朵。电视台的化肥广告,也是工业和媒体、商业的有机结合,形成了恶性循环:化肥生意越好,地里的肥力越少。地里的肥力越少,越需要更多的化肥来支撑。这样的"有机结合"的一个严重后果,便是人们痛感许多农副产品不好吃,米饭不香,冬笋不鲜,西红柿无味,霜冻后的青菜不甜,地瓜只好用来喂猪。一些保持青菜好口味的微量元素和营养成分,过去只有在农家肥中才有,现在青菜像一个微量元素缺乏的人,呈亚健康状态,卖相虽然不错,送到嘴巴里,哪有菜根香?甲鱼在自然条件下生长7年方能成熟,现在使用乙烯雌酚催熟,120天就上市,"速成甲鱼"如何大补元气?

谚云:"庄稼一枝花,全靠肥当家。"现在我国农村是肥字前多了一个"化"字,变成了"化肥当家"。在农业生产上化肥是营养物,但不可以过量使用。如果使用不当，甚至滥施化肥，使可耕地质量遭到严重破坏。有的地方的农民说，他们自己食用的菜地，主要用农家肥，以及养猪、养鸡的猪粪、鸡粪等肥料，从来不用化肥，也不用农药。有时菜地出现虫灾，也都人工处理。大棚里的菜就不一样了，那是用来挣钱的经济作物，产量越高，挣得越多。所以多用化肥、农药等，就是为了多卖钱。山东潍坊有些姜农使用的神农丹，主要成分是一种叫涕灭威的剧毒农药，50 毫克就可致一个 50 公斤重的人死亡，所以不能直接用于蔬菜瓜果。但在种姜时，有些农户却直接把神农丹和化肥一起撒在已经发芽的种姜边上。

我国两院院士和有关科学家们呼吁：我国耕地滥施化肥、农药，导致"重疾沉疴"。负面影响主要在于：一是肥效利用率低，据检测在我国化肥利用率仅为30%左右，有的化肥如碳酸氢铵的利用率约为 14%至 16%；二是人们生活的环境，如土壤、水源、空气造成污染。化肥利用率不高，一方面造成了经济损失，使投入的能量难以收回，另一方面给环境造成严重污染。70%左右没有被利用的化肥，尤其是氮素化肥被雨水、灌溉水冲走。

马克思在《资本论》第一卷中提到了李比希。李比希是一位德国化学家，他最重要的贡献在于农业和生物化学，创立了有机化学，因此被称为"化学之父"。马克思指出："李比希的不朽功绩之一，是从自然科学的观点出发阐明了现代农业的消极方面。他对农业史所作的历史概述虽不免有严重错误，但也包含一些卓见。"(《资本论》第一卷(上)，第 553 页)在对农业化学方面所做的工作，李比希也是成功和失败并存。首先他正确地指出：土地肥力丧失的主要原因是，植物消耗了土壤里的生命所必需的矿物成分，诸如钠、钙、磷等。他还是第一个主张用化肥代替天然肥料进行施肥的人。不过，他错误地认为植物所必需的氮是从大气中直接吸收的，所以在他的化肥配料表中没有加入氮化物。这一点后来被纠正了，从而使农业生产发生了巨大的飞跃。李比希在第七版《有机化学在农业和生理学中的作用》一书的序言中，揭露了建立在化肥基础上的英国集约农业的一个"掠夺系统"是违反理性农业原则的。

国际公认的化肥施用安全上限是每公顷 225 千克，但目前我国农用化肥每公顷面积平均施用量超过 400 千克，是安全上限的近 1.8 倍，而且化肥的利用率不高，氮肥利用率仅 30%至 35%，很多地方甚至只有 20%至 30%。过量的肥料积聚在土壤中，对植物生长极为不利。以氮肥为例，氮肥是促成植物生长的最重要养分，但在施入土壤以后，只有一部分通过农作物的根茎被吸收，其他的则在土壤中积聚，如果积聚太多，就会对农作物的生长起到很大的负面作用。因此，专家呼吁转变农业发展方式，刻不容缓。

改变“土地日益贫瘠”的现状，转变农业发展方式，最要紧的一点是做到藏肥于地，就是要藏些肥料在地里，不要把土地的乳汁吸干。藏肥于地，就是多施农家肥、多施有机肥，尽量少施化肥。某种复合肥一年生产一千万吨的广告，并不是中国农业的光荣，也不是中国农业的福分。大自然是不允许人类对它无限地索取的。过度地透支地力，大自然就要无情地报复人类。竭泽而渔则无鱼，竭肥而植则大米不香、蔬菜无味。如果把农田基础设施比喻成人体的骨骼，那么基础地力就是血肉。血肉不多了，骨骼还撑得下去吗？

过多使用化肥、土地中肥力丧失对人类的报复有直接的，还有间接的、长远的。大气雾霾，元凶之一是农田氨排放对大气质量的影响，其中影响大气透明度较大的二次颗粒物是硫酸铵和硝酸铵，组成该物质的铵主要来源于农业排放。据统计，每年来源于农业排放的氨有 890 万吨左右，其中农田的氨排放为 470 万吨，占农业排放的 53%。这种恶果，我们现在已经尝到了。

肥力吸干，长此以往，人类将无美食可食；长此以往，人身体里的化学元素会严重超标。化肥的利用率低，化肥没吸收，被雨水冲刷到江河中，会造成河水缺氧，造成许多鱼种无法生存的“死亡区”。中国长江里鲥鱼与刀鱼的剧减，更是几十年前就发出的信号。空气污染因为空气流通性问题，只要措施得当，治理起来相对容易。但水污染治理难度比空气污染治理要难得多，特别是湖泊污染治理，一般需要几十年甚至上百年的时间。而土壤污染治理周期更长，难度更大。

许多发达国家早已注意到这一点。德国科学家泰伊尔在《合理的农业原理》一书中提出：“土壤肥力决定于土壤腐殖质的含量，原因是基于它是植物养分的唯一来源。”这就是后人所称的“腐殖质营养学说”。法国和德国如今的化肥使用量比 1980 年减少了一半，英国也减少了 40%，日本比使用高峰年代减少了 56%。近 30 年来，美国采用测土配方施肥技术及社会化服务以后，一改过去复合肥的发展，走上了农化服务＋散装掺混肥的道路。

据 2013 年 8 月 17 日《羊城晚报》报道：2012 年英国经济学人智库发布的《全球食品安全指数报告》，丹麦名列第二位，成为全球食品最安全的国家之一。这些年来，丹麦的化肥和农药使用量一直显下降趋势。以化肥为例，20 世纪 80 年代初至 1996 年，每公顷土地平均消耗的氮肥从 136 公斤下降为 107 公斤、磷肥从 45 公斤下降至 7 公斤、钾肥从 43 公斤下降至 30 公斤。三大类化肥总体施肥量，则从 20 世纪 80 年代初的 224 公斤下降到 1996 年的 144 公斤。目前，丹麦化肥用量还一直保持在这个水准上下，远低于发达国家为防止污染而规定的每公顷化肥施用量 225 公斤的上限。中国的农业发展向国际接轨，也要努力做到这一点。

藏肥于地，保护土壤，减少使用化肥农药，对种植者来说，是不是会吃亏呢？回答是只有好处，而无坏处。眼下又有一个佐证。多年来，丹麦农业在绿色环保、优质高产方面表现出色，为许多国家借鉴或效仿。对于实施严格的化肥和农药限制举措，很多人曾担心这会影响丹麦农业的生产效率。然而，事实却超出很多人预料。丹麦严格的化肥和农药使用标准于 20 世纪 90 年代实施后，与七八十年代相比，农作物的单位产量不仅没有下降，反而呈上升的趋势。如每公顷小麦的产量从 70 年代中期的 5 027 公斤上升到 1997 年的 7 172 公斤；一个丹麦人能生产出三个人的粮食份额。

马克思主张要对人与自然的关系进行调节。马克思对这一点的阐述集中在下面的命题中："劳动首先是人和自然之间的过程，是人以自身的活动来中介、调整和控制人和自然之间的物质变换的过程。"这里论述的不是人对自然的支配，而是对人与自然之间的物质变换进行"合理地调节"，"把它置于他们的共同控制之下"，并且要在"最无愧于和最适合于他们的人类本性的条件下来进行这种物质变换"。长期以来，人们只向土地索取，而忽视了土壤的保护与修复。我们不能再靠透支环境，超标使用化肥农药，来换取农业产出。让"受伤"的土地休养生息，听从马克思的指点，这件事再也不能等待了。

松江蛇医消失之忧

大工业在农业领域内所起的最革命的作用，是消灭旧社会的堡垒——"农民"，并代之以雇佣工人。因此，农村中社会变革的需要和社会对立，就和城市相同了。

马克思：《资本论》第一卷（上），第 551 页。

2013年,上海市松江区79岁的蛇医李粉根谢世。

过去,人们说:“被蛇咬就去华阳桥。”华阳桥是李粉根居住的地方。自1966年后,他的“祖传秘方专治蛇伤”的金字招牌“响”起来了,据李粉根回忆,那个年代是蛇伤高峰期,最多一年要救治五六百人。李粉根成为松江乃至江浙沪一带的有名蛇医,凡是被蛇咬伤的患者都会到松江华阳桥医治。李粉根声名鹊起后,走遍大江南北,既到北京开过会,也去江西龙虎山参加过“蛇伤防治师资研讨会”。谈起这行的专业知识,李粉根说:“上海这一带以蝮蛇居多,不像浙江一带,有眼镜蛇、金环蛇,甚至还有五步蛇。”前几年,每周五上午,老李还会去松江车墩镇社区卫生服务中心,为蛇伤患者治病。但近几年来,蛇伤患者人数逐年下降,老人不用每周去车墩镇社区卫生服务中心“忙活”了,后来索性在家歇着,无事可做了。

2013年,李粉根作为曾经名扬松江、金山、青浦及嘉兴、昆山一带的最后一位蛇医,至此消失。他的一招救人绝技,因此失传。

松江蛇医之失业,是因为蛇在松江几十年来逐年减少,被蛇咬伤的患者也相应减少,他的那间蛇毒诊所几年前就门可罗雀。这家蛇毒诊所有几个数字值得注意:2003年就诊患者有136名,2004年至2008年就诊患者均不超过百例,之后每年不超过20例。渐渐地,医院不再设专职蛇医,若有蛇伤病人,则由外科大夫用注射抗毒血清等办法救治,但血清救治并不适用于每个被毒蛇咬伤的患者,而李粉根的秘方是一用就灵。

蛇是人类社会中最古老的动物之一。蛇曾是人类的朋友。最早的蛇类化石发现在白垩纪初期的地层里,离现在大约有1.3亿年。实际上,蛇的出现比化石发现的时期还要早些。据科学推测,在距今1.5亿年前的侏罗纪,就有蛇了。据动物学家的考证:毒蛇的出现则要晚得多,毒蛇是从无毒蛇进化而成的,为了保护自身,无毒蛇进化为毒蛇,出现的时间不会早于2 700年前。在原始部落中,人们对蛇十分尊敬,奉以为神。以蛇作为图腾的氏族很普遍。据摩尔根《古代社会》中的记载,在美洲印第安人里面,就有9个部落中有蛇氏族,有的甚至以响尾蛇作为氏族的图腾。在澳洲的一些原始部落中,特别是华伦姆格人,还要举行一种蛇图腾崇拜的仪式。参加这种仪式的人,用各种颜料涂抹全身,打扮成蛇的样子,模仿蛇的活动姿态扭动身体,且歌且舞,歌唱蛇的历史和威力,以祈求蛇神的赐福保佑。可以说,在一切动物崇拜里面,对蛇的崇拜是最广泛的,在大多数原始氏族的宗教信仰中,蛇曾占据了一个突出的位置。当时的人们不会去捕捉它,更不敢把蛇当作美味佳肴下酒吃掉。

马达加斯加岛上的土著萨克拉瓦族，把蛇看作是具有神秘力量的动物，认为人是蛇的化身，蛇是人的前世，对蛇无比崇拜。在阿尔及利亚，水蛇被奉为家的保护者，往往被供养起来。非洲的土著直到现在，在他们的盾上还画着蛇的图形，相信它有特殊的抵抗魔力。我国台湾省的少数民族在刀鞘上、食具上都刻上蛇的花纹，他们对一种叫做“龟壳花蛇”的毒蛇极其崇敬，不敢杀害，甚至在房子里另辟小室给它居住，小室内外的装饰及用具都雕刻了蛇样花纹。中国著名的京剧、越剧《白蛇传》，两位主角白娘娘和青儿，就是白蛇和青蛇的化身，《白蛇传》的故事在宋代已经口头传述，到了明代嘉靖年间被用文字记录下来，后来编成各种戏曲，历演不衰，一直为观众所喜爱。

但是，现在，在上海的松江，蛇从人们的生活中消失了。在上海郊区，不仅松江的蛇在消失，其余郊县的蛇也在减少。据上海科技馆“蛇行天下展”提供的资料，在过去 32 年里，本地蛇的种类消失了近一半，蛇的生存环境正逐渐被人类挤压。在自然环境中，蛇处于食物链的重要一环，能避免鼠类泛滥，也为猛禽提供必要的食物来源，起到很好的生态调节作用。不过，目前蛇的生存环境很差。世界上现存的已知蛇类 2 750 种，目前生存受到威胁的 279 种，极其濒危的 48 种。1980 年，上海地区蛇类调查结果显示有 15 种，1997 年上海地区野生蛇类仅剩 8 种，有 7 种已经消失。上海“地头蛇”的消失，和人类破坏环境以及喜食蛇肉的风俗有关。据了解，中国人每年吃掉超过 6 000 吨蛇肉，而绝大多数蛇是从野外直接捕捉而来的。

松江毒蛇减少，乃至今天难见蛇踪影，另一个重要原因是因当地农田不断锐减所致。

请再看几个数字。20 世纪 70 年代，松江地区耕田面积 60.3 万亩，农业人口 19 万。20 世纪 90 年代，耕田数减至 58.1 万亩，农业人口 6.8 万。到 2010 年，耕田剩下 25.6 万亩，农业人口仅余 5 600 多人。农田变成住房，农民都住进楼房里去了，松江的蛇无处容身，只能游走他乡。

草长莺飞的农田，变为现代工业园区、大学城、建筑群。据 2013 年松江政府工作报告介绍，经国务院批准，松江工业区成功升级为国家级经济技术开发区，佘山国家旅游度假区发展被纳入市政府重要议事日程。

这些当然是好消息，是时代进步的好消息。马克思指出：“大工业在农业领域内所起的最革命的作用，是消灭旧社会的堡垒——‘农民’，并代之以雇佣工人。因此,农村中社会变革的需要和社会对立,就和城市相同了。"(《资本论》第一卷(上),第551页)他还举例说,例如,在剑桥郡和萨福克郡,最近20年来耕地面积大大地减少了,而且绝对地减少了。马克思的分析同样适用于松江。松江县变成上海市的一部分,大部分农民变成职工,是马克思所说"最革命的作用"的表现。松江蛇医悄悄消失,乃是势之所然,而不应看作一种没世之叹。

不过,松江耕地面积的减少,并不是个案。耕地面积的减少在全国是一个普遍现象。据统计,1999年与1996年相比,全国耕地面积净减1 300万亩,平均每年净减433万亩。2013年以后,情况稍有好转。据2013年6月4日环保部《2013中国环境状况公报》公布的数据表明:2013年全国耕地面积净减少120万亩。土地状况被归纳为"耕地质量问题凸显,区域性退化问题较为严重,农村环境形势依然严峻"。联合国国际生态安全科学院院士刘宗超表示:"如果将中重度污染的耕地面积放进18亿亩耕地红线里进行比对的话,那就意味着1/36的耕地被开除掉,这其实是个很大的数字了,再计算进其他陡坡耕地、湿地耕地等需要退耕的耕地,这对国家农产品生产是个压力。"

松江蛇的大量减少带来许多生态平衡问题。野生动物物种是生态系统中的重要一环。它们通过食物链的关系互相依存、互相制约。一旦食物链的某一环节出现问题,整个生态系统的平衡就会受到严重影响。青草——蝗虫——蛙(鼠)——蛇——鹰,就是其中的一条食物链,一环扣一环,如果人类无节制地捕猎野外的蛇,食物链中断,生态环境就会受到严重破坏。蛇被大量捕杀,在短期内,以蛇作为主要食物来源之一的猫头鹰会由于得不到食物而数量锐减,甚至大量死亡。蛇也是穴居的鸟类的天敌,蛇的大量减少有可能引起鸟类过量繁殖,而田鼠则因祸得福,为天敌的减少而大量繁殖,跳起了呼啦圈舞,而这种繁殖就会导致森林、草地和农田的鼠害越来越猖獗。鼠害和虫害给农林牧业造成的损失是无法估量的。庄稼大量减产,导致化肥和农药的增加使用。这对城市里的居民是一种莫大的伤害。当然,这种被破坏的生态平衡很快又会通过某种新的方式取得新的平衡。因为大自然本身有其自我调节能力,只要人类不要太过分地捕杀蛇,大自然是可以在其能力范围内调节这种变化的,田鼠可能因种内斗争加剧而停止增加,而猫头鹰也可能发现新的食物而找到适合生存的条件。

所以,工业化的松江,一则以喜,一则以忧。农田减少带来的各种各样的生态环境问题,特别令人担忧,例如:废气排放增加;河流污染,松江四鳃鲈不见——1986年英国女王伊丽莎白来到上海,点名要品尝松江四鳃鲈,但松江政府无法提供四鳃鲈；毒蛇咬伤患者鲜见，但各种现代病患者增加；迎来了工业文明，但雾霾驱之不去；住上了高楼大厦，但渺渺乡愁无以凭寄。松江的农田不能再减少了，在推进城镇化的同时，如何保持松江空气清新、天蓝水绿，让城市融入大自然，如何记得住乡愁，如何延续城市历史文脉，看来都不是权宜之计，而是一个个当务之急的大问题。

还要回到蛇医消失这个议题上来。松江毒蛇没了，不等于蛇医的祖传秘方就失效。作为一种医药遗产，不应湮没失传。听说老人已把秘方贡献给了社区服务中心。李粉根去世了，他的治疗毒蛇的秘方，是不是应当像上海市的市区保护石库门建筑一样，将它保护起来，作为一种文化遗产，供后人研究使用呢？

养鸡场老板的开心与烦恼

含有等量劳动或能在同样劳动时间内生产出来的商品，具有同样的价值量。一种商品的价值同其他任何一种商品的价值的比例，就是生产前者的必要劳动时间同生产后者的必要劳动时间的比例。

马克思：《资本论》第一卷(上)，第52—53页。

马克思为了证明上述论断，举了金刚石的生产为例。金刚石在地壳中是很稀少的，因而发现金刚石平均要花很多劳动时间。因此，很小一块金刚石就代表很多劳动。厄什韦葛说过，到1823年，巴西金刚石矿80年的总产量的价值赶不上巴西甘蔗种植园或咖啡种植园一年半平均产量的价值。如果发现富矿，同一劳动量就会表现为更多的金刚石，假如能用不多的劳动把煤变成金刚石，金刚石的价值就会低于砖的价值。

在今天的现实生活中，我们同样可以找到许多类似的佐证。德国“速成鸡”的问世，又能生动地说明马克思衡量一切商品的价值是劳动时间的观点。

在马克思的故乡，前些时候出了一则关于鸡的新闻。据德国《时代周报》报道，德国农村掀起了一场“鸡肉革命”。从前，一只鸡从出生到被宰杀送往市场出售，需两个月，现在，巨型养殖场利用各种手段，将整个饲养过程缩短到33天。

一只鸡的平均重量相较于1935年增长了65%，而生长所需的时间却减少了60%。在现代化的养殖系统中，公鸡和母鸡都可以用作肉鸡培养。时间就是金钱，速成就能赚更多钞票。原来饲养一只鸡，至少要两个月以上，中国农村的放养鸡，则要一年左右，现在德国只要33天。马克思说："作为价值，一切商品都只是一定量的凝固的劳动时间。"（马克思：《资本论》第一卷（上），第153页）一只鸡投入的劳动时间越短，养鸡场老板的获利就越大。时间就是金钱，速成就能赚更多钞票，养鸡场老板开心地笑了。虽然德国鸡的姿态并不健美，但它能为养殖者带来巨大的利润，因而源源不断地涌向市场。

这些速成鸡的处境极为悲惨。因为它们的居住条件实在太差，一间九百余平方米的鸡棚，住着一万只鸡，一平方米要住九到十只鸡。鸡棚里一天二十四小时都亮着灯，速成鸡不能闭眼休息。它好羡慕那些住在农家里自由自在放养的同类。速成鸡企盼能站起来走动走动，那样才能有点精神。现在，它被关在鸡棚里吃饱了，只好静静地窝着。养鸡场的主人说，吃了不动，鸡才长得快。小鸡们不知疲倦地进食，相较于骨头，肉长得更快。在一段疯狂的生长后，由于骨头和肉生长的不对称，最终导致鸡无法站立，甚至无法走到食槽或饮水槽前。在这些现代化饲养场长大的鸡，即使将其放生，它们也可能在数周以内死于过度肥胖导致的心脏病。在养殖行业内，没有哪一种动物会像鸡一样，在规模化生产下，遭受如此的苦难。欧洲的"悲天悯鸡"的"善待动物组织"，怎么对此无动于衷？

鸡之所以能速成，其秘密在于饲料和催化手段的运用。采取二十四小时照明并喂食激素，两者的结合，使生活在方寸之地里可怜的鸡们迅速地肥胖起来。20克的小鸡在33天内能长到六七斤。长1斤肉需要消耗2到3斤的饲料，速成鸡实际上是一部将饲料变成鸡肉的活的机器。

要想肉长得多、长得快，还要靠多吃药。速成鸡吃的药名堂可多啦，至少有18种抗生素。有预防病毒的双黄连、菌痢王，有应激的速溶维，还有预防细菌病的普瑞芬等等。一名养鸡场老板说，隔三岔五就得喂药打针，存活率才能保证95%，否则就病倒一片。他还说，自己和自家的人从不吃场里的鸡，即使要吃，也要把它们放到外面散养一个月才吃，为的就是让药物残渣消掉。

由于在饲养过程中采取种种令人发指的催化手段，鸡的饲养程序竟可以精确地计算到多少天。德国汉莎货运甚至可以提前一年知道，哪一天、哪种鸡能被交付亚洲市场。和"健美猪"一样，"速成鸡"的饲料也是大可怀疑的。2010年12月，德国北威州养鸡场发现了被二噁英污染的饲料。紧接着，其他四个州的养鸡场也出现同样情况，下萨克森州因此宣布关闭约 1 000 家农场。德国农业部门确认，下萨克森州的养鸡场和牲畜农场的饲料中确实含有二噁英，鸡蛋中的二噁英含量也大大超标。这起丑闻曝光后，欧洲和亚洲各国拒绝进口德国家禽制品，致使德国农场主损失超过 1 亿欧元。“鸡肉革命”走向了革命的反面，先革了鸡的命，结果也革了自己生意的命。

德国的“速成鸡”在各国传宗接代，集约化的养鸡场在世界各地遍地开花。因为它的鸡毛是白的，被称为“白羽鸡”。33 天被屠宰的“速成鸡”，正日甚一日地登上我们的餐桌，也成为许多著名的快餐店的原料，成为许多中小学生的午餐。但是，许多食客叹息鸡的味道今不如昔，却又无可奈何。它被人们斥为“垃圾食品”，但又不得不去吃它。由于速成鸡的质量不断被曝光，虽然它们还在制成“香喷喷”的鸡块在出售，虽然这些快餐店的总部不断发出道歉的声明，这些连锁的快餐店的生意也大大下滑、今不如昔，但“速成鸡”并没有退出中国的市场。

我们这个社会对鸡的态度是公平的。鸡被奉为家禽中的美味，曾有“无鸡不成席”之说，京剧《智取威虎山》中座山雕宴请土匪的最高规格的酒宴，名为“百鸡宴”，但现在的这种速成鸡，怎么做也不好吃，很难引起人们的食欲。最近我到常熟访问，听说“叫花鸡”乃是这里的特产。它缘起于清代，叫花子把一只抹了盐的草鸡，用泥土把鸡包裹好，架火烧泥巴，泥巴烤焦，鸡也熟了。“叫花鸡”好吃，首先是因为鸡的质地好，是当地的土鸡。但是，一位当地的朋友告诉我：现在，常熟的乞丐不再制作“叫花鸡”，也不吃“速成鸡”了。在当天的宴席上，用“速成鸡”做成的“白斩鸡”冷盘，当地的常熟人碰也不碰。

“速成鸡”对人体的危害，现在已被越来越多的人所认同。鸡的生长周期和其营养价值和口味成反比。生长的时间越短，饲料变成鸡肉的速度越快，鸡肉的营养价值越低，口味越差。“鸡肉革命”的结果导致鸡肉的异化，过度的鸡肉供给可能会导致市场扭曲，并造成整个生产链的崩溃；如果鸡肉中确实含有二噁英，食客们大量地食用，二噁英在体内积累到一定程度，就会引起一系列严重疾病。当消费者们津津乐道鸡肉的廉价时，殊不知，这些经过 33 天催化饲养的“美味”，将会给人的身体带来怎样的伤害？

市场也终究是公正的。劳动时间只有 33 天的速成鸡，价廉而物不美的速成鸡，终于不受消费者的欢迎，受到市场的抵制，销量大幅度下降。由于种鸡引种量大，造成父母代肉种鸡存栏量大，商品代雏严重供大于求，各代次鸡苗价格连续跌入低谷，且持续时间长，后来又因多次“禽流感”事件，大批种雏、苗鸡被贱卖或无奈销毁，不少企业种蛋停孵，损失十分惨重。速成鸡的老板现在只有苦恼，再也笑不出声了。

速成鸡从诞生、走红到如今被冷落的处境，也从反面证实了马克思的“价值的量的尺度是劳动时间”的著名论断：违反经济规律的各种各样活动，都不能不受到严厉的惩罚。

一位伦敦钓鱼爱好者的意外收获

人的自然排泄物和破衣碎布等等，是消费排泄物。消费排泄物对农业来说最为重要。在利用这种排泄物方面，资本主义经济浪费很大；例如，在伦敦，450万人的粪便，就没有什么好的处理方法，只好花很多钱来污染泰晤士河。

马克思：《资本论》第三卷(上)，第116—117页。

1983年，伦敦的钓鱼爱好者拉塞尔·多伊格竟然得到了一个意外收获。

他获得了一项大奖：一座银杯，还有190英镑的支票。颁奖给他的是英国泰晤士河水管理局。拉塞尔获奖的原因，不是为河水治理募捐，也不是他为环保做过贡献，只是因为他无意中从泰晤士河中钓上了一条鲑鱼。鲑鱼，就是我们熟知的三文鱼，也叫撒蒙鱼或萨门鱼，体侧扁，背部隆起，齿尖锐，鳞片细小，银灰色，产卵期有橙色条纹，其卵呈红色。鲑鱼肉质紧密鲜美，油脂丰富，肉色为粉红色并具有弹性。鲑鱼是西餐中较常用的鱼类原料之一，新鲜的三文鱼还可以用来生吃。

泰晤士河全长约400公里，横贯英国首都伦敦等十多个城市，流域面积1.3万平方公里。英国的政治家约翰·伯恩斯曾说：泰晤士河是世界上最优美的河流，“因为它是一部流动的历史”。在英国，泰晤士河流域占有举足轻重的地位，为伦敦提供2/3以上的饮水和工业用水，水资源分配和水质尤显重要。在19世纪前，泰晤士河河水清澈，水中鱼虾成群，河面飞鸟翱翔。但随着工业革命的兴起，大量工厂沿河而建，两岸人口激增，大量工业废水和生活污水未经处理流入泰晤士河，水质严重恶化。诚如马克思所指出的，由于工业化，450万人的粪便倒入泰晤士河，使水源、空气受到了严重的污染。这种典型的“城市病”，早在19世纪20年代的伦敦就初见端倪，到19世纪的中期，泰晤士河变得黑臭无比，路人纷纷掩鼻而过。到20世纪50年代末，泰晤士河水中的含氧量几乎等于零。马克思所说的“花很多钱来污染泰晤士河”，就是指美丽的泰晤士河变成了一条“死河”。

泰晤士河黑臭的一个后果，就是河里不再有游动着的鱼和其他生物，更不用说味道鲜美的鲑鱼了。由于污染严重，当时的泰晤士河里看不到一条鱼，甚至跌落到河中的人，救起后还被要求进行常规防疫接种。1848年7月，英国历史上著名的幽默画报——《庞奇》刊登了一幅名为《肮脏的“泰晤士老爹”》的漫画。在画面中，泰晤士河化身为一个外表污秽的流浪汉，鱼类不敢轻易靠近。在他身后，人们赋诗哀叹：“污秽的河流，污秽的河流，从伦敦到诺尔哪儿都臭，你为何物，一道宽宽的沟，一条臭名昭著的岸？你面前流淌污浊的水，你浑身披挂腥臭的泥，多少基督徒呼吸着，你冒泡的河面散发的臭。”当时，维多利亚女王和她的丈夫本来打算在泰晤士河上泛舟游览，但只游了几分钟，就被冲天的臭气赶上了岸，维多利亚女王的游兴全无。有一天，英国议会正在泰晤士河畔的一座哥特式建筑里开会，扑鼻而来的臭气，迫使高贵的绅士们不得不离开河边的会议室，并在窗户上挂起用消毒剂浸泡过的被单。一位从德国来旅游的男士抱怨道，自从他在泰晤士河洗过澡后，衣服上就一直散发出一股难闻的味道。最后他不得不忍痛割爱，将心爱的几件衣服扔掉。

一个名叫霍华德的英国人，认识到了大城市盲目膨胀的悲剧性后果，并提出了“田园城市”这一崭新的概念。但这个概念，在当时是空中楼阁。

泰晤士河不治理不行了。伦敦当局为治理黑臭了150年的泰晤士河，先后花了一百多年的时间。他们给“泰晤士老爹”开了四剂药：法制建设、统一管理、完善城市污水与废水系统和人工充氧。先污染，后治理，花了大力气，耗资20亿英镑，终于使泰晤士河重新变清。到1983年，河里又有鲑鱼游动了。那位伦敦钓鱼爱好者意外地从泰晤士河中钓起一条三文鱼，成了一条大新闻。当时，英国媒体纷纷报道，表示这标志着泰晤士河在因污染死寂了百年之后又再次复生了，“泰晤士老爹”终于救过来了，他身上那套污秽的外衣被脱下了，丢进了垃圾焚烧炉。

中国在近半个多世纪以来，随着现代化工业的进展，高楼越来越多，人口越来越密集，交通越来越拥挤，由此同样带来了严重的能源和环保问题。上海的苏州河也曾步了泰晤士河的后尘，从 1920 年起，由于两岸的工业污染，苏州河水面开始黑臭，鱼虾也逐渐绝迹，成为另一个肮脏的“苏州河老爹”。到 1978 年，上海境内河道全部遭受污染，黑臭无比，鱼类绝迹；长江流域的许多河流也遭到污染，许多珍贵的鱼类也不见了踪影。

最典型的是长江的鲥鱼和松江四鳃鲈鱼的消失。

鲥鱼，洄游性鱼类，每年农历四五月间从沿海进入长江产卵，守时如同候鸟，应时而至，故称“鲥鱼”。在长江三鲜中，它的美味列河豚和长江刀鱼之前。鲥鱼爱惜身上鱼鳞，看得比生命更重要。据说捕鱼人一旦触其鳞片，便不挣扎了，因为生怕会甩掉身上的鱼鳞。苏东坡称这种娇嫩的鲥鱼为“惜鳞鱼”。评话家王少堂在《宋江》一书中，对鲥鱼的特性描述道：“鲥鱼生得最娇。它最爱身上的鳞，它一旦离了水，见风见光，随时就死了，活鲥鱼很不易吃到。”古代吃鲥鱼时，夸张到厨师要候在江边，有鱼离水即运送厨房，洗净入锅。每见蒸熟的鲥鱼上桌而不掉一鳞者，才是上品。但是，由于近年来滥捕滥捞，水质污染和水道变化，长江鲥鱼已濒临灭绝，被列入《中国濒危动物红皮书》范围。长江鲥鱼的美味成为一种口述的“文化遗产”。

四鳃鲈产自松江，也称松江鲈鱼，被誉为“松江的精灵”，它的长相奇特，习性怪异，身体呈纺锤形，口阔鳞细，头大而扁，呈青灰色，两侧和背鳍上有黑色斑点，实际上只有两个鳃，因在鳃前各有一个呈月牙形的鳃状凹陷，看上去好像两片鳃叶，所以有“四鳃鲈”之称。四鳃鲈属于国家二级水生野生保护动物，身长约 30 至 35 厘米，体重很轻，只有 40—60 克，繁育期在海水中进行，到了生长期才回到淡水环境。四鳃鲈喜欢在水清、流急、底硬的河港水道落户，一年要完成两次洄游。

松江也是苏州河的支流之一。四鳃鲈来到人间，至少有 1 800 多年历史。《后汉书 · 左慈传》记了这样一件事：曹操在许昌大宴宾客，叹息宴席上缺少“鲈鱼羹”。他手下有一名叫左慈的方士说，这不难，我有办法钓来。这个左慈，实际上是一位古代魔术师，他施用“空中钓鱼”的魔术，叫助手备了一盆清水和一竿鱼钓，当着曹操及众人的面，从盆中当场钓出四鳃鲈来，许多宾客奇异无比。曹操当即命人烹煮“汆四鳃鲈鱼羹”，鲜香倾倒四座，肉嫩而肥，细密雪白，曹操的宾客品尝过这道菜后，其他菜肴便索然无味。

喜欢四鳃鲈的还有列朝的许多文人墨客。在西晋时，有个叫张翰的人，原籍松江，在洛阳做宫，那年秋天，西风乍起，寒潮将临，他想起家乡的鲈鱼和莼菜正是肥美之时，思乡之心油然而生，于是连官也不做了，愿意还乡品尝美味。这就是历代传为美谈的“莼鲈之思”的典故。清代诗人郑板桥写过一首诗提到此事：“买得鲈鱼四片鳃，莼羹点豉一尊开。近来张翰无心出，不待秋风始却回。”四鳃鲈在隋朝时就成为贡品。宋代诗人范成大写诗赞扬道：“细捣枨齑卖脍鱼，西风吹上四鳃鲈。雪松酥腻千丝缕，除却松江到处无。”

乾隆皇帝下江南品尝四鳃鲈的美味后，御赐“江南第一名鱼”的美名，1972年美国总统尼克松访华时来上海，在周总理亲批的菜单里，用四鳃鲈做了一道菜，尼克松吃了同样赞不绝口，被称为“国鱼”。

但由于长期以来河流水质污染，赖以生存的水域被阻断，近30年来，在松江已濒临灭绝。四鳃鲈被人们最后一次在野外捕获是20世纪60年代。1986年，英国女王伊丽莎白来到上海，点名要吃四鳃鲈，一时之间忘了它的名字，就说要吃尼克松吃过的鱼。市政府派出300余艘渔船外出捕捞，结果还是找不到四鳃鲈的踪影，女王只能留下遗憾而去。

泰晤士河水变清后，该河鱼类品种已恢复到一百余种。而上海苏州河黑臭80年，经过了近20年的苏州河治理行动，也已变清。上海苏州河沿岸工业企业进行产业结构调整，近100家企业关停并转迁。河岸沿线新增绿地，改造道路，拆除违棚简屋和各类违章建筑，河水中的溶解氧含量大幅上升，氨氮含量则有所下降，苏州河水开始变清，每天都有鱼儿游回来。顺水下来的鱼类有鲶鱼、鲫鱼、鲢鱼、麦穗鱼、斗鱼等，连久违了的长江刀鱼也开始露脸。同样值得庆幸的是，四鳃鲈鱼如今已在长江口安家落户。而且人工繁育的上海土生土长的长江口松江鲈，也已经建立起人工种群，实现了规模化的野生放养，重新“游”上了百姓餐桌。

大自然是公平的、无私的。当你向大自然过度索取后，它将无情地报复人类；当你对大自然施以保护之后，它又重新施惠予人类。马克思主义的生产力概念，不仅包括社会生产力，还包括生态生产力，是社会生产力和生态生产力的总和。人类的生产劳动过程，只不过是“人以自身的活动来引起、调节和控制人和自然之间的物质变换过程”。和谐地处理人和自然的关系，就能更好地创造生态生产力。它是更基本、更富创造性的生产力，因为生态系统为人类提供了须臾不可离的生态产品和服务。

泰晤士河和苏州河从一条“死河”变成活水的过程，伦敦的垂钓者从泰晤士河中钓到鲑鱼和苏州河里重新出现鱼类，以及长江出现刀鱼、四鳃鲈鱼在松江的野外放养成功上市，都证实了这一点。

澄迈地瓜为何贵过肉？

> 资本主义生产发展了社会生产过程的技术和结合，只是由于它同时破坏了一切财富的源泉——土地和工人。
>
> 马克思：《资本论》第一卷，第553页。

那么，土壤的结构受到了破坏，有没有办法挽回呢？

马克思回答说是可以的。他在《资本论》中指出："历史地说——从耕作的发展过程来说——可以由比较肥沃的土地转到比较不肥沃的土地，同样地也可以采取相反的做法。对土壤结构进行人工改造，或者只是改变耕作方法，都会产生同样的结果。"(《资本论》第三卷(下)，第734页)

当时，马克思提出的"改变耕作方法"，只是用深耕的办法，即把"下层土壤进入耕作范围，变为被耕作的土壤时，由于下层土壤情况不同，使土地等级发生变化，也会产生同样的结果。这一方面取决于新耕作方法的应用(如饲草的种植)，一方面取决于各种机械手段的应用，它们或者把下层土壤翻成表层土壤，或者使下层土壤和表层土壤混合，或者耕作下层土壤但不把它翻上来。"(《资本论》第三卷(下)，第734页)这几个办法，在一个半世纪之前，诚然是有效的。但在今天，对土壤结构进行人工改造，保护土壤，最重要的办法，看来是减少化肥农药的使用。

若问：这样做了，对种植者来说，是不是会吃亏呢？回答是：只有好处，而无坏处。眼下就有一个佐证。

海南澄迈县桥头镇沙土村产的地瓜贵过肉价钱。地瓜，就是红薯、山芋，市场上不过卖几角钱或块把钱一斤。但是，据中央电视台《焦点访谈》报道：沙土村产的地瓜卖到加拿大和我国香港地区，每斤卖26元，在国内的沃尔玛、永旺超市，每斤卖16.8元。

这是什么道理？

道理很简单：沙土村的地瓜采用生态农业的办法种植，禁用那些广告号称一年卖掉多少亿吨的复合化肥。沙土村的地瓜采用无土育苗，施有机肥，不施农药，加上地膜覆盖等种植新技术，吃起来又香又粉，微量元素特别丰富。据悉，中国营养学会推荐成人摄入量为每日 50—250 微克。经海南省农科院检测，沙土村的地瓜硒含量达 70 微克/公斤，为富硒地瓜。沙土村家家户户都种地瓜，家家户户都盖起了小楼。

沙土村村民种地瓜逆转了以往的农耕方式。大学毕业七年后重新回家务农的王文克有头脑、有眼光，他是新一代的农业专家。农民从沙土中挖出了名贵的地瓜，比养猪收益还好。养猪不如种地瓜，猪猡在澄迈县垂头丧气。没名气的沙土村经中央电视台“焦点访谈”介绍，一下子天下闻名。原本无人种植的地瓜成了致富的宝贝。沙土村及周边地区的土壤呈沙质，且辖区内土地资源丰富、肥沃，特别是富含硒元素，被喻为海南的“富硒之乡”。作为一个传统农作物，桥头地瓜种植易为老百姓接受，且经济价值很高，平均每亩可以产生六七千元的经济收益。这样做了，既保护了土壤，又生产出了可口的地瓜，更为改善生态环境作出了榜样。一举三得，实在是极好的办法。海南人在海边沙地种富硒地瓜，地瓜甜而沙，更重要的是这里的人都很长寿。据说，仅在澄迈县桥头镇，80 岁以上的有 400 多人，90 岁以上的有 70 多人，100 岁以上的有 11 人。如果马克思活到今天，也会伸出大拇指，为澄迈县桥头镇村民点一个赞。如果他到这里居住，能多活 20 多年。

在澄迈县，还传出一则信息：哪块地里用了剧毒农药，举报查实，县里奖励 12 万元。这个措施实在管用。当地农民纷纷和化肥、农药相揖别。化肥、农药两者的慎用，是当今中国农业生产又一次伟大的革命。谁敢于先行，多用有机肥、生物肥，率先改良土壤，谁就能带头品尝到螃蟹的美味。澄迈地瓜受到加拿大和我国香港地区居民的欢迎不是偶然的。26 元一斤的澄迈地瓜是货真价实。沙土村党支部书记王文克转型种地瓜的经验，不仅富裕了全村，更重要的是开生态农业风气之先。他的种植法在澄迈县推广后，均收到意料之中的得益。这个县种植的福山咖啡、无核荔枝、无籽蜜柚、福橙同样获得了巨大的成功，被选入国宴，当作礼品送给外国领导人。

王文克是聪明的。他懂得了如何充分利用土地自然肥力的能力，而不是破坏这种土地自然肥力的能力。马克思在介绍了深耕的方法后又特别强调指出：“所有这些对不同土地的不同肥力的影响，都归结为一点：从人工肥力的角度看，劳动生产力的状态，这里指的是农业可以立即利用土地自然肥力的能力——这种能力在不同的发展阶段上是不同的——和土地的化学结构及其他自然属性一样，是土地的所谓自然肥力的要素。”(《资本论》第三卷(下)，第734页)王文克在种植地瓜时拒绝用化肥，就是对土地自然肥力的最好保护。他取得了成功，也为当地农民开辟了一条致富之路。

沙土村农民走出这条路的价值，决不止于此。澄迈地瓜贵过肉，另有普世意义。澄迈地瓜贵过肉，还给全国各地走出“先污染、后治理、再转型”的老路，提供了反其道而行之的新鲜经验。他们的经验值得普遍推广。中央经济工作会议提出：“要坚定不移加快转变农业发展方式，尽快转到数量质量效益并重、注重提高竞争力、注重农业技术创新、注重可持续的集约发展上来。”沙土村农民种地不用化肥和农药，做到了转变农业发展方式，使那里的农业生产走上了良性循环的道路，为中国农业的可持续的集约发展树立了一个标杆。

在国外，减少使用化肥和农药，已成大势所趋。目前，我国农田每公顷用肥量为434公斤，而丹麦则为144公斤，但丹麦人却凭此生产出大批高产质优的农作物，成为全球食品最安全的国家。从国土面积看，丹麦很小，只有4.31万平方公里，但耕地面积倒不少，占国土面积的62%，达到2.7万平方公里。丹麦有560万人口，农业人口约17万人，只占劳动力总数的3%左右，却生产出可供养1 500万人口的粮食。

这些年来，丹麦的化肥和农药使用量一直呈下降趋势。以化肥为例，20世纪80年代初至1996年，每公顷土地平均消耗的氮肥从136公斤下降为107公斤、磷肥从45公斤下降至7公斤、钾肥从43公斤下降至30公斤。三大类化肥总体施肥量，则从20世纪80年代初的224公斤下降到1996年的144公斤。目前，丹麦化肥用量还一直保持在这个水准上下，远低于发达国家为防止污染而规定的每公顷化肥施用量225公斤的上限。

丹麦政府规定：每户农民都要在政府主管部门登记注册，有自己的注册号和相关材料，对自己施用有机肥和化肥的时间和数量，要通过网络向丹麦农业部门报告，并接受技术顾问的监督，如发现滥用，所受的处罚极为严厉。此外，丹麦政府将化肥农药的使用量写入法律。冬小麦，如果是在砂质黏土上种植的，而前轮种植的又是冬小麦，每公顷允许施放的氮肥上限为195公斤，磷肥和钾肥推荐量为26公斤和65公斤；如果前轮种植的是豌豆，则每公顷氮肥的施放量上限为165公斤，磷肥和钾肥推荐量同样为26公斤和65公斤；如果前轮种植的是玉米，则每公顷氮肥施放量上限为175公斤，磷肥和钾肥推荐量为53公斤和160公斤。1996年，丹麦政府果断引入了农药税。对农药的征税率为54%，除草剂与杀菌剂的征税率为33%,立竿见影的效果进一步显现了。

多年来,农药和化肥在丹麦的销售和使用,须经过政府部门许可,各项指标绝对不允许超标。正是通过集中管理,丹麦才能保证农药使用得到有效监控。另外,丹麦政府还常常对农田进行药物残留抽样检测,对问题农场处罚毫不手软。

习近平总书记在2015年4月3日同首都群众一起义务植树时指出:与全面建成小康社会奋斗目标相比,与人民群众对美好生态环境的期盼相比,生态欠债依然很大,环境问题依然严峻,缺林少绿依然是一个迫切需要解决的重大现实问题。我们必须强化绿色意识,加强生态恢复、生态保护。这是一个历史性的使命。生态保护,改良土壤,大势所趋,不改不行,不改也得改。丹麦实现了农业的规模化和集约化生产,农业科技全球领先,在少用化肥农药的情况下,他们的农业依旧保持了高产优质,值得我们学习和借鉴。

事物的发展竟是如此奇妙。从刀耕火种到使用化肥农药,是一大进步;再从使用化肥农药到用系统学和生态学规律指导农业,利用有机肥保持土壤肥力,采用轮作或间作等方式种植,更是一大进步。人类正是在这种螺旋形上升过程中,不断变换着大自然主人的本色。

GDP第一,还是健康第一?

现代的社会不是坚实的结晶体,而是一个能够变化并且经常处于变化过程中的机体。

马克思:《资本论》第一卷(上),第12页。

“GDP第一,还是健康第一?”这个问题是全国人大代表、中国工程院院士钟南山在2013年全国“两会”提出的。GDP是英文Gross Domestic Product的缩写,意为国内生产总值。GDP和人的健康,两者有时是矛盾的。过于看重GDP而忽视环境保护,污染天空,日积月累,就会导致雾霾的出现,严重损害人的健康。我们决不能因为经济下行压力大,又回到英国工业化初期粗放式发展的老

路上去。

从现有资料梳理中，钟南山发现，PM2.5浓度加大后对身体的危害不是逐渐增加的，而是到了一个频段后，即每立方米500微克以上，对身体的危害就明显地增加。让钟南山担心的是，往后五到七年灰霾对人体的影响，对哮喘、慢阻肺，特别是肺癌的影响是显而易见的。他于是得出结论说："现在到了认真考虑这个问题的时候了。空气污染问题非常值得重视，再这样发展下去，若干年后肿瘤患者可能成几何级数增加，到那时算账就不得了啦！"如今，北京雾霾天气的危害已明显地显现出来。例如，2014年2月21日开始北京灰霾天气污染加重，22日北京雾霾天气持续加重，北京各大医院呼吸科门诊爆满。因雾霾引发哮喘和肺气肿的病人接诊量比平时多了一倍。

新加坡的《联合早报》也指出，中国的空气污染如果再不引起高度警惕，不真正下大决心、大力度去治理，恐将造成惨痛损失。

这一点也不是危言耸听。空气是人类最基本的生存条件之一。人没有食物和水，尚可支撑若干天。但若没有了空气，几分钟内人就得死亡。在世间万物中，什么东西最宝贵，人的生命最宝贵，人的健康最宝贵。因此，治理雾霾，刻不容缓。

雾霾的出现，是特定气候条件与人类活动相互作用的结果。高密度人口的经济及社会活动必然会排放大量细颗粒物，包括PM2.5，一旦排放超过大气循环能力和承载度，细颗粒物浓度将持续积聚，此时如果受静稳天气等影响，极易出现大范围的雾霾。

雾霾，是雾和霾的组合词。雾霾常见于城市。机动车的尾气是雾霾颗粒组成的最主要的成分。最新的数据显示，北京雾霾颗粒中机动车尾气占22.2%，燃煤占16.7%，扬尘占16.3%，工业占15.7%。1952年12月，伦敦全城烟囱林立，都冒着浓烟，千家万户也全是烧煤取暖。发生"杀人雾事件"那几天，伦敦处在高气压控制下，百米低空形成了高危污染层，空气凝固不动，而数十万个烟囱却依然冒烟不止，烟雾越积越浓，每立方米大气含二氧化硫比平时高出6倍，颗粒污染浓度为平时的9倍，整座城市弥漫着浓烈的"臭鸡蛋"气味。此外，雾霾还包含冬季烧煤供暖所产生的废气、建筑工地和道路交通产生的扬尘，家庭装修中也会产生粉尘"雾霾"，等等。

科学家还发现，可生长颗粒、细菌和病毒的粒径相当于PM0.1—PM2.5，空气中的湿度和温度适宜时，微生物会附着在颗粒物上，特别是油烟的颗粒物上，微生物吸收油滴后转化成更多的微生物，使得雾霾中的生物有毒物质生长增多。如今很多城市的污染物排放水平已处于临界点，对气象条件非常敏感，空气质量在扩散条件较好时能达标，一旦遭遇不利天气条件，空气质量和能见度就会立刻下滑。

治理雾霾，出路何在？许多专家纷纷献计献策。马骏博士和李治国教授写了一本书：《PM2.5减排的经济政策》。经济学家吴敬琏为其写了一篇书评《雾霾治理的根本出路》，指出："马骏博士和李治国教授的这本《PM2.5减排的经济政策》的重要贡献，在于通过缜密的经济学分析，指出并量化了依赖环保型末端治理的局限性，探讨了导致大气污染的更深层原因，并提出了更有效的治理方法。""本书作者在深入分析的基础上提出的一个重要的观点是：治理雾霾一方面要靠运用环保技术，但同时要花更大的力气去解决经济结构中重工业比重太高、一次能源过度依赖煤炭、交通运输过度依赖公路的问题。"

吴敬琏还认为，本书指出，虽然末端治理方面的缺失是导致污染加重的原因之一，但包括经济结构、能源结构、交通运输结构在内的多种结构扭曲才是罪魁祸首。作者不但指出了结构性扭曲的问题，而且用数量方法估算了各种结构性扭曲对雾霾形成的影响(或未来减少结构性扭曲能够对污染减排作出的贡献)。(《中国新闻周刊》第692期)这些意见，是很切中时弊的，也是行之有效的。

雾空气污染是个重大的民生问题。治理雾霾不是一蹴而就的事情，但也不是毫无办法。雾霾治理是一个痛苦的过程，能源改造、企业搬迁、GDP的调整，都需要下决心、花成本。有一位英国专家说，即便是在人口总数远远小于中国的英国，要根本扭转这一局面也需要花上10年至20年的时间。但钟南山不同意此说，他认为，动用"举国体制"治理雾霾，五年应该能见到效果。

为了人的健康，为了长远的发展，现在把GDP降低一些，也是值得的。好比游泳一样，把头埋在水里拼命往前游，偶尔出来换一口气，是为了游得更远、坚持的时间更长。北京市长王安顺说，所以北京经济的换挡期是需要的，把经济速度降一点，留点空间调整产业结构和转变经济发展方式，也是得大于失。

为避免伦敦灾难再次出现，需要政府进行严格管控并对清洁发电站和相关产业进行巨额投资。这是治理环境问题的重要经济途径。在市政协举行的经济发展专题座谈会上，北京市长王安顺表示，为了到2017年能够天蓝、水清、地绿，投资一万亿元是值得的。2014年9月，国务院专门出台治理大气污染的条例，王安顺代表北京与中央签订责任状，立下壮士断腕的决心。"也是生死状，因为中央领导说,2017 年实现不了空气治理就‘提头来见’。既是玩笑话,也说明了这句话的分量很重。”北京市原则上不再发展一般制造业,要坚决调整低端产业,下决心关闭一批服装、建材、小商品等批发市场,实现腾笼换鸟。

李克强总理 2014 年在两会上表示,2014 年预计淘汰钢铁产能 2 700 万吨,水泥产能 4 200 万吨,平板玻璃 3 500 万标准箱,煤炭小锅炉 5 万台;燃煤电厂脱硫改造 1 500 万千瓦,脱硝改造 1.3 亿千瓦,除尘改造 1.5 亿千瓦,淘汰黄标车和老旧车 600 万辆。这些措施,都是治理雾霾的治本之道,先做减法,持之以恒,必然会见成效。根据环保部公布的数据,2014 年,我国实施空气质量新标准的 74 个城市,PM2.5 年均浓度比上年平均下降 11.1%。三大重点区域中,京津冀下降了 12.3%,长三角下降了 10.4%,珠三角下降了 10.6%。

马克思指出:“现代的社会不是坚实的结晶体,而是一个能够变化并且经常处于变化过程中的机体。”(《资本论》第一卷(上),第 12 页)诚然如此。北京的天空,同样不是一个永远是雾霾满天的“结晶体”,而是一个“能够变化并且经常处于变化过程中的机体”。雾霾可以不断地生成,也可以经过长期的不懈努力而消退。大力推进生态文明建设,我们一定能够在把蓝天变成常态的同时,实现 GDP 的稳定增长,全面建成小康社会。

八、股份制、股票、教育

股份制是个好东西

假如必须等待积累去使某些单个资本增长到能够修建铁路的程度，那么恐怕直到今天世界上还没有铁路。但是，集中通过股份公司转瞬之间就把这件事完成了。

马克思：《资本论》第一卷（下），第688页。

这是马克思在《资本论》第一卷第二十三章“资本主义积累的一般规律”中谈股份制的一段文字。在这段话的前面，还有这样一段文字：“集中补充了积累的作用，使工业资本家能够扩大自己的经营规模。不论经营规模的扩大是积累的结果，还是集中的结果；不论集中是通过强制的道路进行吞并，——在这种场合，某些资本成为对其他资本的占压倒优势的引力中心，打破其他资本的个体内聚力，然后把各个零散的碎片吸引到自己方面来，——还是通过建立股份公司这一比较平滑的办法把许多已经形成或正在形成的资本溶合起来，经济作用总是一样的。”（《资本论》第一卷（下），第688页）马克思又指出：“通过集中而在一夜之间集合起来的资本量，同其他资本量一样，不断再生产和增大，只是速度更快，从而成为社会积累的新的强有力的杠杆。”（《资本论》第一卷（下），第689页）

把这几段话联系起来读，就可以很清楚看出，马克思对资本集中后出现的新生事物股份制，是极表赞成的，认为它是一个“比较平滑的办法”。

股份制这个办法之所以“比较平滑”，是因为股份公司把许多已经形成或正在形成的资本融合起来，贯彻了自愿联合的经济原则，避免了剧烈的经济震荡，能较为稳妥地集中巨额资本。虽然通过市场竞争对企业进行吞并也能达到资本集中的目的，但通过股份制形式进行的资本集中与之相比，更有其独特的优势。实践证明，这个办法对人类社会生产力的发展作出了贡献。如造铁路这样一个大工程，“通过股份公司转瞬之间就把这件事完成了”。马克思还说过，在工业上运用股份公司的形式，标志着现代各国经济生活中的新时代。它显示出过去料想不到的联合生产能力。股份公司对国民经济的迅速增长起了重大的影响。

由此可见，在资本主义社会的初级阶段，股份制就是个好东西。马克思在《资本论》中，对股份制进行了深入考察和研究，形成了系统的理论体系。

马克思从来没有完全否定股份制，相反，他把股份制度作为私人和私有制企业的对立物进行了精辟的论证。马克思认为，股份公司是资本主义生产力的增长和资本的个人所有制形式之间矛盾的产物，是社会化大生产的产物。它的出现，促进了资本集中和生产发展，是资本主义私有制的一种新的实现形式。马克思写道：“单个的货币所有者或商品所有者要蛹化为资本家而必须握有的最低限度价值额，在资本主义生产的不同发展阶段上是不同的，而在一定的发展阶段上，在不同的生产部门内，也由于它们的特殊的技术条件而各不相同。还在资本主义生产初期，某些生产部门所需要的最低限额的资本就不是在单个人手中所能找到的。这种情况一方面引起国家对私人的补助，如柯尔培尔时代的法国和直到目前的德意志若干邦就是这样。另一方面，促使对某些工商业部门的经营享有合法垄断权的公司的形成，这种公司就是现代股份公司的前驱。”（《资本论》第一卷（上），第 343 页）在资本主义生产初期，企业的生产规模不断扩大，创办一个大型企业所需的最低投资额也在不断增加，往往超过了单个资本家的投资能力，某些生产部门由于所需资本的最低限额不足，单纯依靠资本积聚已远远不能满足扩大再生产追加资本的需要，为克服这一矛盾，采取发行股票的方式筹集资本，实行资本入股联合经营，创办股份企业是理性的抉择。国家也对这些私人企业进行补助，这就促使某些享有合法垄断权的企业的形成，这些由过去独资性质的私人企业转化为国家投资与私人资本合股或私人资本之间合股经营的企业，就是现代股份企业的前驱。

由马克思的论述我们可以看出，股份制作为一种资本组织形式，只是在没有从根本上触及资本主义私有制本身的前提下，对资本主义生产关系从组织形式方面进行的一种内部自我调整。马克思又指出："那种本身建立在社会生产方式的基础上并以生产资料和劳动力的社会集中为前提的资本，在这里直接取得了社会资本（即那些直接联合起来的个人的资本）的形式，而与私人资本相对立……这是作为私人财产的资本在资本主义生产方式本身范围内的扬弃。""股份制度——它是在资本主义体系本身的基础上对资本主义的私人产业的扬弃；它越是扩大，越是侵入新的生产部门，它就越会消灭私人产业。""在股份制度内，已经存在着社会生产资料借以表现为个人财产的旧形式的对立面。"(《马克思恩格斯全集》第二十五卷，第493、496、497页)。这里所讲的股份制资本，是与私人资本相对立的"社会资本"，"社会资本"是指由众多单个私人资本联合起来的公司资本。德文"社会"一词的原文为"Gesellschaft"，有"社会"、"公司"两个含义。因此，"社会资本"是私人资本的联合和放大，是社会化的资本，不能将其理解为公有制资本。从马克思的这些论述中不难看出，股份制度具有两面性：一方面，由于股份公司的股票由私人持有，因而它的私有性质不会从根本上消除；另一方面，由于股份公司取得了社会资本和社会企业的形式，所以在所有权上，它是与私人资本和私人企业相对立的，是在资本主义体系内对资本家个人和私有权的否定。股份制度的两面性表明，股份制并不一定具有私有制性质，在不同的社会条件下，它会为不同的社会制度服务。

马克思虽然没有为我们准备现成的社会主义的股份制理论，但他所阐述的有关股份制的一般原理，对于我们创造性地利用股份制来为发展社会主义市场经济服务，对澄清国有企业改革中的理论误区，保证国有企业的股份制改造沿着社会主义方向发展，具有重要的现实意义。改革开放以来，我们把股份制这个资本主义市场经济的"合理的内核"吸取了过来，同样取得了成功。

《新民晚报》2007年11月21日头版发表记者邵宁写的一篇报道，标题是"上海一民企三分之一职工是股东"。内容介绍上海富大胶带制品公司从2000年起实行从少数投资者控股向经营管理者和员工共同控股的重大改革，企业利润一半用于全体员工分享，三分之一员工为股东，所有员工每两年至少加一次工资，不少普通员工成了百万富翁。

这家公司从2000年起，实施了从少数投资者控股向经营管理者和员工共同控股的重大改革。员工得到股份的途径有三种：企业根据员工贡献大小赠股、员工自己出钱买股、每年年终分配以奖金折股。于是，下岗女工也成了百万富翁。12年前，当朱培娟从上海雨衣厂下岗时，怎么也想不到自己日后会成为企业的股东，年收入数十万元。朱培娟1996年进富大公司当销售员，当时工资600元。10年间，她的薪水年年增长。如今已是“销售标兵”的她，月工资5 000元，年终奖金加股权收益达到三四十万元，买了房子，开起了私家车。这位昔日的下岗女工眼角眉梢都是自信：“在这里工作心情很好。老板对我们这么关心，我们在外打拼也有动力!”

目前，公司160多名职工持有公司股权，占职工总数的34%，他们的股权持有量已超过企业总股权的27%。2008年，富大公司年终获赠股金额在10万元以上的员工有50多人。在富大公司，员工既是雇员，也是老板的合作者，合作时间越长，得到的利益越多。这种双赢的分配方式，将员工的积极性调动起来了，他们都把自己当作企业的主人。企业的资源，无论是一度电，还是一张纸，大家都很珍惜。这从一个侧面印证了马克思所说的“从而成为社会积累的新的强有力的杠杆”立论的正确性。企业的股份，有老板的，也有职工的，一荣俱荣，一损俱损，老板与职工的利益捆绑在一起，从而促使企业的职工和老板一起，关心企业的发展和成长。从这个意义上说，富大胶带制品公司的股份制是社会主义市场经济的一个创造。

富大老板提供了另一种“蛋糕理论”：员工不只是“打工仔”，还应该是企业的主人，员工持股成为企业的股东，就成了名副其实的主人。这样能够促使员工怀着主人的责任感，努力为企业多创造效益，“员工拿得多了，老板得到的更多”，“小蛋糕”也变成“大蛋糕”，员工与老板利益捆绑在一起，反而使劳资双方实现了和谐共赢。股份制验证了马克思所说的在公有制基础上重建个人所有制的理论。股份制是法人治理结构，产权是在一定范围内的公有制；任何一个股东对公司的财产都没有支配、使用、处置、分配权，但股东又是公司的所有者，具有终极所有权。这就是在公有制基础上重建个人所有制，它就是社会所有制的实现形式。富大案例显示，只有追求共富，才能做大“蛋糕”。这个“蛋糕理论”是符合马克思的股份制理论的。它能帮助从一部分人先富起来到让更多的人共同富裕起来，完全合乎有中国特色的社会主义的基本原则。

马克思谈股票

(股票作为一种)所有权证书,例如铁路的所有权证书,每天都可以易手,它们的所有者甚至可以在国外出售这种证书而获得利润,因此,铁路本身虽然不能输出,所有权证书却是可以输出的。

马克思:《资本论》第二卷,第 235 页。

中国拥有数量庞大的股民人群,股市行情大起大落,股民心情随之起伏,俗话称之为"乘电梯"。究竟股市的来龙去脉如何,股市前景如何? 也不妨听听马克思的意见。

马克思在《资本论》里多次提到股票。最著名的一段话是:"股票,如果没有欺诈,它们就是对一个股份公司拥有的实际资本的所有权证书和索取每年由此生出的剩余价值的凭证。"(《资本论》第二卷,第 387 页)这是马克思为股票所作的经典注释。股份企业采取了发行股票的集资方式,其所有权证书就叫股票。在非股份制企业中,财产是由个人或合伙人出资和掌握的。股份企业的资本则通过发行股票来筹集。在这里,股票是股份企业发给股东的入股凭证。股票有很多类别,普通股和优先股是最常见的两种形式。

不管五花八门的股票有什么样的不同,归纳起来,股票具有以下特点:

第一,股票所代表的资本是虚拟资本。它是账面上的资本,而不是实际的资本,它随着股市的行情而上下浮动。在马克思看来,股票与债权(汇票)、国家证券一样,都是虚拟资本。马克思说:"不要忘记,银行家保险箱内的这些证券,即使是对收益的可靠支取凭证(例如国家证券),或者是现实资本的所有权证书(例如股票),它们所代表的资本的货币价值也完全是虚拟的,是不以它们至少部分地代表的现实资本的价值为转移的;既然它们只是代表取得收益的权利,并不是代表资本,那么,取得同一收益的权利就会表现在不断变动的虚拟货币资本上。"(《资本论》第二卷,第 532 页)假定一张股票的名义即股票原来代表的投资额是 100 元,又假定企业提供的每股每年分红均为 10%,那么,在利息率是 5%时,根据计算可得,这张股票的市场价值就是 200 元。因为这张股票是按利息率 5%

资本化,现在已经代表200元的虚拟资本。因为股票价值等于其未来价值的折现,取决于未来的收益和折现率。但实际上,一家企业未来的收益和折现率都是不确定的,因为未来收益取决于投资对象的经营业绩,这种经营业绩受其多种不确定因素的影响,因而也是不确定的。股票的价格,就是这样"表现在不断变动的虚拟货币资本上"。

第二,股票可以流通。股东认购了股票之后,可以通过转让股票的方式收回资本。马克思还说过,股票作为一种"所有权证书,例如铁路的所有权证书,每天都可以易手,它们的所有者甚至可以在国外出售这种证书而获得利润,因此,铁路本身虽然不能输出,所有权证书却是可以输出的"(《资本论》第二卷,第235页)。在流通的过程中,股民可以通过低吸、高抛,赚进钞票。

第三,股票价格有其特殊性。股票价格与一般商品的价格决定不一样,它不受价值规律支配,主要取决于预期股息收入的多少和当时银行存款利率的高低。马克思指出:"在货币市场紧迫的时候,这种有价证券的价格会双重跌落;第一,是因为利息率提高,第二,是因为这种有价证券大量投入市场,以便实现为货币。不管这种证券保证它的所有者取得的收益,象国家证券那样是不变的,也不管这种证券所代表的现实资本的增值象在产业企业中那样会因再生产过程的扰乱而受到影响,在这两种场合,这种价格跌落的现象都是会发生的。"(《资本论》第三卷(上),第530页)在经济繁荣时,银根放松和对股票需求的增加等,会促使股票价格上扬。

20世纪80年代初,我国随着社会主义经济的发展,社会上自发出现了各种形式的筹资融资活动,也出现了少数小的股份公司并开始发行股票,有价证券转让市场也出现了。1986年8月,沈阳市信托投资公司开办窗口贸易。同年9月,上海市工商银行信托投资公司静安区证券业务部也开始证券柜台交易。

邓小平一直关注着我国金融市场的发展,鼓励中国的经济界借鉴国外的先进经验,探索中国市场发展之路。1986年,中国人民银行和美国证券界人士召开了一次国际会议,讨论我国证券市场、金融市场的发展问题。邓小平亲切接见了会议代表。美国代表有美国纽约证券交易所主席约翰·凡尔林等。在会上,凡尔林向中国索要股票。时任中国证监会主席刘鸿儒和中国人民银行上海分行联系,找出一张上海飞乐音响股份有限公司的股票,邓小平在接受凡尔林赠送给他的纽约证券交易所的证章和证券样后,将第一张上海飞乐音响股份有限公司的股票回赠给客人。后来,这张股票作为中华人民共和国成立后的第一张股票

一厢情愿

陈庆勋

在美国纽约证券交易所展出。1992 年初，邓小平到南方视察，又明确地指出："证券、股市，这些东西究竟好不好，是不是资本主义独有的东西，社会主义能不能用？允许看，但要坚决地试。看对了，搞一两年对了，放开；错了，纠正，关就是了。关，也可以快关，也可以慢关，也可以留一点尾巴。怕什么，坚持这种态度就不要紧，就不会犯大错误。"(《邓小平文选》第三卷，第 373 页)

马克思在《资本论》里对证券、股市的多次论述，是对资本主义社会的经济现象提出的重要的科学论断。那么，社会主义国家是不是允许资本市场的存在，股票能不能为社会主义市场经济所用？这两个问题，当时是有争论的。我们在马克思的著作中，又找到了有力的答案。在《马克思恩格斯全集》第二十九卷里，有马克思致恩格斯的一封信，其中有这样一段话："股份资本，作为最完善的形式(导向共产主义的)，及其一切矛盾。"这段引文括号里的一句话非常重要。既然股份资本是"作为最完善的形式"，并且是"导向共产主义的"，那自然也是适用于共产主义的低级阶段社会主义的。1992 年 6 月，中国证监会主席刘鸿儒在《人民日报》发表了一篇长文，题目是"关于我国试行股份制的几个问题"，其中引用了马克思上述的这段话，于是，关于股份制、股票是姓资还是姓社的争论偃旗息鼓。股票市场在中国就蓬蓬勃勃地发展起来了。中国股票市场的发展事实，又雄辩地证明了马克思的预见是十分正确的。

但是，我们也能看到，股市中的确有泡沫。作为金融产品的衍生物的股票本身，注定就是有泡沫的，也正因为有这些五彩的泡沫，也正因为有了可以以钱赚钱、兑现套利的证券市场，股票才具有吸引人的强烈魅力。马克思说过："由这种所有权证书的价格变动而造成的盈亏，以及这种证书在铁路大王等人手里的集中，就其本质来说，越来越成为赌博的结果。赌博已经代替劳动，并且也代替了直接的暴力，而表现为吞取资本财产的原始方法。"(《资本论》第三卷，第 541 页)这个存款总额既可以"成倍地增长"，也可以大大地缩小。在"成倍地增长"的后面，隐藏着大大地缩小的可能。这就是股市泡沫的两点论。

股市中泡沫的危害不可等闲视之。日本的经济泡沫开始于 20 世纪 80 年代后期，为刺激经济发展，日本中央银行鼓励资金流入房地产以及股票市场，致使房地产和股票价格暴涨。1985 年 9 月，美、德、日、法、英五国财长签订了"广场协议"，同意美元贬值。美元贬值后，大量国际资本进入日本房地产业，更加刺激了房价的上涨。1991 年后，随着国际资本获利后撤离，日本房地产泡沫迅速破灭，房地产价格随即暴跌。股指也快速下跌，比最高峰期下降了 63%，上市股票时价总额由1989年年底的630万亿日元降至299万亿日元，三年减少了331万亿日元，日本股市的泡沫彻底破灭。股市泡沫的破灭带来的后果非常严重，打击了日本的实体经济，整个国家的财富缩水了近50%，银行充斥着大量的坏账、呆账，日本经济从此陷入长达十年的萧条之中。

"股市有风险，入市需谨慎。"这句话，虽然是老生常谈，但的的确确要牢记。

马克思也炒过一次股票

> 股票，如果没有欺诈，它们就是对一个股份公司拥有的实际资本的所有权证书和索取每年由此生出的剩余价值的凭证。
>
> 马克思：《资本论》第二卷，第387页。

马克思这段对股票的论述，说明他对股票的价值和作用是认同和肯定的。它的前提是："如果没有欺诈。"在预期的股息收入已定的情况下，股票"价格的涨落就和利息率成反比"(《资本论》第三卷，第530页)。假定一张股票的票面金额仍然是100元，又假定股份企业每年提供的股息为20元，如果银行利率为10%，则这张股票的市场价格为200元，如果银行利率下降到5%，股票的市场价格就由200元上升到400元。马克思还从行业的角度对股票进行了分类，"首先是货币机构本身的股票：银行股票；股份银行的股票；交通工具的股票(铁路股票最重要，运河股票，轮船公司股票，电报局股票，公共马车公司股票)；一般工业企业的股票(矿业股票最重要)。其次是公用事业企业股票(煤气公司股票，自来水公司股票)。……保管商品的企业股票……最后，作为全体的保证，有各种保险公司的股票。"(《马克思恩格斯全集》第四十六卷，第238页)这说明马克思对股票还是很内行的。但是，他对炒股，是君子动口不动手。因为他手头没有炒股的闲钱。连买面包的钱都付不出，怎么能炒股?

不过，在马克思的一生中，有一次例外。他曾炒过一次股票，而且获利颇丰，解决了生活困难的一个大问题。那是1864年，马克思在伦敦做研究工作，经济一直比较拮据，基本上没有收入，依靠恩格斯等友人的资助。当时，马克思健康状况也很差,他称自己是“一直徘徊在坟墓的边缘”。医生对他的忠告就是不可以从事紧张和长时间的脑力劳动。囊中羞涩和脱离工作的滋味,让他经常郁郁寡欢。

1864年5月,机会来了。5月9日,马克思的老朋友威廉·沃尔弗因病去世。他在去世前,留下了一份遗嘱:将自己一生辛勤积攒的八九百英镑送给马克思。马克思接受了这笔不菲的遗产,在生活上可以几年无后顾之忧。他决心不辜负老朋友的信任,干出一番事业来。马克思凭着自己对经济学的颇深造诣,认真仔细地研究了当时英国刚颁布的《股份公司法》条文,敏锐地意识到英国的股份公司一定会在短期内快速发展,股票市场也会随之爆出繁荣。马克思决定亲自上阵,一为松弛紧张的情绪,二则体验一下投资股市的生活,赚一点外快。

于是,马克思在7月4日写信给恩格斯,请他帮个忙:“假如我在最近十天内有钱的话,我就可以在这里的交易所赚许多钱,现在在伦敦又到了可以靠机智和少量的资金赚钱的时候了。”“要是你能在7月15日以前了结这一切事情,我将十分感激。”(《马克思恩格斯全集》第三十卷,第409页)这笔钱,恩格斯本来想把它存在施泰因塔耳那里,并向马克思保证,可以得到五厘的年息,但恩格斯接到信以后,便用6天的时间,为马克思办好了沃尔弗的遗产交接手续,并给马克思复信道:“一旦你想得到遗产中你那部分约计的款额,你就可以拿到。你那部分至少有六百英镑,甚至可能更多;因此,我们还可以给你寄去三百五十英镑左右,并且我将设法使你在本星期内就能收到。”(《马克思恩格斯全集》第三十卷,第411页)这样,马克思果然在7月15日前收到了恩格斯汇来的950英镑。

马克思于是专心研究股市行情,每天买份《金融时报》,留心关注股票每日的指数变化。终于,他看准时机,果断地把600英镑分4次购买了不同类别的股票证券。在股票价格上涨一段时间后,他毫不犹豫地逐一清仓,不到一个月时间,就以600英镑的本金,净赚400英镑的纯利润。这让马克思兴奋不已。400英镑在当时是一笔相当大的数目。当时,马克思为《新闻报》写社论,每篇的稿费是1英镑。400英镑加上接受沃尔弗馈赠的约900英镑,使马克思在相当长一段时间内免除了经济上的困窘,能安心从事《资本论》的著述。

对于这段炒股经历,马克思颇为自得。1864年6月25日,马克思在致表舅莱昂·菲力浦斯扎耳特博默耳的信中,谈到关于做股票买卖的情况。他在信中说:“医生不许我从事紧张的和长时间的脑力劳动,所以我——这会使你大吃一惊——就做起投机生意来了。一部分是做美国国家有息证券的投机,但主要是做英国股票投机,英国股票今年在这里如雨后春笋般地增加起来(这是些五花

徐克仁

八门的股份企业，它们扩充到不可思议的规模，然后又纷纷倒台)。我用这个办法赚了四百多英镑，而现在，当错综复杂的政治局势又给投机活动大开方便之门的时候，我又开始搞起来了。搞这种事情占去时间不多，而且只要稍微冒一点风险就可以从自己的对手那里把钱夺过来。”(《马克思恩格斯全集》第三十卷，第662页)马克思用他的经济学知识做股票买卖，小试牛刀，可惜他的资金太少，不能长期地将一部分钱用来做股票生意，再加上国际工人协会(即第一国际)于1864年9月成立，革命活动占去了他的全部精力，马克思的炒股经历就在当年结束了。这是马克思第一次涉猎证券的投资生意，也是他人生中唯一的一次炒股经历。

在每一次证券欺骗中，每个人都知道：暴风雨会到来。但每个人都希望：在暴风雨到来之前，自己已经捞了大钱，并藏在安全地方，暴风雨会打在别人的头上。等我过去后，再发洪水吧！但是，精明的马克思炒股是见好就收，赚了钱入袋为安，绝不贪得无厌。马克思清醒地意识到，在股市里偶尔玩一把可以，但股市风险太大，此地不可久留。暴风雨快来了，三十六计，走为上计。在《资本论》第三卷的“货币资本和现实资本”章节中，马克思谈到了代表现实资本的股票及证券交易所中的股票价格行情。他说，我们看到，即使撇开“股票溢价发行”不说，证券交易所也不是“资本市场”，而是货真价实的赌场。美国著名幽默小说大师马克·吐温曾在其短篇小说《傻头傻脑威尔逊的悲剧》中，借主人公威尔逊之口说出一句名言：“十月，这是炒股最危险的月份；其他危险的月份有七月、一月、九月、四月、十一月、五月、三月、六月、十二月、八月和二月。”马克·吐温是借威尔逊之口诉说了他自己在股市中的切肤之痛。当年，马克·吐温曾经迫于还债压力，进军股市希冀大捞一笔，但是结果屡战屡败，屡炒屡输，最终只换来一句“威尔逊”的名言。马克思虽然赚到了一大笔钱，但他明白自己最重要的工作是完成《资本论》。用马克思的话来说就是“我必须把我能够工作的每一分钟用来完成我为之牺牲了健康、人生幸福和家庭的著作”(《马克思恩格斯书信选集》，第197页)，而不能在股市里当一个奋力搏杀天天算账的老股民。

此后，有朋友劝马克思不妨继续股票投资，但马克思认为，老朋友威廉·沃尔弗赠送的遗产确实是雪中送炭，虽然赚了一把，但要适可而止。太过沉迷，弄得不好，赔个血本无归，就太对不起威廉·沃尔弗了。

牛顿炒股的教训

> 它再生产出了一种新的金融贵族，一种新的寄生虫，——发起人、创业人和徒有其名的董事；并在创立公司、发行股票和进行股票交易方面再生产出了一整套投机和欺诈活动。这是一种没有私有财产控制的私人财产。
>
> 马克思：《资本论》第三卷（上），第496页。

这是马克思关于股票的又一段名言，值得我们注意。

这里先谈谈大名鼎鼎的科学家牛顿炒股先盈后亏的一段趣闻。牛顿也是一个疯狂的股民。他不满足于科学上取得的划时代的成就，想凭自己天才的头脑，在炒股上也“博一记”，发一笔大财。

投身股市不久，牛顿果然尝到了甜头。1711年，有着英国政府背景的英国南海公司成立，并发行了最早的一批股票。当时人人都看好南海公司，其股票价格从1720年1月的每股128英镑左右迅速攀升，涨幅惊人。4月份，看到如此利好消息，牛顿利用自己大约7 000英镑左右的资金，毫不犹豫地购买了南海公司的股票。果然不出所料，牛顿遇到了牛市，他买的股票暴涨，仅过两月，股票价格涨了一倍，比较谨慎的牛顿把这些股票立即脱手，一下子，竟然赚了7 000英镑，看看每日股市行情的摸高，比印钞机印钞票还快，使这位当过英格兰皇家造币厂厂长的科学家心跳不止。首次炒股的盈利，是牛顿当造币厂厂长年薪的3.5倍。

但是，刚抛掉股票，牛顿立即后悔了。因为到了7月，股票价格达到了1 000英镑，几乎增值了8倍。于是，牛顿决定再“博一记”，加大股市资金的投入，再买南海公司的股票。然而，股市实在是变幻莫测。牛顿万万没有想到的是，此时的南海公司却陷入了经营困境，股票的真实价格与市场价格严重脱钩，直线上升的价格中有着大量的泡沫，并且在此前的6月，英国国会通过了《反泡沫公司法》，对南海公司等公司进行政策限制。结果没过多久，南海公司股票大幅跳水，到12月份，最终从1 000英镑跌落到124英镑，从终点回到起点，许多投资人血本无归，牛顿也未及脱身，亏了2万英镑！这笔钱相当于他当英格兰皇家造币厂厂长的十年年薪。事后，牛顿慨叹："我能计算出天体运行的轨迹，却难以预料到人们的疯狂。"的确如此，炒股与天体运行轨迹的研究，毕竟是两码事。能精确地运算出天体运行的轨迹，却未必能在大户室内运筹帷幄、连连得手。股市不相信眼泪。在科学事业上有巨大发现的牛顿，只能是欲哭无泪了。

牛顿炒股的教训在于，他犯了几百年来许多股民所犯的通病：太贪婪。大凡人都有贪婪之念，就像细胞附着身体、贪婪附着头脑一样，在股市中，又时刻左右着炒股票的思路。牛顿也不例外。他赚了大笔钱，还想赚更多的钱。伊索说过："有些人因为贪婪，想得到更多的东西，却把现在所有的也丢掉了。"贫穷的人只要多得一点东西就可以感到满足，奢侈的人需要很多东西也可满足，但是贪婪的人却需要得到一切东西才能满足。所以贪婪的人总是不知足，他天天生活在不满足的痛苦中，贪婪者想得到更多，但最终将两手空空。牛顿是一个伟大的科学家，却是一个渺小的炒股者。

炒股，从某种意义上说，似一场赌博，是一次投机。诚如马克思所说："在这里，一切尺度，一切在资本主义生产方式内多少还可以站得住脚的辩护理由都消失了。进行投机的批发商人是拿社会的财产，而不是拿自己的财产来进行冒险的。"他又说："信用使这少数人越来越具有纯粹冒险家的性质。因为财产在这里是以股票的形式存在的，所以它的运动和转移就纯粹变成了交易所赌博的结果；在这种赌博中，小鱼为鲨鱼所吞掉，羊为交易所的狼所吞掉。"(《资本论》第三卷(上)，第496—497页)牛顿先是一条鲨鱼，吃掉了不少小鱼，后来自己又变成一条小鱼，被别的大鲨鱼吃掉；他先是一头狼，后又变成一只羊，成为狼果腹的对象。他先吃别人，后被他人吃掉。大喜大悲，集于一身。从此他再也不玩股票了。在全世界的股市中，像牛顿这样的悲喜剧，几乎是每天都在重复上演着。

在股市中，真正的常胜将军，是少之又少的。连被誉为"股神"的沃伦·巴菲特，也难免有失手之时。巴菲特曾扬言："在别人贪婪的时候恐惧，在别人恐惧的时候贪婪。"但是，他的贪婪同样没有好结果。在2008年10月西方金融危机爆发之时，巴菲特很有自信地想在普遍危机来临之时大捞一把，在一周内用近百亿美元抄底，大量买进美国康菲石油公司股票，还在其他方面作了投资，但他失败了，巴菲特麾下伯克希尔·哈萨韦公司股价下跌约18%，致使巴菲特身家缩水超过100亿美元。他此前投资高盛50亿美元，也成为投资者的笑谈。沃伦·巴菲特于2009年3月中旬给其所在公司的股东们发去了一封投资情况说明信。在这封信件中，巴菲特坦承自己在2008年国际油价接近最高点时大量买进美国康菲

陈庆勋

石油公司股票,是一次明显的失败,是 2008 年投资的"最大错误",他向伯克希尔·哈萨韦公司的股东们郑重道歉。即使巴菲特是世界公认的价值投资专家,"股神"者也,说说而已,毕竟巴菲特是人,而不是神。只要食人间烟火,他也会像每个普通投资者一样犯错误。股市里,没有"神",有的是芸芸众生。常在河边走,哪能不湿鞋?真正的智者是从哪里跌倒,又从哪里爬起来。诚如马克思所说:"在这里,成功和失败同时导致资本的集中,从而导致最大规模的剥夺。"(《资本论》第三卷(上),第 497 页)巴菲特的大规模的被剥夺,和他的大笔盈利一样,都是正常的。

最后,附带说一句,和牛顿炒股的大起大落相比,经济学家凯恩斯的炒股经历则不仅很长,而且还能长期获得良好收益。凯恩斯在做经济学研究之余,也常常进行股票投资。他是有创见的理论家,又是富有经验的炒股高手。他 36 岁时的资产只有约 1.6 万英镑,到 62 岁逝世时,已达 41 万英镑。在这些个人资产中,炒股盈利占了很大比重。不过,凯恩斯也不是常胜将军,但他的可爱之处是在股海沉浮中的那份坚持,帮助他常常走出低谷。1928 年他以 1.1 英镑的价格买入 1 万股汽车股票,不久,这只股票一度跌至了 5 先令,但凯恩斯没有自乱阵脚,没有赶紧把这只"烫手山芋"甩掉。他一直在等待,到了 1930 年,终于等到股价回到他的买入价之上,他立即出手抛掉,赚了一大笔钱。凯恩斯的镇静和耐心,也是超凡脱俗的,值得新老股民们注意。

凯恩斯的特别之处,还在于他通过自己炒股的经历提出了经济学理论,其中最著名的,就是"空中楼阁"定理。凯恩斯提及:"股票市场的人们,不是根据自己的需要而是根据他人的行为来作出决定的,所以这是空中楼阁。""空中楼阁",是虚拟资本的形象化的说法,是凯恩斯对股票的特性的一种科学的概括。

事实证明,股市是人为操作的赌场,在股市泡沫涌起时,要有清醒的头脑,贪婪不要太多(说没有贪婪是假的),才能有所收获。比较一下凯恩斯和牛顿炒股的得与失,对今天的中国新老股民来说,是不是有点借鉴意义呢?

股市犹如赌场

商品资本代表可能的货币资本的那种特性,在危机中和一般在营业停滞

> 期间，将会大大丧失。虚拟资本，生息的证券，在它们本身是作为货币资本而在证券交易所内流通的时候，也是如此。
>
> 马克思：《资本论》第三卷(下)，第558页。

在金融危机的袭击之下，股市情况如何，炒股有没有出路，马克思对此又说了些什么？

在《资本论》第三卷，马克思在第三十章“货币资本与现实资本”中，用了一定的篇幅谈了这个问题。在上述这段话的后面，马克思又写道：“它们的价格还会由于信用的普遍缺乏而下降，这种缺乏使证券所有者在市场上大量抛售这种证券，以便获得货币。最后，股票的价格也下降，部分是由于股票有权要求的收入减少了，部分是由于它们代表的往往是那种具有欺骗性质的企业。在危机时期，这种虚拟的货币资本大大减少，从而它的所有者凭它在市场上获得货币的力量也大大减少。”(《资本论》第三卷(下)，第558—559页)

马克思这段话是在一百多年前写的，却为当时和尔后的几十次金融危机的事实所反复证实。

金融危机来了，股票价格下跌是势之必然。金融危机与股票下跌，乃是一对难兄难弟，你中有我，我中有你。股票暴跌，会引发金融危机；金融危机，必定会造成股市动荡。在英国1847年金融危机来临之时，据《商业危机》1847—1848年第3000号公布：公路以及运河和铁路股票已贬值114 752 225镑。

1929—1933年的金融危机，是美国20世纪最大的一次经济危机。美国股市从1929年10月开始，在历经10年的大牛市后，美国金融界全面崩溃，股票一夜之间从顶峰跌入深渊。1932年，著名的美国钢铁公司、通用汽车公司的股票已经跌到了1929年的8%。股指从363点的最高点跌至1932年7月的40.56点，才宣告见底，最大跌幅超过90%，直至20年后的50年代，才恢复到原来高点。

2008年10月爆发于华尔街的这场金融危机，是自1929年美国金融危机后最大的一场金融危机，从2008年10月1日到10月8日，纽约股市连续7个交易日大跌，道琼斯指数累计暴跌21%，创出五年来的新低。如果与2007年同期14 000点高位相比，道琼斯指数跌幅已超过40%，市值损失超过8万亿美元。莫里斯·格林伯格是美国国际集团的前任掌门人，个人资产一度被估计有19

亿美元，但在2008年中，美国国际集团的股票价格下跌了99%，他的损失超过18亿美元。拥有十多年华尔街从业经验的本杰明说："我们处于空前的危机之中，现在最需要的是冷静和勇气，股市也许还会再跌，但是机会也在危机中显现。"

金融危机之所以会引起全球股市的暴跌，这是因为股票是一种虚拟资本。它的价格是很不稳定的，随着风吹草动，会上下波动。马克思指出："随着生息资本和信用制度的发展，一切资本好象都会增加一倍，有时甚至增加两倍，因为有各种方式使同一资本，甚至同一债权在不同的人手里以不同的形式出现。"(《资本论》第三卷，第533页)恩格斯在整理出版《资本论》第三卷时，为这段话加了一个注："在最近几年，资本这种增加一倍和两倍的现象，例如，已由金融信托公司大大发展了。这种金融信托公司，在伦敦的交易所报告内已占有特殊一栏。这种公司是为了购买某种有息证券，例如外国的国家证券、英国的市政债券、美国的公债券、铁路股票等等而成立的。资本，比如说200万镑，是通过认股的方法筹集的。董事会买进了相应的有价证券，或在这上面多少主动地作一些投机，并且在扣去各项开支以后，把年利息收入作为股息分配给各个股东。"(《资本论》第三卷，第533页)经过这些金融信托公司的炒作，股票的价格成倍地升上去了。股民们追涨买跌，又造成股票价格的上涨。马克思接着指出："这种'货币资本'的最大部分纯粹是虚拟的。""正如在这种信用制度下一切东西都会增加一倍和两倍，以至变为纯粹幻想的怪物一样，人们以为终究可以从里面抓到一点实在东西的'准备金'也是如此。"(《资本论》第三卷(下)，第535—536页)一夜之间，金融危机忽然来了，工厂停产、银行倒闭、抵押物丧失、信用制度破产、失业人员增加、物价暴涨，"人们以为终究可以从里面抓到一点实在东西"突然蒸发，股市混乱，股票大跌，乃是题中应有之义。

股市有相当大的投机性，投身股市，犹似进入了赌场。这一点，马克思也明确地指出过。他说："由这种所有权证书的价格变动而造成的盈亏，以及这种证书在铁路大王等人手里的集中，就其本质来说，越来越成为赌博的结果。赌博已经代替劳动，并且也代替了直接的暴力，而表现为夺取资本财产的原始方法。这种想象的货币财产，不仅构成私人货币财产的很大的部分，并且正如我们讲过的，也构成银行家资本的很大的部分。"(《资本论》第三卷(下)，第541页)赌博既已代替劳动，那么，一旦金融危机袭来，乌云满天，山雨已来，赌客们纷纷出逃，抛掉手里的股票以自保，股票市场价格的一泻千里，就不足为怪了。

在金融危机的影响下，许多“常胜将军”这回也吃了败仗了。那么，股市是不是就成了一个火坑，非逃离不可呢？那也不见得。上海有位“草根”股民，名叫杨怀定，人称“杨百万”。他是第一批进入中国证券市场的个人投资者。他将其18年的炒股经验写了一本书：《要做股市赢家》。杨百万说，炒股并不难，只是要有自己的法则。那么，在金融危机影响之下，还能不能炒股？杨百万的回答是：“投资的空间不大，但机会挺多。”他说：“金融危机是不是百年一遇？反过来讲，百年一遇的机会出现了。现在要做的是抓住机会，而不是怨天尤人。”经历过4次股市的动荡，他要告诉所有人，百年一遇的机会来了，关键在于你是否能把握这个机会。

具体来说，在股市里，杨百万坚持炒股的办法是：一抱、二换、三不空仓。“抱”就是心态问题。有的人买了股票，跌了一点就怕了，听到人家说什么股票好，就急忙卖掉去买别的股票，这样换来换去，总是亏。没有“抱”的心态，什么时候也不可能赚钱。“换”就是自己看好的股票涨到一定高位时，就抛一些，等跌一段时间再买入。不空仓，就是不要盲目去追逐热点，看不准的时候宁可保留手中的仓位。“6分心态，3分技巧，1分运气”，这就是杨百万炒股的10分思路。

股市蒸发的钱去哪儿了？

因为财产在这里是以股票的形式存在的，所以它的运动和转移就纯粹变成了交易所赌博的结果；在这种赌博中，小鱼为鲨鱼所吞掉，羊为交易所的狼所吞掉。

马克思：《资本论》第三卷，第497页。

股民把钱投放到股市，目的都是希望赚钱，赚更多的钱。在股市里赚了钱，落袋为安，看得见、摸得着，皆大欢喜；但是，股市倘若下跌，而且跌跌不休，几乎无人抄底，许多股民才终于懂得了“股市有风险”的老生常谈。以前，很多新股民很天真，以为炒股就是把钱放进摇钱机，钱生钱，来得快，或者说压根就没有亏钱的心理准备,在牛市里,买入卖出,完全是人云亦云、靠打探消息过日子。结果,不久后就被深度套牢,或收益腰斩,或本金亏空,很多人亏到连自己的账户都不敢看了。于是,才知道:“人家赚钱,不一定意味着你也能赚钱。”输钱之后,许多股民都发问:股市蒸发的钱去哪儿了?谁是最大的赢家?

对于这个问题,只要读一读马克思说的上面的这段话,就可以明白:股市是赌场,炒股是赌博。在赌场中,你倘若是一条小鱼,则很容易为鲨鱼所吞掉,你如果是一头羊,则很容易为狼所吞掉。你没有炒股的相当的知识,是必输无疑的。

有的股民说,你这样的回答太笼统,不能解决我的具体问题。那么,我们不妨根据马克思的指点,再作一些具体分析。

股票的本质也是商品。在资本主义制度下,马克思指出,首先,股份公司的发展,“它再生产出了一种新的金融贵族,一种新的寄生虫——发起人、创业人和徒有其名的董事;并在创立公司、发行股票和进行股票交易方面再生产出了一整套投机和欺诈活动。这是一种没有私有财产控制的私人生产。“(《资本论》第三卷,第496页)这种新的寄生虫,是寄生在普通股民的身上,靠吸他们的血过日子的。其次,股票交易具有投机性。”因为财产在这里是以股票的形式存在的,所以它的运动和转移就纯粹变成了交易所赌博的结果;在这种赌博中,小鱼为鲨鱼所吞掉,羊为交易所的狼所吞掉。“(《资本论》第3卷,第497页)鲨鱼和狼的胃口是很大的,一有机会,就要张开它们的血盆大口,在股市兴风作浪。特别在股市里波涛汹涌时,更是他们大显身手的机会到了,小鱼和羊们可要十分当心了。

毋庸讳言的是,社会主义市场经济中的股市行情,上涨和下跌,往往千变万化,有其自身固有的运行规律,要受到各种政治和经济因素的影响和制约。比如,2015年6月的A股市场,遭遇了去杠杆资金带来的流动性突然枯竭。人民币贬值、“国家队”入场、降准预期等诸多复杂因素,都不断地搅动着股市的神经,股价大起大落。其中人民币贬值被认为是影响市场资金面的最主要因素。

在股市中,从来离不开“七亏二平一赢”的定律,七个人是注定要亏钱的,赢钱的往往只有一人。且以一个苹果举例:你有一个苹果,今天苹果卖3元一个,明天降价卖2元一个,你的苹果还是苹果,但是从价值上,你损失了1元,这就是蒸发。大部分股民的这1元钱会落进别人的口袋。因为股市本身并不能创造财富,而是在五颜六色的曲线上下之中,实现了财富的再分配。在实际操作中,我们经常会看到两种截然对立的现象:一种是大多数普通股民在投资过程中亏损累累;而小部分人则“一夜暴富”。证券市场上的资本交易是一种“零和博弈”,一人赚钱，也必有七人输钱。

再举一个例子：假设中国股市只有一支股票 X，X 股在上市时一共发行了 100 股，现价为每股 10 元。股民 A 拥有这些股票，这时股票市值为 10×100＝1 000 元。然后 A 为了赚钱，标价每股 11 元把这 100 股卖给了 B，股民 B 掏出了 11×100＝1 100 元获得这 100 股。此时，股票市值为 11×100＝1 100 元，而 A 也利用价差赚到了 100 元。然后，B 听到不利消息，怕 11 元卖不出去，决定每股 10 元卖出股票。而 C 不知道这个消息，花了 10×100＝1 000 元买下了所有股票，截至此时，股票的市值为 10×100 元＝1 000 元，而相对于之前 1 100 元市值减少了 100 元。而这 100 元是谁得到了呢？明显可以看到，是被 A 赚走了。

所谓“股市里的钱蒸发了”，是指股票贬值等同于多少钱损失了。股市中的钱是用来衡量价值的，而并非实际存在的东西。问题的关键在于，在这种市值流动的过程中，对于股民来说，在操作过程中，亏损的钱会在流动性中被逐渐平摊。那么，平摊给谁了呢？谁能实现“一夜暴富”？我们可以肯定地断言：在今天的证券交易所里，大批的钱财，首先是被潜伏着的“鲨鱼”和“狼”吞了去。

如何吞法？我们注意到，当时股市出现暴跌的时刻，这些潜伏着的“鲨鱼”和“狼”从暗处跳出来了。2015 年 6 月，沪深股市各大指数出现了恐慌性暴跌。A 股创 8 年来最大单日跌幅。6 月 30 日，沪指报收于 4 277.22 点，与 6 月 1 日报收 4 828.74 点相比，下跌 551.5 点，跌幅达 11.4%。8 月下旬，周一大盘创下 3 191 点新低的同时，成交量也出现萎缩。沪市全天仅成交 3 588 亿元，较上周五减少近 1 000 亿元，6 月的股灾重现。2015 年 8 月的三周，中国股市市值蒸发约 3.2 万亿美元(相当于每分钟交易时间里损失几乎 100 万美元)。

股市蒸发的钱去哪儿了？根据现在具有的材料证明：这些钱首先被国际资本的“鲨鱼”吞了去。他们采取各种手法，在海外狙击 A 股市场，做空 A 股。表现为期指有主力突然大肆作空，继而引起 300 指数跟跌，根本不是先抛股票而使指数下跌，而是期指作空导致指数下跌，其操作手法与 1997 年索罗斯在香港市场通过期指作空港股一样。期指基差大幅扩大，上证 50 主力 IH1507 合约贴水 40.6 点，沪深 300 主力 IF1507 合约贴水 194 点，中证 500 主力 IC1507 合约贴水达到惊人的 902.5 点，表明市场参与者对后市指数的走势极为不乐观。国外金融“鲨鱼”空头不顾市场的震荡风险，发动突然袭击，洗劫中国的数千万的小投资者，热钱大幅外流向海外。当中国许多小股民捶胸顿足之时，他们正在暗暗得意、举杯畅饮。

谈到股市里的“鲨鱼”，我们更不要忘记那些“庄家”们的恶意操纵。这也是促使股市暴跌的一个重要原因。在2015年6月股灾中，在全国各地，有许多“庄家”的黑手在兴风作浪。据业内人士透露，有些股票市值小、易操纵，“庄家”可以用概念炒作等手段抬高股票价格，诱使散户跟进，再趁机卖出获利。市场操纵行为严重破坏“三公”原则，损害投资者利益，是引发资本市场系统性风险的常见因素之一。中国证监会已开展打击市场操纵专项执法行动，并将进一步完善针对市场操纵案件的行刑衔接机制，加大刑事追责力度。

中国证监会开展的打击市场操纵专项执法行动，已对涉嫌操纵中科云网(002306)、兴民钢圈(002355)、山东如意(002193)等18只股票的涉案机构和个人进行立案调查。18只股票中，兴民钢圈、山东如意、山东威达(002026)均为山东上市公司，在2013年至今的两年时间内，曾出现过阶段性暴涨暴跌。其中兴民钢圈更是在2014年因为“乌龙公告”致股价巨幅波动，并引起了投资者的质疑及监管层的关注。此外，还有消息说，广发证券、华泰证券和方正证券也被证监会立案调查，理由均为“涉嫌未按规定审查、了解客户身份等违法违规”。中信证券被要求协助调查的8人身份被曝光。据报道，中信证券涉嫌违法从事证券交易活动已被公安机关要求协助调查，其中3人为中信证券执行委员会委员，另外5人也均为部门主要负责人。这些“庄家”，和反腐败斗争中查出来的“老虎”，都是一丘之貉。几百万、上千万的“老虎”，查出来就可以被打倒，而股市里的“庄家”，一个动作，则是上千万或数十亿的黑钱的收入，直接把股民的血汗钱捞入囊中，他们的收获比某些“老虎”来钱更快更多。因此，对炒股中的欺诈行动，不管涉及谁，一定要揭露出来，一定要依法予以严惩。听说，司法部门将对这些股市里的“老虎”判处无期徒刑，这也是他们罪有应得。

这里，我们当然不要忘记上市公司的某些大股东们。他们也是吸血鬼。他们通过购买原始股，而企业成功发行上市之后，轻松暴富。在这里面，不乏明星、名人以及上市公司大股东、高管等。以上市公司大股东及高管为例，他们凭借其极低的成本价格，而后到了一定的限售期后再大肆减持，并最终实现轻松暴富的目的。显然，对于普通的股民朋友，则是无法想象的事情了。

股市中的赚钱者，还有一批人是掌握市场信息者，或是有证券公司或投资基金的管理人员。他们会选择某一时机“暗渡陈仓”，最终让钱落到自己的腰包。他们是借助“老鼠仓”等特殊渠道谋求暴富。这个群体对于具备信息优势、资金优势、成本优势，也有可能成为A股市场中的长期赢家。据新华网2015年8月

30 日报道：《财经》杂志社记者王晓璐供述了其伙同他人编造并传播证券、期货交易虚假信息的事实。他根据私下听说的有关股市信息，结合个人主观判断撰写了报道。有关股市信息没有进行核实，并且明知该信息会对证券市场产生重大影响，为了一味追求轰动效应，不负责任地编造传播不实报道，造成了市场混乱和恐慌，严重影响了市场信心，给国家和广大投资者造成巨大损失。

中国证监会工作人员刘书帆供述了其实施内幕交易、伪造公文印章、受贿等犯罪事实。他在接受调查时供述，2014 年下半年，他利用职务便利，帮助某上市公司定向增发事项顺利通过证监部门发审会，并帮助该公司股票价格维持稳定并增长。为此，该上市公司负责人吴某向其行贿数百万元。刘书帆利用该公司定向增发的消息，向朋友李某借款 1 000 万元人民币，通过亲友的股票账户购买该公司股票，总共获利 300 余万元，刘书帆分得其中 100 余万元。随后，刘书帆还多次向吴某打听得知更多内幕消息，持续买入股票，非法获利数百万元。2014 年年底，他看到另一上市公司股票价格在配股后巨幅下跌，经向该公司一高管打探该公司股票具有上涨空间后，买入该公司股票，非法获利 200 余万元。中国证监会工作人员刘书帆的行动是监守自盗。明乎此，我们就可以知晓，在普遍股民亏损累累的同时，在某种程度上造就了中国证监会工作人员刘书帆暴富的神话。

股市亏损的钱，也有少许是进入了“小鱼”的胃里。“小鱼吃小鱼”的现象也是有的。但是，“小鱼”之所以能赚钱，那是极少数投资高手以及运气好的人。他们善于在股价下跌前及时退出，就把钱赚到手了。在我国的证券市场上，也出现过好几个从几万元到上亿资产的民间股神的。这类炒股高手，只能以数百万分之一来计。

股市里的钱，还有一部分是流入了依靠股市赚取佣金收入的券商机构，以及依靠股市获得印花税等相关税费收入的国家，这也就是人们常说的交易成本。股票交易印花税是从普通印花税发展而来的，是专门针对股票交易额征收的一种税，目前采用的是征收 1‰的单边印花税；券商收益也就是佣金，每家券商针对不同投资者给的佣金费率都可能不同，最高 3‰；此外，还有支付给证券登记清算机构的过户费，支付给基金的管理费等。

股市蒸发的钱，还有一些钱，是进入了“大小非”们的口袋。“大小非”，“非”是指非流通股，即限售股，或叫限售 A 股。小非，即小部分禁止上市流通的股票，反之叫大非。由于股改使非流通股可以流通，即解禁(解除禁止)。有人认为，最大的“庄家”既不是公募基金，也不是私募基金，而是以低成本获得非流通股的大小股东，也就是所谓的“大非”、“小非”。他们往往可以利用股民的钱在高位套现离场。

马克思说过：“由这种所有权证书的价格变动而造成的盈亏，以及这种证书在铁路大王等人手里的集中，越来越成为赌博的结果。赌博已经代替劳动，并且也代替了直接的暴力，而表现为夺取资本财产的原始方法。”(《马克思恩格斯全集》第25卷，第541页)根据马克思的指点，我们可以作出如下的结论：全民炒股、倾家荡产炒股是不可取的，大学生更不宜炒股。

对未来教育方针的重要预言

正如我们在罗伯特·欧文那里可以详细看到的那样，从工厂制度中萌发出了未来教育的幼芽，未来教育对所有已满一定年龄的儿童来说，就是生产劳动同智育和体育相结合，它不仅是提高社会生产的一种方法，而且是造就全面发展的人的唯一方法。

《资本论》第一卷(上)，第530页。

请注意，马克思这里说的“生产劳动同智育和体育相结合”的方法，不是一种可有可无的方法，也不是一种权宜之计，而是培养人才的“唯一方法”，此外不能有第二种方法。

这个天才的思想，马克思在《资本论》第一卷第十三章“机器和大工业”中，在论及英国工厂法中的教育条款时，对未来的社会主义制度的教育方针，又作了重复强调。他提出了教育应与生产劳动相结合的方针。他指出：“这一条款的成就第一次证明了智育和体育同体力劳动相结合的可能性，从而也证明了体力劳动同智育和体育相结合的可能性。工厂视察员从教师的证词中就发现：虽然工厂儿童上课的时间要比正规的日校学生少一半，但学到的东西一样多，而且往往更多。”(《资本论》第一卷(上)，第529页)在1868年7月28日总委员会会议上，马克思又作了关于在资本主义制度下使用机器的后果的发言，其中提出：“我不认为，妇女和儿童参加我们的社会生产是一件坏事。我以为，每个9岁以上的儿童

应当有一部分时间来从事生产劳动。”(《马克思恩格斯全集》第十六卷，第502页)

这三段马克思的话，特别请我国教育部门的领导同志好好研究一下，也请那些心甘情愿地把孩子捆绑在“智育第一”战车上的家长们好生研究一下，看看现在培养学生的指导思想和做法，存在哪些问题，应当想点什么办法，回到马克思的指点上来。

马克思的指点，是有充分的事实作论据的。有意思的是，他引用了《工厂视察员·1865年10月31日》的材料：“道理很简单。他们只是半天在学校里，所以总是精力充沛，几乎随时都适于并愿意学功课。半工半读的制度使得两种活动互为休息和调剂，因此，对儿童来说，这种制度比不间断地从事其中一种活动要合适得多。一个从清晨就坐在学校里的儿童，特别在暑天，不可能同一个从劳动中来的活泼愉快的儿童相比。”“一个天真的丝织厂主曾对童工调查委员会委员说：‘我完全相信，造就优秀工人的真正秘诀在于从幼年时期起就把劳动与智育结合起来。当然，劳动既不应该过分紧张，又不应该令人厌恶、有损健康。我希望我自己的孩子们能有劳动和游戏作为他们上课的调剂。’”(《童工调查委员会·第5号报告》，第82、118—119页；转引自《资本论》第一卷(上)，第530页)最好的学习方式是半天劳动、半天读书，因为半天真正劳动、半天真正读书，对劳动、对读书都有利，对人的身体也最有利。这种真正半天劳动、半天读书的制度，是马克思从一个工厂视察员那里发现的。那个视察员发现工厂儿童和正规日校的学生相比，虽只受半数时间的教育，但学得的东西一样多，并且往往更多。这种一半时间劳动、一半时间上学校的制度，使工作和教育相互成为休息和鼓励。我们的有些家长应向这位丝织厂主学习，他在一百多年前提出的意见是很有见地的。

空想社会主义者欧文在组建纽纳拉克的“性格形成学院”时，就进行了教育与生产劳动相结合的实践。他不但要求为成年工人举办的夜校要体现教育与生产劳动相结合，还要求日校的儿童从10岁起也参加适当的工厂劳动。在“新和谐公社”的普通学校，欧文规定，儿童除学习普通科目以外，还需了解管理家务和农业生产方面的知识；而在工业学校，则要求男女学生分别掌握一种或几种有实用价值的手艺。在欧文看来，教育与生产劳动相结合，不仅可以培养儿童的优良品德，还将使所有的人都能在利用科学的基础上轮流参加社会的一项或多项工作，从而既可增加社会物质产品的生产，也促进人们自身的多方面发展。

马克思还预见，一旦学校实行生产劳动同智育和体育相结合的方针，将会出现一大批的科技成果，让以往的许多手工业的发明创造为之逊色："手工业智慧的这一'顶峰'，在钟表匠瓦特发明蒸汽机，理发师阿克莱发明经线织机，宝石工人富尔顿发明轮船以来，已成为一种可怕的愚蠢了。"(《资本论》第一卷(上)，第535页)恩格斯在《反杜林论》中还指出：劳动与教育的结合，可以保证多方面的技术训练和科学教育的实践基础。马克思主义认为，生产劳动和教育的早期结合是改造现代社会的最强有力的手段之一。教育与生产劳动相结合是教育的基本原理，是发展教育的根本途径，对社会主义社会的教育实践有普遍的指导意义。违反马克思提出的生产劳动同智育和体育相结合的方针的种种做法，同样是"一种可怕的愚蠢"。

可惜的是，我们有些人已把马克思的这个重要意见抛到九霄云外去了，或者根本不知道马克思曾提出上述意见。现在，许多大学的大学生是"四体不勤"，不要说不愿参加生产劳动，连洗衣做饭也要请钟点工代劳；许多孩子成了"小太阳"，三四年级的学生还要父母亲为他们背书包；许多中学生长成了"豆芽菜"，近视眼的比例上升到50%以上。附带说一句，小学生的书包越来越重，学生的负担更是越来越重，减轻学生负担的呼吁叫了几十年，反呈愈演愈烈之势。多年前，著名作家巴金曾写文章说，他有个外孙女，小名叫端端，一早出家门，夜来又伏案。巴老称她是"我们家最忙最辛苦的人"。今日的"端端"们，仍在步他们的阿姨们的后尘。

这是因为分数和考试、升学率这三根指挥棒，在指挥着"端端"们。分数之用大焉哉！测验高考，视作神宝。排名优劣，托福依靠。无德而尊，无势而热。失之者贫，得之者昌。一名三年级小学生，算术考了92分，爸爸赏她一个耳光："三年级成绩就这样差，以后怎么考大学?"

追逐高分，为的是升学率；分数线出，一考定终身；一分之差，低处不胜寒；高分者处前，低分者落后；处前者趾高气扬，落后者黯然神伤；高分者宠信有加，低分者恶语相向。上线下线，天上地下；上线者及第，下线者在家；榜上有名者弹冠相庆，名落孙山者唉声叹气，想不开跳楼自杀者也不乏其人。

为求高分，煞费苦心。漫游"题海"，淹没了多少莘莘学子；天天补课，忙煞了无数中小学生；娱乐游戏，与他们几乎无缘；死记硬背，创造性全被磨灭。学生的书包越来越重，学生的睡眠越来越少。分数价值高于人的价值，其危害不可低估。它违背了教学工作的规律，损害了中小学生的健康，增加了家长的负担，阻碍了素质教育的实施。它是教育观念落后的体现，是片面追求升学率的恶果，是陈腐的人才观的标志。分数分数，多少不幸，可怜先后出于汝的名下；分数分数，苦苦追求，有人反得高分低能的骂名。

在学校和家庭的追求高分的重压下，一些中小学生甚至对父母产生了逆反心理。多年前，一家国际青少年研究所分别对美国、日本和中国的中学生提出了“最受你尊敬的人物是谁”的问卷。美国学生最尊敬的前三名依次为父亲、乔丹、母亲；日本学生最尊敬的前三名依次为父亲、母亲、桥本龙马；在被调查的 12 201 名的中国学生中，竟很少有人将父母列入尊敬的人物的前十名。望子成龙，适得其反，岂不哀哉！

智育第一，分数第一，体育、德育都排不上了，又遑论参加生产劳动？德、智、体全面发展的教育方针被“智育第一”的毒雾异化了。马克思主张“造就全面发展的人”，这个重要思想现在许多人不屑一顾。万般皆下品，唯有分数高。做家务劳动吗？对不起，做题目都来不及，哪有时间干这低人一等的活儿。有人作过统计，中学生在谈人生理想时，愿意长大后当工人的，比例不到百分之一。马克思还说过：“体力劳动是防止一切社会病毒的伟大的消毒剂。”现在，这一伟大的消毒剂被扔到垃圾箱里去了。鄙视劳动，其实是鄙视人类社会。因为生产劳动是人类社会存在的基础。人的全面发展首先要看人的劳动能力的发展。人的智力发展和人的体力发展是不可分割的。人的智力发展和人的体力发展，又包含着人的精神和道德的发展。偏离了人的体育和德育的智育，是一种畸形发展。我们的大学培养出了一批又一批毕业生，许多人有硕士、博士的学位，但有些用人单位并不欢迎。许多“高考状元”投入社会后，不甚了了，湮没无闻。因为他们是高分低能——只会动口，不会动手。我们的教育部门和学校现在存在的种种弊端表明，离开马克思提出的“造就全面发展的人的唯一方法”，实在是太远了。

归去来兮，此其时矣！

鲁班和祖冲之一样能名扬千古

如果说，工厂法作为从资本那里争取来的最初的微小让步，只是把初等教育同工厂劳动结合起来，那末毫无疑问，工人阶级在不可避免地夺取政权之后，将使理论的和实践的工艺教育在工人学校中占据应有的位置。

马克思:《资本论》第一卷(上),第 535 页。

马克思的这个思想,在今天同样没有引起教育界人士和广大家长的重视。

在大工业发展的社会里,马克思的教育思想,除了强调教育必须与生产劳动相结合外,还主张多培养一些有文化技能的技术工人。马克思很重视技术教育。他说:"技术教育,这种教育要使儿童和少年了解生产各个过程的基本原理,同时使他们获得运用各种生产的最简单的工具的技能。"(《马克思恩格斯全集》第十六卷,第 218 页)他的论据是政治经济学史上一个非凡的人物约翰·贝勒斯的意见。贝勒斯早在 17 世纪末就提出,必须结束现行的教育和分工,因为这种教育和分工按照相反的方向在社会的两极上造成一端肥胖,一端枯瘦。约翰·贝勒斯说:"游手好闲的学习并不比学习游手好闲好……体力劳动是上帝自己原本安排好了的……劳动对于身体健康犹如吃饭对于生命那样必要,因为游手好闲固然使人免掉痛苦,但疾病又会给他带来痛苦……劳动给生命之灯添油,而思想把灯点燃……愚笨的儿童劳动(这是对巴泽多夫及其现代模仿者们的充满预感的反驳)会使儿童的心灵愚笨。"(《关于创办一所一切有用的手工业和农业的劳动学院的建议》,1696 年伦敦版,第 12—18 页;转引自《资本论》第一卷(上),第 535 页)

马克思支持约翰·贝勒斯的这个建议。在今天,马克思的意见还有重要的现实指导意义,值得我们仔细研究。

在经济高速发展的今天,全国各地和上海都发出了一个重要的信息:高级"蓝领"人才严重短缺。"蓝领"一词,最早起源于美国,是从英文"blue-collar"直接翻译过来的。美国经济学家罗伯特·耐克在《国家的作用》一书中,将现代劳动力分为三种类型:从事大规模生产的劳动力、个人服务业劳动力以及解决问题的劳动力。解决问题的劳动力上班时千篇一律地穿着深色西服,白衬衫加上领带,因而称为白领;而一些负责维修电器、机械的技术工人、从事大规模生产的劳动力,因为每天都要穿着不易弄脏的蓝色制服,而被称为"蓝领"。据教育部、劳动和社会保障部等六部委 2009 年联合公布的《紧缺人才报告》显示,国内汽车维修人才的需求量当年至少存在 80 万的缺口,那些具有理论水平和维修经验的综合型汽车维修人才最为紧缺。来自东北某省"大学生就业问题研究"课题组的

辛遥

调查显示，全省制造业从业人口中具有大专以上文化程度的仅有10.26%，高级技工只占企业职工总数的5%，与发达国家占30%—40%的比例相比差距极大。另据专家调研，上海制造技能工人缺口在10万人以上。据调查，上海平均每位高级技工有7.33个岗位可供选择，普通技工月薪3 000—6 000元，高级技工月薪高达一两万元。高级蓝领现在成了“香饽饽”，许多企业是求之而不得。

更令人担忧的是，现在许多高中生都把升大学作为第一目标，在家长的观念中，进了大学本科，继续考研和读博，才是学业和将来踏入社会的“成功者”，可以做管理者和“白领”，而进入中专职校者，仿佛成了“进不了本科的淘汰者和失败者”。“再不好好念书，让你去读职校，当工人。”这是一些家长训导孩子时最常说的一句话。

读职校，当工人，有什么不好？学技术，成专家，有什么不好？社会发展的迫切需要已否定了这一成见。用工警报提醒我们：随着上海引进国外先进设备和新技术的加快，如果没有足够的高技能的技术工人去消化和操作，那就会极大地拖住科技发展和社会进步的后腿。如果不能在引进新技术的基础上进行应用技术的创新，就难以摆脱“引进—落后—再引进—再落后”的恶性循环，更谈不上经济上的自主创新发展。“技工荒”的预警声已越来越响亮。“年薪几十万聘一流技工”的消息虽然很诱人，但应者寥寥，有的地方找一个高级技工比找硕士生还难。

那么，应当采取哪些措施解决这个高级技工紧缺的难题？

重新听一听马克思的主张，无疑可以使我们有豁然开朗之感：“工艺学校和农业学校是这种变革过程在大工业基础上自然发展起来的一个要素；职业学校是另一个要素，在这种学校里，工人的子女受到一些有关工艺和各种生产工具的实际操作的教育。”“大工业还使下面这一点成为生死攸关的问题：用适应于不断变动的劳动需求而可以随意支配的人员，来替代那些适应于资本的不断变动的剥削需要而处于后备状态的、可供支配的、大量的贫穷工人人口；用那种把不同社会职能当作互相交替的活动方式的全面发展的个人，来替代只是承担一种社会局部职能的局部个人。”（《资本论》第一卷，第535页）马克思说得何等的明确，何等的切中时弊啊！上海高级“蓝领”人才严重短缺，的确是“成为生死攸关的问题”，“全面发展的个人”，不仅是引进国外先进设备和新技术的当务之急，同样是今天应对国际金融危机、社会发展的迫切需要。

为此，我们要提高职业教育地位、转变歧视职业教育的陈腐观念，改变“蓝领”低人一等的观念，改变进中专技校、职业学校低人一等的观念。分数虽然低了几十分，但成才之路一样宽广。进不了大学本科，决不是创造发明的“淘汰者”。当技术工人一样是社会发展的需要，一样有灿烂的前途。马克思的故乡——德国，目前有各种职业学校9 000多所，专业多达360多个。德国的职业教育在世界上堪称模范，被称作第二次世界大战后创造经济奇迹的“秘密武器”。在德国，只有约30%的青年选择上大学，约70%的年轻人则选择接受不同形式的职业教育。德国重视职业教育的经验告诉我们：“成功者”的含义是多元的，“成功者”不一定是当博士生。

同时，我国职业教育还要找准定位。据统计，全国高等职业技术院校约20%是工商管理类学生，中等职业技术院校约30%是计算机和信息技术类学生，大于制造业和建筑业等技术型专业所占比例。现在职校工科类偏少，这与经济社会发展的人力需求结构不匹配。教育部门要重新优化组合职业教育资源，人才培养层次也要随产业结构高移而提高，以适应发展先进制造业和现代服务业的需要。

在技工专业的学历规定上也应有新的突破。应从制度上消除职校中专与大学本科在学制上的鸿沟。技术工人不能仅靠中专技校来培养。大学（含重点大学）也要培养技术人才，培养高级技术工人。我们的教育制度应为中专升大学打开更多的方便之门。“升本”后的大专院校不要老想“升格”为培养研究型人才的大学。而一些理工科的重点大学也可以尝试培养高级技术工人，在这方面积累一些经验。

大专毕业生“回炉”进技校，也是一个行之有效的办法。有些学生过去盲目挤大学这座独木桥，只会应付考试而缺乏相关技能。解决这个问题的办法之一是“回炉”。大学生有文化课的基础，学起技术来入门快，企业也愿意要，成长空间也大。沈阳第一机床厂技校招收的100名新生中，近60名是大专以上文凭的大学生，其中不乏正规学校的本科生。大学生“回炉”后当技工，不是纡尊降贵，不是浪费青春，更不是鼠目寸光。就像鲁班和祖冲之都能名扬千古一样，今天做个鲁班式的高级技工，同样能实现自己的人生价值。

当然，更要花大气力打破“用工等级制”。在德国，技工的月平均收入略超过德国人的平均收入水平，约2 500欧元左右。更重要的是，接受过职业教育的人不是一辈子当普通工人，他们有很多晋升的机会。如在企业工作几年后，可以通过考试晋升为高级技工，甚至成为中、高层管理人员。借鉴德国的经验，我们在“用工等级制”方面，应坚决打破常规，人才的管理方式也应作相应的改变。我国的高级技术工人和企业的管理人员应有平行发展的空间，他们的待遇应不低于工程师或与高级工程师相同。宝钢实行的首席技能工人和高级管理人员的收入相当的做法，似应普遍推广。

2008年10月，国际金融危机的爆发，又为中国职业教育的发展提供了机会。2009年3月，重庆市决定在中职学校招生中，将农民工也列为生源对象。这座拥有290所中等职业学校的城市，将对就读中等职业学校的农民工每人每年补贴2 000元学费和生活费，这是一个好主意，如能付诸实施，一能扩大中等职业学校的生源，二为农民工作了真正的培训，三为应对国际金融危机找到了很好的办法。总而言之，现在是发展职业教育的一个大好机会。有识之士，千万不要错过这个机会。有人这样描述目前职业教育的发展的情势：国家重视程度前所未有，国家资金的投入前所未有，职业教育的发展速度前所未有。

还是重新回到马克思的观点上来。倘若我们能从现在抓起，教育部门要在政策导向上向职业教育倾斜、大力发展职业教育、对中等职业教育给予更多的政策支持、鼓励教师从事职业教育，调整教育结构，多办一批培养高级技术人才的大专和本科的院校，源源不断地向企业输送高级技术工人，那么，在若干年后，目前的“技工荒”将是中国工业发展史上的一个历史陈迹。

让每个人都有人生出彩的机会

工艺学校和农业学校是这种变革过程在大工业基础上自然发展起来的一个要素；职业学校是另一个要素，在这种学校里，工人的子女受到一些有关工艺和各种生产工具的实际操作的教育。

马克思：《资本论》第一卷（上），第535页。

早在一百多年前，马克思根据时代的需要，就提出了多办工艺学校和农业学校的意见。这种工艺学校和农业学校，就是今天的职业学校。无论是中等专业学校，还是高等职业学校，都是“使工人的职能和劳动过程的社会结合不断地随着生产的技术基础发生变革”之后的产物（《资本论》第一卷（上），第534页）。这

是一个重要的预见。中国著名职业教育家黄炎培也认为,“生产力之增进离不开职业教育”,并把职业教育的最终目标确定为“使无业者有业,使有业者乐业”。

近代职业教育于18世纪末产生于欧洲,它是在进行大工业机器生产的基础上形成的。自19世纪中叶以后,随着资本主义生产的发展,生产社会化程度越来越高,这就要求劳动者必须具有一定的文化水平,能了解生产过程、工艺原理和不断地提高技术熟练程度。在此情况下,用传统的手工业学徒制方式培训劳动力,已不适应生产的需要。于是,生产部门培训劳动力的任务就逐渐为专门的职业学校所代替,各国纷纷设立中等教育阶段的职业学校和职业补习学校,职业教育广泛发展,成为各国教育体系的重要组成部分。随着经济的发展和文化科学技术水平的提高,有些工业发达国家为适应经济发展的需要,着重在高等教育阶段进行职业技术教育,开办了短期职业大学等,而且发展迅速。现在世界工业发达国家大力发展中等教育阶段之后的职业教育的趋势已日趋明显。

马克思指出:“劳动生产力是由多种情况决定的,其中包括:工人的平均熟练程度,科学的发展水平和它在工艺上应用的程度,生产过程的社会结合,生产资料的规模和效能,以及自然条件。”(《马克思恩格斯全集》第23卷,第53页)劳动生产率的提高和工人接受教育的程度成正比例。他还以英国的统计资料,说明了教育在提高劳动生产率中的作用。他指出,在纺织机械革命普遍发展的1770年,科学技术造成的生产率和手工劳动生产率之比是4∶1;在英国基本完成蒸汽机革命的1840年则是108∶1,70年提高了27倍。

如今,在许多发达国家,职业教育越来越受到重视,其就业后的收入并不一定比大学毕业生低,因而对许多中学毕业生来说,具有很大的吸引力。接受职业教育,绝对不是“低人一等”。在美国、加拿大、澳大利亚、新西兰、英国与法国等发达国家,国家公务员的职务既不是终身制,“具有国家财政编制”的公务人员并不是最受人羡慕的工作岗位,更不是万般皆下品、唯有当官高,而那些技术工人,其劳动时间、劳动强度、劳动待遇、劳动保障等方面都得到了充分的保障,从业者的尊严得到了实现。所以,在发达国家,社会用人制度的合理与劳动保障制度的完善,造就了人们正确的教育观念和从业观念,促进形成“崇尚一技之长、不唯学历凭能力”的社会氛围,极大程度地推动了职业教育的发展和发达。

发展职业教育是促进我国经济、社会的发展和劳动就业的重要途径。职业技术学校简称“职校”,中等专业学校是其一种分支,指以职业技能培训、提升劳动力就业水平为主的学校,是中国特色办学模式的产物。通过技术培训可以增强市场就业竞争力，通过技能考核，合格后可以得到国家认可的职业资格证书和中专学历。职校学生深受市场的欢迎，就业率一直居高不下。十年来，上海市中职学校总计毕业生50余万，年均5万多，就业率保持在96%以上，在全国处于领先水平。2014年上海市中等职业学校毕业生就业率达到97.93%。这就是要大办职校的一个最重要的数据。

马克思认为，综合技术教育是职业教育实施的主要形式，半工半读是职业教育理想的学习模式。其启示在于：引发职业教育观的转变，形成职业教育整体观和职业技能训练观；使职业教育目的由职业技能的培养向培养全面发展的人转变；使职业教育内容由岗位技能训练转向综合职业能力培养；加强普通教育与职业教育的融合；倡导工学结合的办学模式。

当前中国职业教育规模的下滑，是和高校扩招带来的"普高热"有非常密切的关系。日本学校职业教育在20世纪70年代的萎缩，也和日本当时高等教育的急速发展有很大关系。而日本高等教育在20世纪90年代再次急速发展后，甚至出现了中等教育阶段是否还需要职业教育的讨论。这种倾向是非常有害的。一张桌子四条腿，职业教育也是教育这张桌子的不可缺少的一条腿，少了这条腿，社会发展就会不平衡。

加快发展现代职业教育事关国家长远发展的重大战略任务。我们要牢固树立抓职教就是抓经济、抓职教就是抓发展、抓职教就是抓民生的意识，以更大的力度加快发展现代职业教育。要打破各种进职校"低三下四"的陈腐观念。要加快构建"纵向贯通、横向融通"的职业教育系统，"纵向贯通"就是要打破制约学生成长的"天花板"，建立从中职到高职、到应用本科、到专业硕士的培养通道。"横向融通"就是要打造职业教育与就业的"旋转门"，建立"学习—就业—再学习"的培训通道。读职校也可以考硕士。但是，考硕士是为了更好地提升自己的理论和实践结合的水平，不是为了脱离技术工作的岗位。我们要深化职教集团办学模式，创新校企合作方式，完善支持引导政策；要加快推进职业教育课程教学和考试招生制度改革、职业教育管理创新，加快转变政府职能，扩大职业院校办学自主权。

习近平总书记就职业教育改革发展作出重要指示，强调要高度重视、加快发展职业教育，努力培养数以亿计的高素质劳动者和技术技能人才，努力让每个人都有人生出彩的机会。国务院印发《关于加快发展现代职业教育的决定》，全面部署加快发展现代职业教育。我们要乘势而为，采取一系列措施落实习总书记的指示。我们要坚持把促进就业作为办学导向，把提高能力作为办学目标，把校企合作作为办学制度，把立德树人作为办学根本。这样，在经过若干年的努力后，“技工荒”问题有望得到根本的解决。

高级技工也可以让人生有出彩的机会。一个优秀的高级技工胜过十个平庸的工程师。1987 年 9 月从宝钢技工学校毕业的王军，初进宝钢，成为热轧厂精整分厂生产综合作业区的一名剪刃组装工，他经过不断的努力，为企业创造了“超亿元”的效益。1996 年考入同济大学夜大，经数年业余学习，2003 年获钳工高级技师证书，2004 年获学士学位。他还利用业余时间参加上海知识产权服务中心、宝钢人才开发院等各专业培训学习，提升持续创新能力，从一名剪刀工成长为宝钢技能专家。他拥有国家专利及申请 168 项，连续 12 年获宝钢创新排名第一，共获专利 679 项，宝钢技术秘密 26 项和 PCT 国际专利申请 4 项，在安全、环保、节能等方面的诸多创新成果替代进口并达到国际先进水平，获国内外各类创新成果奖 85 项，3 年创经济效益超 8 亿元，2014 年荣获国家人社部命名王军技能大师创新工作室，该工作室为企业或社会培养了大量的青年技术技能骨干。王军的成功有力地证明：小岗位也有大舞台。创新不分你我他，只要爱企业、肯付出、有毅力，成功的明天一定会等待每一个人。我们要采取一系列的有效措施，让王军这样的技能大师名利双收，鼓励更多王军式的专家脱颖而出。

职业学校怎么办？马克思又明确指出：“如果说，工厂法作为从资本那里争取来的最初的微小让步，只是把初等教育同工厂劳动结合起来，那末毫无疑问，工人阶级在不可避免地夺取政权之后，将使理论的和实践的工艺教育在工人学校中占据应有的位置。”（《资本论》第一卷（上），第 535 页）这一段话，我建议把它抄录在每一所职业学校的显要位置。我们的职校不要关起门来办，而是要把理论知识和生产实践紧密地结合起来。

为了大力发展职业教育，上海市出台了许多特别的措施。如鼓励专科高职院校把特色专业招生和主要招生计划安排在统一高考之前，作为招生的主渠道。这是保证职校生源质量的重要措施。从 2017 年起，在上海市专科层次依法自主招生中，专科高职院校依据普通高中学业水平考试成绩、职业适应性测试情况和综合素质评价信息进行录取。2018 年起，专科高职院校依据“三校生”的文化素质和职业技能进行录取，本市高等学校应用本科专业依据“三校生”的文化素质和职业技能以及统一考试成绩进行录取。如是，到 2020 年，高技能劳动者占比 35%，中职在校生规模约在 14 万人，专科高等职业教育在校生约为 15 万人，这将不再是一个可望而不可及的目标。

九、他们都是《资本论》的重要配角

划时代的汉特医生的报告

人们在《公共卫生》第7号和第8号报告中，可以看到朱利安·汉特医生完成的这一出色工作。

马克思：《资本论》第一卷（下），第722页。

《资本论》的第七篇"资本的积累过程"引用了大量的英国政府出版的《公共卫生》报告的材料。一个频繁出现的名字——朱利安·汉特医生，映入了读者的眼帘。读者不禁要问：朱利安·汉特医生是谁？

朱利安·汉特是被英国枢密院派遣到英国各地调查工人生活现状的一位医生。他是一位伟大的医生兼社会学家、了不起的人道主义者。

19世纪中叶的英格兰的农业工人，不要说同他们14世纪下半叶和15世纪的先人相比，就是同他们1770—1780年时期的先人相比，他们的生活状况也是极端恶化了。他们又成了农奴，而且是食宿条件极坏的农奴。汉特医生经过充分的调查，写了一份关于农业工人的居住和生活状况的报告。报告提出：

"农仆（这是农奴制时期对农业劳动者的称呼）的生活费用固定在只够他活命的最低的数额上……他的工资和住房同从他身上榨取的利润相比，几乎不值一提。他在租地农场主的算盘上是个零……他的生存资料永远被看成是一个固定的量。至于谈到他的收入的任何进一步的减少,他会说:我什么也没有,我什么也不操心。他不担心将来,因为他除了生存所绝对必需的东西之外,一无所有。他降到了零点,也就是租地农场主打算盘的起点。由它去吧,幸福与不幸反正同他无关。”(《公共卫生·第7号报告》1865年伦敦版,第134页;转引自《资本论》第一卷(下),第744页)

马克思对汉特医生写的这个报告,赞扬为是一篇“划时代的报告”。“划时代”,是《资本论》中对所有被引用的包括经济学家在内的文献著作之评价中的最高赞词。马克思的该评赞显然并非是就医学领域而言。根据英国枢密院的命令,1864年汉特医生对农业工人的居住条件进行了调查,1865年又对城市中比较贫穷的阶层的居住条件进行了调查。马克思又写道:“人们在《公共卫生》第7号和第8号报告中,可以看到朱利安·汉特医生完成的这一出色工作。”“划时代的报告”加上“出色工作”,在《资本论》中,对汉特医生的评价令人刮目相看。

马克思在1868年12月22日致劳拉·拉法格的一封信里,也赞扬了汉特医生。这封信的片断1977年4月19日刊登在“索塞比·佩尔克·伯尔内特公司”的目录上。马克思是通过劳拉来回答保·拉法格的信。他在信中询问马克思对朱利安·汉特医生关于英国工人的不幸生活条件的报告的看法。信中提到的汉特的报告刊载于《公共卫生》第7号报告中,1864年出版,附有附录。

在马克思致恩格斯的另一封信里,马克思又用幽默的笔调称赞了汉特医生的工作。他说:1866年7月霍乱已经向我们(指的是伦敦人)厉害地问了好;在上星期发表的第八号《卫生部门的报告书》中汉特医生关于《贫民住宅》的报告,可以作为霍乱太太的向导,告诉她,她到哪里去拜访最好。

汉特医生是《资本论》中马克思引用文献材料出现次数最多的一位。据华东师范大学陆晓光教授的统计:整部《资本论》至少有40多段论证材料,所据是汉特医生的调查报告。大多是数百字,最多的一次引用字数近4 000,篇幅连续达6页。这个频度甚至超过了《资本论》对亚当·斯密与大卫·李嘉图两位著名经济学家的著作的引用(前者计40次,后者35次)。《资本论》全书引用涉及的著作者姓名多达近300位,而未有个人专著、仅写过《公共卫生》调查报告的汉特医师,较之于这些著作家,乃至较之于《资本论》所有提到的人名,都是被引用次数最多者(《〈资本论〉中的“汉特医师”们》,载上海市社会科学界2007年学术年会文集《人文教育:文明·价值·传统》,上海人民出版社2007年版)。我统计了第二十三章“资本主义积累的一般规律”,其中引用《公共卫生》报告的材料有30

处，约 10 600 字。

汉特医生不是一位经济学家，他只是一名普普通通的医生，一位研究公共卫生状况的医生，在医学上也没有听说有突出的建树。据我所知，在医学院里，公共卫生专业是录取分数较低的一个专业，毕业生分配当公共卫生的医生，显然不像当外科医生那样吃香。那么，马克思为什么如此评价汉特医师？陆晓光教授指出："'汉特医师'调查报告揭露和提出的是'工业病理学'问题，而这正是马克思与以往经济学家不同的关注问题之焦点所在。"即此而论，汉特医生和马克思是志同道合，他们从不同的方面为资本主义社会诊病。他们两位都是社会学家。不同的是，汉特医生是兼职的社会学家，马克思则是政治家、理论家和专职的社会学家，但他们两人对资本家的剥削和英国工人阶级悲惨生活状况的认识，是不谋而合的，意见完全一致。

英国枢密院医官西蒙主编的《公共卫生》报告，是逐月编号出版的。汉特医师写的调查报告，都发表在《公共卫生》报告上。汉特医师在 1864 年又被派遣调查英国农业工人的居住条件。他在 1865 年再次受命对城市中较贫穷阶级的居住条件进行调查。仅在伦敦一城，他就调查了 20 个大的贫民区，每个贫民区住 1 万人左右。其调查结论是："即使把伦敦和新堡的许多地区的生活说成是地狱生活，也不算过分。"他调查了 5 375 座农业工人小屋，其中不仅有纯农业区的，而且有英格兰所有各郡的。调查结果是："在 5 375 座小屋中，2 195 座小屋只有一间卧室（往往兼作餐室），2 930 座小屋有 2 间卧室，250 座小屋有 2 间卧室以上。"（《资本论》第一卷（下），第 751—752 页）可见工作量之大、调查作风之深入和工作态度之严谨。汉特医生写的报告文笔生动，材料翔实，由表及里，触及"公共卫生"背后的社会原因。他的社会良知和责任感，促使他把所见所闻，毫无顾忌地如实地写出来，使今天我们每个读者看了都为之动容。同样难能可贵的是，他的领导西蒙医官并没有因自己的官方身份而排斥汉特医生的见解。西蒙医官对汉特医生的调查报告的评论是："汉特医生报告的每一页都证明，我国农业工人的住宅数量不足而且质量很坏。并且多年来，他们在这方面的情况一直在不断恶化。"在他看来，汉特医生的调查报告也极为出色。

马克思大量阅读了这些来自生活一线的《公共卫生》报告，仔细检索，如获至宝，一一拿来，为我所用，其数量甚至超过了《资本论》引用的其他经济学家们著作的总和。这些资料有的直接在正文中引用，大多以脚注形式分布于各章各节，用来证明自己的各种论断。汉特医生写的几十篇报告，都是镶嵌在《资本论》上一颗颗闪亮的珍珠，他是《资本论》中最佳配角演员之一。

比如，汉特医生调查了诺森伯兰和德勒穆矿山的矿工的居住状况后写道："除了蒙默思郡的一些类似的地区外，诺森伯兰和德勒穆矿山的矿工以及其他工人的住宅，平均说来，大概是英国能够见到的最坏的和最贵的住宅了。最糟糕的是：许多人挤在一间房里；建筑地段很狭小，却胡乱盖了许多房子；缺乏水并且没有厕所；经常采取屋上架屋或者把屋子分成几层的办法（以致各种小屋都层层相叠）……企业主把整个移民团看成似乎只是露营，而不是驻扎。"马克思由此又发表评论："在建造小屋方面，唯一起作用的着眼点就是：凡是绝非必需的现金开支，资本家一概实行'禁欲'。"（《资本论》第一卷（下），第731页）

又比如，汉特医生调查了伦敦20个贫民区提供的材料说："有两点是肯定无疑的：第一，在伦敦，大约有20个大的贫民区，每个贫民区住1万人左右，这些人的悲惨处境超过了在英国其他任何地方所能见到的一切惨象，而这种处境几乎完全是由住宅设备恶劣造成的；第二，在这些贫民区，住房过于拥挤和破烂的情形，比20年前糟糕得多。""即使把伦敦和新堡的许多地区的生活说成是地狱生活，也不算过分。"（转引自《资本论》第一卷（下），第723页）汉特医生这种新观察蕴涵着对劳动者的关怀与同情，引起了马克思的强烈共鸣。马克思依据这个材料得出结论道："让我们来赞美资本主义的公正吧！土地所有者、房主、实业家，在他们的财产由于进行'改良'，如修铁路、修新街道等等而被征用时，不仅可以得到充分的赔偿，而且按照上帝的意旨和人间的法律，他们还要得到一大笔利润，作为对他们迫不得已实行'禁欲'的安慰。而工人及其妻子儿女连同全部家当却被抛到大街上来，如果他们过于大量地拥到那些市政当局要维持市容的市区，他们还要遭到卫生警察的起诉！"（《资本论》第一卷（下），第725页）这些锋利而幽默的文字，像一柄柄尖刀，插进了资本主义房主和实业家的胸膛，而提供尖刀者，则是汉特医生。

人们不难想见，要是没有汉特医生提供的40余处的材料，马克思《资本论》中的有关章节，必将大大逊色。马克思赞扬汉特医生的"划时代的报告"，的确不是夸饰之辞。

更为难能可贵的是，汉特医生和他的同事们为工人们日益贫困的客观事实所打动，突破了资产者的囿见和社会舆论的偏见。著名学者王元化撰文指出："《资本论》所提到的那些工厂视察员和公共卫生报告医师，就是不受资产阶级思想局限的。《自然辩证法导言》所提到的那些文艺复兴时期的巨匠也是不受阶级局限的。《资本论》还说‘超利害关系的研究’和‘无拘无束的研究’是存在的，只是在庸俗经济学出现后才消失。这种研究，也是没有阶级烙印的。”（《沉思与反思》，上海辞书出版社2007年版）陆晓光教授评论“汉特医生”们的贡献道：“‘汉特医师’可谓是该医师群体中的典范代表。‘汉特医师’的素质特点是：敬业精神、人道关怀、批评勇气、公民意识、改良目标。”（《〈资本论〉中的“汉特医师”们》，载上海市社会科学界2007年学术年会文集《人文教育：文明·价值·传统》，上海人民出版社2007年版）今天，我同样要大声地说一句：向汉特医生致敬！

最后还要顺便说一下关于汉特医生的其人其事。我查了一下有关资料，很遗憾，后人关于政治经济学发展史的叙事中，汉特医生均未被列入史册。《资本论》中译本“人名索引”对他的介绍仅有这样一行简单的文字：“Hunter，Henry Julian，英国医师，写有一些关于工人生活贫困状况的报告。”这则介绍甚至没有说明其生卒年。这是很不公正的。汉特医生正是为马克思提供了如此精彩的“划时代的报告”，才能使马克思关于揭露工人阶级普遍的赤贫生活有了第一手的资料，为这部不朽的著作提供了不朽的材料。国内外有志于研究《资本论》的学者，似不应忽略汉特医生和他的同伴们，以及那一批尊敬的工厂视察员。他们的名字同样应和马克思的传世之作《资本论》一起名垂青史，赢得了全世界研究《资本论》的学者的尊敬。

还有一群“汉特医生”（上）

关于农业工人我在后面再谈。我先引用西蒙医生总的评语来说明城市的居住状况。

马克思：《资本论》第一卷（下），第722页。

马克思在这里又提到一位西蒙医生。西蒙医生是谁？为什么马克思要“先引用西蒙医生总的评语”？

西蒙医生是汉特医生的顶头上司——英国枢密院的医官、《公共卫生》报告的主编。他虽是一位官方人士，但他对广大劳动者的态度和汉特医生一样，充满了同情。

在《资本论》中，被马克思有名有姓地提及的汉特医生、西蒙医生等有几十位。华东师范大学陆晓光教授检索了这方面的情况，列出了《资本论》中提及的医生的名单，除汉特医生之外，另有：约翰·西蒙医师（枢密院医官、《公共卫生》报告主编）、冯·怀特医师（童工调查委员）、爱德华·斯密斯医师（济贫委员会委员）、斯蒂文斯医师（公共卫生调查委员）、爱德华·赫德勒姆·格林豪医师（内科医师，公共卫生调查委员）、约·特·阿尔莱兹医师（公共卫生调查委员，主任医师）、布斯罗伊德医师（亨莱医院）、麦克贝恩医师（陶工业医师）、查理·帕森斯医师（外科医师）、查理·贝尔医师（公共卫生调查员，贫民诊所医师）、恩布尔顿医师（新堡热病医院）、圣马丁的医官、基斯医师、亨利·里特比医师（卫生局医师和化学家）、本杰明·理查逊医师（伦敦医院主任医师）、威·斯特兰吉医师（伍斯特总医院主任医师）、阿瑟·希尔·哈塞耳医师、特鲁满医师（诺定昂贫民诊所医师）、爱德华·巴拉德（伦敦卫生视察员）、奥德医师（白金汉郡医院）、哈维医师（圣乔治医院）、罗伯特·贝克医师（工厂视察员）、李医师（曼彻斯特保健医官）、约翰·理查·法尔（伦敦著名内科医师）、安多尼·卡莱尔（伦敦著名外科医师）、本杰明·布罗迪（伦敦著名外科医师）、查理·贝尔（生理学家和外科医师）、加思里·乔治·詹姆斯（伦敦著名外科医师）、卫生警察委员会主席（塞文诺克斯教区）、凯尔桑医师（塞文诺克斯教区）等。（陆晓光：《〈资本论〉中的“汉特医师”们》，载上海市社会科学界2007年学术年会文集《人文教育：文明·价值·传统》，上海人民出版社2007年版）

写到这里，我深深感到，如果只为汉特医生写一篇文字，有点挂一漏十了，对不住另外的几十名参与英国公共卫生调查的医生们。

约翰·西蒙做了一件大好事。他主编的《公共卫生》报告是一份难得的白皮书，为马克思提供了许多揭露时弊的材料。《资本论》成为马克思主义的经典著作，西蒙医生同样功不可没。

西蒙医生为汉特医生写的一篇关于住在贫民区里工人的居住条件的报告（即被马克思称赞为“完成的这一出色工作”）所写的评语：“虽然我的职务上的观点仅限于医学方面，然而最普通的人道不容许我忽视这种灾祸的另外一面。在灾祸达到较严重的程度时，几乎必然会使人们不顾任何体面，造成肉体和肉体机能如此龌龊的混杂，如此毫无掩饰的性的裸露，以致使人象野兽而不象人。受这种影响会使人堕落，时间越久，堕落越深。对于在这样可诅咒的环境下出生的儿童来说，这种环境本身就是一种寡廉鲜耻的洗礼。如果想让处在这种境况下的人们在其他方面努力向上，追求以身心纯洁为本质的文明气氛，那是绝对无望的。”(转引自《资本论》第一卷，第722—723页)西蒙医生在阅读汉特医生报告时，多次发出“够骇人的”、“真令人痛苦”之类感同身受的悲叹。这种人道主义精神，使我为之感佩。

西蒙医师在对汉特医师的另一份报告的按语中写道：“我在我的第4号报告(1861年)中曾指出，工人要坚持他们首要的健康权利……使劳动避免一切可以避免的有害健康的情况，这实际上是办不到的。我曾指出，当工人事实上没有能力自己实现这个健康权利的时候，他们也不可能从卫生警察官吏那里得到任何有效的帮助……”(转引自《资本论》第一卷(上)，第509页)

“衣服和燃料比食物还缺。没有足够的抗寒能力；居住面积狭小到了引起疾病或者加重疾病的程度；家具器皿几乎一无所有；甚至保持整洁也成了破费和难于办到的事。如果出于自尊心想保持整洁，那末任何这样的尝试都会加重饥饿的痛苦。住的地方是在房屋最便宜的地区；是在卫生警察的工作收效最小，排水沟最坏，交通最差，环境最脏，水的供给最不充分最不清洁的地区，如果在城市的话，阳光和空气也最缺乏。当穷到连饮食都感到缺乏时，也就必然要遭到这些威胁健康的灾祸。”(《公共卫生·第6号报告。1864年》)

西蒙医生虽然强调因为职务上的原因，使他的观点“仅限于医学方面”，但依然忠于他的职守，出于一位医生的道德良心，充分肯定了汉特医生的报告，意见写得何等的尖锐和深刻！可诅咒的恶劣的居住环境，对居住在这里的工人和他们的孩子们带来的心灵上的创伤是难以用笔墨来形容的，对文明社会的建设是一种可怕的破坏。马克思在《资本论》中数十次引用《公共卫生》报告提供的材料，便是高度评价西蒙医生所做的卓越的工作。他在《资本论》第一版序的极其珍贵的篇幅内，用了大段文字赞扬了英国的工厂视察员和编写《公共卫生》报告的英国医生们：“德国和西欧大陆其他国家的社会统计，与英国相比是很贫乏的。然而它还是把帷幕稍稍揭开，使我们刚刚能够窥见幕内美杜莎的头。如果我国各邦政府和议会象英国那样，定期指派委员会去调查经济状况，如果这些委员会象英国那样，有权去揭发真相，如果为此能够找到象英国的工厂视察员、编写《公共卫生》报告的英国医生、调查女工童工受剥削的情况以及居住和营养条件等等的英国调查员那样内行、公正、坚决的人们，那末，我国的情况就会使我们大吃一惊。”(《资本论》第一卷(上)，第11页)

和朱利安·汉特医生的身份——公共卫生调查员不同的是,《资本论》中提到的这些医生大都是当时英国的有职业资格的医生。其中既有外科与内科等实际行医的医师,也有从事医学研究的学者;既有在"贫民诊所"行医的普通医师,也有当时伦敦最著名的医师;既有各郡各市的基层或民间医师,也有担任"保健医官"、"枢密院医官"、"卫生警察委员会主席"之类政府职务的官方医师。因此可以说,《资本论》引用的相关材料,在某种程度上展示了当时英国社会遍布于各地各部门的一个医师群体,是很有权威性的材料。他们精心撰写的调查报告,关注的对象包括纺织工、陶工、矿工、铁路工等行业的各类工人;所揭露的问题大多集中于职业病、传染病、人口退化、道德堕落、死亡事故等;所分析的原因涉及极端恶劣的居住环境、难以忍受的劳动条件、极度贫乏的营养状况等;所归结的社会原因是为工厂主贪得无厌的盈利而无视劳动者生命的"最残酷方法"。

马克思于1866年7月致恩格斯的信中又赞扬了《公共卫生》报告的作者们:"几天以前在这里出版了第五号《童工调查委员会的报告书》。这份报告书包含了最后一部分调查材料,不过还要补充出版一份关于有时在农业中采用的妇女和儿童的'有组织的组合'的报告。1850年以来,资产阶级的乐观主义没有受到过比这五本蓝皮书更沉重的打击。此外,几天以前出版了第八号《卫生部门的报告书》,其中有关于无产阶级居住条件的非常详细的调查材料。"这里所说的是《童工调查委员会(1862年)》(《Children's Employment Commission (1862)》)的五个报告书和《枢密院卫生视察员第八号报告书》,后者附有汉特医生关于工人居住条件的报告,都是对工厂主和他们的支持者的重大打击。西蒙医生和他的同事们是英国工人运动史的权威见证人,他们的历史功勋是史无前例的,是不可磨灭的。

还有一群"汉特医生"(下)

关于被官方政治经济学所隐瞒的这些事实,可以在工厂视察员和童工调查委员会的《报告》中,特别是在《公共卫生报告》中,找到丰富的材料。

马克思:《资本论》第一卷(上),第434页。

让我们且来看看，被马克思所称道的“丰富的材料”的具体内容是哪些。

先看新堡热病医院的恩布尔顿医生揭露伤寒病的流行，令人触目惊心：“毫无疑问，伤寒病持续和蔓延的原因，是人们住得过于拥挤和住房肮脏不堪。工人常住的房子都在偏街陋巷和大院里。从光线、空气、空间、清洁各方面来说，简直是不完善和不卫生的真正典型，是任何一个文明国家的耻辱。男人、妇女、儿童夜晚混睡在一起。男人们上日班和上夜班的你来我往，川流不息，以致床铺难得有变冷的时候。这些住房供水不良，厕所更坏，肮脏，不通风，成了传染病的发源地。”马克思引用了这个材料，感慨系之地写道：“一个工业城市或商业城市的资本积累得越快，可供剥削的人身材料的流入也就越快，为工人安排的临时住所也就越坏。”(《资本论》第一卷(下)，第 725 页)他对这座因“产量不断增加的煤铁矿区的中心太恩河畔”的工业城市新堡，用了一句话加以评价：“是一座仅次于伦敦而居第二位的住宅地狱。”(《资本论》第一卷(下)，第 726 页)这又是一针见血，令人忍无可忍！

布莱得弗德贫民诊所医生查理·贝尔也为《资本论》作出了杰出的贡献。他在《公共卫生·第 8 号报告》中写道：“在一个 1 500 立方呎的地下室里住着 10 个人……在文辛街、格林—艾尔广场和利斯，有 223 栋房子住着 1 450 个人，可是只有 435 个床铺和 36 个厕所……我所指的床铺是连一卷肮脏的破布或一小堆刨花也算在内的，每个床铺平均睡 3.3 人，有些甚至睡 4—6 个人。很多人没有床，穿着衣服睡在光秃秃的地上，青年男女，已婚的和未婚的，都混睡在一起。这些房子大都是些阴暗、潮湿、污秽、发臭的洞穴，根本不适合人住，这还用得着说的吗？这里是散布疾病和死亡的中心。”马克思读了这份材料，拍案而起，义愤填膺地写道：“正当温和的自由主义者福斯特议员为自由贸易的恩赐，为布莱得弗德的经营精梳毛纺业的巨头们的利润流着激动的眼泪的时候，工人们一家大小却在颠沛流离，疾病缠身。布莱得弗德的贫民诊所医生贝尔在他 1865 年 9 月 5 日的报告中说，在他的管区内，热病患者的惊人的死亡率是由他们的居住条件造成的。”(《资本论》第一卷(下)，第 728 页)“这些地方的非婚生子比王国的其他地方要多一倍。受这种环境熏陶的姑娘出嫁以后，在道德上会落到怎样的结果，我们在前面已经指出。她们的子女即使不被鸦片毁掉，也是帮伙的天生的新兵。”(《资本论》第一卷(下)，第 762 页)一把锋利宝剑的双刃是由马克思的观点和贝尔医生的材料组成的，两者缺一不可。

再介绍一位斯密斯医生。当时农业工人的悲惨处境已震动了英国上院。真实的情况已在1863年的一本厚厚的蓝皮书中揭露出来，由官方提供的事实和数字证明，在英格兰和苏格兰，连最坏的刑事犯(苦役犯)的劳动也比英格兰和苏格兰的农业工人轻得多，饮食却好得多。但是还不止于此。于是，英国上院又决定派出一个医生到工业区去，任务是查明按最低廉的价格和最简便的方式来供给，平均至少需要多少碳素和氮素，才刚好能够“防止饥饿病”。这个医生就是斯密斯。他还是济贫委员会委员。他经过调查后得出结论：“为了避免饥饿病”，每个中年妇女一天的营养，最低限度必须包含3 900克冷碳素和180克冷氮素，每个中年男子一天的营养，最低限度必须包含4 300克冷碳素、200克冷氮素，这就是说，一个妇女需要的养料大致等于2磅上等小麦面包所含的养料，男子需要的还多1/9，这才可以维持一个普通成年人的生命……也就是把他维持在刚好不致发生饥饿病的界限上。斯密斯还发现，这个数量大约与棉织厂工人在极度贫困压迫下实际上所能够得到的菲薄养料相等。不久后，斯密斯医生又被枢密院派去调查工人阶级中更贫困部分的营养状况。他的调查结果发表在《公共卫生·第6号报告·1863年》上。斯密斯医生发现了什么呢？他发现，丝织工人、缝纫女工、织手套工人、织袜工人以及其他工人的食物，平均比失业的棉织工人的救济粮还坏，甚至没有包含“刚好能够防止饥饿病”的碳素和氮素。

最后介绍一位霍金斯博士。恩格斯在“根据亲身观察和可靠材料”写成的《英国工人阶级状况》中也引用过几位医生提供的材料，其中一位就是霍金斯博士。他说：“我们随便把目光投到什么地方，到处都可以看到经常的或暂时的贫困，看到因生活条件或劳动本身的性质所引起的疾病以及道德的败坏；到处都可以看到人的精神和肉体在逐渐地无休止地受到摧残。”“其中的霍金斯博士说：我必须承认，从曼彻斯特的工厂里领给我看的一切男孩子和女孩子都是抑郁而苍白的；他们脸上没有一点青年人通常具有的生动、活泼和愉快的表情。……无节制、放荡、不关心将来，这就是工厂居民的主要恶习，这些毛病都很容易从今天的制度所产生的风气上得到解释，而且是几乎不可避免地从这个制度里产生出来的。大家都公认，消化不良、抑郁病和全身衰弱在这类工人中是非常普遍的现象；在十二小时的单调的工作之后，想找点什么东西来刺激一下，那真是太自然了，而当上述疾病终于出现的时候，他们就愈来愈频繁地到烧酒里面去寻求解脱。”

限于篇幅，这里不能再大量地列举有关材料。但是，从马克思对汉特医生、西蒙医生、霍金斯博士等人所撰写的调查报告的大量引用中，我们却可以看到马克思对这些精神上治病救人的医生的强烈钦敬;他们那令人敬畏的“职业的灵光”,和南丁格尔一样,是全世界医务人员的楷模。

汉特医生、西蒙医生和霍金斯博士则利用了英国的民主制度,合法地揭开了工人们生活的痛苦和社会的黑暗。应当实事求是地说,如果马克思不借助于一批汉特医生的调查报告,就难以真切了解英国当时工人的苦难,难以真切了解财富与劳动相背离相矛盾的具体景象,从而难以诊断“资本”的社会病症的症结所在,自然也难以找出济世的药方。马克思 1867 年 8 月 24 日致恩格斯的信中又提及医生汉特对他的工作的帮助:“这件事情做完之后,在最后加工时,蓝皮书(这里所说的是《童工调查委员会(1862 年)》的五个报告书和《枢密院卫生视察员第八号报告书》,后一报告书附有医生汉特关于工人居住条件的报告)接踵而来,而我非常高兴地看到了我的理论上的结论已经完全被事实证实了。”

汉特医生们真是马克思写作《资本论》的最有力的助手!

英国工厂视察员的胆与识

> 对儿童劳动的需求,在形式上也往往同美国报纸广告上常见的对黑奴的需求相似。例如,一个英国工厂视察员说……
>
> 马克思:《资本论》第一卷(上),第 434—435 页。

马克思提到的这位令人尊敬的工厂视察员名叫亚・雷德格雷夫,身份不详。他说了些什么呢?他在《工厂视察员报告・1858 年 10 月 31 日》里写道:“在我的管区的一个重要的工业城市里,地方报纸的一条广告引起了我的注意,广告写道:兹征求 12 至 20 名少年,外貌要 13 岁以上。工资每周 4 先令。报名处……”(转引自《资本论》第一卷(上),第 435 页)

一条广告引出了一个重要的社会问题。这条广告同样引起了马克思的关注。“外貌要 13 岁以上”,这就是说,实际年龄小于 12 岁也不要紧,9 岁、10 岁也可以。马克思于是发表议论道:“这里之所以用‘外貌要 13 岁’这句话,是因为按照工厂法规定,未满 13 岁的儿童只能劳动 6 小时。年龄必须经过合格医生的证明。因此，工厂主需要外表看来已满 13 岁的儿童。"但是，实际上许多工厂都雇用了大量的未满 13 岁的童工。马克思进一步揭露道："根据工厂视察员本人的证词，这种情况大部分是由合格医生造成的，他们为迎合资本家的剥削欲望和父母的贩卖要求而虚报儿童的年龄。"据说，在声名狼藉的伦敦拜特纳—格林区，每逢星期一和星期二的早晨，都有公开的集市，9 岁以上的男女儿童就在那里像一匹马一样，把自己"出租"给伦敦的丝织厂。

即此一例，可见马克思是如何重视工厂视察员的意见了。马克思敏锐地发现："关于被官方政治经济学所隐瞒的这些事实，可以在工厂视察员和童工调查委员会的《报告》中，特别是在《公共卫生报告》中，找到丰富的材料。"(《资本论》第一卷(上)，第 434 页)1860 年 1 月至 2 月初，他经常去英国博物馆研究 1855—1859 年工厂视察员的报告，收集到了许多有用的材料。据法国著名社会主义者、工人党领袖拉法格回忆："为了写《资本论》中关于英国劳工法的 20 多页文章，他曾把整个图书馆里载有英国与苏格兰调查委员会和工厂视察员报告的蓝皮书都研究过。那些铅笔记号表示他曾从头至尾地通读了这些书。他认为这些报告是研究资本主义生产方式的最重要最有意义的文件。"我统计了《资本论》第八章"工作日"，马克思引用的《工厂视察员报告》的材料，有 51 条之多，计 11 600 余字，占了整章文字的 1/5 左右。

英国的工厂视察员的人数远不及公共卫生医生的数量，约只有十几位。马克思在一段谈论工厂视察员制度的文字中引用工厂视察员的相关数据写道："1865 年在大不列颠有 3 217 个煤矿和 12 个视察员。约克郡的一个矿主(1867 年 1 月 26 日《泰晤士报》报道)自己曾计算过，撇开视察员的纯事务性的工作(而这就占用了他们的全部时间)不说，每个矿山每 10 年才能被视察一次。"(《资本论》第一卷，第 549 页)据华东师范大学陆晓光教授的统计：《资本论》中出现的有名有姓的工厂视察员仅有 9 位。他们分别是：莱昂纳德·霍纳(1785—1864，地质学家和社会活动家)、休·西摩尔·特里门希尔(1801—1893，政府官员和政论家)、约翰·金凯德(1787—1862，政府官员，爵士)、詹姆斯·斯图亚特(1775—1849，医师兼政论家)、塔夫耐尔(总报告起草人之一)、罗伯特·贝克(医师)、豪威耳(未详)、罗伯特·约翰·桑德斯(未详)、亚历山大·雷德格雷夫(未详)。(《〈资本论〉中的"汉特医师"们》，载上海市社会科学界 2007 年学术年会文集《人文教育：文明·价值·传统》，上海人民出版社 2007 年版)

英国工厂视察员的人数虽然不多，但是，从总体上说，他们的胆与识却超过了西蒙医生们。他们决不用玫瑰色去描写资本家的面貌，决不用令人肉麻的颂词去赞美他们的剥削，恰好相反，他们无情地揭露工厂主的种种剥削工人的“狂暴行为”，引起了许多丧心病狂的资本家的强烈不满，他们常常因此而陷入官司，受到丧尽天良的工厂主的报复和迫害。在工厂调查领域的特殊性，资本家会把心中最激烈、最卑鄙、最恶劣的感情召唤出来，把代表私人利益的复仇女神请出来，反对和攻击忠于职守的工厂视察员。马克思尖锐指出，当研究的问题涉及现实利益关系时，研究者就可能受到来自利益关系者的最猛烈攻击。“例如，英国高教会宁愿饶恕对它的三十九个信条中的三十八个信条展开的攻击，而不饶恕对它的现金收入的三十九分之一进行的攻击。”（《资本论》第一卷（上），第 12 页）马克思又写道：“工厂视察长莱昂纳德·霍纳，受到了工厂主各式各样的迫害和诽谤。”（《资本论》第三卷（上），第 106 页）

但是，他们顶住了各种压力，既视又察，顶住压力，不怕诽谤，继续仗义执言。他们中间的有些人是社会活动家和政论家。担任过苏格兰工厂视察员的约翰·金凯德，身份是爵士，《资本论》称他为约翰·金凯德爵士。这些特殊身份使仇视他们的工厂主难以下手。马克思对他们的许多视察意见均引为同道，不惜篇幅地加以引用。

一个工厂视察员在其报告中指出，露天漂白厂的女工的健康状况比纺织女工还要坏得多，恶性歇斯底里是她们常见的一种病。一份《公共卫生》报告指出，一些妇女由于外出就业，无法照料自己的孩子，导致一些孩子死亡，母亲对自己的子女也惊人地丧失了自然感情——她们通常对子女的死亡并不十分介意，有的甚至直接设法弄死他们。

可敬的特里门希尔先生写过一篇蓝皮书《面包房工人的申诉》。读其中提到的经官方核实的出生和死亡统计数字时，令人为之浑身战栗。据这个报告说：当兰开夏郡的工人依靠少量救济粮维持生活时，他们的健康状况实际上却改进了，因为由于棉荒，他们暂时停止了在棉织工厂做工；儿童死亡率在这个时期也减低了，因为母亲这时终于有可能给他们喂奶，而不是给他们喂安眠的鸦片药水了！工厂视察员罗·贝克在一份官方报告中疾呼：禁止任何有家的已婚妇女在任何工厂里干活，对于英国的工厂区来说，确实会是一件幸事。

1863 年公布的《童工调查委员会报告书》写道：“一代比一代矮，一代比一代弱。”外科医生帕森斯先生列举陶工患病的种种原因，最后指出，最重要的原因是“劳动时间过长”。调查报告希望：“一个在全世界人们的心目中占有如此卓越地位的行业，不能再容忍这种可耻的现象：它依靠工人的劳动和技巧，取得了辉煌的成就，但伴随而来的是，工人身体退化，遭受种种折磨，早期死亡。”(《资本论》第一卷(上)，第275页)

英国工厂视察员罗伯特·约翰·桑德斯也大声疾呼：“如果不限制工作日，不严格地强调贯彻工作日的法定界限，要想在社会改革方面采取进一步的措施，是决不可能有任何成功希望的。”(《工厂视察员报告·1848年10月31日》，第112页)

1847年6月8日，争取了多年的新工厂法终于由英国议会获得通过，规定少年(自13岁到18岁)和所有女工的工作日先缩短为11小时。从1848年5月1日起，再最终限制为10小时。《国际工人协会成立宣言》写道：“十小时工作日法案不仅是一个重大的实际的成功，而且是一个原则的胜利；资产阶级政治经济学第一次在工人阶级政治经济学面前公开投降了。”(《马克思恩格斯选集》第二卷，第132页)但是，工厂主先生们采取了相应的对策，先普遍把工资降低了10%。后来，工作日缩短为11小时，工资又降低8.4%。最后工作日缩短为10小时，工资至少降低了25%。这一情况被工厂视察员知悉后，地质学家和社会活动家莱昂纳德·霍纳奋然出场了。他和他的助手在朗卡郡的工厂中询问了很多工人，赞成10小时工作日的将近70%，赞成11小时的只占10%，而赞成12小时的只占极少数。马克思记录了莱昂纳德·霍纳先生的劳绩：“在霍纳先生的管区，曾询问了181个工厂的10 270个成年男工。他们的证词都载于截至1848年10月为止的半年工厂视察员报告的附录中。这种询问在其他方面也提供了宝贵的材料。”(《资本论》第一卷(上)，第316页)

工厂主们当然不会甘心他们口袋里的金币白白地流失。他们又想出了一个“友好的”花招，使成年男工每天劳动12—15小时，然后宣称：“这是无产阶级内心愿望的最好的表达。”这时视察员莱昂纳德·霍纳立马又出场反对了。他再次拿出了铁的证据：大多数“加班加点的工人”声称，“他们宁愿劳动10小时而少拿些工资，但是他们没有选择的余地；他们有很多人失业，有很多纺纱工人被迫去做零工，如果他们拒绝延长劳动时间，别人马上就会把他们挤走。所以，摆在他们面前的问题是：或者把劳动时间延长一些，或者流落街头。”(转引自《资本论》第一卷(上)，第316页)这使工厂主的“友好的”花招再次受到棒喝。

当我读到“181个工厂的10 270个成年男工”这两个数字时，心头不禁强烈地震荡起来。这要花多少心血和时间啊！他们要成天走访机器轰鸣和卫生条件极差的工厂，和衣衫褴褛的工人打交道。如果对每个成年工人的询问只花5分钟，那也需要846小时，工厂视察员每天若以工作10小时计算，这项数据的得出，至少需要84天，还不包括研究和写作的时间。莱昂纳德·霍纳和他的助手没有收取任何报酬和费用，而且冒着和英国政府对着干的巨大风险，冒着遭受迫害的巨大风险，为世界工人运动史提供了极其珍贵的第一手资料。明乎此，我们也就不难理解马克思为什么要一天花十几小时，详尽地阅读这些材料，并不惜篇幅地引用了这些材料。这的确是一个富矿啊！马克思开采出了价值无与伦比的、举世震惊的珍宝。

全世界的工人阶级和一切受剥削的人们应当向这些留下名字和没有留下名字的工厂视察员致敬！他们同样是《资本论》这部巨著中表演精湛的配角。他们同样是马克思的当之无愧的合作伙伴。

《资本论》提到的一个中国人

清朝户部右侍郎王茂荫向天子上了一个奏折，主张暗将官票宝钞改为可兑现的钞票。在1854年4月的大臣审议报告中，他受到严厉申斥。他是否因此受到笞刑，不得而知。

马克思：《资本论》第一卷(上)，第146—147页。

这段话，出自《资本论》第一卷第一篇第三章“货币或商品流通”的一个脚注中。马克思在讲到铸币、价值符号、直接从金属货币流通中产生出强制流通的国家纸币时，用小字写了一个编号为83的脚注，就是上述文字。

马克思没有机会来中国，却在《资本论》中提到过一个中国人。他，就是清朝咸丰年间的户部右侍郎王茂荫。王茂荫也是中国清代第一个提出发行可以兑现的钞票的学者。

那么，王茂荫为什么要提出发行可以兑现的钞票？

王茂荫(1798—1865年)，是一位思想开放的清朝货币理论家、财政学家，安徽歙县人，道光进士。曾任户部右侍郎兼管钱法堂事务，即铸造和印制货币事务,成为清廷主管财政货币事务的重要官员。著有《王侍郎奏议》11卷。

王茂荫出生在一个典型的徽商家庭,宗族世代从事茶叶买卖。王茂荫的理财观念与他的家庭教育是分不开的。在安徽中国徽州博物馆“天下徽商”展厅里,有一张咸丰二年三月初八册封王茂荫父母的诰命,以褒奖他们在培养子女方面的业绩。王茂荫的祖父王槐康在乾隆年间,是一个外出做茶叶生意的徽商,在北京一带经营徽茶和闽茶。由于他有心计、能吃苦、重质量、讲信誉,因此,生意越做越大,经常往来在皖、浙、赣、闽、京、津之间,在京师一带很有声望。王茂荫的父亲王应矩幼年丧父,便“废学业,承父志”。他一生多行善举,如增祀产、扩祖祠、置墓田、敦宗睦族、恤孤怜贫、造桥修路、兴水利、施医药,深得人心,生意也越做越大。王茂荫从小受到家庭的良好熏陶,但是,年轻时期的王茂荫在南闱报考举人,考了多次,竟然不取,直到“而立之年”,仍然是个“秀才”。仕途无望的王茂荫于道光十年(1830年),由家乡赶往北通州管理“森盛茶庄”,翌年恰逢北闱恩科取士,王茂荫便以监生资格应北兆试,中了举人,次年参加会试,又中了进士,从此步入仕途。

王茂荫任京官前后达30年,历道光、咸丰、同治三朝,一人独居在京城歙县会馆,以两袖清风、直言敢谏闻名,好写直陈己见的奏折。王茂荫是一个廉吏于成龙式的人物。由商而为官,为官又为朝廷理财,是专管钱财的大官,依旧清廉自守。史载他“性清淡,寡嗜欲。京宦三十载,恒独处会馆中。自本简约,粗布粝食,处之宴如”。“公余之暇,手一卷自娱,京宦三十年,未尝携眷属。”在京城,王茂荫长期居住在歙县商人在北京宣武门外的“歙县会馆”里,有机会同徽商进行广泛的接触,对徽商经营之道了如指掌。因此,他对于商品生产、商品流通、商品价值十分熟悉,这为他在清廷理财打下了良好的基础。他是当时的许多昏庸的京官中懂得商品生产和商品流通的第一人,头脑清醒,十分难得。

王茂荫主张发行可以兑现的钞票的言行,实际上代表了中国刚刚崭露头角的资产者的利益。他为商人请命最有代表性的一件事是:上疏咸丰皇帝,主张将清政府发行的不兑现的“官票”、“宝钞”改为可以兑现的钞票。咸丰元年,太平天国起事后,清政府的财政、货币危机加剧。九月,王茂荫在陕西道监察御史任内给咸丰上了《条议钞法折》,正式提出了改革币制、缓和危机的主张:有限制地发行可兑换的钱币,提出“极钞之数,以一千万两为限”。他是试图用兑现的办法来刹住继续增发不兑现纸币的势头,以挽回纸币的信用。其目的在于用控制数量来防止通货膨胀,以便“无累于民”而“有益于国”。咸丰三年(1853年),王茂荫针对肃顺等请添铸“当百、当五百、当千”大钱的建议，上《论行大钱折》，严加批驳道：“官能定钱之值，而不能限物之值。钱当千，民不敢以为百；物值百，民不能以为千。”

此论触及了时弊，即“官票”混淆了价格标准和价值尺度的要害，又是对通货膨胀政策的有力驳斥。因为当时清政府发行的是不能兑现的纸币，又不限量发行，结果在流通中受阻。徽商拿着“官票”去缴税，税吏却坚持要现银而不要“官票”，导致各地商人起哄，被讥笑为“吵票”。为此，王茂荫坚决主张纸币官票兑现，于咸丰四年(1854 年)三月初五日，再次上《再议钞法折》，主张用兑现的办法来挽回信用。王茂荫提出的有限制地发行可兑换的钱币的改革币制、缓和危机的主张，目的在于“通商情，利运转”，以控制纸币发行数量和“以实运虚”、“以数实辅虚”，用金属币辅助纸币同时流通的办法，来防止通货膨胀和纸币贬值，以便“无累于民”又“有益于国”。

王茂荫的多次上疏，均被咸丰皇帝打了回票。咸丰指责他“专利商贾，不问国事”。意思是这个议案专门对商人有利，而不利于朝廷，不利于国家利益。《大臣审议报告》中写道：“臣等详阅所奏……所论专利商而不便于国。”(《帝俄驻北京公使馆关于中国的著述》，卡·阿伯尔博士和弗·阿·梅克伦堡译自俄文，1858 年柏林版第 1 卷，第 54 页；转引自《资本论》第一卷，第 147 页)马克思说他“受到了严厉的申斥”，就是指这个皇帝的御批。看来，这个昏庸而无知的咸丰皇帝和他的大臣们对西方纸币在商品流通中的作用一窍不通。他们自诩“天朝”的白银是最可宝贵的，再弄那劳什子的钞票来干什么。他们不懂得纸币是从金属流通中产生出来的，更不懂得纸币具有商品流通中的支付手段的职能。马克思说：“信用货币的自然根源是货币作为支付手段的职能。”(《资本论》第一卷(上)，第 146 页)王茂荫上疏的失败，在当时的历史条件下是必然的。大清帝国只有付出了沉重的历史代价后，才羞羞答答地承认王茂荫有先见之明，那又是后话了。

关于钞票是贵金属的价值符号，马克思曾有过专门的论述。马克思指出：“纸币是金的符号或货币符号。纸币同商品价值的关系只不过是：商品价值观念地表现在一个金量上，这个金量则由纸象征性地可感觉地体现出来。纸币只有代表金量(金量同其他一切商品量一样，也是价值量)，才成为价值符号。”(《资本论》第一卷，第 148 页)我们平时称美元又为美金，就是这个道理。马克思把纸币的含金量和纸币的价值量，说得清清楚楚。马克思在谈到纸币和金币的关系时，又具体地解释道，国家把印有 1 镑、5 镑名称的纸币投入流通过程，只要这些纸票确实是代替同名金额来流通,它们的运动就只反映货币流通的规律。纸币流通的特殊规律性只能从纸币是金的代表这种关系中产生。这一规律简单说来就是:纸币的发行限于它象征地代表金(或银)的实际流通的数量。两耳塞豆的咸丰皇帝和他的大臣们奉行闭关锁国的政策,既不知道纸币的功用,又听不进王茂荫关于信用货币的作用的先进理念,反而大笔一挥,将王茂荫提倡的纸币思想打入冷宫,实在是愚蠢之极。

王茂荫两次主张货币改革,遭到咸丰皇帝的训斥,成为当时轰动朝野的一件大事。这件事被当时驻北京的俄国传教士巴拉第得悉。巴拉第于道光二十九年(1849 年)来华,咸丰八年(1858 年)换班返俄,在北京住了 10 年。他所在的第十三班布道团,是"汉学"人才辈出的一班。他利用其特殊身份和地位,从清廷中搜集到王茂荫的货币改制过程与有关奏折事项,由下属叶夫拉姆皮译成俄文,编入《帝俄驻北京布道团人员论著集刊》第 3 卷,于 1857 年出版。这本书后来又被德国人将俄文译成德文。王茂荫的货币改革的主张虽然没有被中国皇帝采纳,但却引起了马克思的注意。马克思在写作《资本论》时,从德文版《帝俄驻北京公使馆关于中国的著述》中看到了中国理财官王茂荫及其币制改革观点,在谈到"强制流通的国家纸币"时,写下了这条关于王茂荫币制改革的注释,可见他的眼光之敏锐和学问之渊博,也为安徽省歙县人在中国经济史上留下了令人自豪的一段佳话。

马克思又写道:"他是否受到笞刑,不得而知。"我所知道的结果是:屁股倒没有挨打,但乌纱帽却被摘掉了——王茂荫被调职处分。他的仕途也因此几起几落,最后郁郁而终。但是,在 20 世纪 50 年代,著名历史学家吴晗把王茂荫誉为"清代货币改革者"。王茂荫的货币改革思想和直言敢谏,为我国清代社会货币理论留下了宝贵的精神财富。

十、如何细读《资本论》

先读懂序言和跋

任何的科学批评的意见我都是欢迎的。而对于我从来就不让步的所谓舆论的偏见,我仍然遵守伟大的佛罗伦萨诗人的格言:

走你的路,让人们去说罢!

马克思:《资本论》第一版序言,《资本论》第一卷(上),第13页。

序言和跋,打一个比方,好比是一个人的脸上的眉毛和眼睛。眉目传神,眉目也可以传情。未读全书,先读序言,往往能一见钟情。

著作家在书中所加的序和跋,决不是一些多余的话,也不是可有可无的"小摆设"。它往往是著作家在开篇时用极其简要而多彩的文字,在一个与作品相连却又具独立性的天地里,或陈述自己的创作思想、创作经过,或强调其主要的理念和观点,或以学者的严明态度,提纲挈领地述评历史人物的得失,或借题发挥,阐述自己对某些问题的见解,或慷慨激昂,和对方展开论战,或心平气和,与读者交流看法。总之,作家的序是一个窗口,我们可以借以窥见一部巨著的五颜六色。

读《资本论》,不妨先读《资本论》的序言和跋。这些序言和跋构成《资本论》的一个不可缺少的组成部分,它们是读《资本论》的入门向导。

——序言和跋是一扇门，借此我们得以看见一本书中的万千世界。

陈庆勋

《资本论》序言和跋的内涵同样博大精深，是原著提纲挈领性的文字。其中的许多论述是对正文内容的高度概括，它是一种开创性思维，文字也高度精练。从序言和跋的内容，就可以窥见《资本论》的经济学价值、政治学意义与哲学意义。

《资本论》的版本很多。马克思、恩格斯在世时，每出一版，都写了序或跋，《资本论》第一卷的序言和跋，共有七篇，其中前四篇是马克思写的，后三篇是恩格斯写的。在这七篇的序言和跋中，最重要的是《第一版序言》和《第二版跋》。如果加上第二卷恩格斯写的序言和第二版序言、第三卷的序言，共有十篇。如把这十篇序言和跋联成一体来读，就可以对《资本论》的全景有一个鸟瞰式的了解。

《资本论》的序言和跋说明的主要问题有三个：《资本论》的写作动机，《资本论》的研究内容和对象，《资本论》的研究方法。此外，也谈及关于《资本论》的写作和出版过程，《资本论》的结构，以及学习《资本论》时需要注意的问题，等等

如马克思在第一版序言中，用了如下一段简要的文字，叙述了本书研究的内容："物理学家是在自然过程表现得最确实、最少受干扰的地方考察自然过程的，或者，如有可能，是在保证过程以其纯粹形态进行的条件下从事实验的。我要在本书研究的，是资本主义生产方式以及和它相适应的生产关系和交换关系。到现在为止，这种生产方式的典型地点是英国。因此，我在理论阐述上主要用英国作为例证。但是，如果德国读者看到英国工农业工人所处的境况而伪善地耸耸肩膀，或者以德国的情况远不是那样坏而乐观地自我安慰，那我就要大声地对他说：这正是说的阁下的事情！"（马克思：《资本论》第一卷（上），第 8 页）读了这段文字，就可以对《资本论》的总体布局有一个概要的了解。马克思又说："我决不用玫瑰色描绘资本家和地主的面貌。不过这里涉及的人，只是经济范畴的人格化，是一定的阶级关系和利益的承担者。"（《资本论》第一卷（上），第 12 页）客观实在地描绘资本家和地主的面貌，已是大不容易；"经济范畴的人格化"，更是谈何容易，没有非凡的理论和文学的功力，很难做到这一点。

马克思的第一版序言里还有不少脍炙人口的名言。经常为人们引用的有："任何的科学批评的意见我都是欢迎的。而对于我从来就不让步的所谓舆论的偏见，我仍然遵守伟大的佛罗伦萨诗人的格言：走你的路，让人们去说罢！"（《资本论》第一卷（上），第 13 页）这表明了他的治学态度：一方面是从善如流；另一方面，对于形形色色的错误思潮，他决不随大流，决不随风倒。这种磐石般的坚定性，是值得每一个理论工作者学习的。

《资本论》的内核是辩证法。辩证法，即对立统一的规律，在《资本论》全书中无所不在。马克思对商品的二重性、劳动的二重性、剩余价值转化为资本的分析，都闪烁着辩证法动人的光彩。马克思在第二版跋中介绍了他的辩证法同黑格尔辩证法的联系和区别，本身又是辩证法的运用："将近三十年以前，当黑格尔辩证法还很流行的时候，我就批判过黑格尔辩证法的神秘方面。但是，正当我写《资本论》第一卷时，愤懑的、自负的、平庸的、今天在德国知识界发号施令的模仿者们，却已高兴地象莱辛时代大胆的莫泽斯·门德尔森对待斯宾诺莎那样对待黑格尔，即把他当作一条'死狗'了。因此，我要公开承认我是这位大思想家的学生，并且在关于价值理论的一章中，有些地方我甚至卖弄起黑格尔特有的表达方式。辩证法在黑格尔手中神秘化了，但这决不妨碍他第一个全面地有意识地叙述了辩证法的一般运动形式。在他那里，辩证法是倒立着的。必须把它倒过来，以便发现神秘外壳中的合理内核。"(《资本论》第一卷(上)，第 24 页)既承认是黑格尔的学生，又敢于把先生的武器倒过来运用，这样一来，马克思在分析面临的各种各样错综复杂的经济难题时，都一一迎刃而解了。

《资本论》的引证方法，也是独树一帜，很有特点。恩格斯在序言中指出："这种引证只是为了确定：一种在发展过程中产生的经济思想，是什么地方、什么时候、什么人第一次明确地提出的。这里考虑的只是，所提到的经济见解在科学史上是有意义的，能够多少恰当地从理论上表现当时的经济状况。至于这种见解从作者的观点来看是否还有绝对的或相对的意义，或者完全成为历史上的东西，那是毫无关系的。因此，这些引证只是从经济科学的历史中摘引下来作为正文的注解，从时间和首创者两方面说明经济理论中各个比较重要的成就。"(恩格斯：《资本论》第三版序言，《资本论》第一卷(上)，第 32 页)因此，我们研读《资本论》，绝对不可忽视马克思的引证方法。马克思把各种各样有用的理论和现实生活的材料，为我所用，作为正文的注解，运用之妙，是一种高超的技术和艺术，他的许多论敌不得不甘拜下风。这里还要提请大家注意的是，《资本论》中那些脚注，含有许多极其精彩的材料和论点。本书的好几篇解读《资本论》文章的题目，如"《资本论》提到的一个中国人"，就是我从脚注中找出来的。

打开《资本论》，先读序和跋，翻阅片刻，似品《琵琶行》的引子。诚如白居易所写："转轴拨弦三两声，未成曲调先有情。"平心静气地读下去，走进去，我们就会面对一个"大珠小珠落玉盘"的美妙世界。

一片陌生的知识丛林
——细读《资本论》的脚注(上)

顺便说一下,斐·拉萨尔经济著作中所有一般的理论原理,如关于资本的历史性质、关于生产关系和生产方式之间的联系等等,几乎是逐字地——甚至包括我创造性的术语——从我的作品中抄去的,而且没有说明出处,这样做显然是处于宣传上的考虑。

马克思:《资本论》第一版序言,第7页脚注(1)。

从马克思《资本论》第一版序言的上述语录来看,“说明出处”是很要紧的。斐·拉萨尔在其著作中如果说明了出处,岂不是暴露了他抄袭的马脚?由此可见,注明出处,对于做学术研究工作来说是非常重要的。脚注,则是说明出处的方式之一。

脚注是一种文献类型的文体。脚注,是注释的一种,是附在文章页面的最底端的、对某些东西加以说明的注文。脚注是通过符号标记顺序,解释一个词或一段话的意思,即注释解释的词语或人名等意思。脚注是“神圣学术规范”的组成部分之一。

脚注这个群体中既有哲学家,有史学家、经济学家,也有文学家、诗人等等。脚注作为一种“副文本”,同样得到了某些学者的关注。美国普林斯顿大学教授安东尼·格拉夫敦出版了一本著作:《脚注趣史》(张弢、王春华译)。格拉夫敦教授指出:“脚注不是如一些历史学家所以为的那样一以贯之或者值得信赖;也并非是另一些历史学家所抵制的自负不凡、独裁专断的花招。脚注是由一个成分多样且又天才颖悟的人群创造出来的产物,在这个群体中既有哲学家也有史学家。”安东尼·格拉夫敦的《脚注趣史》,这本书的原著只有241页,却有370个脚注。

格拉夫敦说,脚注有两种功能。首先,“脚注确认了该篇著作是出自一位专业人士之手。就像牙科医生的钻头产生的高倍嗡鸣一样,历史学家笔下的脚注所发出的低吟使读者放心:脚注所带来的沉闷如同钻头下的疼痛,是为了享受现代科学和技术所带来的好处而必须付出的一部分代价”。其次，“脚注是层层累积之物，仔细检查，里面有文艺复兴时期形成的研究技术，有在科学革命期间首次确定的考证规则，有吉本的讽刺，有兰克的移情，有海因里希·莱奥的凶狠，也有重塑了历史学家的工作与生活的出版惯例、教育体制与职业结构的缓慢发展”。在今天社会风气十分浮躁，急功近利成为许多人心向往之的时候，研究一下《资本论》的脚注，除了知识方面的获益之外，可能还有端正学风等其他多方面的教益。

在马克思的科学巨著《资本论》中，有大量的内容丰富的脚注。这是马克思留给我们的一份珍贵的遗产，由小见大，精彩纷呈，也是《资本论》的重要写作特色之一。细读《资本论》，自然不可不认真细读这些脚注。许多专家学者都从《资本论》的脚注中获益匪浅。历史学家、诗人郭沫若在《文艺论集续编》写道：“我在《资本论》的脚注里发现引用了这一句有趣的话。”这句有趣的话是藏在脚注(25)里：“我们想起了，当世界其他一切地方好像静止的时候，中国和桌子开始跳起舞来，以激励别人。”(《资本论》第一卷(上)，第 88 页)这句话的背景是：在欧洲，1848—1849 年革命失败后，出现了一个极黑暗的政治反动时期，当时欧洲国家的贵族热衷于降神术，特别是桌子移动术，这就是所谓桌子也会跳舞的意思。郭沫若从中得到启发，以“桌子的跳舞”为题，借题发挥，写了一篇文章，很夺人眼球。

丰富多彩的《资本论》脚注，在目前我们使用的中文版的《资本论》中，计有三种。一种是《马克思恩格斯全集》俄文版编者在书中加的脚注(编者在书后还另写有注释)；一种是《马克思恩格斯全集》中文版译者加的脚注；再一种是马克思本人写的脚注和恩格斯补充的一部分脚注。本文强调细读的脚注，是指马克思本人写的脚注和恩格斯补充的一部分脚注。这是这两位经典作家原创的一个巨大而丰富的知识宝库，从理论上补充和丰富了《资本论》的内涵。

我最近买到一本内蒙古某家出版社在 2011 年出版的《资本论》第一卷，居然把全部脚注删掉了，为的是省掉三分之一的篇幅，这实在是很不明智之举。这样做，既是对原著的不尊重，也不利读者阅读，一举两失，是很不明智的。

马克思是十分重视这部巨著中的脚注的写作的，他把脚注作为全书的一个重要组成部分。马克思在《资本论》第二版跋的一开头就写道：“我首先应当向第一版的读者指出第二版中所作的修改。很明显的是，篇目更加分明了。各处新加的注，都标明是第二版注。”(《资本论》第一卷(上)，第 14 页)足见马克思对脚注的重视程度。《资本论》中马克思和恩格斯写的脚注，有正式编号的，计有1 300个，其中第一卷有1 107个，第二卷有61个，第三卷有154个，各种序言和跋有8个。经逐条统计，全部脚注的文字加起来达21万字，倘若单独汇编成册，是一本很可观的著作，也是一部无可取代的知识经典。马克思本人写的脚注，花了许多心血，用意巧妙，它们既是《资本论》的一个有机组成部分，还另具独立的科学价值，是一大笔宝贵的思想财富，值得我们细细研究学习。当时，苏联和我国有几位专家都写了研究的专著。

北京大学陆扬先生认为，脚注在西方的史学中曾经被视为一种作用令人生疑的辅助手段，现在却成了史学著作合法性的基础。《资本论》脚注的作用，旨在说明某一思想和观点的来源，阐发和解释正文中的论述。属于阐发正文观点的共有150个。恩格斯在编辑第二、第三卷时，索性把有些脚注变成正文。本文开头引用的《资本论》第一版序言中的第一个脚注，马克思的"顺便说一下"，其实不是"顺便"说说的，而是另有深意。他在序言中写道："所以本书第一章，特别是分析商品的部分，是最难理解的。其中对价值实体和价值量的分析，我已经尽可能地做到了通俗易懂。"（《资本论》第一卷，第7页）但是，这些《资本论》的精髓，马克思的创造性的术语，却遭到了斐·拉萨尔的抄袭，而且抄袭中又有严重的误解。马克思在这个脚注中又指出："这样做之所以必要，是因为甚至斐·拉萨尔著作中反对舒尔采—德里奇的部分，即他声称已经提出我对那些问题的阐述的'思想精髓'的部分，也包含着严重的误解。"（《资本论》第一版序言，第7页脚注(1)）因此，马克思不得不在这部巨著的开头，开宗明义地写下第一个脚注，指出拉萨尔的抄袭手法，以正视听。这也是脚注在这部经典著作中的初露身手。

再举一个正面的例子。马克思在《资本论》问世以后，把一本书寄给了著名的生物学家达尔文。马克思在《资本论》中的脚注中，有三处提到达尔文，对他的物种起源思想极为赞赏。第一处是在第十二章"分工和工场手工业"中。马克思写了一段话："工场手工业时期通过劳动工具适合于局部工人的专门的特殊职能，使劳动工具简单化、改进和多样化。"马克思于是加了一条编号为(31)的脚注，引证了达尔文在比较动植物的自然器官和劳动工具时说的一段话，来证实自己的观点："达尔文在其划时代的著作《物种起源》中，谈到动植物的自然器官时指出：'在同一器官需要从事不同的工作时，这个器官容易变异的原因也许在于：自然选择对于每一形态上的细小差异的保存或抑制，不如在同一个器官专用于一个特殊目的时那样小心。比如，用来切各种东西的刀，大体上可保持同样的形状;但专供一种用途的工具,如作另一种用途的工具,就必须具有另一种形式。'"(《资本论》第一卷(上),第379页)这是很有说服力的。

第二个关于达尔文的脚注,是编号为(89)的脚注,在第十三章"机器和大工业"之中。马克思指出:"同一台织机,用手推动是工具,用蒸汽推动时就成为机器了。"马克思为了论述这个观点,又以达尔文的自然工艺史为证:"达尔文注意到自然工艺史,即注意到在动植物的生活中作为生产工具的动植物器官是怎样形成的。社会人的生产器官的形成史,即每一个特殊社会组织的物质基础的形成史,难道不值得同样注意吗?而且,这样一部历史不是更容易写出来吗?"(《资本论》第一卷(上),第409页)马克思对达尔文学说的关注,超出了社会学和经济学意义上的关注。

马克思的脚注,通常还为正文提供思想方面和事实方面的材料。在《资本论》第一卷中,马克思论述资本积累的过程时指出:"积累是对社会财富世界的征服。它在扩大被剥削的人身材料数量的同时,也扩大了资本家直接和间接的统治。"(《资本论》第一卷(下),第650页)马克思为这两句话写了一个编号为(34)的脚注,请基督教新教路德宗创始人马丁·路德出场,用牧师的逾示来说明问题:"所以,在世界上人类再没有比守财奴和高利贷者更大的敌人了(恶魔除外),因为他想成为支配一切人的上帝。""高利贷者是一个庞大可怕的怪物,像一只蹂躏一切的恶狼,比任何卡库斯、格里昂或安泰都厉害。但他却装出一副虔诚的样子,想使人无法知道被他倒着牵回到洞穴去的公牛究竟到什么地方去了。然而海格立斯必然会听到公牛的吼声和俘虏的叫声,甚至到悬崖峭壁中去搜寻卡库斯,把那公牛从恶汉手中拯救出来。所谓卡库斯就是指盗窃、抢劫和吞食一切的虔诚者的高利贷者这个恶汉。他不承认自己做了恶事,并且认为谁也不会找到他,因为公牛是倒着牵回他的洞里去的,从足迹看来公牛似乎是被放走了。高利贷者正是想这样愚弄整个世界,似乎他带来了利益,他把公牛给了世界,其实他夺取了公牛并把它独吞了……"(《资本论》第一卷(下),第650页)在资本积累的过程中,资本家中的一群高利贷者的可恶形象,借助于马丁·路德的喻示,把高利贷者比作卡库斯这个恶汉,描绘鲜明而生动。

有的脚注是借题发挥,讽刺挖苦,反哺现实,意在言外。马克思反对腐败,也借黑格尔之口挖苦了一通。脚注(102)就是一个好例。马克思揭露一家公司的老板不让少年工在白天学手艺,为的是榨取工人更多的剩余价值:"换句话说,桑德森公司就得自己掏腰包,而不能再用少年工的夜间劳动来支付成年男工的这部分工资了。这样一来，桑德森公司的利润就会少一些，而这就是桑德森公司所谓少年不能在白天学手艺的好理由。”（《资本论》第一卷（上），第292页）为了反驳桑德森公司老板的这个“理由”，语出黑格尔的《逻辑》：“在我们这个富于思考的时代，假如一个人不能对于任何事物，即使是最坏的最无理的事物说出一些好理由，那他还不是一个高明的人。世界上一切腐败的事物之所以腐败，无不有其好理由。”（黑格尔《哲学全书》，1840年柏林版，第249页）腐败，无所不在。桑德森公司老板的腐败，其实算不上腐败，应为剥削，但居然有其如此振振有词的“理由”，让今天的人们也开了眼界，也让我们感佩马克思的匠心独具。

脚注还有一个作用，即是对正文的补充，帮助正文进一步展开论述。马克思在货币或商品流通中谈到，商品内在的使用价值和价值的对立，这种内在的矛盾在商品形态变化中取得了发展的运动形式。因此，这些形式包含着危机的可能性。这种可能性要发展成为现实，必须有整整一系列的关系，从简单商品流通的观点来看，这些关系根本不存在。马克思在写了这段话后，写了一个脚注(73)：“参看我在《政治经济学批判》第74—76页对詹姆斯·穆勒的评论。……商品生产和商品流通是极不相同的生产方式都具有的现象，尽管它们在范围和作用方面各不相同。因此，只知道这些生产方式所共有的抽象的商品流通的范畴，还是根本不能了解这些生产方式的不同特征，也不能对这些生产方式作出判断。”（《资本论》第一卷（上），第133页）

马克思在写“商品与货币”这一章中，还有一段著名的精彩的论述：“昨天，资产者还被繁荣所陶醉，怀着启蒙的骄傲，宣称货币是空虚的幻想。只有商品才是货币。今天，他们在世界市场上到处叫嚷：只有货币才是商品！象鹿渴求清水一样，他们的灵魂渴求货币这唯一的财富。”（《资本论》第一卷，第158—159页）写到这里，马克思意犹未尽，又补写了一个脚注(100)，以自己的著作《政治经济学批判》中的一段话，来进一步论证上述观点：“这种由信用主义突然转变到货币主义，使得实际恐慌又加上了理论恐慌，流通的当事人在他们自己的关系的深不可测的秘密面前瑟瑟发抖了。”这几句话，将货币和货币主义的形象，描绘得何其生动，分析又是何等的深刻！

我们同时注意到，马克思在《资本论》第一卷第一章“商品”中提出了一个重要问题：为什么劳动表现为价值，用劳动时间计算的劳动量表现为劳动产品的价值量呢？为了回答这个问题，马克思写了一个长达700多字的脚注：“古典政治经济学的根本缺点之一，就是它始终不能从商品的分析，而特别是商品价值的分析中，发现那种正是使价值成为交换价值的价值形式。恰恰是古典政治经济学的最优秀的代表人物，像亚·斯密和李嘉图，把价值形式看成一种完全无关紧要的东西或在商品本性之外存在的东西。”（《资本论》第一卷（上），第98页）在这个脚注中，马克思继承了亚·斯密和李嘉图关于商品和商品价值的优秀研究成果，用脚注的方式深入地论证自己的论述，这也是马克思在《资本论》写作中经常运用的一个写作方法。读了这些脚注，使我们在学习了经典作家的创见的同时，又可以浏览思想史上的各色风光，以他的丰富知识，满足了我们希望看到马克思在精练的文字后面隐藏着的深刻寓意的欲望。

沿着脚注提供的历史演变的线索和有趣的材料，我们将不时会有许多意外的收获。马克思的脚注，对许多读者来说，是一片陌生的知识丛林，可千万不要错过。

一颗颗镶嵌在《资本论》皇冠上的明珠
——细读《资本论》的脚注（下）

政治经济学所研究的材料的特殊性，把人们心中最激烈、最卑鄙、最恶劣的感情，把代表私人利益的复仇女神召唤到战场上来反对自由的科学研究。

马克思：《资本论》第一卷（上），第12页。

对于马尔萨斯，马克思在《资本论》中曾有14处提到他的著作，多次提出过尖锐的批评。如在脚注（51）中写道：“马尔萨斯的崇拜者甚至不知道，马尔萨斯的《人口论》的第一版，除了纯然夸夸其谈的部分以外，除了抄袭华莱士和唐森两位牧师的著作以外，几乎全部抄袭斯图亚特的著作。”仅此一端，就否定了马尔萨斯的《人口论》。（《资本论》第一卷（上），第390—391页）又如在脚注（29）中，马克思又对马尔萨斯讽刺道：“假如有人感到商品滞销，那么马尔萨斯先生是否会劝他把钱付给别人，让别人用这笔钱购买他的商品呢？一个很气愤的李嘉图的信徒这样质问马尔萨斯，因为后者及其门徒查莫斯牧师从经济学的观点赞美了纯买者阶级，即消费者阶级。”（《资本论》第一卷（上），第185页）但是，马克思虽然多次对马尔萨斯提出批评，并不是否定其一切。在第二十二章中，马克思在论述剩余价值怎样转化为资本时，写了一个脚注(21)，引用了两处马尔萨斯的意见，替代自己对这个问题的论述，并注明出处："资本积累就是把收入的一部分当作资本使用。"(马尔萨斯《政治经济学定义》，卡泽诺夫译，第11页)"收入转化为资本。"(马尔萨斯《政治经济学原理》，1836年伦敦第2版，第320页。《资本论》第一卷(下)，第635页)如此严谨的实事求是的科学态度，体现出一种实证的科学态度，令人肃然起敬。

《资本论》的脚注，还有一个明显的特点，就是大量征引了官方文件和档案材料，通过它们来支撑文本。马克思悄悄地躲在伦敦博物馆的一隅，以蚂蚁啃骨头般的劳作，细细地摘录这些官方文件，寻找对资本主义制度致命一击的有用材料。读读这些文件的篇名，就可以得知他的阅读范围之广。如《帝俄驻北京公使馆关于中国、中国人民、宗教、制度和社会关系的著述》、《工厂视察员向女王陛下内务大臣所作的报告》、《工联及其他团体组织和章程调查委员会第10号报告》、《汉德萨的议会辩论录》、《就面包工人的申诉向女王陛下内务大臣的报告·附证词》、《济贫法视察员关于爱尔兰农业工人工资的报告》、《童工调查委员会(1862年)委员会委员的报告》、《食物等掺假调查特别委员会的报告·附证词和附件》、《上院秘密委员会受命研究一度遍及商业界的危机原因以及随时能兑换的银行券发行管理法对该阶级的影响的报告·附证词和附件》等。《资本论》第二十三章里谈到爱尔兰农业短工的贫苦生活时，马克思在5页的文字中，11处引用了《济贫法视察员关于爱尔兰农业工人工资的报告》的内容。如："虽然他们的生活极端俭朴，但是他们的工资只能勉强应付他们自己及其家属的吃住之用。要做衣服，他们得有另外的收入……他们的居住环境，加上其他方面的困苦，使得这个阶级特别容易感染伤寒和肺结核。"(《资本论》第一卷(下)，第776页)有的脚注的引文长达上千字，有了这些官方文件作证，论述就更为有力。

特别值得一提的是，马克思引用的《童工调查委员会(1862年)·委员会委员的报告(第1—6号)》，共计六份。马克思在资本论第一卷里，运用这六份报告，写了42条脚注，有力地揭露了英国童工所遭受的剥削和非人的待遇，极大地增强了这部名著的说服力。请看第(122)脚注："在英国工厂内，限制妇女劳动和儿童劳动，是成年男工从资本那里争取到的。与这个重大的事实相反，人们在童工调查委员会最近的报告中竟然还看到，身为父母的工人，令人十分愤慨地像十足的奴隶贩子那样贩卖儿童。可是，正如从这些《报告》中可以看到的那样，资本主义的伪善者们，却在那里攻讦这种他们自己一手造成，使之永存并加以利用的兽行，而在其他场合，他们把这种兽行名之曰‘劳动自由’。”（《资本论》第一卷（上），第434—435页）童工调查委员会的第4号报告又写道：“一个玻璃手工工场的总经理威·马歇尔先生对一个调查委员会委员提出的关于如何保持少年工人的劳动强度的问题作了很好的回答：‘他们不可能忽略自己的工作；他们一开始干，就得干下去；他们好像是一台机器的各个部分。’”（《资本论》第一卷（上），第387页）这名总经理倒是说了大实话，把少年工人看作是机器的一个零部件，自己打了自己一记关于“劳动自由”的响亮耳光！

脚注可以使比较枯燥的理论阐述，增加文采，增加艺术色彩，增添可读性。马克思对资本家的贪婪的描述，引用了法国作家巴尔扎克的说法：那个开始用积累商品的办法来储藏货币的老高利贷者高布赛克，在他笔下已经是一个老糊涂虫了。马克思还引用了阿泰纳奥斯在《学者们的宴会》中的一句话：“贪婪想把普路托从地心里拖出来。”（脚注93，《资本论》第一卷（上），第153页）在谈到机器的起源时，马克思写道：“西塞罗时代的希腊诗人安缔巴特洛斯，曾歌颂碾谷的水磨这种一切生产机器的最初形式的发明，把它看作是女奴隶的解放者和黄金时代的复兴者。”（《资本论》第一卷（上），第447—448页）接着，马克思又写了一个脚注，引述了施托尔贝格翻译的一首诗：“因为这首诗和前面引用的关于分工的话完全一样，说明了古希腊罗马的观点同现代的观点正好相反：‘磨房姑娘啊！珍惜你们推磨的手，安静地睡吧，不用管雄鸡向你们报晓！女神已派水妖替你们效劳。她们轻盈地跳到轮上，轮轴转动了，石磨旋转着。让我们像祖先一样地生活，不必再劳碌，让我们享受女神赐给的恩惠吧！’”（《资本论》第一卷（上），第448页）这些语言和诗句，似一颗颗明珠镶嵌到《资本论》这部名著的皇冠上，闪闪发光。

脚注的材料是多种多样的。为了说明“工场手工业时期也首先给工业病理学提供了材料”，马克思引用了戴·乌卡尔特的《家常话》：“一个人如果应受死刑，对他的分割就叫做处死，如果他不应受死刑，对他的分割就叫做谋杀。对劳动的分割就是对民众的谋杀。”（《资本论》第一卷（上），第402页）为了说明“在劳动资料被夺走的同时，生活资料也不断被夺走”，马克思引用了莎士比亚《威尼斯商人》第四幕第一场中的两句台词：“你们夺去了我活命的资料，就是要了我的命。”如咒骂货币换走了人间的经济秩序和道德秩序，马克思引用了索福克勒斯在《安提戈涅》中的名言：“人间再没有像金钱这样坏的东西到处流通，这东西可以使城邦毁灭,使人们被赶出家乡,把善良的人教坏,使他们走上邪路,做些可耻的事,甚至叫人为非作歹,干出种种罪行。"(脚注(92),《资本论》第一卷(上),第152页)文学与经济,在马克思的笔下,就是如此巧妙地联姻了。有学者赞叹,马克思在他的《资本论》里,没有遗漏过任何一本有价值的著作,一个有意义的观点。

据统计,在《资本论》第一卷中引用的文学作品和神话中的人物,就有49个之多,如歌德的《浮士德》,席勒的《阴谋与爱情》,笛福的《鲁滨逊漂流记》,但丁的《神曲》,莎士比亚的《无事烦恼》、《亨利四世》,塞万提斯的《唐·吉诃德》等;《资本论》第三卷引用的文学著作有奥维狄乌斯的《变形记》,巴尔扎克的《农民》,海涅的《宗教辩论》、《罗曼采罗》诗集,普卜利乌斯·忒伦底乌斯的《安德罗斯岛的姑娘》,席勒的《人质之歌》,贺雷西的《书信集》等。他们都帮助马克思的《资本论》涂上了一层瑰丽的色彩,阅读马克思的《资本论》原著的过程是在愉快地享受一场丰饶的思想盛宴,是一次醇美的精神沉醉。

马克思的博学是惊人的。在这部煌煌巨著的脚注里,马克思几乎将他所能够收集到的那个时代关于资本生产的一切资料都网罗无遗,有前人的理论著述和经济学论文,有官方统计学资料、医生的报告、向女王的报告,有来自其他国家的资料,有当时报刊上的经济报道和社会新闻,有关于企业生产的商业秘密,还有游记、历史学书籍,甚至大量反映现实的文学作品。在有着漂亮圆顶的知识殿堂——不列颠博物馆图书馆所藏图书中,马克思阅读过的书籍有1 500多种,他所摘的内容和整理的笔记有100余本。马克思以其广博的学识,将各个时期看待与运用脚注的方式的变迁,作了创造性的运用。他为了更好地完成《资本论》,广泛收集有关各学科资料,如农艺学、工艺学、解剖学,更不用说历史学、经济学、法律学了。他在论述政治经济学的社会分工这一段不到200字的文章里,却写了4个脚注,引用配第、贝卡利亚、哈里斯、恩披里柯和一位匿名作者的著作。马克思在脚注(77)中写道:"在现代著作家中,十八世纪的某些著作家如贝卡利亚和詹姆斯·哈里斯是例外,他们在分工问题上几乎只是重复古人的见解。贝卡利亚写道:'每一个人根据切身经验都知道,如果一个人总是把手和智慧用于同种劳动产品,他就能比那些各自生产自己需要的东西更容易、更多、更好地把产品制造出来。'"(《资本论》第一卷(上),第404页)为了论证"人的不同志趣和才能为自己选择到适宜的范围"这一点,马克思引用《奥赛罗》第十四章第228行:"不同的人喜欢从事不同的工作。"阿基罗卡斯说过:"每个人都在不同的工作中

得到乐趣。"(《资本论》第一卷(上),第 404 页,脚注(78))

最后,也要"顺便说一下",我们要纠正一个流行的误读。在批判资本家的贪婪时,不少人常这样写道:"马克思说过,资本家为了 300%的利润率可以冒上断头台的危险。"在"毒胶囊事件"发生后,报上有两篇相关评论中又有作者这样说。但是只要细读一下脚注,就发觉不对了。这段文字不是马克思说的,而是一位名叫托·约·登宁(1799—1873 年)的人士说的。登宁是英国工会活动家和评论家。他写过一篇题为《工联和罢工》的文章,刊登在 1860 年英国的《评论家季刊》上,其中就有这段话。因为它说得很生动、形象,这段话时常被人引用。它虽然不是马克思说的,但是,马克思显然赞同它对资本本性的描述,所以把它拿来作为"资本来到世间,从头到脚,每个毛孔都滴着血和肮脏的东西"的脚注(250)附在下面。(《资本论》第一卷(下),第 829 页)而在资本"来到世间"之前,还有两句著名的话:货币"来到世间,在一边脸上带着天生的血斑"。这段话也不是马克思说的,马克思又加了一个脚注(249),说明这是法国新闻记者、财政经济学家马利·奥日埃在《论公共信用及其古今史》中所述。

我们甚至可以得出这样的结论:不读《资本论》的脚注,就无法读懂《资本论》。

《资本论》出版之后

我们必须像俄国人那样——等待。忍耐是俄国外交和成功的秘诀。但是,像我们这些只能活一次的人,也许会等不及就死去的。

马克思:《马克思恩格斯通信集》三联书店 1958 年版,第 3 卷,第 408 页。

马克思在汉诺威时,写给他的一位朋友、矿业工程师齐格弗李特·迈耶尔的回信中说:"我为什么没有给您回信呢?这是因为我一直徘徊在坟墓的边缘。"(《马克思恩格斯书信选集》,第 197 页)迈耶尔原来住在柏林,不久前移居美国。马克思在回信中还写道:"您的那些来信充满了对我个人的最亲密的友情。而您会了解,我这同整个世界(官方世界)进行残酷斗争的人,对这一点是决不会估计不足的。”(《马克思恩格斯书信选集》,第 197 页)马克思这里所说的“官方世界”是有所指的。在不久之前,德国首相俾斯麦曾通过一位马克思所不认识的律师——瓦尔涅波尔德转达给他一个信息:俾斯麦想利用马克思的卓越才能和影响为德国政府效力,待遇优厚是不言而喻的。但是,马克思并不为之所动,他和恩格斯的意见是一致的:“这个家伙的思想方式和眼光的特点是:用自己的尺寸来衡量一切人。”(《马克思恩格斯书信通信集》,三联书店 1958 年版,第 439 页)尽管马克思当时贫病交迫,缺医少药,为避免思维不受影响而不愿服用砒剂药物,但马克思还是对俾斯麦挥动的橄榄枝不予置理。他继续回到伦敦完成《资本论》一卷的校对工作。

不过,马克思在回伦敦的途中,却意外地结识了俾斯麦的一位内侄女。在轮船上,有一位有军人气派的德国小姐,向马克思询问伦敦车站的一些情况。马克思热情地回答了她的提问,告诉她要等待几小时才能上车,并建议同她一起游览海德公园来消磨这段时间。这位小姐告诉马克思,自己名叫伊丽莎白·冯·普特卡默,是俾斯麦的内侄女,刚刚在柏林他家里住过几个星期。她是一个性格开朗而有教养的姑娘,但在骨子里浸透了贵族气质和普鲁士精神。当她知道她所面对的,竟是大名鼎鼎的红色人物马克思时,虽然吃惊不小,但她并未失去和他交往的兴趣。她回到家后,给马克思写了一封亲切的短信,以“孩子般的尊敬”向马克思表示“由衷的感谢”,感谢他对“一个未经世故的女孩子”做了种种的照顾,她的父母亲也为她在旅途中遇到了一位好人而表示高兴。当然,这段偶遇并没有勾起马克思想和俾斯麦联络的兴趣,马克思只是把这段巧遇告诉了自己的朋友库格曼,然后一笑置之。

1867 年 9 月 14 日,马克思那部“每一分钟用来完成我为之牺牲了健康、人生幸福和家庭的著作”——《资本论》第一卷在德国汉堡正式出版。

那么,这部被誉为“工人阶级的圣经”的马克思主义的经典著作,出版后遭遇如何呢?这是一个读者迫切关注的问题。

《资本论》第一卷出版后,马克思曾期望他的著作像达尔文的进化论一样,引起热爱科学的人们的巨大反响。所以,《资本论》第一卷出版后,他送了一本给达尔文。他怀着焦急的心情等待这部他花费了巨大心思的作品的反映,但德国和整个西方社会开始时几乎是一片沉默。两个多月后,在德国的反响并不如意料之中的那样热烈,既没有轰动效应,也没有人提出批评。德国的经济学术界基本上对这本书的出版保持缄默。德国经济界许多博学的和不学无术的代言人,最初企图像他们在对付马克思以前的著作时曾经得逞的那样，用沉默置《资本论》于死地。

这不是偶然的。英国、法国经济学术界从马尔萨斯、西尼尔、萨伊和巴师夏以来，正以其自由、平等、和谐的经济学理论来安慰工人阶级，以平息劳动者贫困化带来的怒火。所以，马克思的著作不受英、法经济学术界的欢迎是理所当然的。他们对《资本论》既无能力开展学术上的批评，但又不愿意做宣传，所以就采取了置之不理、不闻不问的态度。

马克思心中很焦急。他在给恩格斯的一封信里写道："对于我的书的缄默使我焦躁不安。我没有听到什么，也没有看到什么。德国人是好样的。作为英国人、法国人甚至意大利人的仆从，他们在这方面的功绩的确使他们有权利不理睬我的著作。我们在德国的朋友不懂得宣传。但是，我们必须像俄国人那样——等待。忍耐是俄国外交和成功的秘诀。但是，像我们这些只能活一次的人，也许会等不及就死去的。"(《马克思恩格斯通信集》三联书店 1958 年版，第 3 卷，第 408 页)

马克思的担心并非没有根据。因为他当时的健康情况的确很差。他的生活也处在风雨飘摇之中。恩格斯和库格曼为扩大《资本论》的影响，做了许多工作。他们争取到许多报纸上刊登《资本论》出版的消息或转载序言。他们甚至迎合时尚，准备了一个耸人听闻的广告，预告要在德国一家文艺性报纸《凉亭》上刊登关于马克思的传记文章和马克思的肖像。但是，马克思请求他们不要开这样的"玩笑"，因为这样做有弊无利。

等待是没有办法的办法。恩格斯也很着急。他自己动手，自 1867 年 10 月至 1868 年 6 月，一连写了八篇评介《资本论》第一卷的文章。其中在 1868 年 3 月 21 日和 3 月 28 日的《民主周刊》上发表的书评影响最大。恩格斯在这篇文章中高度评价了《资本论》的成就："自地球上有资本家和工人以来，没有一本书象我们面前这本书那样，对于工人有如此重要的意义。资本和劳动的关系，是我们现代全部社会体系所依以旋转的轴心，这种关系在这里第一次作了科学的说明，而这种说明之透彻和精辟，只有一个德国人才能做得到。欧文、圣西门、傅立叶的著作是有价值的，可是要攀登最高点把现代社会关系的全部领域看得明白而且一览无遗，就象一个观察者站在最高的山巅观赏下面的山景那样，就只有待诸一个德国人。"(《马克思恩格斯选集》第二卷，第 269 页)这个德国人就是马克思。这本书就是《资本论》。如此高度而准确的评价，唯有他的亲密战友恩格斯方能写得出。

1869年7月恩格斯又对马克思的传记的原稿作了加工，发表于1869年8月2日《未来报》第185号上。李卜克内西把这篇传记转载在1869年8月21日的《民主周刊》第34号附刊上，但删去了一个重要观点：恩格斯批评拉萨尔不是一个有创见的思想家，他的许多著作的内容都是从马克思哪里抄袭来的，并把马克思的著作庸俗化。

另有两篇书评，恩格斯写成后，分别送给《莱茵报》和《双周评论》，但这两家报纸有眼无珠，居然以"文字枯燥"为由，不予发表。有幸的是，德国工人运动活动家、法学博士施韦泽在他创办的《社会民主党人报》上和约瑟夫·狄慈根在《民主周刊》上都发表了评论。马克思承认施韦泽虽然有个别错误，但确是钻研了这部书，并且能理解《资本论》的中心思想。莫·布洛克在《德国的社会主义理论家》一文中，也赞扬了马克思的分析方法。他说："马克思先生通过这部著作而成为一个最出色的具有分析能力的思想家。"当时著名的唯物主义哲学家费尔巴哈也对《资本论》赞叹不已。

不过，这里还值得一提的是，当时已有人看到这本书将产生长远的影响，这就是马克思的一位老朋友、曾经做过银行资本家的弗莱里格拉特。马克思曾把《资本论》第一卷送给他。他写信给马克思对年轻的拉法格夫妇的婚事表示了诚挚的祝贺，并对赠送给他的《资本论》第一卷表示了同样的感谢。他在信中还写道，读过这本书使他深受教益并且得到最大的乐趣。他认为，书也许不会马上获得极大的成功，但正因为这个缘故，它的影响将更为深远和持久。"我知道，莱茵河畔的许多商人和厂主都对《资本论》极为赞赏。书将在这些人当中达到自己的目的，此外它还将成为学者必备的参考书。"他在伦敦的世界贸易中心生活了大约20年，对商人和工厂主都有深刻的了解，作出如此内行的评介，可见他是真正读懂了《资本论》。

《马克思传》的作者弗·梅林写道："马克思在其他'专家'那里的遭遇也是不愉快的。甚至八年以后，在这班老爷们里面，还有一个人谨慎地隐匿了姓名，煞有介事地宣布说，马克思作为一个'自学者'，在科学方面落后了整整一个时代。"但是，几只乌鸦的鼓噪，并不能掩盖无比洪亮的真理的声音。它给各个历史时代的发展和衰亡、阵痛和可怕的灾难岁月投射去的灿烂夺目的光辉，至今依然照耀着人类前进的方向。

俄罗斯的学术界不乏马克思的知音。过了四年，基辅大学政治经济学教授尼·季别尔先生在他的《李嘉图的价值和资本的理论》一书中，充分肯定了马克思的价值论和货币论。他写道，马克思的价值、货币和资本的理论就其要点来说是斯密—李嘉图学说的必然的发展。使西欧读者在阅读他的这本出色的著作时感到惊异的，是纯理论观点的始终一贯。人们对《资本论》中应用的方法理解得很差，这已经由各种互相矛盾的评论所证明。

在中国的资产阶级革命派理论家当中，在20世纪初，民主革命的先行者马君武、朱执信、孙中山、廖仲恺、宋教仁、冯自由先后在《译书汇编》、《浙江潮》、《民报》等报刊上介绍过各种社会主义学说。朱执信在《民报》(1907年)上相继发表的文章中介绍了《共产党宣言》和《资本论》的主要内容，并节译了其中的片段。朱执信指出："顾自马尔克(马克思)以来，学说皆变，渐趋实行，世称科学的社会主义。"在我国早期马克思主义传播中，李大钊于1919年5月在《新青年》第5期上发表了《马克思的经济学说》等文章，系统介绍了马克思主义经济学说的历史地位和《资本论》的主要内容。1919年至1920年期间，李汉俊翻译出版了德国马尔西著《马克斯资本论入门》，这是在中国第一次系统地介绍《资本论》。1922年，陈独秀在《新青年》第9卷第3号和第6号上发表了《社会主义批评》和《马克思学说》两篇文章，都对《资本论》作了较详细的介绍。所有这些有关《资本论》的介绍，都是吹响了中国的民主革命的号角，为中国民众作了重要的马克思主义的启蒙活动。这些先知者分别以不同的方式吹响了中国革命的号角。

《资本论》登上戏剧舞台的前前后后

随着资本主义生产在工场手工业时期的发展，欧洲的舆论丢掉了最后一点羞耻心和良心。各国恬不知耻地夸耀一切当作资本积累手段的卑鄙行径。

马克思：《资本论》第一卷(下)，第827页。

1867年9月14日，《资本论》第一卷在汉堡正式出版，被誉为马克思一生最伟大的理论著作，引起了全世界的关注，其中也引起了戏剧界人士的关注，《资本论》被编成各种戏剧漫画作品出版和公演。

早在1931年，日本人阪本胜第一个将《资本论》改编成30万字的剧本，书名叫《戏剧资本论》。阪本胜，1899年生于日本兵库，毕业于日本东京帝国大学经济科，具有相当专业的经济学功底，是第二次世界大战前日本知名的剧作家与评论家。他曾为日本帝国国会议员，也是一位马克思主义者。1929年至1931年，发生了一场全球性的资本主义经济危机，日本的经济也陷入衰退，罢工浪潮此起彼伏，社会主义思潮盛行，当局大肆搜捕罢工工人和社会主义者，进行大规模的囚禁，或者直接处死。在这样的时代背景下，阪本胜敢于将《资本论》改编成30多万字的剧本，是非常了不起的。全剧分五部，共37场。《戏剧资本论》原著没有序言，只有三条简短的后记：一、本戏剧系将卡尔·马克斯原著《资本论》第一卷作为根干，表现为戏剧形式；二、但在戏剧构成必要时，亦涉及其他各卷内容；三、当本书出版，对最繁杂事务方面赐予援助之阿武隈河畔八百板正君，表示谢意。

翻开这个剧本，里面的人物与对话，带有极为鲜明的时代特征。幕启，舞台前方张满纱幕，纱幕上出现了卡尔·马克思的头像，并有马克思的签名。写着：《资本论》第一卷第一版。字幕上接着写道："资本论初次出世后的64年，地球底姿态已有了显著的转变。无产阶级的斗争，使世界地图改变了色彩。"

资本论，早就有人说过，它是一部戏剧；但真要把精奥的、科学的、历史的、哲学的理论，编成一部通俗易懂的戏剧，则谈何容易，但阪本胜做到了。诚如译者费明君在序言里写道："这是一部把资本论底的内容加以戏剧化的《戏剧资本论》，它不但把马克思底资本论底精髓，拔萃地而且是正确地运用在剧作里面，更把是理论的、艰深的资本论，用可惊的细致的烘托和刻画的手法，加以立体化、具体化、具象化，使它成为活的、行动的资本论，而搬上舞台。"全书将近476页，场景复杂，有250多个人物，如厂长、工头、亨斯师傅、内政大臣、法官、秃头资本家、工厂监督官荷尔纳、卡尔、拉法格、新闻记者等。附在书末的登场人物表，竟有10页之多。全剧有5部37场，而第5部的第一场"恐慌来到了"，又有4节戏：第一节：漂本的摇荡；第二节：暴风雨；第三节：背水作战；第四节：崛起。足见内容之丰富。

第一幕刚刚开启，便是一群男子齐声喊道："有剥削！有贫困！饥饿！失业！但是！我们是有未来的。是怎样的未来呢？解放！自由！支配！为了解放应该怎样？团结！斗争！流血！"在剧终时，字幕上又写道："不久在长江上！不久要在恒河上！全世界的无产阶级，是《资本论》底实践的战士。"第一部第一场是：

"晚钟和晨钟",剧作家在幕启时写下了舞台布景的如下说明:"由着影片底光线映在纱幕上面,明朗地可以看到舞台全体有基本的立体的机械装置。整个机械装置,都被群众占住。群众的构成是:男子们,女子们,少年们。男子都赤裸着上半身。因为全体群众有组织的叫唤声,群众也形成了适当的组织、配置和姿势。群众在这当儿的叫唤,和映在纱幕上的字幕是互相呼应的。"这样的开场,很有气势,也是很吸引人的。全剧有许多精彩的工人和厂长的对话和论战,把马克思的剩余价值等主要观点生动地表述出来。

《戏剧资本论》的中文版本,由费明君先生翻译。费明君,1911 年出生,浙江宁波人,30 年代毕业于日本早稻田大学文科。1938 年归国。《戏剧资本论》中译本由 1949 年 4 月在上海社会科学研究社出版,发行者是神州国光社。1950 年再版重印。这本书的封面简洁,以红色作底色,上写五个大字:戏剧资本论。下面书写三行字:马克斯原著、阪本胜编剧、费明君翻译。在黎明前的黑暗的中国,费明君翻译并公开出版这部马克思的经典著作,是要冒杀头危险的。

费明君从日本回国后,曾任电影导演,汉口《平报》、南京《新京日报》文艺副刊编辑和大专院校执教。作为一个杰出的翻译家,39 岁的费明君曾经翻译过大量马克思主义经典著作和文学作品,《戏剧资本论》便是其中之一。1949 年后,任华东师大中文系副教授。1955 年 6 月因"胡风集团骨干分子"而被捕,妻子和儿女均被押送青海德令哈农场尕海分场劳改,家属后又在安徽省定远县红桥村定居。1965 年 6 月,费明君刑满留场劳动,"文革"期间,又加罪名为"日本特务",1973 年死于青海的劳改农场,连尸骨都无从寻找。费明君死后,他的妻子及七个子女无法生活,作为一个翻译家和教授的后代,他的七个子女都是文盲。他翻译了《资本论》,本人的遭遇却是一大悲剧。费明君的子女后经屡次申诉复查,才得以彻底平反,他的妻子和儿女也从定远县返回上海,并作了妥善安置。

费明君除在大学执教外国文学外,还从事外国文学的翻译工作,翻译作品计有:波兰作家莱蒙托的四卷本长篇小说《农民》(春、夏、秋、冬)和显克微支的《你往何处去》,以及车尔尼雪夫斯基的《怎么办》、卡达耶夫的《盗用公款的人》、伊里夫・彼得洛夫的《十二把椅子》、爱伦堡的《欧洲的毁灭》、阿・托尔斯泰的《加林双曲线》、高尔基和日本文学家藏原惟人的部分作品,先后共译出三十余部,是一位多产的翻译家。这位才华横溢的年轻学者,还是鲁迅的弟子,旧版《鲁迅全集》第四卷的卷首合影中,站在鲁迅身边的青年就是他。在鲁迅先生去世后,他曾编过第一本《鲁迅语录》。

《戏剧资本论》出版后，由于人物众多和其他的种种原因，这个剧本却从未在日本和中国正式登上过舞台。1927 年，俄国导演谢尔盖·爱森斯坦决定把《资本论》搬上银幕，但这个决定也未能如愿。过了 70 多年后，在马克思的故乡德国，一个叫里米尼记录剧团集体创作了戏剧《资本论·第一卷》。三位年轻的德国导演将它搬上了戏剧舞台。这出戏是一出"纪实剧"，巧妙地将"绝对剩余价值的生产"这个令人费解的话题，变成引人注意的剧作。德国导演豪格和维策尔认为，《资本论》是可成为剧本的文字材料，只有通过与其息息相关的几个人物出演，才能真正发现其精髓。但是，舞台剧不是将晦涩的理论作通俗解释了事。舞台上的所有表演者都是来自因舞台需要的各行各业的专业人士，然后依照导演的中心理念开始排戏。导演找来八位有名的人士，在舞台上重新剖析《资本论》这本书的历史与当代意义。

为了演出，德国杜塞尔多夫的绍斯皮尔豪斯剧院把剧院内部装扮成一个图书馆，还放上一个马克思的半身雕像。然后，八个人讲述他们自己的故事(他们每个人都从头到尾读过《资本论》)，其中既有痛恨商品社会的坚定的马克思主义者，也有来自前东德的社会主义的支持者，还有一名幻想通过电视节目成为百万富翁的盲人。这部以马克思为主线的戏剧取得了一种现代拼贴画的戏剧效果。

《资本论·第一卷》由漫长而游离的线索贯穿而成，来自不同社会领域的、现实中的专家上台，朗读《资本论》片段，解说这部巨著与自己的关系以及对自己人生带来的影响。2006 年 11 月 11 日，这部戏剧首次在杜塞尔多夫演出后，又到柏林、法兰克福和苏黎世轮番上演，演出获得了"姆尔海玛戏剧大奖"。这部作品在德国取得成功后，又在世界多个国家巡演，其中包括俄罗斯、捷克、奥地利、塞尔维亚和日本等。里米尼记录剧团被称为"舞台戏剧现实新潮流的先驱者和创立者"，短短几年内获得许多重要的大奖，俨然成为德国戏剧界的一支新剧场势力。

2008 年，全球性国际金融危机发生。从 2008 年 10 月开始，《资本论》重新进入了德国的大学课堂，在包括柏林大学、慕尼黑大学、波恩大学在内的 31 所高等学府里，年轻的大学生们开始研读这部经典著作，从另一个角度思考这场危机。2007 年岁末，在受到经济危机严重冲击的日本，《资本论》被改编成漫画出版，成了人人都能看懂的浅显故事。这本小书首印 2.5 万册，上市十天便售罄，挤进了畅销书榜单。

漫画《资本论》将故事发生地设置在 20 世纪的一个奶酪厂，奶酪厂老板罗宾拒绝接受其父亲的“乌托邦”思想，横征暴敛，最终在全球经济萧条时陷入困境；故事主人公常常要在追求暴利与怜悯工人之间作出选择，饱受折磨。在漫画中，资本家达内爱鲁对罗宾说：“我们从劳动者那里买来劳动力，这是一种特殊商品，我们只付出 1 枚金币，却得到了价值 2 枚金币的劳动力。这样一来，我们一根手指都不动，就可以获得一枚金币了。”见罗宾面有疑惑，达内爱鲁进一步说：“你想变成有钱人的话，就得剥削！”通过这些对话和故事，通俗地传播了《资本论》的剩余价值理论。

之后，日本东方出版社又以《资本论》第二、三卷为蓝本，推出漫画版《续资本论》，两本书合计销量突破了 15 万册。漫画《资本论》把马克思鸿篇巨制中复杂的经济理论，包装成了人人都能看懂的浅显故事。绿色的封面，薄薄的一本小书，出版商认为，它能够被随手放进香奈尔的晚装包，或在老板巡视时能悄悄塞入办公桌最上面的抽屉。

“既然《资本论》改成漫画能热卖，那么，为什么不能排成话剧呢？”上海话剧艺术中心总经理杨绍林从漫画版《资本论》中找到了灵感。他们决定全力打造舞台剧《资本·论》。想要驾驭资本？想要拥有财富？想要成为金钱的主人？《资本·论》将会告诉你这一切！金牌编剧喻荣军＋鬼才导演何念＋著名演员徐峥，三个男人的脑力碰撞，裂变出史上最活跃的幽默细胞！剧中主人公以一场“戏剧帝国”的黄粱梦，掀起对于资本、金钱、物质的思考和讨论。2010 年 8 月 19 日，话剧《资本·论》在上海美琪大戏院正式公演。从此，《资本论》在中国有了第一部舞台剧。

《资本·论》是一部很难被归类的剧目，它同时具有黑色幽默、现实讽刺的特点以及百老汇音乐剧歌舞的表演形式。它将马克思的经典著作《资本论》和最新的美国华尔街的金融危机结合了起来。难懂的经济学理论在这里得到了深入浅出的解读，小沈阳、高价房、宝马女等社会现象也在此之中被更加锐利地折射出来，每个人都能在这部剧中找到自己的影子。

这出戏告诉观众：资本是天使？资本是魔鬼？资本能让我们一步登天，也能让我们落入万丈深渊。人人心中都有一个资本的模样，你心中的资本模样如何？且看 2010 资本金三角强势出击，带你走进资本世界！舞台剧《资本·论》自上演以来，已成为上海话剧艺术中心每年都复演的“保留剧目”。剧中，主人公以自己的失败教训，阐释了《资本论》里有关“原始资本的占有”、“商品产生和交换流通”、“剩余价值分配”等理论。编剧喻荣军介绍说：“这个戏有许多不同的形式，刚开始观众在剧场里看到的是一场正常的话剧演出，慢慢地演出变成了现场发生的事情，然后又变成写实的话剧，接着又像是纪实剧，再后来就变得越来越荒诞。”喻荣军坦言：“不管你愿意不愿意，在现在的市场经济社会中，你总逃不脱资本这两个字。大到政治经济上层建筑，小到明星八卦家长里短，很多事情撕开其虚表，究其根本还是资本在作怪。”话剧《资本·论》由许多小故事组成，员工发现老板在剥削他们，从而发现“剩余价值理论”；他们反应不一，有人愿被榨取，有人揭竿而起，把公司搞垮，最后全都失业……套用《罗生门》的叙述手法，在不同的时空内重复展现“剩余价值”。

2011年12月19日，“中国制造”的舞台剧《资本·论》赴马克思的故乡德国演出，赢得了德国广大观众的热烈赞誉。将“绝对剩余价值的生产”这样的令人难懂的话题，变成引人注目的剧作，上海话剧艺术中心获得了成功。戏剧徐徐降下帷幕，我走出剧场，夜已深了，万籁俱寂。我忽然听见两位伟人在用德语交谈，不时传来朗朗的笑声——请勿惊惶，那是马克思和恩格斯在另一个世界里，发表对话剧《资本·论》的评论。

译者是人类文明的邮差

《资本论》在德国工人阶级广大范围内迅速得到理解，是对我的劳动的最好的报酬。一个在经济方面站在资产阶级立场上的人，维也纳的工厂主迈尔先生，在普法战争期间发行的一本小册子中说得很对：被认为是德国世袭财产的卓越的理论思维能力，已在德国的所谓有教养的阶级中完全消失了，但在德国工人阶级中复活了。

马克思：《资本论》第一卷(上)，第15页。

《资本论》出版后在德国遭受的冷遇是暂时的。它的一大意想不到的结果是：德国世袭财产的卓越的理论思维能力在世界各国工人阶级中找到越来越多的知音。《资本论》出版后，迅速在德国工人阶级中广大范围内迅速得到理解，尔后在德国经济学术界引来广泛的关注。接着，俄文版、法文版、英文版的《资本

论》相继问世。

普希金说过:“请千万别瞧不起译者,他们是人类文明的邮差。”翻译工作是在科学发明、技术创新、文学创作、艺术创造领域的跨文化、跨语言原创,并为促进上述领域的进步、发展和繁荣作出了巨大贡献,同时提供了具有完全著作权意义上的作品。莫言在诺贝尔奖颁奖典礼晚宴上发表感言:“我还要感谢那些把我的作品翻译成世界很多语言的翻译家们,没有他们创造性的劳动,文学只是各种语言的文学,正是因为有了他们的劳动,文学才可以变成世界的文学。”正是如此,《资本论》能在全世界的广泛传播,我们同样不应当忘记《资本论》的翻译家,他们也是马克思主义的播火者,他们的名字也将永远为后人所铭记。

《资本论》第一卷的外文译本最早出现在俄国。

《资本论》第一卷德文版出版后,在俄国进步知识分子中引起了很大的反响。早在 1868 年 10 月 12 日,马克思在信中告诉库格曼——一位彼得堡的出版家,给他提供了一个出乎意外的消息:《资本论》的俄译本已在印行中,请他寄去一张自己的照片,作为封面的装饰。马克思觉得这实在是一种命运的讽刺。西方不亮东方亮。25 年来,他用德文、法文和英文写了大量文章,点名道姓批评了许多俄罗斯的理论家,但马克思的著作在俄国一直很受欢迎。比如他批评法国蒲鲁东的著作——《政治经济学批判》,在任何地方也不像在俄国那样畅销。这一回,又是俄国的出版家第一次向马克思抛来彩球,实在是很令人高兴的。

优秀的俄译本《资本论》的译者是俄国经济学家尼・弗・丹尼尔逊和俄国革命家格・亚・洛帕廷。丹尼尔逊的笔名是“尼古拉—逊”,在俄国很有影响。他写信建议马克思出版《资本论》的俄文版,并希望将第一卷和第二卷一起出版。马克思回信说:“不必等待第二卷,第一卷是一个完整的部分,可先出版。”(《马克思恩格斯全集》第 32 卷,人民出版社 1975 年版,第 551 页)

1870 年,格・亚・洛帕廷亲自到伦敦向马克思当面请教。洛帕廷给马克思留下了很好的、深刻的印象。马克思在致恩格斯的信中这样描绘洛帕廷:“他有灵活的、批判的头脑,愉快的性格,像俄国农民一样刻苦,他对什么都感到满足。”(《马克思恩格斯通信集》,三联书店 1958 年版,第 4 卷,第 383 页)后来,洛帕廷为营救车尔尼雪夫斯基,只翻译了第一卷的第二章至第五章(即现在的第二篇至第六篇),剩下部分由丹尼尔逊完成。俄国的书报检查机构是很苛刻的,而且他们明知作者是一位知名的社会主义者,而且整部著作的倾向是揭露资产阶级剥削的,为资本主义世界敲响了丧钟,但这批俄国书报检查机构的老爷们极为愚蠢，他们的思维定势和判断出了大问题。他们以为《资本论》的叙述并非任何人都能理解，而且这种叙述又具有科学的、数理的性质，“因此本委员会认为该书可免于法律追究”。于是开了绿灯，一路放行，《资本论》得以顺利出版。马克思读完译本后，极为赞赏，认为“译得很出色”。

1872 年 3 月 27 日，《资本论》第一卷俄文版在彼得堡出版。到 5 月 25 日就行销了一千部——全部印数的三分之一，俄罗斯民众视之为甘霖。初版三千册很快售卖一空。《资本论》成为一本畅销书。1878 年 11 月 15 日，马克思还写信给丹尼尔逊说：“关于《资本论》第二版，我要提出下列意见：(1) 我希望分章——以及分节——按法文版处理。(2) 译者应始终细心地把德文第二版同法文版对照，因为后一种版本中有许多重要的修改和补充。(3) 我认为作某些修改是有益的，并无论如何在一星期内设法为您准备好，以便能够在下星期六(今天是星期五)寄给您。”《资本论》第二版的发行也很顺利，出版商名利双收。

马克思逝世之后，恩格斯与俄译者丹尼尔逊保持联系，于 1885 年、1896 年分别出版了《资本论》第二卷和第三卷的俄文版。这是《资本论》第二卷和第三卷最早的外文译本。除丹尼尔逊的译本外，1898 年阿斯卡尔汉诺夫出版社出版了由柳比莫夫主编的《资本论》第一卷和第二卷的俄文本，1899 年波波娃出版社出版了由彼·别·司徒卢威主编、叶·阿·古尔维奇和札克翻译的《资本论》第一卷俄文本，1907 年至 1909 年莫斯科书籍出版社出版了由伊·伊·斯切潘诺夫主编的《资本论》三卷全译本。列宁也参加过斯切潘诺夫译本的准备工作。

此外，在马克思已逝世、恩格斯尚在世的时候，曾出版了《资本论》第一卷的下列各种版本：三个伦敦版英文本(1888、1889、1891 年)，三个纽约版英文本(1887、1889、1890 年)，巴黎版法文本(1885 年)，哥本哈根版丹麦文本(1885 年)，马德里版西班牙文本(1886 年)，都灵版意大利文本(1886 年)，莱比锡版波兰文本(1884—1889 年)，阿姆斯特丹版荷兰文本(1894 年)。《资本论》终于风靡欧洲，一扫刚出版时在德国的沉寂状态。十月革命之后，比较通行的是斯切潘诺夫的全译本(发行了八版)。在苏共中央马克思列宁主义研究院从 1955 年开始编译出版的第二版《马克思恩格斯全集》中，《资本论》三卷新俄文版被编入全集第 23 至 25 卷(1960—1962 年出版)。

在出版第一卷德文版的时候，马克思就已经开始考虑出版法文版。《资本论》法译本是和《资本论》德文第二版同时出版的。马克思希望通过这一工作，能够“使法国人摆脱蒲鲁东用对小资产阶级的理想化把他们引入的谬误观点”。几经周折，直到1871年年底，经保尔·拉法格介绍，马克思找到了巴黎出版商莫·拉沙特尔，又通过沙尔·龙格找到了译者约瑟夫·鲁瓦。鲁瓦为法国波尔多地方学校的教员，因翻译费尔巴哈的著作而著名。1872年2月，鲁瓦开始着手翻译，工作过程中遇到了不少困难，对自己的译稿很不满意，他请求马克思将自己的第一章译文拿给朋友们，看看是否合格。经过译者近两年的艰苦努力，到1873年底完成了初稿。鲁瓦采取了直译的方法，译文虽然忠于原文，但显得太死板，不易读懂。马克思本人亲自担任法文版的校订工作。这对马克思说来，是一件"吃力不讨好"的工作，还不如他自己亲自翻译来得轻松。但是，正因为这个缘故，法译本有着独到的科学价值。在德文第一版的基础上，在许多内容方面进行了新的加工。在法文版中，马克思在论述资本积累问题时，首次明确使用了"资本积累"和"资本集中"这两个概念，并对它们各自的内涵和相互关系作了明确阐述。

马克思在《资本论》第一卷法文版跋中写道："在担负校正工作后，我就感到作为依据的原本（德文第二版）应当作一些修改，有些论述要简化，另一些要加以完善，一些补充的历史材料或统计材料要加进去，一些批判性评注要增加，等等。不管这个法文版本有怎样的文字上的缺点，它仍然在原本之外有独立的科学价值，甚至对懂德语的读者也有参考价值。"（《资本论》第一卷（上），第29页）1875年法文版《资本论》比德文版《资本论》更为珍贵之处在于，尺寸比该书原页稍小，内收马克思、恩格斯等数十位共产主义运动学者、先锋、领导人的文章，图文并茂、详加介绍，为当时之宣传册，于研究早期共产国际甚有帮助，极具历史和参考价值。

后来，恩格斯在修订德文第一卷第三版和第四版时，均参照过法文版《资本论》。《资本论》第二卷和第三卷的法文版是1900年至1902年由巴黎纪阿尔出版社（V·Giard）出版的。1922年至1930年，巴黎阿尔弗雷德社会出版社（Alfred Sociales）出版了法文全译本，共14个分册。1948—1960年，巴黎社会出版社（Editions Sociales）出版了新译本，共八个分册。1976年新版改为三卷三册本，这是目前通用的法文版。

《资本论》是在英国写成的，而且"在理论阐述上主要用英国作为例证"，马克思希望英译本能早日问世。1867年，当《资本论》第一卷德文第一版还在排印的时候，恩格斯就推荐国际会员、英国法学家赛·穆尔担任英文翻译工作，并表示"全部工作将在我的直接监督下进行"。（《马克思恩格斯全集》第31卷，人民出版社1972年版，第311页）但是，由于各种原因，直到马克思逝世之前，包括穆尔在内的许多人都最终未能完成英译工作。马克思逝世后，第一卷的英译本是由穆尔和马克思的女婿爱·艾威林博士共同完成的，马克思的小女儿爱琳娜则担任了引文校正工作，恩格斯也为英译本付出了巨大的心血。1887 年 1 月，《资本论》第一卷英文版在伦敦出版，同年 4 月发行了第二版。弗·梅林在《马克思传》中认为"《资本论》第一卷在英国不像在德国、俄国和法国那样成功"。对于英文版，《星期六评论》杂志发表了一篇短评，赞扬它的行文，说干燥无味的政治经济学问题在马克思笔下获得了独特的魅力。

恩格斯逝世前，第一卷英译本出版过大约六个版本。1906 年至 1909 年，欧内斯特·翁特曼翻译了《资本论》全三卷，在美国出版。1954 年至 1959 年，莫斯科马列主义研究院利用前人的译文并对照原稿进行了修订，出版了《资本论》全三卷英译本。这两个版本是目前世界上流行的英文版。

明治维新以来，日本已经处于资本主义发展初期，大批人员赴欧美国家留学。他们学习外国先进文化，也带回马克思主义理论并在日本传播。20 世纪初，《资本论》传入日本。安部矶雄曾被称为"日本社会主义之父"。1905 年，他着手日译本《资本论》的翻译。从 1909 年 5 月 15 日起，他所译的《资本论》第一卷第一章的前三节，在片山潜主编的《社会新闻》第 55—59、63 号连载。第一个日文全译本是由日本著名社会思想家高畠素之翻译的，共计 10 个分册，1920 年至 1924 年由东京大镫阁和而立社出版。第二个日文全译本是长谷部文雄翻译的，1946 年 10 月由日本评论社发行第一分册，1950 年 8 月出齐，三卷共 11 个分册。第三个日文全译本是由向坂逸郎翻译的，1947 年由岩波文库发行，历时近十年才出齐，共计 12 个分册。1967 年为了纪念《资本论》出版一百周年，又出修订版，改为三卷四册本。第四个日文全译本是由日本《马克思恩格斯全集》刊行委员会翻译的，1961 年 5 月开始发行，至 1964 年 9 月出齐，共 11 个分册。1965 年至 1967 年出版《马克思恩格斯全集》日文版第 23、24、25 卷时，改为三卷五册本。1967 年经过译者冈崎次郎修订后，由大月书店出版《资本论》一百周年纪念版。从 1972 年起日本大月书店又以冈崎次郎译本的名义发行新版，至 1975 年出齐，共三卷九册。第五个全译本是宫川实翻译的《学习版〈资本论〉》，从 1977 年至 1982 年出齐，共 9 个分册。

中文版的《资本论》是从 20 世纪初出现的。在《资本论》中译本出版以前，在我国有一些报刊文章和通俗读物曾介绍过马克思的经济学思想。1920 年 9 月，上海新青年社发行了李汉俊翻译的《马格斯资本论入门》。陈启修早年留学日本，在李大钊的影响下开始接触马克思主义书籍，并与李大钊建立了亲密的友谊。1930年3月，陈启修（后改名陈豹隐）根据德文版并参照日文版翻译《资本论》第一卷第一分册，由上海昆仑书店出版。这是我国出版的最早的一个《资本论》中译本。1934年5月，商务印书馆出版《资本论》第1卷第1分册（即第1卷第1、2篇），由吴半农译，千家驹校。1936年6月，侯外庐、王思华合译《资本论》第一卷上、中、下三册，以"世界名著译丛"名义出版。这一次他们用了笔名，侯外庐署名"玉枢"，王思华署名"右铭"。

20世纪30年代，由于国民党当局的查禁和其他原因，很长时间无法出版《资本论》三卷的全译本。直到1938年，上海读书生活出版社才出版了我国第一个《资本论》三卷全译本，译者是郭大力和王亚南。这是需要非凡的勇气和极大的智慧的。在第三卷末有"译者跋"中，郭大力作了如下说明："就第一卷说，序跋以及由第一篇至第四篇是我译的；第五篇至第一卷终，是亚南译的；就第二卷说，序和第一篇是亚南译的；第二篇第三篇是我译的。但到第三卷，因为亚南担任更重要工作的缘故，他只能译极少的部分了（第六篇第三十七章至四十章），其余的部分就都归到我肩上来了。我为使译名统一，笔调近于一致起见，当时对全稿负起责任。"据不完全统计，《资本论》三卷的全译本共重印六七次，发行总量达三万多部，在国内得到了比较广泛的传播。

新中国成立后，由中共中央马克思恩格斯列宁斯大林著作编译局（简称中共中央编译局）根据相关德文、俄文版《资本论》，并在参考郭大力、王亚南译本的基础上，翻译《资本论》（三卷本），收入《马克思恩格斯全集》第23至25卷，由人民出版社于1972年至1974年出版。此后，中共中央编译局对《资本论》又进行了多次修订和重新译校。20世纪90年代，中央编译局再次对第一版译文进行认真修订，于2003年推出《资本论》最新译本。

全世界为翻译《资本论》这部伟大的著作而作出巨大贡献的翻译家们，他们的名字将和《资本论》一起永世长存。

"工人阶级的圣经"中的《圣经》

神学中关于原罪的传说告诉我们，人怎样被注定必须汗流满面才得糊口；

而经济学中关于原罪的历史则向我们揭示，怎么会有人根本不需要这样做。

马克思：《资本论》第一卷（下），第781页。

1886年恩格斯在《资本论》第一卷英文版序言中写道："《资本论》在大陆上常常被称为'工人阶级的圣经'。任何一个熟悉工人运动的人都不会否认：本书所作的结论日益成为伟大的工人阶级运动的基本原则。"而马克思对基督教的《圣经》，也作过深入的研究，引用其中许多有用的材料，为我所用，点石成金。

《圣经》是基督教（包括天主教、东正教和新教）的宗教经典。《圣经》是西方文化的重要源泉，也是一部包罗万象的百科全书。据统计，马克思在《资本论》第一卷中引用《圣经》的内容，有11处之多。

《圣经》也是十八般武器之一。马克思在揭露了资本的本质后，又分析了资本发生的时期，他一半调戏一半认真地叙述了资产阶级对这个问题的见解："这种原始积累在政治经济学中所起的作用，同原罪在神学中所起的作用几乎是一样的。亚当吃了苹果，人类就有罪了。人们在解释这种原始积累的起源的时候，就像在谈过去的奇闻逸事。"（《资本论》第一卷（下），第781页）亚当这个人物出自《圣经》。据圣经的传说，亚当和夏娃偷吃了"禁果"，就有了罪，受到上帝的惩罚。上帝惩罚他们说："你必须终身劳苦，才能从地里得到吃的，地必须给你长出荆棘和蒺藜来，你也要浇田间的菜蔬，必须汗流满面才能糊口，直到你归了土。"

马克思借用这个故事，说明资本主义的原罪："大多数人的贫穷和少数人的富有就是从这种原罪开始的；前者无论怎样劳动，除了自己本身以外仍然没有可以出卖的东西，而后者虽然早就不再劳动，但他们的财富却不断增加。"（《资本论》第一卷（下），第782页）其秘密就在于原始积累——货币转化为资本，资本产生剩余价值，剩余价值再产生更多的资本。资本家吃了这个剩余价值的"禁果"，财富就滚滚而来了。马克思用《圣经》上的这个神话，毫不留情地、一针见血地把那些资产阶级的伪科学驳得体无完肤，并揭露了资产阶级及其代言人的虚伪。在德文中，亚当这个字也有"情欲"或"欲望"的意思。马克思在这里把商品转化为实在的货币的过程，比作教父圣热罗尼莫摆脱基督教倾向的斗争，比喻其困难和艰巨。

此外，马克思又通过加一个脚注92，用摩西的几句话，比喻资本家的伪善："埃及的摩西说：'牛在打谷的时候，不可笼住它的嘴。'但是德国的基督教慈善家们，在把农奴当作推磨的动力来使用时，却在农奴的脖子上套一块大木板，使农奴不能伸手把面粉放到嘴里。”（《资本论》第一卷（上），第 412 页）摩西是公元前 13 世纪时犹太人的民族领袖。史学界认为他是犹太教的创始者。在犹太教、基督教、伊斯兰教和巴哈伊信仰等宗教里都被认为是极为重要的先知。劳动者的命比牛还要苦，马克思用摩西的话打了基督教慈善家一记耳光，何等响亮！

那么，旧欧洲劳动者的劳动条件是怎样被剥夺，从而资本和雇佣劳动是怎样产生的呢？马克思的回答是：“靠一种原始的社会契约。”（《资本论》第一卷（下），第 836 页）他继续引用威克菲尔德的著作《英国和美国》中的一段话作论据，其中又一次提到了亚当：“自然，这种积累从亚当时代起就被人类当作自己生存的最终的和唯一的目的；‘人类把自己分为资本的所有者和劳动所有者……这种分法是自愿协商和结合的结果’。”马克思接着断言：“一句话，人类的大多数为了‘积累资本’而自己剥夺了自己。”（《资本论》第一卷（下），第 836 页）自己剥夺了自己的结果，使劳动者成为推磨时的一头牛，原始的社会契约也是脖子上套着的那块大木板，在劳作时不能伸手把面粉放到嘴里。

马克思在第一章“商品”中写道：“基督徒的羊性通过他和上帝的羔羊相等表现出来一样。”（《资本论》第一卷（上），第 66 页）“上帝的羔羊”在基督教的教义中是指基督而言。据说基督是上帝的独生子，他的心地纯洁，温柔似羔羊，所以就有这个称呼。按照基督教的说教，每个基督教徒都应当以基督的训诫作为自己行为的准则，都应该学习基督的为人。马克思用上述的言论，来比喻商品的价值的表现。一个商品的价值自己不会表现出来，只有通过交换，与另一个使用价值不同的商品比较才能表现出来。比如麻布与上衣等价交换时，麻布的价值性质是具体通过上衣来显示的，这犹如基督徒的羊性，因模拟基督的为人，同基督相等而显出来的一样。

商品不能自己跑到市场去，不能自己去从事交换活动。它必须找到一个一般等价物作代理人。这个代理人名叫货币。马克思引用了《启示录》第 17 章和 13 章中一段话来加以说明：“他们同心同意，把力量和权柄授予那只兽。凡没有这种印记即没有这种兽名或兽名的数字者，都不能买或卖。”《启示录》是收入《新约全书》的早期基督教著作之一，写于 1 世纪。《启示录》的作者表达了对罗马帝国的公愤，把它打上了“兽”的印记，并把它看作是魔鬼的化身。马克思在这里借用“兽”的印记，旨在说明，在私有制商品经济中，商品生产者认为货币拥有巨大的权力，货币被看成是万能的，人们拜倒在它面前，并接受它的统治。随着交换关系的发展，一般等价物的特殊社会机能固定到一种商品中，即货币身上，于是社会给了货币一种权力，使它作为交换过程中不可缺少的东西。用此形容货币的特征。即货币从商品界分离出来，并被商品所有者公认为执行特殊社会职能的一般等价物，而当货币出现以后，一切劳动产品只有通过同货币相交换，才能在事实上成为商品，这个做法，和“凡没有这种印记即没有这个兽名或兽名的数字者，都不能买和卖”一样。人们害怕那个由上帝和诸王给予它的七头十角兽，并且拜倒在这兽的面前，受到它的严密控制。

马克思在“货币转化为资本”这一章中又指出：“为什么我们在分析资本的基本形式，分析决定现代社会的经济组织的资本形态时，开始根本不提资本的常见的、所谓洪水期前的形态，即商业资本和高利贷资本。”(《资本论》第一卷(上)，第186页)这个“洪水期前的形态”，就是圣经《创世记》中的神话，也是大家熟悉的诺亚方舟的故事。马克思用来比喻资本主义以前社会中的商业资本和高利贷资本。

马克思在谈到把一部分剩余产品转化为资本，资本家就需要追加劳动，雇佣追加劳动力，使工人获得的工资不仅能维持自己的生活，而且还要进行繁殖。积累就是资本的规模不断扩大的再生产。接下去，马克思写道：“现在我们再回过头来谈我们所举的例子。这是亚伯拉罕生以撒，以撒生雅各等等的老故事。”(《资本论》第一卷(下)，第638页)这个老故事出自基督教《旧约创世记》，亚伯拉罕被基督教奉为耶稣的祖先。《新约马太福音》的开头，就叙述了耶稣的家谱：亚伯拉罕生以撒、以撒生雅各，雅各生犹大和他的兄弟。这样，经过四十余代，直至约瑟(耶稣之父)和马利亚(耶稣之母)，才生了耶稣，终于产生了整个古代犹太民族。马克思用这个故事来比喻剩余价值的资本化，剩余价值转化为资本。资本家的资本依靠剩余价值的资本化，愈来愈大。资本家出于取得更多的剩余价值和竞争的需要，便把从工人身上剥削来的剩余价值，一部分用作满足自己的享乐，另一部分再投入生产即转化为资本。这种新的资本又会产生出新的剩余价值，而新的剩余价值的一部分再转化为资本。这样循环反复，就像亚伯拉罕生以撒、以撒生雅各的老故事一样。

基督教的教义有圣父、圣子和圣灵“三位一体的神”这样一个教条，三者指的都是耶稣。对于上帝来说，耶稣是圣子，对于教徒来说，耶稣则是圣父，对于教徒能得到启示与灵感来说，耶稣又是圣灵。马克思写道：“它作为原价值同作为剩余价值的自身区别开来，作为圣父同作为圣子的自身区别开来，而二者年龄相同，实际上只是一个人。”(《资本论》第一卷(上)，第176—177页)马克思用“作为圣父同作为圣子的自身区别开来”这句话，来比喻作为预付的原价值同作为剩余价值之间的自身区别。由于 G—W—G’ 的起点和终点都是货币。因此，从表面上看，作为预付的原价值“G”同作为包含剩余价值的资本“G’”是无法区别开来的。这就像作为圣父的耶稣同作为圣子的耶稣不能区分一样。因为前者都同样表现为货币，而后者都同样表现为耶稣。

《资本论》还引用了著名的一碗红豆汤的故事。圣经上说，希伯来人部落首领以撒的大儿子叫以扫，常打猎孝敬父母，二儿子叫雅各，常在父母面前搞鬼。有一次以扫打猎回来，口渴得很，看见雅各正在煮红豆汤，就向雅各要一碗红豆汤解渴，但雅各却说，我可以把红豆汤给你，但你要把长子继承权交给我。雅各说，我都快渴死了，还要长子继承权有什么意义。于是兄弟二人起誓进行了交换。马克思引用这个典故，就是告诉工人阶级，不能为了眼前的利益而放弃了自己长远的根本利益。马克思借用该典故还形象地说明了工人和资本家之间的阶级关系：“自由”工人由于资本主义生产方式的发展，才自愿地，也就是说，才在社会条件的逼迫下，按照自己的日常生活资料的价格出卖自己一生的全部能动时间，出卖自己的劳动能力本身，为了一碗红豆汤出卖自己的长子继承权。(《马克思恩格斯全集》第 23 卷，第 301 页)列宁在 1902 年写的《一封给地方自治人士的信》中也说过：“实际生活已向我们充分证明投机取巧的策略是没有根基的和丧失理智的，这是为了一碗红豆汤而出卖了长子权。”“专制官僚起初攫取了长子权，现在又夺走了我们这碗‘红豆汤’。”(《列宁全集》第 6 卷，342 页)一碗红豆汤的故事，经马克思、列宁的引用，又延传了一百多年。

马克思还用“行过内部割礼的犹太人”这个典故，来形容资本家心目中的商品：“资本家知道，一切商品，不管它们多么难看，多么难闻，在信仰上和事实上都是货币，是行过内部割礼的犹太人，并且是把货币变成更多的货币的奇妙手段。”(《资本论》第一卷(上)，第 176 页)“行过内部割礼的犹太人”指割除阴茎包皮，内部割礼即净身，是犹太人的习俗和教礼。据说实行过这种仪式的人，就成为心地洁净的人。因此，在资本总公式 G—W—G’ 中，货币不像在货币贮藏时的情况一样，与商品对立。资本家用货币购买商品，不仅不会使货币减少，相反地可以通过把商品出售获得更多的货币。在这里，由于它是赚钱的手段，所以终究仍然像已经净身的犹太人一样，是洁净无瑕的。

在资本主义社会中，占统治地位的商业资本，代表了一种掠夺制度。奸商是这种掠夺制度的代表，他们是比骑士还要坏的坏蛋。因为一个骑士一年内只抢劫一两次，或者只抢劫一两个人，而奸商每天都在抢劫全世界。马克思借以赛亚和以西结之口来批判这些不法商人。以赛亚是《旧约全书》传说中的犹太预言家，《旧约·以赛亚书》的作者。以西结是《旧约全书》传说中的犹太祭司，《旧约·以西结书》的作者。据该书说，在耶路撒冷被巴比伦王毁灭时，以西结在被掳的以色列人队伍中第一次看见了上帝的异象。结果，上帝就让他成为以色列人的守望人，警戒以色列人，并且通过它的口预言以色列人、埃及人、推罗人因违背上帝的旨意而遭到的悲惨命运。其中说到推罗时，讲述了海岸城市推罗海上贸易的繁荣景象，但也讲了他们贸易不公，那里充满了强盗以及犯罪；因此，上帝命令以西结为推罗作哀歌，说既不留下他们的国君，也不留下他们的商人，让他们沉于海底，永不存留于世。

马克思引用马丁·路德在《论商业与高利贷》一书中的话，指出以西结、以赛亚的预言指出了古代商业是同掠夺与欺骗结合在一起的："以赛亚的预言正在得到实现：你的国君与盗贼作伴。因为他们把一个偷了古尔登或半个古尔登的人绞死，但是和那些掠夺全世界并比所有其他的人都更肆无忌惮地进行偷窃的人串通一气。大盗绞死小偷这句谚语仍然是适用的。罗马元老卡托说得好：小偷坐监牢，戴镣铐，大盗戴金银，衣绸缎。但是对此上帝最后会说什么呢？他会象他通过以西结的口所说的那样去做，把国君和商人，一个盗贼和另一个盗贼熔化在一起，如同把铅和铜熔化在一起，就象一个城市被焚毁时出现的情形那样，既不留下国君，也不留下商人。"(《资本论》第三卷(上)，第370页，脚注48)骂得真是痛快极了！

《圣经》是西方文化中影响最深远的一部书，马克思引用其中许多材料，使《资本论》全书更有史学色彩和说服力。

游览《资本论》的文学花园(上)

柏修斯需要一顶隐身帽来追捕妖怪。我们却用隐身帽紧紧遮住眼睛和耳朵，以便有可能否认妖怪的存在。

马克思：《资本论》第一版序言，第11页。

马克思的《资本论》是一部知识宝库，也是一座美丽的文学花园，这里长着茂林修竹、奇花异草，美不胜收。马克思引用了大量的文学作品和神话。据《资本论》第一卷末人名索引的统计，提到的人物有50位之多。其中有我们所熟悉的，如安泰、普罗米修斯、奥赛罗、鲁滨孙、丘比特、夏洛克；也有我们所陌生的，如埃卡尔特、美杜莎、柏修斯、卡尔勃、比耳、雅各，等等，他们排着长队，以各式不同的姿态，一一向《资本论》的读者脱帽鞠躬，徐徐走来，向我们致意。马克思借助他们的故事或言论，使我们在阅读时感到兴味无穷。

著名作家张贤亮曾在《绿化树》中曾借小说主人公之口谈到当初读《资本论》的感受："不久，房里所有的声音我都听不见了，因为我开始发现，马克思在阐述深奥的经济学问题时，使用的是一种非常形象、非常生动、非常漂亮的文体。我还没有完全弄懂他说的意义，但他那明快流畅的文学性的美就紧紧地攫住了我：每一页都有令我叫绝的句子。他的思维逻辑是严密的，而阐述时采用的却是写诗的大跳手法和意指手法。"我读《资本论》，特别是第一卷，也有和张贤亮先生同样的感受。我深切地感到，唯有明白了这些文学著作的典故，方能加深对这部伟大的著作的理解。比如，本文开头引用《资本论》第一版序言那段话，提到了美杜莎和波修斯两个人物，就是人们比较陌生的。

在本文引言这段话之前，马克思写了这样一段论述："德国和西欧大陆其他国家的社会统计，与英国相比是很贫乏的。然而它还是把帷幕稍稍揭开，使我们刚刚能够窥见美杜莎的头。如果我国各邦政府和议会像英国那样，定期派指委员会去调查经济状况，如果这些委员会像英国那样，有全权去揭发真相，如果为此能够找到像英国工厂视察员、编写《公共卫生》报告的英国医生、调查女工童工受剥削的情况以及居住和营养条件等等的英国调查委员那样内行、公正、坚决的人们，那么，我国的情况就会使我们大吃一惊。"其后则是："柏修斯需要一顶隐身帽来追捕妖怪。我们却用隐身帽紧紧遮住眼睛和耳朵，以便有可能否认妖怪的存在。"（第一版序言，《资本论》第一卷（上），第11页）

马克思在第一版序言里出手不凡，一开笔就请了两位古希腊神话中的人物出场：美杜莎和柏修斯。美杜莎是古希腊神话中三个蛇发女妖之一，凡是看见她的人都要变成石头，变成可怕的怪物。柏修斯则是古希腊神话中的一位英雄人物，是宙斯的儿子。柏修斯成人后，他的继父波吕得克忒斯劝他外出去冒险，并希望他能够建功立业。勇敢的小伙子雄心勃勃，决心砍下女妖美杜莎那颗丑恶的脑袋，把它带到塞里福斯，进献给国王。后来，柏修斯得到了女神雅典娜和赫耳墨斯的帮助。她们送给柏修斯几件宝贝,其中有一件就是这里说到的隐身帽。戴了这顶帽子,可以使戴者不被人们看见。柏修斯戴上了这顶隐身帽,历尽艰险,终于割下了女妖美杜莎的头。马克思借用“柏修斯的隐身帽”的故事,来讽刺当时的德国统治者。他们与柏修斯的行动正好相反。柏修斯戴隐身帽是为了不被妖女看见,而德国的当权派们利用隐身帽却把自己的面目遮住,视而不见德国工农劳动群众只能遭受的资本主义和封建主义的双重剥削和压迫。而那些用各种非法手段盘剥女工和童工的黑心老板,也是美杜莎一类的妖魔。一切善良的人们,则不要对那些剥削工人们的妖魔闭上自己的眼睛。马克思这里用的写作方法,就是张贤亮所说的“写诗的大跳手法”,体现出一种高超的语言艺术、一种强有力的口诛笔伐的力量。

在第一版序言的结尾,马克思又写了一段名言,则为人们所耳熟能详:“任何的科学的批评意见我都是欢迎的。而对于我从来就不让步的所谓舆论的偏见,我仍然遵守伟大的佛罗伦萨诗人的格言:走你的路,让人们去说罢!”(《资本论》第一卷(上),第13页)这位伟大的佛罗伦萨诗人,就是意大利文学家、诗人但丁。这句话,出自他的代表作长诗《神曲》炼狱第五首歌。马克思以此表白自己不畏惧任何不公正的偏见,也不屈服于任何压力的决心。但丁的这句话,因马克思的引用而更广泛地被应用。

但丁的《神曲》中的人物不止一次被召唤出。马克思为了说明商品的交换价值,就必须抛弃自己的自然形态,从只是想象的金变为实在的金,诚然,商品的实现这种变体,同黑格尔的“概念”实现由必然到自由的过渡相比,同龙虾脱壳相比,同教父圣热罗尼莫解脱原罪相比,是“更为困难的”。接下去,他又极为风趣地这样说:“例如,铁的所有者遇见某种享乐商品的所有者,他向后者说铁的价格已经是货币形式了,后者就会像圣彼得在天堂听了但丁讲述信仰要义之后那样回答说:

这个铸币经过检验,
重量成色完全合格,
但告诉我,你钱袋里有吗?

(《资本论》第一卷(上),第121—122页)

这个彼得,就是但丁《神曲》中的一名圣徒。这三句话,引自《神曲》天堂篇里的第24首歌。但丁讲述的信仰要义，使彼得听了心服口服。但丁的话的含义不止于此。在谈到货币的作用时，马克思又顺便提到了“货币没有臭味”——“无论它从哪里来。一方面，它代表已经卖掉的商品，另一方面，它代表可以买到的商品。”（《资本论》第一卷（上），第129页）这里的“货币没有臭味”一语，也出自一位大人物之口。这是罗马皇帝韦斯帕西安对他的儿子说的。因为他的儿子不同意韦斯帕西安征收专门的厕所税。巧立名目收税，罗马皇帝有一大创造。因为货币实在是一个人见人爱的好东西。韦斯帕西安的手伸得太长，居然伸到厕所里去捞钱了，而且有一个冠冕堂皇的“理由”：“货币没有臭味”。从厕所里收来的货币，非但没有臭味，而且一样是香喷喷的。

关于隐身帽，除了柏修斯之外，马克思还提到了德国民间故事中的一个人物——福尔土纳特。此人也有一顶隐身帽，还有一个取之不尽的钱袋。这个隐身帽的作用是掩盖“面粉的代用品”，使工厂主的钱袋很快变得满满当当的。马克思写道：“面粉的代用品由于增加棉纱的重量而成为工厂主先生们的福尔土纳特的钱袋。”这些代用品使15磅原料在纺成纱后重20磅。马克思为了说明这一点，引用了工厂视察员在1864年4月30日写的报告，请读一下：

“现在，工业上使用这种办法简直达到卑鄙无耻的程度。我从可靠方面得知，8磅的布是由$5\frac{1}{4}$磅棉花和$2\frac{3}{4}$磅浆料制成的。另外一匹$5\frac{1}{4}$磅的布里含有两磅浆料。这还是供出口的普通的衬衫布。别种布里有时竟加了50%的浆料，因此工厂主可以吹嘘，而且确实也在吹嘘，说他们之所以发财致富，是因为他们卖的布，比布在名义上包含的纱的价值还便宜。”（《资本论》第一卷（上），第502页）这些工厂主绝对不会说出实情，他们每天都在靠欺骗过活。他们的发财致富的真正原因是拥有了一个福尔土纳特式的钱袋，并用隐身帽把它掩盖住，使买主和雇佣工人都看不见他们的卑鄙无耻的活动。今天，在我们的身边，也不难发现有类似福尔土纳特的人物存在。

形容工人在工厂中付出的极度劳动，马克思还在两处引用了息息法斯的故事。一处是在“机器和大工业”这一章中，马克思引用了恩格斯在《英国工人阶级状况》中的一段论述：“在这种永无止境的苦役中，反复不断地完成同一个机械过程；这种苦役单调得令人丧气，就像息息法斯的苦刑一样；劳动的重压，像巨石般一次又一次地落在疲惫不堪的工人身上。”（《英国工人阶级状况》，第217页）另一处是谈货币的作用：“货币的这种量的有限性和质的无限性之间的矛盾，迫使货币储藏者不断地从事息息法斯式的积累劳动。"(《资本论》第一卷(上),第153页)息息法斯是希腊神话中的科林斯王,这个人为人非常狡猾,在他统治的很多年中,过着所谓和平的生活,享受了人间的幸福,满足了他的一切欲望。因为他欺骗了众神,后被罚在地狱里永远做苦工,命令他做一种把石头运到山上、垒起来的工作,但是,石块运到山上后立刻又滚下来,使他不得不永无休止地搬运,周而复始,永不止息。马克思用这个比喻说明,息息法斯式的劳动,是一种吃力而徒劳的工作。由于货币质的无限性和量的有限性的矛盾,使货币贮藏者追求的欲望永远没有止境,永远像息息法斯受的苦刑一样。

在希腊史诗中,马克思还提到了一个著名的人物——奥德赛。在第八章"工作日"一章里,马克思描绘了过度劳动工人的情景:"一大群不同职业、年龄、性别的各式各样的工人,争先恐后地向我们拥来,简直比被杀者的鬼魂向奥德赛拥去还要厉害。即使他们腋下没有夹着蓝皮书,我们也可以一眼看出他们从事过度劳动的情形。"(《资本论》第一卷(上),第283页)这个奥德赛,就是希腊史诗中的主人公,是传说中的伊拉大卡岛的国王,以大胆、机智、善辩著称。传说他去过阴曹地府,当他出现在阴曹地府时,亡灵们都向他拥去,向他述说自己所受的苦难。这个比喻是无比确切的。因为当时工人所受的苦难,的确比阴曹地府还厉害,以至于编写《公共卫生》报告的英国医生出现在工人中时,他们把这些公正的人士比作奥德赛,纷纷向他拥去,述说自己所受的苦难,使得这些公正的人士获得了可贵的第一手的资料,写成了许多调查报告,成为马克思揭露资本主义剥削工人的有力材料。

马克思还提到了印度的大神扎格纳特。他指出:"这些手段使工人的劳动条件变得恶劣,使工人在劳动过程中屈服于最卑鄙的可恶的专制,把工人的生活时间变成劳动时间,并且把工人的妻子儿女都抛到资本的扎格纳特车轮下。"(《资本论》第一卷(下),第708页)在"工作日"这一章里,马克思谈到工厂法生效的一些情况时,又一次提到札格纳特:"工厂法完全生效的日期——不祥的1836年——越接近,工厂主这帮恶棍就越猖狂。他们确实把政府吓住了,于是政府在1835年建议把儿童年龄的界限从13岁降为12岁。但这时外界的压力也越来越带有威胁性。下院没有勇气这样做了。它拒绝把13岁的儿童扔在资本的札格纳特车轮下每天被压榨8小时以上。"(《资本论》第一卷(上),第311页)马克思两处提到"札格纳特车轮",旨在说明工人所受的无比的苦难。札格纳特是印度的大神之一毗湿奴的化身。崇拜札格纳特的教派的特点是宗教仪式上的十分豪华和极端的宗教狂热，这种狂热表现为教徒的自我折磨和自我残害。在举行大祭的日子里，某些教徒投身于载着毗湿奴神像的车轮下让它轧死。13 岁的儿童每天劳动 8 小时以上，与被放在札格纳特车轮下并无二致。

神话与现实，就这样密切地在资本论中融为一体了，显示了它的动人的思想魅力。

游览《资本论》的文学花园（下）

> 商品的价值对象性不同于快嘴桂嫂，你不知道对它怎么办。
>
> 马克思：《资本论》第一卷（上），第 61 页。

马克思在《资本论》中还大量引用了莎士比亚、狄更斯、席勒和歌德的诗文，增添了这部巨著的文学色彩。马克思在《资本论》第一卷中引用莎士比亚的剧作有五部：《无事烦恼》、《亨利四世》、《威尼斯商人》、《哈姆雷特》、《雅典的泰门》，出场的人物共有八个。在第一章提出商品的“价值对象性”这个概念时，马克思请出了“快嘴桂嫂”：“商品的价值对象性不同于快嘴桂嫂，你不知道对它怎么办。同商品体的可感觉的粗糙的对象性正好相反，在商品体的价值对象性中连一个自然物质原子也没有。”(《资本论》第一卷（上），第 61 页)

这个“快嘴桂嫂”，是《亨利第四》第三幕第三场里出场的一个小人物，她是一家酒店女店主，口无遮拦，信口开河。她同约翰·福斯泰夫吵架，后者骂她是一只“水獭”：“既不是鱼又不是肉，是一件不可捉摸的东西”。桂嫂快人快语地反驳道：“你这样说我，真太冤枉人啦。你们谁都知道我是个老老实实的女人，从来不会藏头盖脸的，你这恶棍。”马克思运用这个比喻是要说明：每一个商品不管你怎样颠来倒去，它作为价值物总是不可捉摸的。但是，马克思接下去又提醒我们：“如果我们记住，商品只有作为同一的社会单位即人类劳动的表现才具有价值对象性，因而它们的价值对象性纯粹是社会的，那么不用说，价值对象性只能在商品同商品的社会关系中表现出来。”(《资本论》第一卷（上），第 61 页)商品只要放到交换的舞台上，“快嘴桂嫂”就不见了。同时，马克思所说的商品的价值对象性是有特定内涵的，是稳定的，不同于“快嘴桂嫂”那样信口开河、东拉西扯。知道“快嘴桂嫂”的出处，可以加深对商品价值特性的认识。

莎士比亚笔下那个著名的高利贷者夏洛克，也在本书中三个地方出现。夏洛克是喜剧《威尼斯商人》中的主要人物之一，世界文学作品中四大吝啬鬼之一。他吝啬到了极点。安东尼奥为帮助好友巴萨尼奥完婚，向夏洛克借高利贷，夏洛克佯装慷慨不取利息，但却同安东尼奥签约规定，如果到期不还，要从安东尼奥身上割一磅肉。马克思在第八章“工作日”中揭露工厂主要求童工每天干活 10 小时以上。工人和工厂视察员从卫生和道德角度提出抗议，但资本借用夏洛克的话回答道：

“我的行为没有越轨，我要求我的权利！
那就是我的契约上规定的罚金和抵押品！”

资本要求 8 岁的童工不仅从下午 2 点一直拼命干到晚上 8 点半，而且还要挨饿，资本又用夏洛克的话回答道：

“对了，他的胸部，
契约上是这么说的！”
（《资本论》第一卷（上），第 318—319 页）

马克思接着抨击道：“对于 1844 年法令限制儿童劳动的条款，资本家像夏洛克那样死抓住法律条文不放，但这只是为了对该法令限制‘少年和妇女’的劳动的这同一项条款进行公开的反叛。”（《资本论》第一卷（上），第 319 页）夏洛克于是成为英国资本和资本家的一种代号。夏洛克经常出现在我们的身边。马克思愤怒地在这段话的下面写了一个脚注（152）：

“资本无论在其发达的形式上或不发达的形式上，性质都是一样的。在美国南北战争爆发前不久，由于奴隶主的影响，有一项法典被强加在新墨西哥的领土上了，其中写道：只要资本家购买了工人的劳动力，工人就‘成为他的（资本家的）货币’。在罗马的贵族中也流行过这种看法。他们借给平民债务人的钱，先变成债务人的生活资料，然后变成债务人的血和肉。因此，这种‘血和肉’是‘他们的货币’。由此就产生了夏洛克式的十表法。”（《资本论》第一卷（上），第 319

页）所谓“十表法”，是罗马奴隶制国家最古老的立法文献“十二铜表法”的最初的方案。这一法律规定：凡无法归还债务者者应剥夺自由，降为奴隶或碎尸分身。安东尼奥借了夏洛克的钱不还，夏洛克从安东尼奥的身上割一磅肉，就是理所当然的了。莎士比亚在《威尼斯商人》中的这个用典，可能出于十表法。

《资本论》第三次提到夏洛克，是在引述西蒙医生的一份卫生报告中提及：“显贵的夏洛克们在谈到建筑投机家、小地主和开放村庄时，也会伪善地耸耸肩膀，这自然已成了一种时髦。他们知道得很清楚，他们的‘非开放村庄和游赏村庄’乃是‘开放村庄’的发源地，并且没有后者前者也不可能存在。”（《资本论》第一卷（下），第 750 页）夏洛克是从非开放村庄摇身一变而成的。他们既是显贵的，又是伪善的，是英国当时资本家的一种典型代表人物。

在谈到货币的作用时，马克思还引用了《雅典的泰门》中的那段著名的台词：“金子！黄黄的，发光的，宝贵的金子！只这一点点儿，就可以使黑的变成白的，丑的变成美的，错的变成对的，卑贱变成尊贵，老人变成少年，懦夫变成勇士……”关于金子的作用的这段引用，在马克思关于货币的这一章中显得闪闪发光！

关于货币的作用，马克思是写得生动而深刻的。他继而指出：“因此，古代社会咒骂货币是换走了自己的经济秩序和道德秩序的辅币。还在幼年时期就抓着普路托的头发把他从地心里拖出来的现代社会，则颂扬金的圣杯是自己最根本的生活原则的光辉。”（《资本论》第一卷（上），第 152—153 页）这个普路托，则是罗马神话中的地府之神。这和《雅典的泰门》中的那段关于金子的著名的台词，有异曲同工之妙。

在《资本论》中，马克思同样三次提到了莎士比亚的喜剧《无事烦恼》（又译为《无事生非》）中的道勃雷。马克思在论述商品的使用价值和价值是商品的两种不同属性，批判资产阶级经济学把两者混淆的错误时指出：“在这里，我们不禁想起善良的道勃雷，他教导巡丁西可尔说：‘一个人长得漂亮是环境造成的，会写字念书才是天生的本领。’”（《资本论》第一卷（上），第 100—101 页）道勃雷是莎士比亚的戏剧《无事生非》中的一个人物，自大而愚蠢的官吏的化身。第二次是谈及伦敦的一家高等法院对一个工人作出的不公正的判决：“工厂主又把他告了，法院又对他判刑，虽然其中一位法官施先生公开指责说，一个人为了同一过失或罪行，要一辈子一次又一次地受处罚，这在法律上是荒谬的。作出这个判决的，不是‘伟大的不领薪水的人’，不是地方的道勃雷，而是伦敦的一个高级法院。”

(《资本论》第一卷(上),第466页)第三次提到道勃雷,也是作为反面人物形象出现的:“下面这个例子可以说明英国的道勃雷们在利用‘法律’时规定工资率时的丑态”:“他们决定:当一个8磅11盎司重的面包卖1先令的时候,每人每周的工资应为3先令,在这种面包价格上涨,而没有达到1先令5便士之前,工资可以适当增加。一旦超过了这一价格,工资则应按比例减少,直到这种面包的价格大于2先令为止。这时每人的食量应比以前减少1/5。”(《资本论》第一卷(下),第660页)这些英国的道勃雷们真是既可恶又可笑。他们在《资本论》里的多次出现,使读者把他们和工厂主联系在一起,益增憎恨之情。

狄更斯的小说《奥利佛尔》中有一个强盗比尔·赛克斯也被马克思请来了。由于他杀死了一些行商,他被抓到了法庭上受审,他非但不认罪,反而振振有词地说,这不是他的责任,而是刀的责任:“陪审官先生们,这些行商确实是被杀死了。但这不是我的罪过,这是刀的罪过。难道我们因为这种短暂的不便就该禁止用刀吗?请你们想一想!没有刀,哪里有农业和手工业?刀在外科手术上不是很能为人造福,在解剖方面不是给人带来知识吗?此外,在办喜筵时,刀不是一位称心的助手吗?如果你们禁止用刀,那就等于把我们拖回到野蛮时代的深渊。”(《资本论》第一卷(上),第484页)

这通振振有词的“道理”令人喷饭。马克思借用赛克斯的这番强词夺理的言论,旨在讽刺某些资产阶级经济学家认为“谁要是揭露机器的资本主义应用的真相,谁就是根本不愿意有机器的应用,就是进步的敌人”(《资本论》第一卷(上),第484页)的意见。这同样是赛克斯强盗理论的翻版,挖苦得巧妙之极。

马克思在论述货币的作用时曾说过,把货币储藏起来不加入流通,同把货币作为资本而增值,恰恰是相反的两回事。从货币储藏的意义上进行商品积累,是十足的愚蠢行为。他举了巴尔扎克著名的中篇小说《高利贷者》的主人翁高布赛克为例。这是另一个葛朗台。高布赛克认为自己是巴黎社会“无声无臭,无人知晓的国王”,他的“财力足以收买那些能够左右大臣们的人——从办公室的听差以至他们的情妇——的良心”。由于他有钱,最骄傲的大商人,最艳丽最沾沾自喜的妇人,自视清高的军人,最有名的艺术家、作家都得哀求他。他认为这就是他的权力和快乐。他把钱都集聚起来,舍不得用。在他临死前,德尔卫去看他,只见他在房子里满地爬。因为他梦见地上都是黄金,他下床去捡金子。后来,便没有力气爬回床上了。德尔卫把他扶起来,并要给他生上炉火。但他却舍不得烧柴火,说他一点也不冷。他交代德尔卫把他的财产让给他的外甥女莎拉的女儿“鱼雷”继承，然后他死了。德尔卫打开高利贷者的储藏室，看到满房都是霉烂和长毛的食物，蛆虫到处爬；还有那堆放得乱七八糟的抵押品，有的也已经腐烂了。马克思为这个吝啬鬼下了一个脚注 28a：“例如巴尔扎克曾对各色各样的贪婪作了透彻的研究。那个开始用积累商品的办法来储藏货币的老高利贷者高布赛克，在他笔下已经是一个老糊涂虫了。”(《资本论》第一卷(下)，第 646 页)

席勒的悲剧《阴谋与爱情》中的宫廷侍卫长卡尔勃也被请进第十一章“简单再生产”中作陪。他的一通言论是为曼彻斯特商会会长波特尔的一封信作陪衬。1863 年 3 月 24 日《泰晤士报》发表了波特尔的一封信，这封信被下院称之为“工厂主宣言”。这封信毫无掩饰地表明了资本对劳动力的所有权，反对把本国的“多余的人”移民到英国的殖民地或美国：“我承认，工人不是财产，不是郎卡郡和雇主们的财产；然而他们是两者的力量；他们是有智慧和受过训练的力量，不是在一代之内就能替换的；相反地，其他机器即工人进行操作的机器，很大一部分可以在 12 个月内加以替换和改良而获得利益。如果鼓励或允许(!)劳动力迁往国外，那资本家怎么办呢?”写到这里，马克思巧妙地联想到卡尔勃：“这种发自内心的叫喊使人想起了宫廷侍卫长卡尔勃。”波特尔的叫喊和卡尔勃的台词如出一辙。在《阴谋与爱情》第三幕第二场里，卡尔勃最初拒绝参与德意志一邦君的宰相所策划的阴谋。这时，宰相就以辞去宰相职位相威胁，因为这样一来卡尔勃的职位就要免除。卡尔勃吓死了，他叫喊道：“那我呢？——您说得倒好，您！您是一个有学问的人！可是我呢——我的上帝！如果殿下免我的职，那我怎么办呢?”(《资本论》第一卷(下)，第 871 页)马克思以宫廷侍卫长卡尔勃的言论作商会会长波特尔的旁证，“工厂主宣言”的抽象的命题即刻以一种戏剧性的具体过程跃然纸上，接近联想显示了它的深刻的魅力。

图书在版编目(CIP)数据

话说资本论：增补版/吴兴人著. —上海：东方出版中心，2015.11
ISBN 978-7-5473-0869-1

Ⅰ.①话… Ⅱ.①吴… Ⅲ.①《资本论》—马克思著作研究 Ⅳ.①A811.23

中国版本图书馆 CIP 数据核字(2015)第 238098 号

话说资本论：增补版

出版发行：东方出版中心
地　　址：上海市仙霞路 345 号
电　　话：62417400
邮政编码：200336
经　　销：全国新华书店
印　　刷：常熟新骅印刷有限公司
开　　本：720×1020 毫米　1/16
字　　数：360 千字
印　　张：22.5　插页 2
版　　次：2015 年 11 月第 1 版第 1 次印刷
ISBN 978-7-5473-0869-1
定　　价：59.00 元

东方出版中心邮购部　电话：(021)52069798